島津と武家史 下

武家の雄、
島津一族の七百年

須田慎太郎

島津と武家史◉下

目次　島津と武家史◉下

島津と武家史―上巻目次

第六章　島津一族による九州統一とその挫折

一　九州統一の野望

大友宗麟の決断

日向伊東四十八城の主にして島津氏の宿敵伊東義祐《よしすけ》を日向国から豊後国に追いやり、伊東氏の本拠であった都於郡《とのこおり》城（西都市鹿野田）に入城した薩隅日三州の太守島津義久は、日向国平定を祝い相次いで来城する使者や島津氏への帰属を望む国衆（国人衆）らと対面し、美酒佳肴に酔いしれることも多かったであろうが、同時に跳梁する伊東氏の残党掃討と、北部九州六カ国守護にして九州探題大友宗麟の南下に万全を期していた。

その宗麟は、「日向に復帰できたならば日向半国を差し上げる」という義祐の口実と、自身の理想郷である〝キリスト教王国〟を日向国に建国するため、さらには、日向国南部屈指の南蛮貿易に好都合な要港油津や外之浦などを支配下に置くため、対島津戦を決断する。

これに対して大友家臣団は、兵站が困難であることや日向国内の険阻な地形、さらに、領土拡大をもくろむ肥前の龍造寺隆信や備後鞆《とも》幕府の将軍足利義昭を奉じる毛利輝元の侵攻を懸念して反対。しかし、宗麟は天正六年（一五七八）三月十五日、嫡男義統《よしむね》（大友氏二十二代当主）に、総大将田原《たわら》紹忍《じょうにん》や佐伯宗天、田原親貫《ちかつら》（紹忍と同族）ら有力家臣以下三万の軍勢を与えて豊後口から、志賀親守《ちかもり》や朽網鑑康《くたみあきやす》、一萬田鑑実《いちまだあきざね》を総大将とする南郡衆には、肥後口から日向国に向けて出陣させる。南郡とは、豊後国南部の大野郡（大分県豊後大野市）・直入郡（竹田市）のことで、肥後・日向両国と国境を接している地域である。

一方、島津氏に降ると偽って実際は大友氏と内通していた伊東氏の旧臣で、日向三城の門川城主米良祐次、塩見城主右松四郎左衛門、日知屋城主福永氏本は大友軍南下の動きに先立ち、門川方面から日向国縣《あがた》（宮崎県延岡市）に侵攻。島津方に寝返った縣松尾城主土持親成《ちかしげ》は南方をふさがれて島津氏との連絡を遮断され、さらに、伊東義祐一行の豊後落ちを援けた西方の中山城主三田井親武からも攻撃を受けてしまう。

なお、日向国から遠く離れた越後国では三月十三日、〝越後の龍〟上杉謙信が急逝している。将軍義昭と毛利輝元の上洛要請に応え、織田信長打倒のために大動員をかけたばかりであった。上杉家の家督は、激しい内紛を制した謙信の甥で養子の景勝《かげかつ》が継承する。しかしその隙を突かれ、織田家の北陸方面司令官柴田勝家によって能登・加賀・越中三カ国は攻略されることになる。

隠居の宗麟みずから出陣

豊後府中から南下した大友軍は宇目酒利《うめさかり》（大分県佐伯市宇目町）に本陣を置き、梓峠を越えて日向国に入り、四月七日に社ヶ原《やしろがはら》（延岡市稲葉崎町）に布陣、孤立した縣松尾城を包囲する。佐伯宗天は十日、縣松尾城を攻め落として土持親成を捕縛。親成は豊後への護送中に自害させられてしまう。島津氏にすれば、大友氏に対する日向北部唯一の従属国衆親成とその最前線の縣松尾城をいともあっさり失うという失態を犯してしまったことになる。その後大友義統は、宇目酒利の本陣に戻って大友軍を残留させ、自身は兵站を担当するため豊後国野津（臼杵市野津町）に陣を敷いた。

七月に入ると、伊東氏の旧臣長倉祐政や山田宗昌らが、北上する島津軍を阻止するため、高城川《たかじょう》（小丸川）上流の石城《いし》（宮崎県木城町石河内）を密かに修復して挙兵。石城は、同じ高城川中流の山田有信が拠る新納院高城《たか》西方十キロに位置し、背後に険しい山を、三方にはほとばしる急流を濠に見立てた天然の要害であった。太守義久は家老島津忠長《ただたけ》（本宗家十五代当主貴久の異母弟尚久の嫡男）と伊集院忠棟《ただむね》（忠倉《ただあお》の嫡男。伊集院氏十六代当主）を総大将とする軍勢七千余騎で攻めさせたが、七月六日の攻城戦で副将川上範久が討死し、総大将の一人忠長も左肘を矢で射抜かれて負傷、将兵五百以上が死傷するなど、島津軍は何とも冴えない体たらくで佐土原《さどわら》城に撤退する（第一次石城合戦）。

これら伊東氏の旧臣による、島津軍撃退の勝報に気をよくした大友宗麟は、隠居の身であるにもかかわらず、みずから日向侵攻に乗り出す。洗礼を受けた宗麟（ドン・フランシスコ）は九月、カブラル・アルメイダ両宣教師および二人の修道士をともない、三百の家臣を率いて、白地に紅い十字架の軍旗を掲げた軍船で居城丹生島《にゅうじま》城（のちの臼杵城。大分県臼杵市臼杵丹生島）から海路南下し、日向国縣付近に上陸して務志賀《むしか》（宮崎県延岡市無鹿町）に本陣を置く。

宗麟は徹底的に務志賀の神社仏閣を破壊し、教会を建立してキリスト教による理想国家建設に専念し、同時に北方の宇目酒利に駐留していた田原紹忍を総大将とする、豊後のみならず豊前・筑前・筑後・肥前・肥後諸国から招集して五万にまでふくれ上がった大友軍を、日向国における島津領最北端の新納院高城の包囲・攻撃のために南下させた。

石城・新納院高城攻防戦

大友軍侵攻の一報を受けた太守義久は、その大友軍が耳川（宮崎県北西部の椎葉村を源流域として宮崎平野を経て北東部の日向市美々津町から日向灘にそそぐ）を渡河する前に、落とせずにいた石城を何としてでも攻略するため、九月十一日に鹿児島内城を出陣する。義久は十三日、野尻城（小林市野尻町）を本陣に定め、島津以久《もちひさ》（廻城合戦で討死した忠将の嫡男。国分清水城主）を大将に、伊集院忠棟・平田光宗・上井覚兼を副将として派遣。再び石城を包囲した島津軍が昼夜を分かたず攻め立てると、城将長倉祐政や山田宗昌ら城兵五百は奮戦したものの矢弾・兵糧・気力ともに尽き、二十九日に開城して南下しつつあった大友軍に合流する（第二次石城合戦）。

十月二十日、耳川北岸域に布陣していた総大将田原紹忍率いる大友軍五万が、城将山田有信以下わずか三百の城兵の守備する新納院高城を包囲。これに対して島津家久は、樺山規久《のりひさ》（樺山氏十代当主忠助の嫡男）や吉利忠澄《よしとしただずみ》（吉利氏三代当主）、鎌田政近、比志島国貞らの軍兵三千を率いて新納院高城に急行、山田有信とともに守りを固めた。大友軍は数千挺の鉄砲とポルトガルから輸入して宗麟みずから〝国崩し《くにくず》〟と名づけたフランキ砲を使用し、三度にわたって攻め寄せたが、家久・有信らは城を守り抜いて大友軍のさらなる南下の足止めに成功する。

石城落城後に鹿児島に撤収していた義久は二十四日、海陸両軍三万を率いて再び内城から出陣し、十一月二日には、島津以久・伊集院忠棟・上井覚兼らが集結する佐土原《さどわら》城（佐土原町上田島）に入った。飯野城主義弘や薩摩吉田城主歳久・日向都之城主北郷忠虎（時久の次男）も出陣し、新納院高城に対する後詰の島津軍は総勢四万余となった。九州最大の頂上戦に島津軍は総力戦で臨んだのである。

高城川の激闘

七日後の十一月九日、島津義弘・島津以久・伊集院忠棟・上井覚兼らの諸将が、高城川をはさんだ新納院高城の南東六キロに位置する川上忠智の高鍋城（児湯郡高鍋町）に入城して軍議を開く。その結果、囮による奇襲で大友軍を包囲網の中におびき出して一網打尽にする、島津氏のお家芸〝釣り野伏〟が決行されることになった。

翌十日、囮となる陽動部隊一隊と伏兵部隊三隊が高城川を渡河し、陽動部隊が高城川東側の松原に布陣する大友軍を襲撃すると、思惑通りに大友軍が打ち掛かってきたため陽動部隊は退却。その陽動部隊を追う大友軍の側面に伏兵部隊が突撃し、島津軍はわずかの間に大友軍五百を討ち取った。

緒戦で大友軍に打撃を与えた島津軍は、太守義久が歳久とともに佐土原城から出陣し、十一日に新納院高城を北に望む高城川南岸の根白坂（木城町椎木）に本陣を敷き、その右に義弘隊を配し、最右翼には以久隊という陣立てを採る。大友軍本陣を見渡す絶好の位置であった。

敗れた大友軍では、軍師角隅石宗《つのくませきそう》さえもが戦闘回避を訴えるなど意見が大きく割れてまとまらず、「殿（宗麟）の意見を待つ」という消極的な意見が採用されることになった。

ところが十二日、主戦派筆頭の田北鎮周《しげかね》が血気にはやって抜け駆けを敢行、高城川を渡河して島津軍の前衛部隊を攻撃すると、その鎮周隊に引きずられる形で大友軍が出撃。大友軍に攻め立てられた島津軍先鋒は壊滅し、北郷久盛（宮ヶ原合戦で討死した久厦《ひさいえ》の子）や本田親治《ちかはる》が討死するなど大打撃を被ってしまう。

しかし、根白坂の本陣からその戦況を見守っていた総大将義久は勝機を見逃さなかった。大友軍の陣形は伸び切っており、もはや島津軍に対し〝深追い〟状態にあった。大友軍が高城川を渡り切ったところで義久が一斉攻撃を命じると、それまで敗走していた伊集院忠棟の部隊が逆襲に転じ、続いて義久隊・義弘隊・以久隊が、さらに新納院高城に籠城していた山田有信や家久らが大友軍に襲い掛かった。この島津軍の反転攻撃によって戦況は逆転。大友軍は高城川と谷瀬戸川（切原川《きりばるがわ》）が合流する竹鳩ヶ淵《だけくがふち》へと敗走し、その多くが渦巻く流れに呑み込まれていった（高城川の戦い）。

容赦なき追い討ち、耳川の戦い

だが戦いはこれで終わらなかった。合戦がおこなわれた高城川から約二十キロ北に位置する耳川以北は大友軍の勢力圏内のため、敗走する大友軍は必死に耳川をめざす。しかし、この耳川が大友軍の三途の川となった。追手の島津軍がその勢いをまったく緩めようとはしなかったからである。殿軍《しんがり》を軽々と撃ち破った島津軍は耳川河畔で大友軍を捕捉。追い詰められた大友軍の将兵は逃げ場をなくし、怒涛の勢いで迫りくる島津軍と戦って死ぬか、厳冬の耳川に身を投じて死ぬか、という二者択一に迫られてしまった。

高城川から耳川までの道中には大友軍将兵の遺体が累々と横たわり、その数は三千余。大友軍はこの高城川・耳川の戦いで、佐伯宗天・惟真《これざね》父子や田北鎮周、角隅石宗、吉岡鎮興《しげおき》（大友一族の吉岡氏当主）、蒲池鑑盛《かまちあきもり》（筑後十五城筆頭大名）・統安《むねやす》父子、宗麟の側近吉弘鎮信《しげのぶ》、歴戦の老将斎藤鎮実《しげざね》、筑前柑子岳《こうしだけ》城（福岡市西区）の城代臼杵鎮続《うすきしげつぐ》ら多くの重臣・有力武将が討死し、長倉祐政や門川城主米良祐次、塩見城主右松四郎左衛門、日知屋城主福永氏本らも命を失った（耳川の戦い）。

翌十三日、歳久・家久兄弟らは掃討戦を開始するため耳川を渡河し、その下流域の門川・塩見・日知屋の日向三城に加え、中流域の山陰《やまげ》・坪屋（日向市東郷町）・田代（三郷町）といった山間部も制圧する。さらに、伊東氏の旧臣が籠もる日向最後の三納城（西都市三納）を陥落させると、恐怖に駆られた大友宗麟は、宣教師カブラルやアルメイダ、修道士らの嘆願を黙殺、本営の務志賀から一目散に豊後丹生島城に撤退する。義久は九州南部の薩隅日三カ国支配を確固たるものにし、名実ともに三州太守となった。

なびくがごとき九州国衆の帰順

十一月二十六日に佐土原城に戻り、二十九日に鹿児島に凱旋した太守義久は、よほど嬉しかったのだろう。日頃は浮ついたことを好まず沈着冷静・泰然自若とした、いわば苦み走った本人みずからこの大勝利を領国外の諸勢力に自慢する。毛利輝元や将軍義昭らにも「六カ国之族五万余騎」「六カ国之凶徒」を日向国で誅殺したと誇らしく伝えたのだ。

この大勝利によって、大友氏に帰属していた豊前城井谷《きいだに》城（福岡県築上町）の城井朝房、肥後隈本城（熊本市中央区）の城親賢《じょうちかまさ》、肥後宇土城（宇土市神馬町）の名和顕孝らが相次いで島津氏に帰順するのみならず、肥前佐賀城（佐賀市城内）の龍造寺隆信や筑前古処山城（福岡県朝倉市秋月野鳥《のとり》）の秋月種実《たねざね》、肥前勝尾城《かつのお》（佐賀県鳥栖市河内町）の筑紫広門らが大友氏に反旗を翻す。まさに泣きっ面に蜂が群がるように。さらに、北部九州六カ国守護ならびに九州探題にして九州随一の大大名大友氏は、大友一族・家臣団からも反発・離反を招き、その勢いをいちじるしく衰えさせてしまうのである。

かたや、落ち目の大友氏の厄介者と化した伊東義祐や次男祐兵《すけたけ》、嫡孫の義賢《よしかた》（日向伊東氏十三当主）・祐勝《すけかつ》兄弟と主従ら二十余人は、義祐の側室（祐兵の生母）の弟河崎祐長の手引きにより、伊予湯築城《ゆづき》（愛媛県松山市道後町）の河野通直のもとに身を寄せ、さらに祐兵は伊予国から播磨国に移り、羽柴秀吉に仕えることになる。

日向統治のための大所替え

日向国全域を制圧した太守義久は日向国内の統治を進めるため、大規模な所替え（領地替え・移封・転封）をおこなう。日向国総大将として末弟島津家久を薩摩国西端の串木野城から日向国の政治・軍事・経済・文化の中心たる大友義祐の居城であった佐土原城に移し、この佐土原城を中心として、山東一帯（宮崎平野）に地頭を配置していく（地頭衆中制の適用）。家老上井覚兼を薩摩国永吉から旧伊東氏全域の統括者として宮崎城（池内町）に、島津四勇将の一人鎌田政近を日向国南端の志布志城から大友氏の旧本拠都於郡城に、家老の山田有信を在城中の新納院高城に、樺山規久を大淀川南岸の要衝穆佐城《むかさ》に、吉利忠澄を薩摩国吉利（鹿児島県日置市）から入野（宮崎県綾町）に移すとともに、日向国北端の日向三城（門川・塩見・比知屋）を統括させる。また、自害に追い込まれた土持親成の嫡男親信を取り立てて再び縣松尾城の城主に据えた。

これら有力御一家・家臣らの日向国への所替えにともない、島津歳久が大隅国吉田（鹿児島市東佐多浦町）から大隅国祁答院（さつま町・薩摩川内市の一部）に、筆頭家老伊集院忠棟を伊集院（日置市伊集院町）から大隅国鹿屋《かのや》（鹿屋市）に移すのである。

織田信長と石山本願寺の和睦

太守義久が所替えに腐心していた頃、毛利方の備前岡山城（岡山市北区）城主宇喜多直家を信長に臣従させた織田家の中国方面軍司令官羽柴秀吉は、播磨姫路城（兵庫県姫路市）を居城として毛利輝元・吉川元春・小早川隆景ら毛利氏の勢力圏である山陽・山陰両道に軍勢を進めていた。また、畿内にあって大坂湾の制海権を掌握していた織田信長は、毛利水軍を完膚なきまでに叩きのめして石山本願寺への補給路を断ち、天正八年（一五八〇）閏三月七日に、その門跡顕如との間に和睦を成立させた。顕如は一向一揆の総本山石山本願寺を信長に明け渡し、翌四月に紀伊国鷺森御坊《さぎのもりごぼう》（和歌山市鷺ノ森）に退いた（将軍義昭による信長包囲網の崩壊）。

元亀元年から始まった石山本願寺との十年にわたる長い戦い（石山合戦）に勝利し、一向一揆を屈服させた信長は自身の覇業達成を本格化させる。信長は当初、長宗我部元親に対し、四国四カ国は戦国大名のしきたり通りに「切り取り次第」としていたが、一転これを良しとせず、元親に本領の土佐国および阿波南半国のみの領有を認めるものの阿波北半国と讃岐国の返却のみならず臣従を迫った。ところが元親はこれを拒否し、四国統一をめざして伊予国へ侵攻する。

翌天正九年（一五八一）五月三日、織田信長と近衛前久の配慮により、義久は正五位下から従四位下に昇叙される。義久はその気遣いに応じ、八月に大友宗麟と和睦する（豊薩和平）。これは石山本願寺を下した信長から前年八月十二日付で義久宛に、近衛前久もまた、大友宗麟・義統父子、島津義弘宛の書状を家司伊勢貞知に預け、再び薩摩へと下向させていたことによるものである。

島津軍、本格的に肥後侵攻を開始する

帰順した城親賢の要請を受けて肥後宇土半島の制圧を遂げていた太守義久は、肥後南部の要衝で相良氏の支城水俣城（熊本県水俣市古城《こじょう》）攻めを開始する。義久は八月十七日、薩州家義虎を先鋒に命じ、義弘・歳久・家久・川上久隅《ひさずみ》（川上氏十一代当主）・新納忠元・肝付兼寛（肝付氏庶流兼盛の嫡男）ら薩隅日の有力御一家・家臣を総動員して水俣城を包囲する。義陽は誼《よしみ》を通じる龍造寺隆信・政家父子に支援を要請したが間に合わず、島津軍四万の包囲に耐えきれずに球磨・八代・芦北三郡のうち葦北郡を割譲。さらに、子息の忠房と頼房を人質として差し出し、降伏した。

葦北郡を支配下に置いた義久は、肥後中部の阿蘇領への進出を本格化させ、その先鋒を臣従した証として相良義陽に命じる。だが義陽は、響野原《ひびきのはら》（宇城《うき》市豊野《とよの》町）で十二月二日に阿蘇氏の宿老で御船城（御船町御船）城主甲斐宗運《かいそううん》の奇襲を受けて討ち取られてしまう。相良氏の家督は、義久に赦された嫡男忠房が人吉城のある球磨一郡を与えられて相良氏十九代当主となったが、義久は八代郡を接収・直轄化し、貿易でにぎわう球磨川河口の徳淵津《とくふちのつ》（八代市本町）を有する交通の要衝古麓城（古麓町）を九州北上の本営とする。

義弘は古麓城と名和顕孝の宇土城、城久基《ひさもと》（龍造氏の侵攻に屈して十二月に死去した親賢の嫡男）

の隈本城との連絡路を確保するため、それら三城の中間にある堅志田城（美里町）を攻め立てたが攻略することができず、堅志田城の付城としてその西方五キロの地に花の山城（宇城市豊野町）を築城し、木脇祐昌を城将に任じて守備はもとより堅志田城の監視にあたらせた。こうして、それまで協調してきた龍造寺氏と島津氏が肥後国をめぐって対峙することになった。

その龍造寺隆信はこの天正九年、本拠の肥前国を中心に肥後北部・筑前南部・筑後・豊前西部・壱岐・対馬にまで勢力を拡大し〝五州二島の太守〟とみずから称し、その目に余る横暴な仕打ちに近隣では〝肥前の熊〟と呼ばれて恐れられるようになっていた。また、この天正九年、義弘の長女御屋地が嫁いだ北郷相久《すけひさ》が、父時久と対立の末に居城の安永城（宮崎県都城市庄内町）を包囲されて自害した。理由は「相久に謀反の意思有り」と讒言した家臣の言葉を時久が信じたとされるが、正確には不明。御屋地は城が包囲される前に父義弘のもとに帰されている。その御屋地はのちに時久の実弟豊州家六代当主島津朝久に再嫁することになる。

本能寺の変と織田政権の消滅

天正十年（一五八二）三月十一日、七年前の長篠設楽原の戦いで織田・徳川連合軍に壊滅的な敗北を喫し、追い詰められていた武田勝頼・信勝父子が天目山麓の田野（山梨県甲府市大和町）で織田信長の関東方面軍総司令官滝川一益に討ち取られた。武田信勝の死によって新羅《しんら》三郎義光（八幡太郎義家の実弟）を始祖とする甲斐の名門武田嫡流家は滅亡する。

徳川家康は武田氏攻略の戦功により、信長から駿河一国を与えられて三河・遠江・駿河三カ国を領有することになり、滝川一益は武田氏の旧領のうち上野一国と信濃国二郡を与えられて厩橋城（のちの前橋城。群馬県前橋市）に入城する。

家康は五月十五日、駿河国拝領の御礼言上のために安土城におもむき、信長は祝宴を催して家康をもてなしたが、その饗応役を命じられた明智光秀は信長の怒りを買って毛利征伐中の羽柴秀吉の援軍を命じられる。

ところが、光秀は六月二日未明、上洛して本能寺（中京区元本願寺南町）に滞在中の信長を急襲。信長は寺に火を放って自害（本能寺の変）。信長の享年は宿敵上杉謙信と同じ四十九。信長の嫡男信忠も本能寺北東の二条新御所（二条殿町）に火を放って自刃。二人の非業の死によって織田政権は崩壊する。

堺にあった家康は「光秀謀反・信長横死」を知り、わずか三十数人の供回りのみをともない、光秀の討手と落武者狩りをかわしながら伊賀国の山道を越え、伊勢国からは海路を採り、四日に岡崎城に辛うじて帰還することができた。

天下人になった明智光秀ではあったが、毛利氏麾下の備中高松城（岡山市北区）を包囲・水攻め中に、毛利氏と和睦していち早く馳せ戻った羽柴秀吉により、わずか十一日後の六月十三日に山崎の戦い（京都府長岡京市・大山崎町）で敗北、落武者狩りに遭遇してあっけない最期を遂げた。

一方東国では、小田原城主北条氏直（北条氏五代当主）が、五万の軍勢を率いて滝川一益の上野国に侵攻していた。対する一益は一万八千の軍兵で北条軍を迎え撃ったが、六月十九日の武蔵国神流川《かんながわ》の戦い（埼玉県上里町）で敗北。敗走する一益を追って氏直は信濃国に進攻したが、越後国から急遽南下してきた上杉景勝とは決戦を避けて和議を結び、甲斐国を掌握するため馬首を返す。徳川家康もその甲斐国を攻略するため、浜松城から軍勢を率いて北上した。ところが戦線が膠着状態に陥ったことで、十月二十七日に、上野国を北条氏直が、甲斐・信濃両国を家康が領有し、家康の次女督姫が氏直に嫁ぐことで和睦が成立。北条氏と縁戚・同盟関係を結んだ家康は、それまでの三河・遠江・駿河に甲斐・信濃両国を加え、五カ国を領有する大大名となった。家康の庇護下にあった前太政大臣近衛前久は、遠江国浜松から島津義久・義弘兄弟にこの頃の家康の勢威を書き送っている。信長と親しかった前久は、本能寺の変後に落飾して「龍山」と号し、家康を頼って浜松に下向していたのである。

清州会議と羽柴（豊臣）政権の樹立

徳川・北条両氏の和睦が成る四カ月前の六月二十七日、織田家の継嗣およびその遺領配分を決める会議が清州城で開かれた。列席した織田家重臣は柴田勝家・丹羽長秀・池田恒興・羽柴秀吉の四人。神流川の戦いで惨敗した滝川一益は伊勢への敗走中につき不参加だった。この清州会議では、織田家の遺領が次男織田信雄《のぶかつ》と三男信孝、四人の重臣に分割譲与されたのはもちろん、主君織田信長の〝弔い合戦〟に勝利した秀吉の推す、横死した信長の嫡男忠信の遺子で三歳の三法師（秀信）が織田家の家督継承者に決まり、また、浅井長政の継室だった市が柴田勝家に再嫁することも決まり、娘の茶々・初・江《ごう》の浅井三姉妹とともに越前北ノ庄城で暮らすことになった。

ところが翌天正十一年（一五八三）四月、織田信雄と手を結んだ秀吉が、織田信孝を擁する勝家と対立し、賤ケ岳《しずがたけ》の戦い（滋賀県長浜市）でその勝家を撃破、北ノ庄城で市とともに自害に追い込んでしまうのである。この勝利によって秀吉は、主君織田信長が築き上げた権力および統治体制を一手に握ってその後継者となり、天下人へとひた走り「羽柴（豊臣）政権」を樹立することになる。なお、のちのことだが、茶々は秀吉の側室に、初は従兄の京極高次（佐々木導誉の子孫。のちの若狭小浜藩初代藩主）の正室に、江は二代将軍徳川秀忠の継室となる。

頼みの綱の柴田勝家を失った三男信孝はというと、清洲会議で得た岐阜城を兄信雄に明け渡して尾張国野間に逃れたものの自害に追い込まれてしまう。七月には、柴田勝家・信孝亡きあとも伊勢長島城で秀吉軍を相手に孤軍奮闘していた滝川一益が降伏。一益は秀吉に全所領を没収されて剃髪、越前で一時蟄居謹慎の身となる。

秀吉は九月、天下統治の新たな拠点として、石山本願寺の跡地に五層六階の天守を備える大坂城の築城を開始する。また秀吉は、人質として小早川秀包《ひでかね》（毛利元就の九男で異母兄小早川隆景の養子）と吉川広家（吉川元春の三男）が送られてきたことにより、備中で毛利氏と和睦を結んだ際に未解決だった、秀吉と毛利氏間の領地配分（国境画定）いわば「中国国分《くにわけ》」交渉を開始。秀吉が譲歩したことによって、毛利氏は安芸・備後・周防・長門・石見・出雲・隠岐七カ国に加え、備中・伯耆両国の西部半国計八カ国百十二万五千石を領有する西国随一の大大名となった。しかしその一方で、秀吉との主従関係が成立し軍役を強いられることになる。

二　九州制覇への道

龍造寺隆信との和睦と対決

　肥後国をめぐり、島津・龍造寺両氏の対峙が続いていたことで、秋月種実はこの天正十一年九月二十七日、両氏の衝突を回避するため、種実と龍造寺隆信が島津義久を「九州之守護」として仰ぎ、つまり、島津義久による九州支配を認めるとともに、大友氏をともに討つことを提案する。これを受けて龍造寺・島津両氏の間で十月に和睦が成立。菊池川（熊本県北部）を境に、島津氏は肥後国の南東部を、龍造寺氏は同じく北西部を領有することが定まる。とともに九州は、大友・龍造寺・島津三氏が鼎立する形勢となる。

　その龍造寺隆信の横暴・圧迫に耐えかねた肥前日野江城（長崎県南島原市北有馬町）城主有馬晴信（ドン・プロタジオ）は、島津義弘の家老川上久隅（四十八年前の天文四年に本宗家十四代当主勝久に切腹させられた昌久の嫡男。川上氏十一代当主）を大将とする島津勢の援軍を得て、北方八キロに位置する龍造寺方の深江城（深江町）を攻め立てていた。隆信は深江城救援と有馬討伐のために軍勢を差し向けたが、有馬攻略は遅々として進まなかった。業を煮やした隆信は有馬・島津連合軍との開戦を決意、島津氏との和睦は破綻する。

　一方晴信は、島津軍の九州北上の前進基地八代の古麓城に在陣中の義弘にさらなる来援を依頼。翌天正十二年（一五八四）二月、要請を受けた義弘は「島津軍の主力が動けば、弱体化したとはいえ大友軍が南下してくるに相違ない」と警戒を強め、末弟の島津家久を総大将に任じ、その嫡男豊久や島津彰久《てるひさ》（以久の嫡男）、薩州家義虎、新納忠元・忠増父子、伊集院久信、頴娃《えい》久虎、猿渡信光、鎌田政近、川上忠智・忠堅父子・肝付兼寛（兼盛の嫡男）らにわずか四千の軍勢を与えて送り出す。

三月十三日、家久率いる島津軍は海路、深江城北方に位置する有馬方の安徳城（島原市安徳町）に入城。対する隆信は十九日、軍勢二万五千を率いて隠居城の須古城（佐賀県白石町）を出陣し、龍王崎（白石町深浦）からは海路を採り、翌二十日に島原半島北部の神代《こうじろ》（雲仙市国見町）に上陸する。

こうして、北進する島津・有馬連合軍七千と南進する龍造寺軍二万五千が島原半島北東岸の沖田畷《おきたなわて》（北門町）で激突することになった。

奇跡の勝利、沖田畷の戦い

三月二十四日、戦場となる地形を見切った島津家久は、大軍を展開することが困難な隘路に龍造寺軍を誘い込んで挟撃する、島津軍必殺の釣り野伏戦法で挑む。猜疑心が強く勘の鋭い隆信ではあったが、敵が少勢なのを侮り、家老鍋島直茂の諫めも聞き入れず、しかも、湿地と深田の入り組んだ不利な地形にもかかわらず攻撃を強行。海上からはイエズス会が提供した国崩しで有馬晴信軍が龍造寺軍を砲撃。家久は、龍造寺軍が射程距離内に入ると、潜ませていた左右の伏兵に火縄銃をいっせいに発砲させ、混乱に陥ったその龍造寺軍に襲い掛かった。不甲斐ない龍造寺軍に苛立った隆信は、みずから乱戦の中で指揮を執ろうとしたが、床几から立ち上がったところを川上忠堅に槍で突かれ、その首級を挙げられた。

圧倒的有利にあったはずの合戦で、肥前の熊を称し、五州二島の太守を号した総大将龍造寺隆信の討死という思いもよらぬ事態に、龍造寺軍は瓦解・敗走する。この乱戦の中で〝龍造寺四天王〟の成松信勝、百武賢兼《ひゃくたけともかね》、江里口信常、円城寺信胤は壮烈な死を遂げた（沖田畷の戦い）。なお、この合戦では、元服前の家久の嫡男豊久が初陣を飾り、老将新納忠元の後見のもとではあったが敵の首級を一つ挙げている。

龍造寺隆信の家老鍋島直茂は筑後柳川城（福岡県柳川市本城町）に退いたあと、佐賀城に拠る隆信の嫡男政家を援け、島津氏との間に和議を結ぶ。

家久が沖田畷の戦いで龍造寺軍を撃破した結果、島津・大友・龍造寺三者の均衡が大きく崩れ、島津氏に対し、隆信に従属していた肥前・肥後・筑前の有力国衆が、島津氏との関係を強化するため和睦・服属を請うようになる。

小牧・長久手の戦いと四国平定、秀吉の関白就任

賤ヶ岳の戦い後の織田信雄は、兄信忠の嫡男三法師を織田家の継承者として推戴する羽柴秀吉と対立し、徳川家と結んで秀吉に対抗していた。沖田畷の戦いがおこなわれた天正十二年三月、遠江国では、信雄・家康連合軍が小牧山城（愛知県小牧市）に本陣を置き、秀吉軍は小牧山北方の楽田（犬山市）に本陣を敷いた。両軍とも小競り合いはあったが全面衝突のないまま睨み合いが続いた。業を煮やした秀吉の別働隊が、家康不在の本拠地三河を攻めようとしたが、それを見破った家康は四月九日、長久手（長久手市）で挟撃し、激戦の末に打ち破った。その後、両陣営は対峙を続けていたが、秀吉の計略にはまって追い詰められた信雄は、十一月十五日に家康に無断で秀吉と和睦してしまう（小牧・

長久手の戦い)。信雄を擁して秀吉と戦っていた家康も大義名分を失って秀吉と和睦、岡崎に帰った翌十二月に次男の於義丸(のちの結城〈松平〉秀康)を秀吉の養子、いわば人質として大坂に送ることになった。

背後への気遣いのなくなった秀吉は翌天正十三年(一五八五)三月、戦国一の鉄砲傭兵集団雑賀衆を壊滅させて紀伊国を掌握、織田信長の死によって中止されていた四国征伐を再開する。秀吉は六月、四国をほぼ掌握した長宗我部元親に対し、異父弟の秀長を総大将とする有力諸大名ら十万の大軍を四国に送り込む。元親はその征伐軍にまったく歯が立たず、七月二十五日に降伏。秀吉は「四国国分」いわゆる領地再配分をおこなう。おもなものは、蜂須賀家政に阿波国徳島十七万五千石を、仙石秀久に讃岐国十万石を、十河存保《そごうまさやす》にその讃岐国内の十河(高松市)三万石を、小早川隆景に伊予国三十四万石を与え、元親には土佐一国二十万石のみを安堵した(四国攻め・四国平定)。

四国攻め遂行中の七月十一日、朝廷工作を進めていた秀吉は、摂関家である近衛前久の猶子となり、藤原姓を得て武家として初めての「関白」に叙任された。その「武家関白」がみずから十万の軍勢を率いて越中国に出陣し、小牧・長久手の戦いのさなかに家康方に寝返った佐々成政《さっさなりまさ》の富山城を攻め立て、八月に降伏させた(富山の役)。成政は妻子とともに大坂に移住させられ、秀吉の御伽衆《おとぎ》(話相手)の一人となる。秀吉は東の東海(愛知・岐阜・三重の東海三県)、西の中国、北の北陸、南の四国にまでおよぶ、九州を除く広大な領域を勢力範囲に収めることになった。この天正十三年八月五日、中国地方を流浪していた伊東義祐(日向伊藤氏十一代当主)は病に罹り、船で次男祐兵の屋敷のある堺をめざしていたが、船中で病衰し船頭に浜辺に捨て置かれて病没する。享年七十。

義弘の名代就任（両殿体制）と肥後国の掌握

関白秀吉による雑賀攻めさなかの天正十三年（一五八五）二月、将軍義昭は、島津義久を「九州太守」に任命するという条件で帰洛時の支援ならびに大友攻めを命じる。その義久は、八代の陣中にある義弘を「名代」すなわち自身の代理人であると同時に「次期家督継承者」に指名する。義弘は悩んだ末に、指名されてからおよそふた月後の四月十九日になって名代就任を受諾。これによって島津氏は、太守義久と名代義弘による「両殿」体制となった。七月二十五日、島津一門の重鎮薩州家義虎が病没する。享年五十。家督は嫡男忠辰《ただとき》（生母は義久の長女御平）が継承して薩州家七代当主となる。

八月十三日、甲斐宗運の病死（天正十一年〈一五八三〉七月五日）後に阿蘇氏の筆頭家老となった、その嫡男で御船城主の甲斐親英は、父宗運の「阿蘇氏の本拠で固く守りに徹せよ」という遺命を守らず、大友氏に応じて島津軍が築いた花の山城を阿蘇勢八千をもって攻め落とし、城将木脇佑昌や救援に駆けつけてきた鎌田政虎（政近の嫡男）らを敗死させた。

親英に報復するため、義弘を総大将とする島津軍主力が出陣する。島津軍に花の山城を奪還され、堅志田城も落とされると、その勢いに圧倒された親英は、御船城を放棄し、西方七キロの隈庄《くまのしょう》城（熊本市南区）に逃げ込んだ。しかし、その城を開城、和睦交渉中に捕らえられて八代に連行・抑留される（秀吉の島津征伐〈後述〉後に開放されて御船城を回復）。

名代義弘率いる島津軍は閏八月、赤井城（益城町赤井）・木山城（寺迫）を攻略し、合志城（合志市上庄）をも開城させると、肥後中部に散在する〝阿蘇二十四城〟の多くが相次いで開城、阿蘇領内は総崩れとなり、さらに、阿蘇氏の本拠岩尾城（山都町城原）が攻め立てられると、二十九日に三歳の阿蘇惟《これ》光《みつ》（阿蘇氏二十二代当主）が降伏、弟の惟善《これよし》とともに母に抱かれて阿蘇氏の居館浜の館（城平）から南方の目丸山に逃れた（阿蘇合戦・阿蘇の目丸落ち）。

その閏八月、日向にあった家久は、兄義弘の阿蘇領制圧を側面から支援するため、日向三城（門川・塩見・比知屋）から進軍して肥後・豊後・日向三カ国の境にあたる日向国北西端の三ヶ所（五ヶ瀬町）を掌握し、大友勢による肥後国への援軍派遣を阻止していた。さらに、家久は北上を続け、大友配下の国衆で中山城主の三田井親武を降伏させるのである。

肥後国では、最後まで徹底抗戦していた阿蘇氏の重臣高森惟直が、城外に討って出て新納忠元に挑んだものの討死し、その居城高森城（高森町）も落城する。このとき忠元は、大友氏が肥後の国衆を調略し島津氏に敵対していた証拠となる密書を発見。大友氏討滅の大儀名分を得た義久は、筑後さらには筑前への出陣を開始する。

秀吉の惣無事令と宗麟の嘆願

一方、天皇の名代として関白秀吉は、領地をめぐる大名間の「私戦」を禁じるため、十月二日付で「惣無事令（停戦命令）」を九州の諸大名に対して発令（関東・奥羽の諸大名には二年後の天正十五年十二月）、太守義久には「双方（大友・島津）の言い分は天皇に聞きとどけられ、追って沙汰がある。まずは弓箭《きゅうせん》を収めよ。従わねば必ず、天皇の名においてこの秀吉が成敗する」という正親町天皇の叡慮に基づく命令書がとどけられた。

待ってましたとばかりに大友氏が惣無事令に飛びついたのに対し、勢いに乗る島津氏は翌天正十四年（一五八六）正月、「源頼朝以来の名門島津が秀吉ごとき〝成り上がり者〟を関白として礼遇せず」と表明。とはいえ天皇の意向である。返事をしないわけにもいかず、太守義久は鎌田政弘を大坂城の秀吉のもとに派遣し「合戦は大友氏や龍造寺氏、阿蘇氏に対するやむを得ない防衛戦である」と弁明させた。その秀吉は、島津氏に対し、本領の薩摩・大隅両国のほかに日向国半国および肥後・豊前の各半国を与えるという調停案を提示する。しかし島津氏は、九州のほぼ全土が島津氏の支配下にあるという現実を無視したその調停案に反発し、のらりくらりと黙殺。

日増しに募る島津氏の強圧にさいなまれた大友宗麟は、すでに茶器の名品「新田肩衝《かたつき》」「筑紫茄子」ならびに名刀「骨喰《ほねばみ》」などを贈呈していたが、みずから大坂城に出向き、四月六日には、天下統一にひた走る秀吉に臣下の礼をとり、島津討伐軍の派遣を懇願。秀吉は自慢の〝黄金の茶室〟に宗麟を招き、千利休の点前《てまえ》で、次に自身の点前で茶を点てて饗応し、その後天守へ、さらに、自身の華麗豪奢な寝室にまで案内して歓待した。その頃の秀吉は、講和後も臣従の要求を拒み続ける家康を懐柔するため、異父妹の朝日（旭）姫を佐治日向守（もとは尾張国の農民）と強引に離縁させ、家康に嫁がせる交渉を終えたばかりで機嫌がよかったのである。翌五月、四十五歳の家康は四十四歳の朝日姫をしぶしぶ継室として迎えた。

ところが家康は、秀吉と義兄弟になったとはいえ、上洛の気配さえ見せなかった。しびれを切らした秀吉は、七十六歳の老母大政所の仲を朝日姫の見舞いと称し、岡崎城に人質として送る。家康は、関白の実母と異父妹が人質に送られてきたとあってはこれ以上固辞することは得策ではないと判断し、重い腰を上げてようやく上洛、十月二十七日に大坂城で秀吉に謁見し、諸大名の面前で臣従する姿を示す。背後の憂いが消えた秀吉は、惣無事令を無視する「島津征伐（九州攻め・九州平定）」に動く。まず、黒田如水を豊臣軍の軍監とする毛利輝元らの中国勢と長宗我部元親らの四国勢を九州に先発させた。

筑前岩屋城の壮烈な戦い

関白秀吉が徳川家康の上洛に気を揉んでいた六月十三日、太守義久は、その秀吉到着以前に島津軍によって九州全土の平定を成し遂げるため、大友氏の勢力が残存する筑後、さらには筑前への出陣を決定する。義久は二十六日、みずから出陣して七月二日に義弘・歳久らの拠る肥後国八代の古麓城に入城する。このとき末弟の家久は佐土原城で、吉利忠澄は塩見城で豊後出陣に備えて日向国に残留していた。

すでに、先鋒の島津忠長《ただたけ》・伊集院忠棟・島津忠隣《ただちか》（義久の長女御平と義虎の次男。歳久の長女蓮秀夫人を正室として歳久の婿養子となる）・北郷忠虎（時久の次男。時久に自害させられた相久の実弟。北郷氏十一代当主）・喜入季久（喜入氏五代当主）・老将新納忠元・樺山忠助・川上忠堅・肝付兼寛らの大将以下三万の軍勢は、大友方に寝返った筑後の筑紫広門（大友氏の重臣高橋紹運の次男統増《むねます》に娘加祢《かね》姫を嫁がせて縁戚となる）を攻めるべく高良山に本陣を敷いていた。

島津軍は六日、筑後川を渡河して広門の支城肥前鷹取城（佐賀県鳥栖市牛原町）を攻め立てて落城させる。初戦に勝利した島津軍は、広門の本拠勝尾城（河内町）に攻め寄せ、十一日に勝尾城を攻略して広門を捕虜とし、筑後大善寺（福岡県久留米市大善寺町）に幽閉する。

翌十二日、天拝山（筑紫野市）に北進した島津軍の次の標的は、大友氏の筑前支配の最重要拠点にして長年孤軍奮闘してきた智将高橋紹運（大友氏庶流）の拠る岩屋城（太宰府市観音寺）であった。急峻な岩屋山頂に築かれた岩屋城攻めには、大友氏を見限って島津氏の軍勢催促に応じた筑前の秋月種実や豊前の城井《きい》朝房、肥前の龍造寺政家、肥後の名和顕孝らの軍勢に上井覚兼率いる日向勢も駆けつけて加わった。

島津忠長・伊集院忠棟を総大将とするその島津軍四万が、紹運以下わずか七百六十三の城兵が守る岩屋城を包囲する。高城川・耳川の戦いで紹運は、実兄吉弘鎮信と義兄斎藤鎮実（妹の宗雲院が紹運の正室）を失っていた。紹運にとってこの戦いは仇討ちでもあった。おいそれと引き下がることはできなかったのである。総大将の忠長は、紹運の武将としての器量を惜しみ、何度も降伏勧告状を送ったが、紹運は「笑止千万、片腹痛し」と一蹴する。また、忠長による降伏勧告には別の意図があった。忠長は、岩屋城に籠もる守備兵の士気があまりにも高いため、このまま攻め寄せては激しい抵抗による島津軍の多大な犠牲が免れないことを恐れたのである。

しかし、二十四日に捕らえた〝山くぐり（密使）〟の隠し持つ紹運宛の書状に「秀吉に派遣された毛利軍の先鋒が長門の赤間関に到着、いましばらく持ちこたえよ」と記されていた。毛利軍進攻を知った忠長は二十六日、秋月種実や名和顕孝らとともに、岩屋城に一斉射撃を加えて下栫《しもかこい》を破却、翌二十七日には総攻撃に転じる。島津軍は、樺山忠助と寺山久兼が投げ落とされた大石によって兜を砕かれ、上井覚兼は顔面に銃弾を受け、山田有信らも深手を負うなど、多数の負傷・犠牲者を出しながらも城に攻め入り、屍の山を乗り越え、詰丸を取り囲む。すると、紹運は高櫓《たかやぐら》に登り、割腹して果てた。城兵七百六十三人は討死もしくは自害し、岩屋城はついに陥落する（岩屋城の戦い）。

島津軍、筑前国から撤退する

高橋統増《むねます》（高橋紹運の次男）の拠る岩屋城東方五キロの宝満山城（太宰府市北谷）はというと、八月六日、義父の筑紫広門が島津軍の捕虜となったことで降伏勧告を受け入れて開城し、統増とその正室加祢姫、生母宋雲院は人質として島津歳久領の祁答院に幽閉されることになる（のちに救出）。

岩屋城の戦いにおける島津軍の被害は甚大で、三千七百余人が戦死したが、忠長らが率いる三万数千の軍勢は、立花宗茂（高橋紹運の嫡男で統増の実兄）の拠る国際貿易港博多を押さえる要衝立花山城（福岡市東区下原）に向かって進軍する。忠長は八月中旬に立花山城の東方八キロに位置する、空き城となっていた高鳥居城（糟屋郡須恵町）に陣をかまえると直ちに包囲し、同時に立花山城に籠城する宗茂に開城・降伏勧告状を送る。

しかし宗茂は、山くぐりによる「毛利軍の来援近し」の急報を受けていたため、三千余の兵力で城の防備を固める一方で、重臣内田鎮家《しげいえ》を人質として島津軍に送るなど、毛利軍が来援するまでの時間稼ぎを謀った。

島津軍が立花山城を包囲しているさなかの二十四日、その毛利軍が小倉に進軍。岩屋城の戦いで消耗していた島津軍は、やむを得ず包囲を解いて博多へ、翌二十五日には、筑前からの豊後攻略をあきらめて博多から南下し、肥後口と日向口からの豊後侵攻に切り替えることになる。

島津軍の撤退を知った宗茂は、立花山城から軍兵を率いて出撃し、守備を託された筑前兵が堅守する高鳥居城のみならず宝満・岩屋両城の奪還にも成功する。しかも、このどさくさに紛れて筑後大善寺から逃走した筑紫広門により、その居城勝尾城をも奪い返されてしまうのである。なお、この岩屋城攻めには、毛利軍の先鋒として豊臣軍の軍監黒田如水が加わっていたが、その先導役は日向国復帰の悲願に燃える伊東佑兵であった。

九月九日、京では関白秀吉が正親町天皇から「豊臣」の姓を下賜された（十二月二十五日には平清盛・足利義満に次いで武家として三人目となる太政大臣に任じられる）。

豊前小倉に進行した毛利輝元や吉川元春・元長父子、小早川隆景ら毛利軍は、高橋元種（秋月種実の次男。高橋鑑種の養子）の守備する小倉城（北九州市小倉北区）を包囲すると、十月四日に元種は小倉城を開城し、その小倉城には、毛利勝信（秀吉の家臣）が入城する。元種はその後、居城香春岳《かわらだけ》城（田川郡香春町）に籠もるものの、毛利軍に対して開城することになる。

島津軍、豊後攻めに転換する

半月ほど前の九月十八日、豊後国では、関白秀吉に出陣を命じられた軍監仙石秀久や十河存保《そごうまさやす》、長宗我部元親・信親父子らおよそ六千の四国勢が海路沖之浜（大分市）に上陸し、豊後府内で大友義統の軍勢と合流していた。

十月十四日、鹿児島にあった太守義久は名代義弘と佐土原城主の末弟家久に大友攻撃を命じ、その指揮を執るため、内城を出陣して都於郡城を本陣とする。

家久を「日向口の総大将」とする島津軍一万八千は、十月十八日に縣から国境の梓峠を越えて日向街道沿いに豊後国宇目に進攻し、朝日嶽《あさひだけ》城（佐伯市宇目）の柴田紹安を寝返らせた。家久は朝日嶽城を接収して土持親信《ちかのぶ》（縣松尾城主）を城主に据え、二十六日には三重松尾城（豊後大野市三重町）を開城させて本陣とし、城周辺の諸城を制圧する。

その後、家久は軍を二手に分け、伊集院久宣《ひさのぶ》（忠朗《ただあき》の従兄弟）・白浜重政《しげまさ》・野村文綱ら三千を宗麟の本拠丹生島城（臼杵市臼杵）の支城である〝女城代〟妙林尼（夫の吉岡鎮興は高城川・耳川の戦いで討死。子息で城主の吉岡統増《むねます》は丹生島城に籠城中）が守備する鶴崎城（大分市南鶴崎）攻略に向わせ、自身は本隊を率いて豊後府内に北進し、利光宗魚の拠る戸次川右岸の鶴賀城（大分市上戸次《かみへつぎ》）に南隣する梨尾山に布陣。十二月六日、豊後府内と丹生島城を結ぶ要衝に位置する鶴賀城を包囲した島津本隊は総攻撃を開始し、二の丸・三の丸を落として本丸に迫った。しかし、翌七日に宗魚を鉄砲で撃ち取ったものの落城させることはできずにいた。

かたや「肥後口の総大将」島津義弘は、実弟歳久・島津忠長・島津以久・伊集院忠棟・新納忠元ら二万五千を率い、十月二十一日に豊後国と境を接する肥後国野尻（熊本県高森町）に着陣。ここから先は、すでに義弘に内応していた入田《にゅうた》宗和（父親誠《ちかざね》は宗麟によって殺害）や志賀親度《ちかのり》（南郡衆筆頭親《ちか》守《もり》の子）の手引きを受けて豊後国南郡に進攻する。その義弘は津賀牟礼城（竹田市入田）と鳥屋城（豊後大野市朝地町）を攻め取ったものの、岡城（竹田市竹田）のわずか千五百足らずの城兵に撃退されて攻略できず、鶴賀城を包囲中の家久率いる島津軍との合流を阻まれてしまう。岡城攻略をあきらめた義弘は鎧嶽城（豊後大野市大野町）を降して西に軍勢を進め、山野城（朽網《くたみ》城・竹田市久住町仏《ぶつ》原《ばる》）とその南方の白仁《しらに》城（南山城・白丹）を降し、十二月二十四日に朽網に本陣を敷いた。

家久、豊後戸次川の戦いに勝利

城主利光宗魚を喪って四日後の十二月十一日、日向口の総大将家久率いる島津軍一万五千余騎の攻撃に耐え続けている鶴賀城救援のため、四国勢と大友勢が府内から出陣、戸次川西岸に陣を敷く。その数は四国・大友両勢は合わせて六千騎。それを見た島津家久はいったん鶴賀城の包囲を解き、前哨部隊を戸次川右岸に残し、他の軍兵を鶴賀城から四キロ南方の坂原山に退かせた。

十二日夕刻、大友義統に鶴賀城救援を要請された仙石秀久は、軍議の席で戸次川渡河を主張。秀久は軍監であるにもかかわらず、島津軍の精強さを聞き及んでいた長宗我部元親の諫めも聴き入れず、後続の蜂須賀家政・加藤嘉明・脇坂安治らが率いる一万余騎の到着を待つこともせず、そのうえ、関白秀吉に島津軍との交戦を禁じられ〝懸留《かけどめ》（引き留める）〟しておくようきつく命じられているにもかかわらず、仙石隊を先頭に、二陣の十河隊、元親の嫡男長宗我部信親率いる土佐隊先鋒、その勢いに引きずられた元親の土佐隊主力は、戸次川東岸に布陣する島津軍の前哨部隊を少勢と侮り、戸次川を強行渡河した。

しかし、その逃げ散る前哨部隊は囮だった。家久は、伏兵の潜む場所まで追撃隊を引き入れて一気に殲滅する、島津軍のお家芸釣り野伏戦法をもちいたのである。四国勢が戸次川を渡河中に、突如、川の上流と下流から現れた島津軍の伏兵によって仙石隊が瞬く間に粉砕されると、取り乱した仙石秀久は、あろうことか真っ先に逃げ出してしまう。

長宗我部信親率いる土佐隊先鋒は、島津軍主力と正面から激突。その大軍を押し返し、以降は乱戦となる。ここに元親率いる土佐隊主力が突入できれば押し切れるはずだったが、島津軍の新手として伊集院久宣隊が側面から突き入って土佐隊先鋒と土佐隊主力を分断。信親の部隊は孤立してしまった。

主将を失った仙石隊は、山間を迂回してきた本庄主税助《ちからのすけ》に側撃されて防戦一方で、十河存保も討死し、長宗我部信親は河原に踏みとどまり、馬を棄て、大薙刀と大太刀で群がり迫る島津兵を切り捨てて奮戦していたが、衆寡敵せず信親は新納忠元の軍奉行鈴木大膳に討ち取られてしまった。この戦いで四国勢の死者は二千七百余、長宗我部元親・信親父子麾下では名だたる忠臣七百が戦死する。嫡男信親を失った長宗我部元親は、自刃しようとしたものの家臣に止められ、船で伊予国日振島（愛媛県宇和島市）に逃げ落ち、秀久は領国の讃岐にまで逃げ帰り、大友義統は、父宗麟が丹生島城で、家臣らがそれぞれの支城で奮戦しているにもかかわらず、本拠府内を放棄し、実弟田原親盛（宗麟の三男）の拠る豊前妙見嶽城（宇佐市院内町）にまで逃げ込んだ。

翌十三日、府内を制圧した家久は、島津本隊を率いて宗麟の本拠丹生島城包囲に向う。しかし家久は、フランキ砲による徹底抗戦の前に丹生島城を陥落させることができず、戦況が膠着状態に陥ると憂さ晴らしに城下の聖堂を焼き、十字架を切り倒して府内に戻った。

三　凶徒島津の敗北

関白秀吉自身による島津征伐が始動する

筑前国から退いたとはいえ、豊臣軍の先鋒である大友・四国両勢を戸次川で破った島津軍の総帥義久は、九州平定を目前にし、実質的な「九州太守」「九州守護」の座を握る寸前にまできていた。天正十五年（一五八七）正月元旦、その義久は日向塩見城で、名代義弘が豊後朽網で、歳久は豊後白仁城で、家久が豊後府内で、それぞれがそれぞれの想いを胸に馳せ、新たな年を迎えていたと思われる。義久五十五歳、義弘五十三歳、歳久五十一歳、家久は四十一歳。

同じ正月元旦、大坂城では、関白豊臣秀吉が年賀祝儀の席で島津征伐の部署を定めていた。二十五日に宇喜多秀家（直家の次男で秀吉の猶子。正室豪姫は前田利家の四女で秀吉の養女。備前岡山城主）率いる一万五千が、二月十日には、異父弟の豊臣秀長率いる軍勢が九州に向けて順次出陣する。

京の留守を甥の豊臣秀次（秀吉の同父姉日秀尼の長男）と前田利家に任せた秀吉は、三月一日に大坂城を出陣し、二十五日に赤間関に到着。最新式の軍備に豊富な兵糧を備えた豊臣軍の総勢は畿内および北陸道・東山道・東海道・山陰道・山陽道など三十七カ国から動員され計二十五万余にのぼっていた。この日の軍議で豊臣軍は、秀長率いる「東部方面軍」が豊後・日向方面に、秀吉率いる「西部方面軍（本軍）」は筑紫から筑後・肥後方面に分かれて侵攻することが決まった。

東部方面軍は豊前国小倉を経て豊後国に入り、先着していた毛利輝元・小早川隆景・吉川元長（元春の嫡男）らの毛利勢や宮部継潤・黒田如水・蜂須賀家政・加藤嘉明・宇喜多秀家、逃げ落ちていた大友義統らと合流。この東部方面軍十五万の豊後到着により、島津軍の攻撃に屈しなかった岡城の志賀親次や栂牟礼《とがむれ》城（佐伯市弥生）の佐伯惟定（祖父宗天と父惟真は高城川・耳川の戦いで戦死）、鶴崎城の妙林尼などが勢いづき、朝日嶽城が佐伯惟定によって奪還され、城主土持親信が討死してしまう。

島津軍、豊後国どころか肥後国からも撤退する

豊後国朽網にあった肥後口の総大将義弘は、同国南西部の玖珠郡《くす》（玖珠町・九重町）全域の攻略をあきらめ、正月早々に攻め落として本陣とした野上城（九重町）から三月十二日に豊後府内に入り、家久と談合。家久は三重松尾城に退くことになり、野上城に残留していた新納忠元や桂忠詮《ただのり》らは、肥後口から撤退を開始する。

白仁城を守備していた島津歳久は、手足が痺れる風疾に罹って歩行困難となり、輿に担がれて肥後に向けて撤退を開始、大友勢の追撃にさらされながらも三月二十五日に坂梨（熊本県阿蘇市一の宮町）に戻った。しかし大友勢の追撃はやまず、窮地に陥ってしまう。そのとき先に撤退していた新納忠元・伊集院久信・町田久倍《ひさます》（町田氏十八代当主）らが救援に駆けつけ、大友勢を迎撃してようやく落ち着くことができた。だが、肥後も安泰ではなかった。関白秀吉に通じた龍造寺政家が筑後のみならず肥後の国衆をも調略していたため、薩摩国に撤退途上の隈庄《くまのしょう》（熊本市南区）で殿軍の宮原景種が討ち取られてしまったのである。

歳久らが撤退中の三月十五日、将軍義昭は、高野山の木食《もくじき》上人（応其《おうご》）と家臣の一色昭秀を豊後府内に遣わし島津義弘に和議（実質的な降伏）を勧めていたが、義弘配下の諸将は応じず、徹底抗戦を選んで破談となっていた。

しかし、すでに豊後・日向国境の朝日嶽城は奪還され、府内東方の鶴崎城を開城、守備していた伊集院久宣や白浜重政、野村文綱らも妙林尼の詭計にはまって撤退に失敗、討死していた。戦況の不利を覚った義弘はこの十五日午後六時、府内諸所に火を放ちながら軍勢を率いて脱出、十六日に三重松

尾城の家久と合流・談合し「豊後におけるこれ以上の交戦は不可能」と判断、豊後国からの撤退を決定する。その撤退途中の梓峠で佐伯惟定率いる大友勢の追撃を受け（梓越の戦い）、大寺安辰《やすたつ》ら名のある将兵多数を犠牲にしながらも島津軍は日向国縣を経て、二十日には、総帥義久の拠る都於郡城に入ることができた。

秀長率いる東部方面軍は島津軍を追い、豊後国を発って日向国に進攻し、二十九日に縣松尾城を攻略。秀長は四月六日に耳川を渡河して義門寺（国富町本庄）に総陣を敷き、新納院高城を包囲する。同城には山田有信以下の城兵三百に、喜入季久・久道父子や平田増宗・本田政親ら千二百の援軍しか詰めていなかったが、堅固なうえに守将は島津軍きっての猛将山田有信だったことで、秀長は力攻めはせず、城を十重二十重に取り囲んで兵糧攻めにする。と同時に、城の支援にくるには必ず通らなければならない、高城川をはさんで新納院高城の南側に位置する根白坂に、宮部継潤や黒田如水らが堅固な城砦を築いて後詰の島津軍を待ち受けることにした。

関白秀吉の九州南下

東部方面軍が耳川に向って進軍していた四月一日、関白秀吉率いる西部方面軍は、島津氏に帰属する、秋月種実の支城岩石城《がんじゃく》（福岡県添田町）を陥落させた。種実は籠もっていた同じく支城の益富城（嘉麻市中益）を破却し、南方八キロに位置する本拠古処山城（朝倉市野鳥）に嫡男種長《たねなが》（高橋元種の実兄）以下全軍で立て籠もった。ところが、破却したはずの益富城がはやばやと修復され、そこを拠点として古処山城が攻撃を受けると、種実・種長父子は戦意喪失、三日に種実は剃髪・隠居して種長に家督を譲ったうえで、娘竜子を人質として差し出し、名茶器「楢柴肩衝《ならしばかたつき》」と名刀「国俊の刀《くにとし》」を献上して秀吉に降伏した。

秀吉は十日、立花宗茂を先鋒として西部方面軍を筑後高良山に進め、十六日に肥後隈本、十九日には八代に到着する。この間、隈府城主隈部親永や隈本城主城久基、御船城主甲斐親英、宇土城主名和顕孝、人吉城主相良頼房（実兄の忠房が早世したため相良氏二十代当主となる）、佐賀城主龍造寺政家とその家老鍋島直茂、島原の日野江城主有馬晴信など肥前・肥後の国衆が次々と秀吉に降伏・帰参する。肥後国における島津軍の前進基地で八代の古麓城に島津以久や新納忠元、伊集院忠棟らが籠城し、球磨川を越えた南方の高田《こうだ》（平山新町）には薩州家忠辰が守備していたが、秀吉の雲霞のごとき大軍に肝をつぶし、夜陰に紛れて撤退。秀吉は何の抵抗も受けることなく古麓城に入城した。

島津軍、根白坂で大敗する

島津氏に帰順または友好関係にあった筑前・筑後・肥前・肥後各地の戦国大名・国衆は、関白秀吉の圧倒的な威勢と物量の前にことごとく降伏するか寝返った。こうした状況下において日向の都於郡城にあった島津軍の総帥義久は、豊臣秀長率いる東部方面軍に囲まれた新納院高城の山田有信ら千五百の将兵を見捨てることはできなかった。義久はその東部方面軍十五万に決戦を挑むため、島津軍二万を率いて新納院高城の救援に向かう。しかし、新納院高城に至る根白坂には、堀をめぐらし、柵や塀、逆茂木を立てならべた堅固な城塞が築かれ、守将の宮部継潤・蜂須賀家政ら一万五千の守備兵が堅守、立ちふさがっていた。

関白秀吉率いる西部方面軍が宇土城を陥落させた四月十七日、名代義弘を総大将とする島津軍二万は、その根白坂城塞を大手・搦手双方から夜襲を仕掛けた。これに対し宮部継潤や黒田如水らが反撃、家久・豊久父子が先陣を務め、陣頭の義弘が抜刀して奮戦するものの突き崩すことができず、戦いは膠着状態となった。これを見た後陣の島津忠隣《ただちか》（薩州家六代当主義虎と義久の長女御平の次男で歳久の長女蓮秀夫人の夫）は北郷時久麾下の軍勢を率いてその最前線に馳せ向った。忠隣は風疾を悪化させて出陣できない舅歳久の名代であった。忠隣らは柵や逆茂木を引き崩し、絶え間ない攻撃を続け、城塞を突き崩しかけた。

このとき、新納院高城を包囲していた総大将秀長は、みずから救援に駆けつようとしたが、島津軍の勢いがあまりにも激烈なため、軍監尾藤知宣は救援不可能として宮部継潤らを見捨てるように進言（これが秀吉の逆鱗に触れて知宣は処刑されることになる）。ところが、秀長麾下の藤堂高虎率いる五百騎と宇喜多秀家麾下の戸川達安《みちやす》率いる手勢が宮部継潤らの救援に向かい、数百丁の鉄砲を撃ち続けて島津軍を背後から翻弄、島津忠隣はこの激しい鉄砲射撃を受けて討死する。忠隣の享年は十九。忠隣は正月に正室蓮秀夫人との間に嫡男袈裟菊丸（常久）をもうけたばかりであった。

これを見た後陣の島津軍は平田光宗・歳宗父子や新納忠誠《ただまさ》らが駆けつけ、藤堂高虎らを押し返したのちに兵を引いた。この根白坂城塞をめぐる攻防戦で、島津軍は大将格の忠隣・猿渡信光など将兵三百が討死するなど、手痛い打撃をこうむった（根白坂の戦い）。

異次元の攻撃力を見せつけられた島津軍は屈服、完敗を覚らされた義久・義弘兄弟はわずかな手勢とともに都於郡城に、末弟の家久も佐土原城に撤退する。ここに九州全土を制覇する勢いにあった島津氏は、関白秀吉の前に降伏を余儀なくされ、九州の覇者となる目前でその野望は打ち砕かれてしまったのである。命を盾にひた押しに攻めまくる旧戦法の島津軍は、圧倒的な兵力のみならず最新装備や優れた兵站能力をもって攻め寄せ、しかも勝利後の構想さえも描いている秀吉の足元にもおよばなかったのだ。

九州統一戦の挫折

豊臣秀長率いる東部方面軍によって都於郡城が包囲されると、あくまで抗戦を主張する名代島津義弘は居城飯野城に籠城、当主義久は鹿児島の内城に帰還する。その頃、木食上人・一色昭秀・安国寺恵瓊《えけい》（毛利氏の外交僧）による和睦勧告を受け、佐土原城の家久と伊集院忠棟が談合し、その和睦を受け入れて内城の義久に早期降伏を説得する。四月二十一日、伊集院忠棟は剃髪し、みずから人質となって都於郡城に進攻してきた秀長の陣所におもむき、主人島津義久の助命を嘆願して秀長との和睦を成立させる。佐土原城の家久も藤堂高虎の説得に応じて開城・退去する。その際家久は「秀長とともに上方（京・大坂）にのぼり、自身に見合った扶持を貰い受けたい」と述べたという。つまり、豊臣氏の直臣大名になりたいということだ。

二十九日には、新納院高城で孤軍奮闘していた山田有信が人質として七歳の子息有栄《ありなが》を、喜入季久も同様に嫡男久道を差し出して降伏した。

敗者島津義久、関白秀吉に謁見

山田有信が降伏する二日前の四月二十七日、肥後国人吉の相良頼房を帰順させた関白秀吉率いる西部方面軍は、佐敷（熊本県芦北町）から船で八代を経て島津領の薩摩国和泉（出水）に入った。このとき、秀吉に同行していた本願寺門跡の顕如が薩摩国最北端の獅子島の一向宗門徒に先導させている。この行動が島津氏に忌み嫌われ、また、戦国大名を悩ませてきた一向宗は島津領国内において禁止・弾圧の対象となる。出水亀ヶ城主薩州家忠辰《ただとき》は抵抗もせずに開城。西部方面軍は南下して宮之城の島津忠長を降し、桂忠詮《ただのり》の平佐城（薩摩川内市平佐町）を開城させると、反転して北進し新納忠元の居城大口城（伊佐市大口里）を取り囲んだ。秀吉は五月一日、阿久根を経て川内川を下って三日に古刹泰平寺（薩摩川内市大小路町《おおしょうじちょう》）を御座所に定めた。

島津本宗家の当主義久は五月六日、秀吉に降伏を申し入れるため鹿児島内城を出立。この六日、豊後国津久見では、みずからが建立した切支丹天徳寺（大分県津久見市）の病床にあった大友宗麟が世を去った。享年五十八。葬儀はキリスト教の葬儀式によっておこなわれた。

義久は翌七日、伊集院に立ち寄って生母の菩提寺雪窓院（日置市伊集院町）で出家・剃髪し、名を「龍伯」と改め、同じく剃髪した島津忠長や伊集院忠棟、長寿院盛淳《もりあつ》ら数人をともない、八日に泰平寺で秀吉に拝謁して降伏の意を伝え、三女亀寿を人質として差し出し、恭順の意を示す。秀吉は関白である自身の命（惣無事令や調停案）に逆らい、合戦を続けて完敗した義久にもかかわらずその降伏を入れ、九日には、義久に薩摩一国を安堵し、西部方面軍の撤退を開始する。

義久の説得を受け入れた飯野城の義弘は、十九日に岩牟礼城（宮崎県小林市東方）に進攻してきた豊臣秀長の陣所に次男久保とともに出頭し、二十二日には、薩摩国鶴田（鹿児島県さつま町鶴田）に滞在中の秀吉にも久保と島津以久をともなって見参、義弘は久保を、以久は嫡男彰久《てるひさ》（以久の嫡男。正室は義久の次女新城）を人質として差し出すことになった。

義弘の鶴田での見参直前に秀吉は、歳久の居城虎居城に滞在することを義久から歳久に打診させていたが、歳久はこれを「迷惑千万」として謝絶。その代わりに鶴田への道案内を申し出ていた。娘婿で跡取りの忠隣を喪った歳久は、故意に西部方面軍を人馬の往来も困難な山間の隘路に導いて進軍させ、そのうえ木田四郎左衛門に秀吉の輿に矢を六筋射かけさせたのだ。しかし、用心していた秀吉がその輿を空輿にしていたため、秀吉は無事に鶴田に着陣することができた。ただし、騙し討ちを謀ったこの行為が、のちに歳久の命取りとなる。

当主義久・名代義弘がともに降伏、人質を差し出したことで大口城の新納忠元もようやく開城し、剃髪して「拙斎《せっさい》」と称し、二十六日に天童ヶ尾（伊佐市大口曽木）に着陣した秀吉に見参、孫の忠光（深江城攻めをめぐる戦いで戦死した長男忠堯《ただたか》の嫡男）を人質として京都伏見に送ることになる。しかし、北郷時久・忠虎父子は本拠の都之城とその周辺の支城を固めてなおも抵抗姿勢を示していた。

島津氏の領国

島津義久（龍伯）の薩摩国安堵に続き、関白秀吉は、義久の名代義弘に大隅一国を、人質の久保に日向国諸県郡（宮崎県南西部）を、いまだに抵抗している北郷時久・忠虎父子には、秀吉が根負けしてその諸県郡内の日向庄内一帯を安堵し、島津家中で真っ先に帰順した義久の筆頭家老伊集院忠棟には、義弘に与えた大隅国内の肝属一郡を、島津以久には大隅国帖佐郷（姶良市）を与え、薩州家忠辰には薩摩国出水郡（和泉郡）を安堵し、また、義久の末弟家久には、早々に豊臣方に帰順したことを良しとして日向国都於郡と佐土原を安堵、独立した大名として取り立てた。

ところが家久は、六月五日に居城佐土原城で急死する。享年四十一。家久は、五月末に豊臣秀長の総陣義門寺を訪れて正式に和睦を成立させていたが、秀長に同行して野尻（熊本県高森町・都城盆地北縁）に行き、秀長との饗宴の席で鴆毒《ちんどく》（ヒ素を主成分とする猛毒）を盛られ、その結果毒殺されたとされるが、病気をしていたともいわれ、その真相は闇の中である。家久の急逝によって日向国都於郡と佐土原は秀吉に収公されてしまう（のちに嫡男豊久に安堵）。

秀吉による九州国分

六月七日、筑前国に戻った秀吉は、筥崎宮に陣を構え、国際貿易港博多をみずからの直轄地としたうえで、島津軍によって焦土と化した博多復興を石田三成や小西行長らに命じ、博多を離れる七月一日までの間に「唐入り（征明）」を見据えて九州の最終的な「国分」を沙汰する。

小早川隆景　筑前国一国　筑後国二郡　肥前国二郡　三十七万石（移封）
小早川秀包《ひでかね》　筑後国三郡　八万石（移封）
立花宗茂　筑後国三郡　十三万二千石（大友氏から独立し豊臣氏の直臣大名となる）
高橋統増　筑後国一郡　一万八千石（同母兄立花宗茂同様に大友氏から独立し豊臣氏の

直臣大名となる）
筑紫広門　筑後国一郡　一万八千石（安堵）
黒田如水　豊前国六郡　十二万五千石（移封）
毛利勝信　豊前国二郡　六万石（移封）
大友義統　豊後国一国　豊前国一郡　四十一万石（安堵）
龍造寺政家　肥前国七郡　三十一万石（鍋島直茂・勝茂父子は、この三十一万石のうち四万四千五百石を与えられて龍造寺氏の執政となる）
松浦隆信　肥前国二郡、六万三千石（安堵）
有馬晴信　肥前国一郡　四万石（安堵）
大村純忠　肥前国一郡　二万七千石（安堵）
佐々成政　肥後国一国　三十四万石（移封）
相良頼房　肥後国球磨郡　二万石（安堵）
宗義智　対馬国一国　十万石（安堵）
秋月種長　日向国櫛間・財部二郡　三万石（移封）
高橋元種　日向国縣・宮崎二郡　五万三千石（移封）
伊東佑兵　日向国飫肥・曽井・清武三郡　三万六千石（十年ぶりに飫肥城主に返り咲く）
島津久保　日向国諸県郡　二万四千七百石（北郷時久・忠虎父子に庄内一帯を安堵）
島津義久　薩摩国一国　十万石（薩州家忠辰に本領出水郡を安堵）

島津義弘　　　大隅国一国　十万石（伊集院忠棟に肝属郡を与え、島津以久には帖佐郷を安堵）
島津家久（のちに嫡男豊久）　日向国都於郡・佐土原　三万石（安堵）

なお、秀吉から朱印状をもって知行地を与えられた者を「御朱印衆」という。島津氏の庶子家では、伊集院忠棟、島津以久、北郷時久・忠虎父子だけだが、この御朱印衆の存在により、島津本宗家の当主である義久のもとで一元的に支配されていた領国の支配構造が分割・多元的になり、家臣に与えられた領地も自身の領地とみなす義久の領国経営を難しくさせる。

肥後国については、秀吉の御伽衆の一人に甘んじていた佐々成政が、肥後一国の大大名に返り咲いたものの、国分ひと月後の七月に起る「肥後国衆一揆（成政による検地強行に反発し、旧領を回復したばかりの隈府城主隈部親永・親泰父子、御船城主甲斐親英らが主導して肥後国人衆三万五千余人が挙兵、九州・四国の大名によって鎮圧された反乱）」を自力で収拾できなかったことで改易・切腹させられると、その成政に替わって加藤清正に肥後国の北部と南部の十九万五千石を、小西行長には中部十四万六千石を与えられることになる。なお行長は、古麓城を廃してその東方に宇土城（宇土市古麓町）を築いて入城し、西方の球磨川北岸には支城の麦島城（八代市古城町）を築城する。清正は隈本城を改修・拡張して名を熊本城と改めて城主となる。

九州すべてにおよぶかにみえた島津氏領国は大幅に縮小されたうえで、義久は知行地の再編に取り組まねばならなかった。しかし、義久の命令を無視し、櫛間城主伊集院久治は秋月種長への、飫肥城主上原尚近は伊東祐兵への城明け渡しを激しく拒み（翌天正十六年〈一五八八〉六月に退去。祐兵とともに日向伊東氏十三代当主義賢が帰参）、また、薩州家忠辰のように豊臣政権への直奉公を望むなど、その知行（支配・統治領域）の再編は困難をきわめることになる。そのため義久は、九州一円に広がっていた家臣団を城下一カ所に集めず、諸外城《とじょう》（のちに郷と改称。島津領国内に百十余カ所）に分散配置して国境の防備固めを進める。

なお、諸県郡が久保に与えられたことにより、義弘は大隅栗野城（鹿児島県湧水町木場）を修築し、飯野城を久保に譲って本拠を移す。

四　島津氏、豊臣大名となる

室町幕府の終焉

関白豊臣秀吉は織田信長と同様にキリスト教に対し、ポルトガルとの貿易目的のために寛容な態度で接し、イエズス会に対して布教の許可証さえも発給していた。しかし、九州に足を踏み入れ長崎港を視察した秀吉は、キリシタン大名が領民に信仰を強制し、イエズス会には領地を寄進、その宣教師が扇動して寺社を破壊、日本人を奴隷として海外に売りさばいている事実に衝撃を受ける。おそらく秀吉は、「唯一神（デウス）を奉じるキリスト教の布教を野放しにしておいては、豊臣政権すなわち天下人秀吉自身をも軽んじられてしまう」危険性を嗅ぎ取ったのであろう。秀吉は筥崎宮滞在中の天正十五年六月十九日に「伴天連《バテレン》追放令」を発する。

秀吉の命を受けた藤堂高虎は軍兵を率い、ポルトガルの植民地のごとき様相を呈していた、大村純忠（バルトロメオ）が寄進した長崎村・茂木村とその甥の有馬晴信が寄進した浦上村（三カ所とも長崎市）を収公し、イエズス会のみならず大村・有馬両氏の建てた教会をも焼却、秀吉はその南蛮貿易港長崎を蔵入地（直轄領）とする。ただし、追放令とは名ばかりで、ポルトガルとの貿易を望む秀吉が、仏教同様に自主的なキリスト教の信仰を許し、キリシタン大名もまた、貿易に不可欠な宣教師をかくまうため、伴天連追放令は徐々に骨抜きにされていく。

六月二十五日、島津義久・亀寿父娘、島津久保、島津彰久《てるひさ》、家老の伊集院忠棟、島津忠長《ただたけ》、町田久倍《ひさます》らが博多に到着し、石田三成や細川幽斎の出迎えを受け、三十日に海路大坂へ向かった。豊臣政権の人質としてである。なお、このとき義久に従っていた東郷重位《ちゅうい》は、のちに「島津家兵法師範」ならびに「薩摩示現流」の開祖となる。

十月一日には、北野天満宮（上京区）で、九州平定ならびに秀吉の政庁兼邸宅となる聚楽第の完成を祝い、秀吉と千利休・津田宗及・今井宗久という当代きっての茶人三人が茶頭《さどう》として茶をふるまう「北野大茶湯」が催された。義久らは黄金の茶室が設けられた大規模なその茶会に出席したようである。

この十月、将軍足利義昭は京都に帰還し、翌天正十六年（一五八八）正月十三日には、秀吉に従って参内し、征夷大将軍職を辞したのち、剃髪・受戒して「昌山道休」と号す。朝廷からは准三后《じゅさんごう》の称号を与えられたが、義昭は秀吉の御伽衆の一人に加えられてその一武将となった。延元元年・建武三年十一月に足利尊氏により「建武式目」が制定されて室町（足利）幕府が誕生して以来二百五十二年、名実ともに室町幕府は十五代で終焉、また一つの時代がその役目を終えた（義昭が信長に京から追放された元亀四年七月を室町幕府の最後とすると二百三十七年）。

義弘への豊臣姓の下賜と久保・亀寿の婚儀

修築中の大隅栗野城にあった名代義弘は、自身の上洛と交代で当主義久が帰国することになっていたものの、豊臣政権に反発する重臣らの協力が得られず上洛および滞京費用が工面できずにいた。島津氏は合戦に次ぐ合戦や関白秀吉の国分によって九州北部にまで広がっていた所領を召し上げられたことで財政問題が生じ、領地を失った家臣団への補填もままならず、京の商人から借銀し、または直轄地（蔵入地）の質入れや売買によってこれを克服しようとしていた。しかし、財政基盤の貧弱な島津氏は、豊臣政権からの相次ぐ要求に満足に応えられないどころかその負担にあえぐことになる。

義弘は五月二十六日、おそらく大坂での借銀の目途がついたからであろうか、大隅栗野城を出立し、閏五月十四日、堺で石田三成の出迎えを受け、二十三日に人質になっていた久保と一年ぶりに再会、六月四日に大坂城に登城した。秀吉に拝謁した義弘は、従五位下侍従に叙任され、秀吉から「羽柴」の名字と「豊臣」の本姓が下賜された。義弘の正式の名乗りは「羽柴薩摩侍従豊臣義弘」となる（当主義久には二年後の天正十八年に羽柴の名字のみが下賜される）。さらに、二十六日には義久と同じ従四位下に昇叙される。秀吉は、あえて義弘を島津氏の当主とみなし、そのように遇したのである。

秀吉は七月八日、自身の発願による、方広寺（東区）大仏殿の材料に使うという名目で「刀狩令」を発し、農民から刀や脇差、弓、槍、鉄砲などの武器を没収する。肥後で一揆を起こした国衆のみならず、農民が多量の武器を持って加わっていたことを危惧し、以後の農民一揆を未然に防ぎ、耕作に専念させて年貢収入を上げるためでもあった。これによって「兵農分離」が進む。

八月五日、前年六月の島津家久の急逝により、秀吉に一度改易された嫡男豊久がその家督継承を許され、日向国都於郡・佐土原三万石を継いで佐土原城主となる。九月十四日、秀吉の許可を得た義久や伊集院忠棟らが堺から出港し、およそ一年四カ月ぶりの十月十四日に鹿児島に帰国した。

天正十七年（一五八九）五月二十七日、淀《よど》城（伏見区納所《のうそ》北城堀）で秀吉と側室淀殿（茶々）との間に鶴丸が生まれた。待望の嫡男誕生を喜んだ秀吉は鶴丸の長寿を願い、当初「棄《すて》」と名づけた。棄て子はよく育つという民間信仰にあやかったとされる。

この天正十七年六月頃、石田三成から名代義弘へ、そして鹿児島の当主義久の督促により、即位間もない琉球王尚寧《しょうねい》（第二尚氏王統七代国王）が派遣した、関白秀吉による日本統一事業を祝う慶賀使節が上洛し、おそらく義弘がともなって秀吉に謁見、その際に使節は明の塗り物や琉球の産物を献上している。秀吉はこの慶賀使節をもって琉球王国が日本に服属したとみなす。思い込みが激しいどころか何事も決めつける天下人秀吉らしいが、王府にとってはこの上なく迷惑な事態がもたらされることになる。

刀狩令を受けた島津氏領国では刀が集まらず、石田三成から在京中の義弘が叱責を受けていたが、七月十日に刀三万腰と方広寺大仏殿用の柱が進上されて義久が賞されている。

義久は十一月、自身の名代である実弟義弘への家督継承を反故にし「至極の御愛子」として溺愛する十九歳の三女亀寿と義弘の次男で十七歳の久保を娶せて久保を娘婿とし、その久保への家督の直接譲渡に考えを改める。亀寿と久保の間に男児が誕生すれば、自身の血統が本宗家の後嗣になるからであろう。

一方、大坂から遠く離れた南奥州では、領土拡大政策を採る伊達政宗（伊達氏十七代当主）が、惣無事令を無視して合戦を続行。会津（福島県西部一帯）を勢力圏に収めていた。

小田原征伐

関白秀吉は九州制覇に続き、天下統一事業の有終の美を飾るため、関東の北条氏政（五代当主氏直の父。家中の最高権力者）に上洛を求め、縁戚関係にある徳川家康も氏政・氏直父子に書状を送って熱心に説得を試みていたものの上洛は引き延ばされるだけであった。業を煮やした秀吉は、北条氏の家臣猪俣邦憲が真田昌幸の沼田城の支城名胡桃《なぐるみ》城（群馬県みなかみ町）を占拠したことを惣無事令違反、その調停のための氏政の上洛拒否を豊臣家への臣従拒否と断じ、天正十八（一五九〇）年正月に「小田原征伐」を開始する。

二月七日、家康は豊臣軍の先鋒として軍勢三万を率い、駿府城から出陣。続いて豊臣秀次・織田信雄・蒲生氏郷・黒田如水・宇喜多秀家・小早川隆景・吉川広家（父元春・同母兄元長は九州平定中に陣没）・細川忠興・宮部継潤・池田輝政・浅野長政・大友義統・加藤清正・福島正則・立花宗茂・佐竹義重・宇都宮国綱ら十一万の主力部隊が京を進発。これに水軍として長宗我部元親・盛親父子や加藤嘉明、九鬼義隆ら一万が加わり、さらに、北方隊として前田利家・上杉景勝・真田昌幸ら三万五千の軍勢が上野国と武蔵国の北条方諸城攻略に向けて出陣する。

三月一日には、秀吉がみずから直属軍三万二千を率いて京を進発。義弘の嫡男島津久保は、秀吉の側近石田三成に同行し、島津豊久や種子島久時（時堯の次男。種子島氏十六代当主）、樺山久高（忠助の次男で規久の弟）、北郷三久《みつひさ》（北郷氏十代当主時久の三男。生母は義弘の最初の正室で、義弘との離縁後に時久に再嫁した北郷忠孝の娘）、吉利忠張《ただはる》（忠澄の嫡男。吉利氏四代当主）、長寿院盛淳、梅北国兼、伊勢貞昌、五代友喜・友泰父子、帖佐宗光ら十六騎を従え、秀吉の近習として初陣を飾ることになった。

三月の中頃であろうか、久保は秀吉の軍勢が大雨で増水していた富士川を渡る際に、みずから先陣を引き受け、秀吉から与えられた名馬にまたがってその富士川を渡河、見事に急流を渡り切って秀吉から褒められ、その名が諸将のあいだに広がったという。

三月二十九日、久保ら島津勢の加わった豊臣軍は小田原城西方の山中城（静岡県三島市山中新田）を半日で落とし、鷹之巣城（神奈川県箱根町）を攻め破って南の箱根峠から、四月一日には、足柄城（静岡県小山町）を攻略して北の足柄峠から進攻し、三日に小田原城を包囲。秀吉は六日、箱根湯本の北条家の菩提寺早雲寺に本陣を置く。

その頃、小田原城では「主戦か」「和平か」の評定が開かれていた。いわゆる、責任逃れを誰もがしている〝小田原評定〟である。が、結果は籠城という消極的防衛策に決まる。

六月六日、参陣を促されていた伊達政宗が会津黒川城からようやく小田原に到着。正宗は九日、小田原城の南西三キロいわば小田原城の眼前に築城中の石垣山城（いわゆる一夜城）の普請場で秀吉に謁見を許される。そのときの出で立ちは、髪を水引で結び、白い〝死装束〟を身に着けていた。政宗は遅参ではあったが秀吉に許される。六月下旬、秀吉は本陣を石垣山城に移す。

五万余で天下の堅城小田原城に籠もっていた北条氏は、次々と支城が落城または開城し、北条水軍の拠点下田城（静岡県下田市）も降伏して小田原城沖の海上が封鎖され、城内の兵糧が欠乏、城兵の士気は消失、籠城からおよそ三カ月後の七月五日、秀吉の二十二万を超える豊臣軍の前についに降伏する。十一日に討伐の原因を招いた主戦論者の氏政とその実弟氏照は切腹、氏直は義父徳川家康の嘆願によって高野山に流されるだけですんだ。氏直は翌天正十一年八月、赦免されて一万石を与えられるが、十一月四日に大坂で疱瘡を患って病没する。初代早雲・二代氏綱・三代氏泰・四代氏政・五代氏直と百年にわたって関東に覇を唱えた北条氏の直系は絶え、氏直の正室督姫はのちに再嫁して池田輝政（初代姫路藩主）の継室となる。

織田信長が永禄十一年に足利義昭を奉じて入洛し、その義昭を将軍に就けてからわずか二十年余り、天下統一はこの信長・秀吉主従二代によって現実化された。

家康の関東移封と奥羽仕置

北条氏降伏後の七月十三日、徳川家康は、駿河・遠江・三河・甲斐・信濃の五カ国を関白秀吉に召し上げられ、北条氏の旧領を基本とする、伊豆・相模・武蔵・上総・下総・上野と下野・常陸両国の一部の関東八カ国（関八州）を与えられて先祖相伝の三河国岡崎を離れ、住み慣れた浜松城から移って間もない駿府城に帰ることなく武蔵国江戸に出立、十八日に北条氏の支城だった江戸城に入城する。秀吉はその家康の旧領に織田信雄を加増移封しようとしたが、信雄は祖父伝来の地である尾張からの移動を嫌って拒否。秀吉の逆鱗に触れた信雄は改易されて下野国烏山（栃木県那須烏山市）に流罪となる（のちに赦免されて秀吉の御伽衆の一人となる）。信雄領の尾張国・伊勢国北部五郡と居城の清洲城は豊臣秀次に与えられた（秀次切腹後に福島正則が城主となる）。信雄の拒否により、駿府城には家康の抑えとして秀吉の股肱の臣中村一氏《かずうじ》が入城した。

また、家康の加増移封によって徳川統治領は百五十万石から二百五十五万石に、直轄領となる家康の蔵入地は百万石となった。ちなみに、秀吉自身の蔵入地は全国四十カ所（佐渡金山や生野銀山、石見銀山、貿易港の堺や博多、長崎など）二百二十万余石とされる。

小田原を出立した秀吉は二十六日に宇都宮国綱の居城宇都宮城（栃木県宇都宮市）に入り、奥羽の諸大名を招集、天下統一の総仕上げとして「奥羽国分」をおこなう。

そのおもなものは、伊達政宗が支配下に置いたばかりの会津どころか伊達氏初代当主朝宗（妹の得台夫人は島津本宗家二代当主忠時の正室で三代久経の生母）以来の支配地伊達郡（福島県伊達市）・信夫郡（福島市）を含む七郡を没収されて百五十万石のほぼ半分の七十二万石に減封、それまでの本拠米沢城（山形県米沢市）に、そして岩出山城（宮城県大崎市）に、さらに仙台城（青葉城・仙台市）を築いて本拠とする。その会津には、朝鮮侵攻（後述）末期の慶長三年（一五九八）に、佐渡国と出羽国庄内（山形県鶴岡市・酒田市ほか）を与えられた越後の上杉景勝が、会津百二十万石として加増・移封されることになる。

おそらく久保らは、秀吉に従って宇都宮城から黒川城へ、九月一日に京に凱旋したあとに帰国を許されて大坂におもむき、鹿児島から上洛した父義弘と十月二日に大坂の屋敷で久しぶりに再会。晴れがましい初陣や秀吉の小田原征伐、奥州仕置き、または家族や国許の話などに花を咲かせたであろうか。帰国した久保は日向飯野城に入ったようである。

五　秀吉の野望唐入り、それは島津のイバラ道

朝鮮侵攻前夜

関白豊臣秀吉は、わずか数年の間に四国の長宗我部、九州の島津、関東の北条、奥州の伊達を降して名実ともに天下統一を成し遂げた。いわば「統一国家日本」を誕生させた秀吉は、さらに徳川家康を関東に移封したことで、かねてから構想していた「朝鮮の服属」と「明の征服」へと乗り出す。秀吉は、九州国分で宗義智《そうよしとし》に対馬一国を安堵した際、その義智に朝鮮を服属させて国王を来日・上洛させるように命じていた。そのため、朝鮮との貿易を独占し、その利益で潤ってきた宗氏の当主である義智は窮地に立たされていた。しかし、秀吉の命には抗えず、朝鮮との難題交渉に舅の小西行長（娘の妙が義智の正室）とともに悲壮な決意で臨んでいた。

義智の再三の要請に朝鮮は、日本による朝鮮侵攻という噂の真偽を探る目的もあり、国王の名代として使節の派遣を決定。その朝鮮使節は秀吉の日本統一を祝う祝賀使節であったが、朝鮮との交戦回避を願う義智や行長が偽ったことで秀吉は服属使節と受け取った。十一月七日、秀吉は来日したその朝鮮使節と聚楽第で接見し「征明嚮導《せいみんきょうどう》（明征伐を先頭に立って道案内すること）」を要求、朝鮮国王

がみずから随行するように促す。だが、明の冊封国である朝鮮王朝が従うはずはないのである。

天正十九年（一五九一）正月二十二日、秀吉の片腕ともいえる、異父弟秀長が大和郡山城で病死する。二月二十八日、秀吉の逆鱗に触れて蟄居していた千利休が聚楽屋敷で切腹。八月五日には、病弱だった秀吉の溺愛する鶴丸が淀城で夭逝。わずか三歳だった。不幸が重なったにもかかわらず秀吉は、二十三日に翌春の唐入り決行を発表。十一月二十八日、鶴丸の死後に秀吉の養子になった秀次が正二位権大納言に、十二月には内大臣に昇任する。秀吉は十二月二十八日、関白職とその政庁兼邸宅となる聚楽第を秀次に譲って国内支配をゆだね、みずからは「太閤」と称して一世一代の唐入りに専念する。

琉球王国の負担

翌天正二十年（一五九二）正月五日、太閤秀吉は唐入りするための出陣命令を諸大名に発令する。三月には、唐入りの〝大本営〟肥前名護屋城（佐賀県唐津市鎮西町）が着工後わずか半年で完成。玄界灘に突き出た波戸岬の付け根の丘陵上に建てられた名護屋城は、五層七階の天守を誇り、大坂城に次ぐ巨大な城であった。その周囲には、百六十もの大名陣屋が建ち並び、島津陣屋は名護屋城から二キロほど北西の波戸岬の先端部に建てられていた。

渡海する島津勢を率いるのは、病気の当主義久の名代として五十八歳の実弟義弘がその任に就いた。義弘は二月、次男久保や樺山久高らとともに、大隅栗野城からわずか二十三騎で出陣し、肥前名護屋の島津陣屋に到着、朝鮮に渡海するための軍船と後続するはずの島津勢の到着を待っていた。

名護屋に集結した総勢は三十万五千。そのうち、水軍を含む十六万を超える遠征軍（渡海軍）が第一軍から第九軍に編成されて順次出航し、朝鮮に上陸することになる。

この朝鮮出兵に際し義久は、秀吉の命を受けて琉球王府に軍役と夫役を強請する。いわば島津氏を仲介とする豊臣政権への服属要求である。軍役・夫役は「日本人との共闘に不慣れ、足手まとい」を考慮されて見送られたが、その代わりに王府は、兵糧米(七千人の兵糧十カ月分)の供出を強要される。しかし、これは王府にとってあまりにも過重な負担であった。苦心惨憺の末に王府は、日本との貿易関係を維持するため、または拒否した場合の報復を恐れて兵糧米の半分を捻り出して上納したが、残りの半分とさらなる支援は財政難を理由に拒否。無茶を言われても無い袖は振れないのだ。また、宗主国の明に〝裏切り〟とみなされるのを恐れた王府は、義久から強く戒められていたにもかかわらず、密使をもって明に朝鮮出兵を報告。その後も秀吉の動向を通報し続けるのである。

朝鮮侵攻

太閤秀吉の構想は征明嚮導のうえでの唐入り、すなわち「征明」が目的である。小西行長と宗義智は、露見したら打ち首を覚悟で、朝鮮王朝が服属したと信じきっている秀吉に「朝鮮は変心した」とあざむき、朝鮮に対して征明嚮導から「仮道入明《かどうにゅうみん》(明に攻め入るために道を貸すこと)」に格下げして交渉をおこなった。しかし、これも当然のごとく拒否される。

四月十二日、征明以前に「征朝鮮」を成すため、小西行長・宗義智・松浦鎮信《まつらしげのぶ》(隆信の嫡男)・有馬晴信・大村喜前《よしあき》(純忠《すみただ》の嫡男)率いる第一軍一万八千余が軍船七百余艘に分乗し、待機していた対馬からいっせいに帆を揚げ、朝鮮半島南部の慶尚道《キョンサンド》釜山浦《プサンポ》(韓国釜山広域市)に上陸。翌十三日、早くも釜山城《プサンソン》を、翌十四日に北方の東莱城《トンネソン》を、十六日には、さらに北方の梁山城《ヤンサンソン》を陥落させる（文禄の役・壬申倭乱《イムジンウェラン》）。

四月十七日、加藤清正・鍋島直茂・相良頼房らの第二軍二万三千が釜山浦に上陸し、梁山からは東へ、さらに北上して、慶州《キョンジュ》（慶尚北道《ブクト》）へと向かう。同じ十七日、黒田長政・大友義統らの第三軍一万一千と毛利勝信らの第四軍一万四千が釜山浦西方の金海《キムヘ》に上陸する。十九日には小早川隆景・小早川秀《ひで》包《かね》（隆景の養子）・立花宗茂らの第六軍一万六千と毛利輝元の第七軍三万が釜山浦に上陸。福島正則・長宗我部元親・蜂須賀家政らの第五軍二万五千も慶尚道に入り、忠清道《チュンチョンド》に軍勢を進めた。秀吉は四月二十五日、これら鉄砲隊を主体とする日本軍による快進撃の報告を受けながら肥前名護屋城に入城する。

二十七日、小西らの第一軍は忠州《チュンジュ》（忠清北道忠州市）で慶尚・忠清・全羅《チョルラ》三道の陸軍を統括する申《シン》砬《リプ》率いる朝鮮軍を破る。加藤清正らは東に、黒田長政らの第三軍と毛利勝信らの第四軍は西に向い、昌原《チャンウォン》（慶尚南道昌原市）攻略後に北上、四月二十六日に星州《ソンジュ》（慶尚北道星州郡）を占領する。

日本一の大遅陣を嘆く義弘

太閤（当時関白）秀吉に組み敷かれて以降の島津家中は一枚岩ではなかった。豊臣政権いわば秀吉の命に従って軍功を挙げ、移封・改易の危険を避けて御家存続を図る、豊臣政権に対して積極的な名代義弘の家臣団と、秀吉の命に反感を抱き、豊臣政権との距離を置いて旧体制を維持しようとする消極的な当主義久の家臣団が深く静かに対立していた。そのため、疲弊を重ねるばかりの朝鮮出兵に対する島津領国とくに義久の家臣団からの人的・物資的な支援体制はほとんど期待できなかったのである。

島津軍として将兵一万を動員するように命じられていたが、待てど暮らせど兵も軍船もやって来ず、諸大名が大船団を組んで渡海していく勇壮なさまを見送っていた義弘は「情けなくて涙が止まらない」と嘆いているばかりにもいかず、仕方なく〝賃船《ちんぶね》〟で名護屋から久保と供回り数人を連れ、壱岐を経て対馬に、そして、その対馬から船出し、ようやく五月三日に釜山浦《プサンポ》に上陸することができた。この上陸の際も自前の軍船に乗船できたかどうかはっきりしないが、おそらく対馬の漁船を賃船として雇い入れて船出し、引き連れた将兵も当初は、同じ第四軍の毛利吉成の二千や島津豊久（佐土原城で急死した家久の嫡男）、秋月種長・高橋元種兄弟、伊東佑兵四大名に割り当てられた総数二千にはるかに満たない数百人程度だったのではないだろうか。しかも、後詰の宇喜多秀家の第八軍一万と豊臣秀勝（関白秀次の実弟で秀吉の養子）・細川忠興（幽斎の嫡男）の第九軍一万二千よりも遅れての朝鮮上陸である。

義弘が上陸した五月三日、小西行長らの第一軍と加藤清正らの第二軍によって、朝鮮の首都漢城《ハンソン》（ソウル）が陥落。四月二十九日には、すでに朝鮮国王宣祖《ソンジョ》（朝鮮王朝十四代国王）は漢城を棄て、北西の開城《ケソン》（北朝鮮開城特別市）に逃避していた。これを知った義弘は「日本一の遅陣」「自他の面目消失」「無念千万」と地団太を踏みながらも第四軍の毛利勝信らのあとを追って北上を開始する。五月六日から七日にかけて宇喜多秀家の第八軍・毛利勝信の第四軍・黒田長政の第三軍が漢城に入り、おそらく義弘・久保父子率いる島津勢も、それらに遅れて漢城に到着したようだ。

秀吉の中国大陸占領構想

首都漢城《ハンソン》の陥落によって本来の目的である征明が現実味を帯びる。その朗報に狂喜した太閤秀吉は五月一八日、征明後の計画を関白秀次に示す。その内容は、㈠後陽成天皇を明の国都北京に迎えて秀次を明の関白とする。㈡公家にはこれまでの十数倍の知行地を与える。㈢日本の関白には豊臣秀保（関白秀次・秀勝の実弟。亡き秀長の婿養子）か宇喜多秀家を置く。㈣日本の皇位には良仁《かたひと》親王（後陽成天皇の一宮）か八条宮（智仁《としひと》親王・後陽成天皇の同母弟）を即《つ》ける。㈤朝鮮には織田秀信（信長の嫡孫三法師）か宇喜多秀家を置く。㈥秀吉自身は日明貿易の拠点寧波《ニンポー》（浙江省寧波市）に居を移して台湾・フィリピン・天竺（インド）をも掌握し、東アジア全域に版図を広げてその貿易権を独占する。といった壮大な構想であった。

ところが、すでに藤堂高虎らの日本水軍が、李舜臣《イスンシン》率いる朝鮮水軍によって慶尚道玉浦《オクポ》・合浦《ハッポ》などの海戦で撃破されていた。にもかかわらず、秀吉はみずから征明の総大将として強硬渡海しようとする。しかし「あまりにも無謀」として徳川家康と前田利家に押しとどめられた。秀吉はやむなく渡海を延期し、その代理として石田三成・大谷吉継・増田《ました》長盛らいわゆる「朝鮮奉行」が漢城に派遣されることになった。

平壌入城

五月二十七日、開城《ケソン》に逃げた宣祖を追っていた小西行長の第一軍と加藤清正の第二軍、黒田長政の第三軍は、開城南方の臨津江《イムジンガン》の戦いで朝鮮軍を撃破。宣祖は開城を放棄してさらに北西の平安道《ピョンヘド》の平《ピョン》壌《ヤン》（北朝鮮平壌直轄市）へと逃れ、小西行長・加藤清正・黒田長政らは、二十八日に臨津江を渡河し、二十九日に開城に入城する。

開城占領後、日本軍諸将は漢城《ハンソン》で改めて軍議を開き、当初の計画通り軍勢を移動させることは、朝鮮軍と朝鮮民衆の反抗によって困難とし、朝鮮半島の安定支配を優先して「八道国割」を決定する。宇喜多秀家は渡海軍の統括者（あくまでも渡海軍の総大将は秀吉）として朝鮮占領の本拠漢城の守備を担当し、第一軍から第八軍の各諸将はそれぞれ京畿《キョンギ》・江原《カンウォン》・咸鏡《ハムギョン》・平安《ピョンアン》・黄海《ファンヘ》・忠清《チュンチョン》・慶尚《キョンサン》・全羅《チョルラ》という朝鮮八道の経略を開始する。この方針は、本来の目的である征明に反するが、九鬼嘉隆や加藤嘉明らが率いる日本水軍の敗退が続いていたため、秀吉も認めることになる。

漢城から東に向かった島津義弘・久保父子はというと、島津豊久とともに朝鮮半島中東部の江原道《カンウォンド》に入り、その後、漢城北方の京畿道永平《キョンギドヨンピョン》（京畿道抱川市《ポチョン》）に、豊久は同じく北東の江原道春川《チュンチョン》（江原道春川市）に駐屯していた。その春川城に朝鮮軍六万が攻め寄せたが、豊久は百丁余の鉄砲を放ち、敵が浮足立ったところをわずか五百の兵を率いて城から打って出て撃退した。

開城を占領した日本軍は、黄海道安城《ファンヘドアンソン》から二手に分かれ、小西行長の第一軍と黒田長政の第三軍は宣祖を追って平壌をめざし、加藤清正の第二軍は朝鮮半島北東端の咸鏡道《ハムギョンド》制圧に向けて進軍する。六月十一日、第一軍と第三軍が平壌の南を流れる大同江《テドンガン》に迫ると宣祖は平壌を棄て、明との国境鴨緑江《アムノッカン》左岸の義州《ウイジュ》へと逃れる。十五日、小西行長や黒田長政らは夜襲を仕掛けてきた朝鮮軍を撃ち破り、十六日に大同江を渡って無人の平壌城に入城する。まさに破竹の勢いであった。

肥前国では、この六月五日から名護屋城に詰めていた当主義久が、渡海した義弘ら島津勢の惨状を知り、豊臣政権に対してあまりに「非協力」と受け取られること恐れ、どうやら観念して国許に出陣命令を出したようである。

梅北一揆と歳久の自害

ところが肥後国では、小西行長や黒田長政らが大同江で朝鮮軍を返り討ちにした六月十五日、当主義久の出陣命令を受け、肥後国葦北郡佐敷の港で船待ちしていた、島津氏の重臣梅北国兼らが朝鮮出兵に反発・拒絶し、葦北郡を領有する加藤清正の支城佐敷城（熊本県芦北町）を占拠。北方の小西行長の麦島城をも奪おうとしたが、十七日に佐敷城の留守居や肥後人吉城主相良頼房配下の軍勢によって討ち取られた（梅北一揆）。この梅北一揆の第一報は、名護屋城に詰めていた義久に急報された。太閤秀吉の征明を公然と否定する一揆を家臣が起こしたことに義久は驚愕・肝を冷やし、直ちに秀吉に報告する。この義久みずからによる素早い対応と、義久が鹿児島ではなく名護屋城に在城していたことが秀吉の心証を良くし、義久の生命のみならず島津氏を滅亡から救うことになった。

だが秀吉は、義久の実弟歳久を梅北一揆の黒幕・首謀者とみなす。その頃歳久は、居城の虎居城で持病の風疾に苦しんでいた。しかし、秀吉の輿に矢を射させたことや一度も上洛して秀吉に臣従する姿を示さなかったことなど、そのきわめて反抗的な態度が災いし、急遽鹿児島に下向させた義久と細川幽斎に「歳久の首を差し出すように」という秀吉の情け容赦のない命令が下る。七月十八日、虎居城から鹿児島内城に参上して秀吉の書状に接した歳久は覚悟を決め、虎居城に退いて自害しようと密かに鹿児島から出港した。

しかし歳久は、兄義久の派遣した町田久倍や伊集院久治らの追討を受けて帖佐龍ヶ水（鹿児島市吉野町）で自刃する。秀吉の輿に矢を射た木田四郎左衛門をはじめ家臣二十七人もその追討勢と斬り死にするか自害。歳久の享年は五十六。法名は心岳良空大禅伯。秀吉の命により、歳久の首級は聚楽第の東にある一条戻橋（上京区）に晒されたが、在京していた、歳久の従弟にあたる島津忠長によって持ち去られ、京の浄福寺に、遺体は帖佐の総禅寺（始良市鍋倉）に埋葬された。義久は、密かに歳久の霊廟を島津氏の菩提寺福昌寺に、墓を同寺内の恵燈院に建てた。歳久の菩提寺は、秀吉没後の慶長四年（一五九九）に歳久が自害した龍ヶ水に、歳久の法名の一部を取って福昌寺の末寺心岳寺（明治維新の廃仏毀釈により廃寺。吉野町平松）として建立され、明治五年（一八七二）には、心岳寺跡に再建された平松神社に遺体と浄福寺の首級ともども葬られることになる。

日置家の創設・阿蘇大宮司家の存続

島津歳久切腹の悲報に接した正室悦窓夫人と長女蓮秀夫人（夫の忠隣は根白坂の戦いで討死）は、この処分を不服として居城の虎居城に歳久直属軍である祁答院衆三千とともに籠城、臨戦態勢に入った。事態を重く見た当主義久と細川幽斎は、新納忠元を使者として派遣、その説得にあたらせる。悦窓夫人は、忠隣の嫡男であり歳久の嫡孫でもある袈裟菊丸（常久）に家督を継がせることと歳久の家族・家臣に危害を加えないという条件で、およそひと月後の八月十一日に開城し、歳久（兄義久と義弘）の実母（入来院重聡《しげさと》の娘雪窓夫人）の実家で入来院清色城主入来院重時（島津以久の次男。重聡の曾孫重豊の養子として入来院氏十五代当主となっていた）預かりとなった。

なお蓮秀夫人は、その入来院重時に再嫁し、常久は、悦窓夫人の粘り強い交渉により「太閤検地（後述）」後の文禄四年（一五九五）、日置（日置市日吉町）に三千六百石を与えられて「日置家」を興し、祖父歳久を初代に、父忠隣を二代に定め、自身は三代当主となる。

また、阿蘇大宮司の阿蘇惟光は、九州国分の際に秀吉から肥後国矢部三百町を与えられて佐々成政に預けられ、その失脚後は加藤清正の庇護下にあったが、この梅北一揆において島津歳久・梅北国兼と結託・扇動した罪を負わされ、秀吉によって八月十八日に切腹させられた。わずか十二歳。弟の阿蘇惟善は、加藤清正の配慮により、関ヶ原の戦い（後述）後の翌慶長六年（一六〇一）に阿蘇郡のうち三百五十石を与えられて阿蘇大宮司職に就任し、阿蘇氏を再興することになる。

平壌撤退

悦窓夫人が龍虎城に籠城していた頃、朝鮮北東部では加藤清正や鍋島直茂らの第二軍が咸鏡道《ハムギョンド》に侵攻し、清正は安辺《アンピョン》（北朝鮮江原道安辺郡《カンウォンド》）に、直茂は咸興《ハムフン》（咸鏡南道咸興市《ハムギョンナムド》）に本陣を置く。清正はさらに北上し、募兵に来ていた臨海君《イメグン》・順和君《スンファグン》二王子を会寧《フェリョン》（会寧市）で捕らえると、咸鏡道経略のために安辺の本陣に引き返す。

その頃、小西行長の駐屯する平壌城では、明将祖承訓《ズーチォンシュン》率いる援軍五千に急襲されたものの、奮戦してその明軍を撃退していた。しかし、朝鮮北西部の戦線はこの平壌城を最前線として膠着状態に陥り、小西行長は八月二十九日、明将沈惟敬《シエンウエイチン》から申し出のあった講和に同意して五十日間の停戦協定を結ぶ。ただし、この講和交渉に必要とされる五十日間の休戦は、明軍の体制を立て直す時間稼ぎの策謀であり、さらにその期間は引き延ばされていく。

一方、快進撃を続けている日本軍ではあったが、拡大した戦線の維持や兵糧不足、重なる労苦、不慣れな地での戦病死に悩まされ、さらには、日本との講和に反対し、朝鮮諸道で決起した両班《ヤンバン》（支配階級）を中心とする義兵に苦しむことになる。

この八月、永平《ヨンピョン》に駐屯していた島津義弘は、朝鮮奉行から漢城付近の平定を命じられたが、断らざるを得ないほど兵力不足に悩まされていた。おそらくその頃の島津勢は、梅北一揆の後遺症もあり、義弘のあとを追って渡海してきた新納忠増（忠元の次男）らの軍勢を含めても三千ほどであろうか。その中核は義弘の家臣団である。義弘は諸家の外聞・諸家の覚えを失っていると嘆く。島津氏の場合、祖父日新斎からの伝統であり、家風でもある「外聞」「他国之覚」が非常に重視されていたから（つまり「見栄を張ってでも他国者に舐められるな〈つけ込まれて寝首をかかれるぞ！〉」ということだ）、なおさら義弘は肩身が狭い思いをしていたようである。天正二十年十二月八日、改元されて文禄元年となる。

翌九日に小早川隆景の守備する開城で今後の対策を協議する軍議が開かれた。漢城の主将宇喜多秀家ならびに石田三成・増田長盛・大谷吉継の朝鮮奉行、平壌城の小西行長らとともに永平の島津義弘も加わった。おそらく明との講和交渉の進展具合や今後の日本軍の展開について話し合われたと思われる。この十二月末、義弘・久保父子は永平からさらに北方の江原道金化《クムファ》（江原道鉄原郡《チョルウォン》）へ移動。金化は漢城のある京畿道と、加藤清正や鍋島直茂らの第二軍が在陣している朝鮮北東部の咸鏡道とを結ぶ重要拠点であった。

碧蹄館の戦い

十二月二十三日、五十日間（実際には四カ月）の休戦中に軍備を整えた明将李如松《リールゥソン》率いる四万八千の明軍が鴨緑江を越えて義州に入り、翌文禄二年（一五九三）正月六日には、その明軍に朝鮮軍一万が加わり、小西行長率いる第一軍の拠る平壌城を包囲・攻撃する。この落城の危機に行長は、平壌城にもっとも近い黄海道鳳山城《ポンサンソン》の大友義統に救援を要請。しかし「行長はすでに戦死」という誤報を信じた義統は、その救援を放棄するのみならず、死の恐怖に駆られて鳳山城から逃げ去った。まさに、戸次川の戦いにおける惨敗後の遁走劇同様、逃げっぷりだけは良いのである。

ところがである。義統が、戦死したと信じ込んでいた小西行長とその第一軍は激戦の末、七日の夜に自力で平壌城を脱出し、南下して無人の鳳山城を経て黒田長政の在陣する黄海道白川《ベクチョン》に、その白川からも兵糧不足のため、黒田長政とともに小早川隆景・吉川広家の在陣する開城《ケソン》へ、十七日には、兵站の遮断を恐れてその開城をも放棄し、黒田長政・小早川隆景・吉川広家らとともに漢城《ハンソン》へと退いていった。

また、平壌城陥落の急報を受けた石田三成ら朝鮮奉行は、咸鏡道《ハムギョンド》の加藤清正・鍋島直茂の第二軍や江原道金化《クムファ》の義弘・久保父子や春川《チュンチョン》の島津豊久のみならず、朝鮮各地に展開していた日本軍にも漢城周辺への撤退を指示する。その間、李如松率いる明軍は開城に入城し、撤退する日本軍を追って漢城に迫ろうとしていた。

二十六日には、その南下する明軍を、宇喜多秀家を総大将とし、小早川隆景や立花宗茂・高橋統増兄弟らが先鋒を務める日本軍が、漢城北方の碧蹄館《ピョクチェガン》（高陽市徳陽区碧蹄洞一帯）で迎撃し、鉄砲隊を前面に押し立てて明軍中央を突破、一気に撃ち破った（碧蹄館の戦い）。大敗を喫した李如松は戦意を消失し、朝鮮議政府《ウィジョンブ》（最高行政機関）の反対を一切無視して日本軍との講和交渉に転換する。

かたや食糧調達に悩む日本軍も、二月二十日の漢城西方の権慄《クォンユル》率いるわずか二千足らずの朝鮮軍が集結した幸州山城《ヘンジュサンソン》（高陽市徳陽区）攻めで大敗し、さらに、三月中旬に明軍によって漢城の南西龍山《ヨンサン》（ソウル市龍山区）の兵糧蔵を焼き払われたことで長期戦を断念、小西行長・石田三成らを中心として明軍との講和交渉に乗り出す。

四月十九日、講和交渉の進展により、日本軍諸将は漢城を放棄して釜山を基点とする朝鮮半島南端への退却を開始。その際、義弘率いる島津勢は、東大門付近から漢城の南方四十キロの龍仁《ヨンイン》（京畿道龍仁市）に陣を移す。日本軍の漢城からの退路を堅固にするためである。少勢とはいえ島津勢の二枚腰三枚腰ともいえる凄みが期待されたのであろうが、明軍が講和を放棄して日本軍を追撃すれば、殿軍となって全滅するかもしれない紙一重の命令であった。

大友氏は所領を没収され、薩州家は改易

五月一日、太閤秀吉は明使受け入れを承諾する一方で、在朝鮮諸将を慰労するとともに晋州城《チンジュソン》（慶尚南道晋州市）の攻略を厳命する。また、窮地の小西行長を見捨てた〝臆病者〟大友義統を改易処分とする。義統は毛利輝元のもとで幽閉の身となる（秀吉の死後に豊臣秀頼によって特赦）。大友領の豊後国および豊前国宇佐郡四十一万石は没収されて太閤蔵入地とされたあと、丹後国を本領とする細川忠興など数人の大名によって分割統治されることになる。

そして薩州家忠辰（薩州家七代当主）も改易されてしまう。忠辰は島津一門から独立し、豊臣氏の直臣となることを望んでいたため、義弘麾下の島津軍に属することを嫌い、朝鮮には向かったものの病気と偽り、ひと月ものあいだ釜山浦に上陸しなかった。その反抗的な態度が秀吉の神経を逆撫でし、見せしめとして処分されたのである。忠辰は小西行長の陣中に囚《とら》われの身となり、本領の薩摩国出水郡三万石は、朝鮮に出征する諸大名や九州諸将への取次を担う肥前国唐津の寺沢広高と対馬の宗義智に分与され、また、出水亀ヶ城にいた忠辰の生母御平《おひら》（当主義久の長女で忠辰の父義虎の正室）や実弟の忠清《ただきよ》らは、行長の居城宇土城に移され、関ヶ原の戦い後は加藤清正預かりとなる。

五月十五日、明使が小西行長らにともなわれて肥前国名護屋に到着し、秀吉は二十三日に名護屋城でその明使を引見する。しかし、その「大明之勅使」は偽りの明使であった。しかも秀吉は、その明使を降伏の明使として受け取った。このとき秀吉は、明朝十四代皇帝万歴《ワンリー》帝の皇女を天皇の妃として来朝させることや日明貿易の復活、朝鮮八道のうち南部四道（江原道・忠清道・慶尚道・全羅道の割譲、朝鮮王子を人質として日本に差し出すことなどを講和の条件とする（大明日本和平条件）。ところが偽明使は、小西行長が偽作した「関白降表」をもって「日本が降伏した」と万歴帝に報告することになる。こうなると、もう秀吉は裸の王様状態である。

晋州城を落城させよ

朝鮮では六月二十一日、太閤秀吉の命により、漢城から撤退・南下した在朝鮮日本軍と新たに渡海した伊達政宗ら東国勢四万三千が、細川忠興らが前年十月に攻めそこなった晋州城攻略に取り掛かった。この晋州城攻めは日明講和交渉を有利に進めるためであり、撤退を重ねて沈滞ムードの広がる日本軍将兵の士気を鼓舞するためでもあった。

偽明使が名護屋を離れた翌二十九日、宇喜多秀家の指揮のもと、名代義弘率いる島津勢二千六百も先鋒軍の一翼として加藤清正・鍋島直茂・黒田長政らとともに晋州城を攻め立て、城内に討ち入って落城させた。

その後、九州・中国・四国の諸大名は、朝鮮半島南部を実質的な支配地とするため、日本と朝鮮半島をつなぐ釜山を中心としてその両翼南岸地域に新たに十数カ所の日本型城塞（倭城）の築城を開始して在陣を続け、義弘ら島津勢も巨済島北端に永登浦《ヨンドンポ》城の築城とその守備に専念することになる。これは朝鮮南部四道割譲を既成事実化するためであった。

新たな築城とその警衛に見通しが立つと、当面朝鮮にとどまる必要のなくなった伊達政宗・上杉景勝・佐竹義久ら東国勢や第八軍の宇喜多秀家・第九軍の細川忠興、朝鮮奉行衆らおよそ五万が秀吉に許されて帰国する。なお、伊東義賢（日向伊東氏十三代当主）が帰国途上の七月二十一日に船上で病死している。日本軍が朝鮮を離れるようになると、朝鮮国王宣祖が漢城に帰還。小西行長に預けられていた臨海君《イメグン》・順和君《スンファグン》二王子もその身柄を解放され、朝鮮と明の講和使節が秀吉のもとを訪れることになる。

義弘の相次ぐ不幸

朝鮮在陣中の名代義弘の五男忠清は、人質として上洛を命じられ、六月に大隅栗野城を発った。忠清は大坂や伏見で、その後は京の聚楽第城下の島津屋敷で過ごすことになる。

八月三日、大坂城二の丸で五十九歳の太閤秀吉と二十七歳の淀殿との間に次男秀頼が生まれた。その知らせを受けた秀吉は歓喜雀躍、名護屋城を出立して大坂城に向う。ところが秀頼の誕生により、秀吉の養子として次期豊臣家の家督継承者とみなされていた関白秀次は秀吉に疎まれるようになる。

二十七日、小西行長預かりとなっていた薩州家忠辰が、加徳島《カドクド》の小西陣中で失意のうちに病没する。二十九歳だった。忠辰の死によって島津用久《もちひさ》（本宗家八代当主久豊の次男）に始まり、一時は島津本宗家を凌駕し、その家督を奪うほどの権勢を誇った薩州家は七代およそ百五十年で絶える。

話は横道にそれるが、島津義弘は手紙をたびたび愛妻宰相殿に送っているため、少し紹介しておきたい。この八月、朝鮮渡海以来一年数カ月が経って宰相殿から義弘のもとに待望の手紙がとどく。その返事に義弘は、「そなたからの手紙が初めて到来した。これほどまでに思い捨てられようとは思わなかった。これからは船便のあるときは手紙をよこしてくれ」と少々すねたような書き方をしている。また、義弘が滞京中の一年半ほど前の天正十九年三月には、「今夜もそなたを夢に見て、たったいま会ったような気がする。好い知らせがあったら、同じことであってもよいからたびたび手紙を送ってくれれば嬉しく思う」。また、朝鮮渡海直前には、「わたしの渡海の心配よりも、旅慣れない（秀吉の命で人質として上洛するため）あなたに何か起こらないか心配です。朝も夜もあなたのことを想っています」といった内容の手紙を送っている。剛勇無双の義弘も妻には素直に恋しさを綴り、その手紙を心待ちにしていているのかと思うと微笑ましい。

ところが、その義弘に青天の霹靂《へきれき》のごとき不幸が襲う。八月から患いがちだった（義弘は楽観視していた）次男久保が、九月八日夜半に巨済島《コジェド》の陣所で息を引き取ってしまったのである。久保は男子に恵まれない伯父義久からも次期島津本宗家の家督継承者として期待されていた。しかし、気候・風土がことなる異国での長い軍旅の果てに待ち受けていたものは、その異国における二十一歳という若さでの死だった。おそらく久保は、父義弘に看取られながら亡くなったのであろう。茫然自失後の義弘のみならず家臣らの慟哭が聞こえてくるようだ。遺体は樺山久高や平田増宗、伊勢貞昌、五代友泰らにともなわれて鹿児島に帰国、福昌寺に埋葬された。

それから三日後の十二日、悲嘆にくれる義弘に再び不幸が襲う。長女御屋地の夫で島津朝久（豊州家六代当主）が同じ巨済島で陣没してしまうのである。義弘は息子と娘婿を相次いで喪ってしまったが、御屋地にとっても十二年前の天正九年に最初の夫北郷相久《すけひさ》が父時久に自害に追い込まれて以来二度目の悲しみであった。家督は嫡男久賀《ひさか》が継承して豊州家七代当主となり、二年後の文禄四年に十四歳で元服して渡海することになる。

世子忠恒と亀寿の婚儀

島津久保が巨済島《コジェド》で陣没したため、継嗣として、島津本宗家の当主義久を中心に義久の娘婿島津彰久《てるひさ》（以久の嫡男）を擁立しようという動きが生じる。彰久は義久の次女新城を正室にしているため、二人の間に男子が誕生すれば、久保・亀寿夫妻同様に、義久の血統が島津本宗家の当主の座にいずれ就くことになるからである。

しかし石田三成は、豊臣政権に非協力的な義久よりも、協力的な義弘の血統のほうが相応しいと考え、巨済島の義弘と協議し、その三男で久保の実弟忠恒を島津本宗家の継嗣に内定、九月二十三日に肥前国名護屋に帰還後に太閤秀吉の許可も得たと思われる。忠恒は十二月、薩摩を発って大坂に到着し、翌文禄三年（一五九四）三月二十日に大坂城で秀吉に謁見する。秀吉との対面により、忠恒は島津本宗家の正式な家督継承者として認められたことになる。忠恒の「世子」決定により、島津本宗家は、実際の「当主」である義久と、豊臣政権が当主として公認する「名代」義弘との「両殿」体制から忠恒を加えた「三殿」体制に移行し、石田三成によって九月からおこなわれる太閤検地も相まって家臣団もそれぞれに編成され、複雑化していくことになる。

六月、亀寿との婚儀を挙げた忠恒は、義久の家老鎌田政近・伊集院久治・比志島国貞や島津彰久、小姓の仁礼《にれ》頼景、久保の菩提を弔うための全国行脚を終えて伏見に戻ったばかりの五代友泰らおよそ二百五十人を率いて肥前国に出発した。

義久はこの六月に忠恒の名護屋下向と入れ替わるようにして上洛している。二人の婚儀に間に合わせるためであったかどうかはっきりしないが、いずれにしても、豊臣政権の人質として、さらには、義久に鹿児島に居られては〝検地の障害〟となる恐れがあったからであろうか、石田三成の強い要請を受けての上洛であった。

一方、八月二十五日に名護屋の島津陣所に到着した世子忠恒は、京で覚えた蹴鞠三昧の日々を送り、十月九日に名護屋を発って壱岐・対馬を経て二十六日に釜山に到着。父義弘の待つ巨済島に着いたのは三十日になってからであった。

太閤検地による蔵入地の増大

九月十四日、島津領国で石田三成を総奉行とする徹底的な太閤検地（知行改め）が始まった。その目的は、安定した年貢収入を確保し、朝鮮侵攻における島津氏の動員力確保と島津氏の直轄地強化にあった。この検地は、三成の家臣五十余人が薩摩国・大隅国・日向国諸県郡の三班に分かれ、昼夜の別なく実施されて、翌文禄四年（一五九五）二月に終了した。

太閤秀吉は名代義弘を朝鮮から一時帰国させる。義弘は五月十一日に巨済島を出発して六月五日に大坂に到着。その後、淀城を壊して完成間近の指月《しげつ》伏見城（京都市伏見区桃山町泰長老《たいちょうろう》）に向かい、すでに入城していた関白秀吉に謁見したと思われる。ところがである。六月二十九日付で発給された「領地朱印状（所領確定文書）」と「知行方目録（知行地と石高の明細）」の宛名が当主義久ではなく義弘となっていたのだ。のみならず、あろうことか義久の知行地が島津四百年の血脈の地薩摩国から大隅国に、義弘の知行地は大隅国からその薩摩国に入れ替わっていたのである。豊臣政権が「島津本宗家の当主は義弘」と改めて公認、指し示したことになる。

また、二十二万四千七百石だった島津氏領国は、徹底的な検地によって五十七万九千石とほぼ二・五倍に算定されていた。増加分は島津本宗家をはじめとして一門や有力家臣に振り分けられたが、十二万五千石は義久・義弘に留保されて家臣団統制に活用されることになっていた。ただし、その知行配当権は豊臣政権、実質は伊集院忠棟の掌中にあって、当主義久や名代義弘、世子忠恒でさえも思い通りにできなかった。さらに、秀吉の太閤蔵入地として大隅国の要衝地を占める加治木（始良市加治木町）から溝辺（霧島市溝辺麓）にかけて一万石が収公され、検地にあたった石田三成と島津歳久自害後の仕置をおこなった細川幽斎の知行地（一万石）も大隅国内に設定されていて、島津領国に豊臣政権の楔《くさび》がグサリと打ち込まれていたのである。

七月四日、体調を崩して帰郷していた義弘の五男忠清が、治療に励んだ甲斐もなく大隅栗野城で病没する。享年十四。近習の川上忠高の膝の上で息を引き取ったという。忠清は前年六月に人質として上洛し、聚楽第城下の島津屋敷で過ごしていた。嫡男鶴寿丸、次男久保、四男万千代丸《まちよ》（七年前の天正十六年に九歳で早世）、さらに忠清を失った宰相殿の嘆きは尋常ではなく、その悲嘆にくれる姿に忠清の小姓で十五歳の松下源四郎が殉死する。

太閤検地による混乱

忠清の訃報がとどいた頃であろうか、名代義弘が帯京中の七月十五日に「関白秀次切腹事件」が起こる。これは太閤秀吉が甥の関白秀次に謀反の咎《とが》を着せ、監禁していた高野山青巌寺（金剛峯寺・和歌山県高野町高野）で自刃させただけでなく、その子女や妻妾、侍女、乳母ら三十九人も三条河原で処刑するという惨劇だった。秀次の政庁兼邸宅である豪壮華麗な聚楽第は、竣工後わずか八年で破却され、その多くの建物が指月伏見城などに移築されることになる。秀次の死により、秀頼による秀吉の継嗣者としての地位が確定する。

義弘は太閤検地によって混乱する領国の仕置および朝鮮への軍勢徴発と軍備・兵糧確保のため、八月中旬に京を出発し、二十八日に栗野城に到着する。

一方、巨済島《コジェド》の陣屋では、忠清が亡くなった翌七月五日、島津久保の死後に当主義久によって後継者候補に挙げられた島津彰久が陣没していた。享年二十九。軍代（主君に代わって軍務を執る者）には父以久の家臣川上忠実が就任した。

太閤検地によって当主義久の直轄領（蔵入地）は二万七千石から十万石に、名代義弘の直轄領が一万二千石から十万石に増加して大名権力が強化されたものの、知行国が入れ替わったことにより、義久は急遽、薩摩・大隅国境で海陸交通の要衝浜之市を抱える大隅富隈城（霧島市隼人町住吉）を築き、不本意ながらも島津貞久（五代当主）以来二百五十余年の間、島津本宗家が本拠としてきた鹿児島の内城を退去して引き移り、義弘は兄義久に配慮すると同時に島津家中の反発を懸念して鹿児島の内城には入らず、栗野城から同じ大隅国内の帖佐に築く帖佐館《やかた》（姶良市鍋倉）を居館とし、内城へは世子忠恒を入城させる。ただし、島津家中の隠然たる実権はなおも島津本宗家の当主として義久が握り続けるのである。

北郷忠能の減転封・伊集院忠棟の加増移封

九月二十五日、方広寺大仏殿が完成する。中央には木製金箔貼りの坐像盧舎那《るしゃな》大仏が安置され、秀吉は自身の祖父母の供養のために千僧供養会を大々的に催した。

十二月十四日、三十九歳の北郷忠虎（北郷氏十一代当主）が加徳島《カドクト》で病没し、忠虎の嫡男忠能《ただよし》が家督を継承したものの、その忠能は五歳と幼いため、祖父時久が政務を執り、忠能が元服するまで忠虎の異母弟北郷三久が家督代として軍務を後見し、渡海して名代義弘とともに朝鮮各地を転戦することになる。忠虎は一度帰国した三月に正室（新納忠充の娘）が病没し、その喪が明けぬ七月に再び参陣命令を受けて十一月六日に着陣したばかりであった。

ところが太閤検地により、その北郷氏は、島津征伐の折に最後まで抵抗したことや朝鮮への動員数を満たしていなかった（九百人に対し四百人）ことで、本拠地の日向庄内一帯を召し上げられ、島津歳久の所領であった薩摩国北西部の祁答院三万七千石に所替えとなり、伊集院忠棟が太閤秀吉から直々に加増を受けて大隅国肝属郡二万一千石からその庄内八万石に所替えされる。同様に、種子島久時は本領の種子島（種子島・屋久島・沖永良部島）から薩摩国知覧院（南九州市知覧町）一万石に、種子島一万石には国分清水城主島津以久が所替えとなる。このように、太閤検地によって島津家臣団のほぼすべてが本領から引き剝がされて玉突き的に所替えとなり、島津氏領国は大混乱に陥ってしまったのである。

しかも伊集院忠棟は、嫡男忠真を朝鮮に出陣させてはいるものの、自身は在国し、太閤検地後の知行配分の実施責任者に秀吉から指名されて豊臣政権を背景にしていたこともあり、大混乱に陥った島津家中から沸き起こる不満・怨嗟はその身に集中し、また、義弘や忠恒どころか義久をも凌駕するほどの権勢を誇るようになって島津本宗家からも危険視されることになる。

朝鮮再派兵

文禄五年（一五九六）閏七月十二日深夜、畿内一帯を襲う大地震が発生（マグニチュード七・五。慶長伏見大地震）。指月伏見城や東寺、天龍寺が倒壊、方広寺大仏殿は倒壊を免れたとはいえ大仏の首が転げ落ちた。そのため太閤秀吉は、講和交渉に来日した明使との接見を大坂城に変更して（朝鮮使節は秀吉の要求する王子が不参加で謁見を許されず）九月一日におこない、翌二日にはその明使を饗応した。なお、大仏は秀吉の次男秀頼によって再建されることになる。

しかし明使は、日本軍が築城した倭城の破却と在朝鮮日本軍の完全撤兵を要求。これに秀吉が激怒、秀吉はその怒りの矛先を〝勝者〟秀吉の要求を無視して王子を来朝させなかった朝鮮に向ける。秀吉にとって王子の来日は、朝鮮が自身に服属したという事実を内外に知らしめる最重要事項であった。講和交渉は決裂し、秀吉は朝鮮再出兵を決意する。秀吉の命を受けた名代義弘は、九月二十三日に大坂から船出して十月十日に当主義久の大隅富隈城に到着し、朝鮮への軍勢調達の協力を依頼して大隅帖佐館に戻った。十月二十六日、大地震によって慶長と改元。

翌慶長二年（一五九七）正月、日本軍が朝鮮への再上陸を開始する（慶長の役・丁酉再乱《チョンユジェラン》）。「征明」を目的とした文禄の役とはことなり、このたびの派兵の目的は「朝鮮半島南部を制圧し、日本領土として確保」することにあった。

二月二十一日、太閤秀吉が再派兵に向けての「状々（法令）」と陣立てを発令。五軍に編成された十五万の日本軍が順次渡海することになる。その頃義弘は、将兵三百余を率いて大隅帖佐館から出陣し、種子島久時や樺山久高らを加えながら川内川河口の久見崎《ぐみざき》（薩摩川内市久見崎町）から軍船十余艘に分乗して出航し、対馬を経て四月初旬に釜山浦に上陸、総大将宇喜多秀家に対面し、四月三十日には加徳島《カドクト》に到着して忠恒と合流する。

全羅道制圧

藤堂高虎らの率いる日本水軍は、七月十四日から十六日にかけておこなわれた巨済島《コジェド》海戦で朝鮮水軍の指揮官元均《ウォンギュン》を敗死させて大勝し、十七日には、在朝鮮日本軍の総大将として小早川秀秋が朝鮮侵攻の拠点釜山城《プサンソン》に入城。他の諸将もこの頃に朝鮮上陸を果たし、秀吉の指示に基づいて朝鮮南部の全羅道攻略を開始する。

八月初旬、日本軍は小早川秀秋を釜山城に置き、二方面から全羅道の要衝南原城《ナムウォンソン》攻略をめざしていっせいに動き出す。毛利秀元（輝元の養子でありその名代）を総大将とする「右軍」は、加藤清正を先鋒とし、黒田長政・浅野幸長・鍋島直茂ら六万四千が釜山から陸路北上し、慶尚道昌寧《チャンニョン》からは西に進み、南原城北方の全州《チョンジュ》（全羅北道全州市）をめざす。宇喜多秀家を総大将とする「左軍」は小西行長を先鋒とし、島津義弘・蜂須賀家政・長宗我部元親ら五万が釜山から海路西に向い、晋州《チンジュ》の南にある泗川《サチョン》に上陸後、北上して慶尚道昆陽《コンヤン》・河東《ハドン》を経て全州に向う。

八月十五日、義弘・忠恒父子らの島津勢が属す左軍は、全州への途上に立ちふさがる明・朝鮮連合軍が堅守する南原城に総攻撃をかけて明将揚元《ヤンユエン》を敗走させ、十七日に北上を再開。南原城の救援を命じられていた全州城の守将である明将陳遇衷《チェンユーアイ》が城を棄てて遁走したため、十九日に左軍は戦うことなく全州に入城した。

一方、加藤清正を先鋒とする右軍は、十七日に慶尚道・全羅道の境に位置する黄石山城《フォンソクサンソン》を落城させて二十五日に全州に入城し、左軍と合流する。全州城での軍議後に、毛利秀元の右軍は北上して忠清道最北部の稷山《チクサン》で明軍を破り、京畿道南部の竹山《チュクサン》周辺を掃討後に南下する。全州城を制圧した宇喜多秀家の左軍は軍勢を分割して全羅道全域に展開する。島津勢は全羅道西部の長城《チャンソン》、同じく南部の羅州《ナジュ》を制圧後、九月二十五日に全羅道南西端の海南《ヘナム》に到着した。

八月二十八日、豊前国名護屋から上洛途上にあった十五代将軍足利義昭が備後国鞆で病没した。享年六十一。

十月中旬頃、忠清・全羅・慶尚三道の制圧を終えた日本軍は、朝鮮半島南岸地域に戻り、越冬するための城塞の増強・補修または新たな築城に入った。その南岸地域のもっとも東の蔚山城《ウルサンソン》（蔚山広域市）に加藤清正や浅野幸長、西生浦城《ソセンポソン》に毛利吉成、亀浦城《クポソン》（釜山広域市北区）に黒田長政、中央に位置する日本軍の策源地（兵站支援の後方基地）釜山城に宇喜多秀家や毛利秀元、加徳島《カドクト》と巨済島に藤堂高虎ら日本水軍、固城《コソン》（慶尚南道固城邑）に立花宗茂、泗川城（泗川市）に義弘率いる島津勢、泗《サ》川《チョン》から海を隔てた南海島《ナメド》に宋義智、もっとも西の順天城《スンチョンソン》（全羅南道順天市）には小西行長や有馬晴信、松浦鎮信《まつらしげのぶ》が拠ることになる。

十二月二十三日、明・朝鮮連合軍が加藤清正や浅野幸長らが守備する、いまだ普請中であった蔚山城を包囲。翌慶長三年（一五九八）正月四日、蔚山城を落城寸前にまで追い込んでいた明朝鮮連合軍は毛利秀元や黒田長政の援軍が背後に迫ると撤退を開始。しかし、城兵や毛利秀元、黒田長政らは追撃し、明朝鮮連合軍を慶州に敗走させた（第一次蔚山城の戦い）。明朝鮮連合軍の戦死者は二万。総司令官楊鎬《ヤングァオ》は一万以上の死体を野ざらしにしたまま、さらに北をめざして漢城にまで逃げ去った。

天下人秀吉の栄華、尽きる

太閤秀吉は三月十五日、京の醍醐寺三宝院（伏見区）裏の山麓で、朝鮮の地で日本軍が苦戦を強いられているのをよそに盛大な「花見の宴（醍醐の花見）」を開催する。在京して伏見城（慶長大地震で倒壊した指月伏見城北東の木幡《こはた》山に新たに築城。伏見区桃山町大蔵）に詰めていた当主島津義久も参加したようである。

その醍醐の花見からしばらく経った五月五日、秀吉が発病。病臥中の秀吉は日を追うごとにその症状を悪化させ、八月十八日に伏見城で病没する。六十二歳だった。死に臨んだ秀吉は、世継ぎとなる六歳の秀頼が一人前に成長するまでの豊臣政権維持のため、政務を統括する「五大老」の徳川家康・前田利家・毛利輝元・上杉景勝・宇喜多秀家と、実務を担う「五奉行」の浅野長政・石田三成・増田長盛・前田玄以・長束《なつか》正家に合議制導入を遺命、秀頼の将来をくどいほど懇願しながら世を去った。

この豊臣政権は、秀吉の死を秘匿したまま明・朝鮮両国と和睦して戦争終結に導き、本格的な冬を迎える前に在朝鮮日本軍の撤退を決める。二十五日には、和睦締結の命を携えた徳永寿昌《ながまさ》・宮木豊盛が朝鮮の日本軍陣営に派遣された。

朝鮮では、秀吉が死の床にあった八月、在朝鮮日本軍を駆逐するため、反転攻勢を期した明・朝鮮連合軍が漢城《ハンソン》から南下を始めていた。明将麻貴《マーグウイ》率いる東路軍は加藤清正の守る蔚山城へ、董一元《ドンイユアン》を大将とする中路軍は名代島津義弘の守備する泗川《サチヨンソン》城に、劉綎《リユウテイン》指揮下の西路軍は小西行長の拠る順天《スンチヨンソン》城へと進軍する。明・朝鮮両水軍はというと、すでに明水軍の陳璘《チエンリン》は南下を終え、朝鮮水軍の李舜臣と全羅道《チヨルラド》の古今島《コグムド》で合流していた。

鬼島津、泗川の雄叫び

名代義弘・世子忠恒父子の拠る泗川城《サチョンソン》は、釜山と日本軍最左翼の光陽湾《クァンヤンマン》に面した順天城《スンチョンソン》と海を隔てた南海城《ナメソン》の中間地点に位置し、ここを攻略されると順天城が孤立する恐れがあった。義弘は周辺の城塞（泗川古城・永春《ヨンチュン》・望津《マンジン》・晋州《チンジュ》）に拠る寺山久兼や川上忠実らの軍勢を泗川城に集結させる。しかし、それでも泗川城の総兵力はわずか六千余であった。

徳永寿昌・宮木豊盛が釜山に到着した十月一日、董一元《ドンイユアン》を大将とする中路軍による総攻撃が泗川城で開始された。義弘は、攻め寄せる中路軍十万に対し、城兵に発砲を控えさせた。敵兵を引き付けられるだけ引き付けるためである。そのうえで義弘は城内には伏兵を配置し、門を押し破った敵兵が城内に雪崩れ込んだ瞬間、一斉掃射を浴びせた。

狙いすました射撃は明軍の突撃部隊を粉砕。間髪を入れず敵陣内の火薬桶が大爆発を起こし、中路軍は大混乱に陥った。義弘がすぐさま総攻撃を命じると、待ちかねていた島津勢は勇躍して打って出た。忠恒は槍を取って突撃。義弘もみずから白兵戦に加わった。しかし、敵兵に囲まれてしまう。危機に陥った義弘を救うため、島津忠長《ただたけ》は軍兵百を率いて敵中に駆け込んで蹴散らした。島津勢の死力を尽くした戦いぶりは、恐慌状態に陥った中路軍に壊滅的な打撃を与えた。明軍の戦死者数は八万、首級は三万八千を超えたが、島津勢における戦死者はわずか二人のみだった（泗川の戦い）。明軍が「鬼石曼子《グイシーマンツ》（鬼島津）」と呼んで恐れる鬼神のような戦いぶりだった。

八日には、帰国命令を携えた徳永寿昌と宮木豊盛が泗川城に到着する。義弘らに「明・朝鮮連合軍と和睦して速やかに撤退せよ」という命令が太閤秀吉の死を秘匿したまま発令され、十一月十日までに朝鮮在陣の日本軍諸将が釜山浦に会陣し、ともに日本に帰国することが定められた。その後、徳永寿昌と宮木豊盛は順天城の小西行長と蔚山城の加藤清正らのもとを訪れ、同様の命令を伝えた。この八日、残念なことに病床（おそらく泗川城）にあった穎娃久音《ひさぶえ》（久虎の嫡男。穎娃氏八代当主）が十六歳の若さで世を去った。久音は義弘の末娘、十五歳の御下《おした》の婚約者だった（御下はのちに島津忠棟の嫡男忠真に嫁ぐ）。

十三日には、泗川城で明兵の捕虜数百を返還することなどで和睦が成立し、義弘は十七日、泗川城からの撤退を開始する。すでに、順天城を海陸から攻めていた西路軍は大敗して軍を退き（順天城の戦い）、朝鮮水軍の李舜臣と明水軍の陳璘《チェンリン》は古今島《コグムド》に引き上げ、東路軍も蔚山城で加藤清正の堅い守りに多数の犠牲者を出して撤兵していた（第二次蔚山城の戦い）。

命がけの救助、露梁海戦

十一月十日、西路軍の総大将劉綎《リュウティン》と撤退の合意を取り付けた順天城の小西行長・松浦鎮信・有馬晴信・五島玄雅《ごとうはるまさ》・大村喜前《よしあき》（純忠の嫡男）ら一万四千は撤退を開始したものの、古今島《コグムド》に退いた李舜《イスン》臣《シン》率いる朝鮮水軍と主戦派の陳璘指揮下の明水軍がその合意を覆し、光陽湾《クァンヤンマン》を封鎖、順天城に引き返さざるを得なくなっていた。これを知った義弘率いる島津勢は、すでに撤退のために昌善島《チャンソンド》に到着していたが、同じく撤退していた立花宗茂・宗義智・高橋棟増・小早川秀包《ひでかね》・筑紫広門や撤退の指揮に出向いていた寺沢正成と軍議を開き、窮地に陥った順天城の救援を決定。十七日、義弘ら左軍諸将は軍船五百艘に分乗して順天城に向った。これを知った明・朝鮮両水軍五百艘は海上封鎖を解き、南海《ナメ》島《ド》と朝鮮本土との間にある露梁《ノリャン》海峡に向った。

十八日未明、義弘ら左軍諸将は、露梁海峡で待ち伏せしている明・朝鮮両水軍と戦端を開く。島津勢が先陣を切って大砲や鉄砲で撃ち合い、互いの船に乗り移って船を乗っ取り合う白兵戦が海上で展開された。大乱戦の中で李舜臣は左脇に銃弾を受けて絶命（野梁海戦）。

この海戦中の十九日未明、封鎖が解けたのに乗じて小西行長らは順天城から出航し、露梁海峡を避けて海南島の南を大きく迂回、翌二十日に巨済島《コジェド》に撤兵することができた。

かたや小西行長らの血路を開いた左軍諸将は巨済島に退こうとしたものの、折悪しく義弘の軍船が潮に流されて敵に拿捕されそうになる。鉄砲の名手種子島久時や川上忠兄《ただえ》（忠智の次男）らが防戦して事なきを得たが、潮に押し流された樺山久高・喜入忠政ら五百の島津勢が海南島に上陸せざるを得なくなった。海上では昼夜を分かたず明・朝鮮の軍船数百が巡回していたが、巨済島に引き揚げていた小西行長らの船が救出に向い、海南島から昌善島《チャンソンド》へ移動していた樺山久高らを収容し、無事巨済島への撤兵を終えた。

殿軍島津軍の帰国

十一月二十一日、名代義弘は巨済島から出航し、昌原《チャンウォン》、安骨浦《アンゴルポ》、加徳島などを経て釜山浦に着船。

ところが、釜山浦で落ち合ってから日本に凱旋しようと定められていたその釜山浦には、日本軍諸将は誰一人としていなかった。東部方面の蔚山城《ウルサンソン》・西生浦《ソセンポ》城・亀浦《クポ》城などの日本軍将兵十万余は我先にと帰国していたのである。しかも、その日本軍が撤退の際に放った火によって釜山浦の諸城・諸陣屋は焼け落ち、辺りは焦土と化していた。しかし、灰塵くすぶる殺伐荒涼とした中で、第三軍所属の甥島津豊久だけは義弘・忠恒父子らを待っていた。彼らが互いの生還を確認できた瞬間に溢れくる感情はいかばかりであったろう。

義弘・忠恒父子をはじめ島津豊久や島津忠長、樺山久高、北郷三久、伊集院忠真、種子島久時、露《ノ》梁《リャン》海戦でひたいに矢を受けて重傷の豊州家久賀（朝久と御屋地の嫡男。豊州家七代当主）ら島津勢は、二十四日に釜山浦を出航し、対馬を経て十二月十日に筑前博多に帰港した。日本軍撤収のために派遣されていた毛利秀元・石田三成・浅野長政によって置き去りにされたその日本軍の殿軍は出迎えられ、翌十一日、義弘は筑前名島の陣屋（福岡市東区名島）で太閤秀吉の死を石田三成から伝えられた。

二十七日に大坂に到着した義久らは、二十九日に伏見城で五大老に謁見する。義弘の軍労を称賛する声がしきりだった。翌慶長四年（一五九九）正月九日、徳川家康が「前代未聞の大勝利」と称え、結果として日本軍十数万が無事に帰国することができた、島津勢の泗川の戦いにおける戦功を重くみた豊臣政権は、その勲功として、島津氏領内に設けられていた太閤蔵入地の加治木一万石、石田三成・細川幽斎の知行地一万石、薩州家忠辰改易後に寺沢広高・宗義智に与えられていた出水三万石の計五万石を、豊臣政権が島津本宗家次期当主として認める世子忠恒に与えた。これは「豊臣秀頼の元服までは新たな知行地は与えない」という定めに背いて敢行されたが、同時に、島津領国に打ち込まれていた楔が解消されることにもなった。

さらに、義弘は参議（唐名は宰相。義弘の継々室宰相殿はこの官職にちなむ）に、忠恒は左近衛少将に、豊久は中務大輔《なかつかさのたいふ》・侍従に任じられた。豊臣政権にとって参議というのは五大老に次ぐ重要な官職だった。この慶長四年、太閤秀吉の死に弔意を示して義弘は剃髪・出家し、祖父日新斎（忠良）にあやかって「惟新斎《いしんさい》」と号す。

文禄元年から始まった朝鮮出兵は、朝鮮を疲弊させたのみならず、宗主国として朝鮮に援軍を送った明も財政が破綻して衰亡する要因となり、日本でも豊臣政権を分裂・弱体化させる原因となる。しかも、朝鮮に出兵した九州・四国・中国を中心とする諸大名の財政悪化を招く。ただ一人、関東から肥前国名護屋まで大軍を率いて在陣はしたが、渡海することのなかった関東八カ国の支配者徳川家康だけは、軍事力・財力ともに温存していた。

第七章　幕藩体制下に組み込まれた島津一族

一　島津存亡の危機

世子忠恒の家督継承

島津義弘の軍労が賞賛されていた慶長四年（一五九九）正月十日、豊臣家の家督を継いだ七歳の秀頼は、太閤秀吉の遺命によって伏見城から大坂城に居を移す。五大老の一人前田利家がその守役（教育係）となり、伏見城には、秀頼が成人するまでの豊臣政権の舵取りを秀吉から託された、これも五大老の一人徳川家康が入って政務を担うことになった。

ところがその家康は、秀吉によって禁止されていた大名同士の婚姻を、豊臣配下の有力大名である伊達政宗や蜂須賀家政、福島正則、加藤清正らと積極的に結んで血縁関係を強化し、自身の勢力拡大・権力増大を謀っていた。家康は島津家の伏見屋敷（伏見区東境町）も訪問し、すでに、豊臣政権と距離を置く島津本宗家の当主義久とも会談していた。家康にとり、泗川の戦いで中国大陸にまでその名が知れわたる島津氏の軍事力は〝危険視〟すべきものであると同時に〝魅力的〟でもあったのだ。

こういった家康の行動に五大老の前田利家・毛利輝元・上杉景勝・宇喜多秀家と五奉行の石田三成らが反発。二月二日、家康は五大老四人と五奉行五人と誓書を交わし、伏見城の支城である宇治川を隔てた南側の向島城（伏見区向島）に退去した。これによって対立は解消されたかにみえたが、家康と他の大老・五奉行らとの対立・軋轢は水面下で熾烈さを増すことになる。

義久は二月二十日、秀吉の命で家督継承者に指名されていた、三女亀寿の婿で甥の世子忠恒に、島津本宗家当主の証である先祖伝来の「重宝」とともに家督を譲る。忠恒は二十四歳にして島津本宗家十八代当主となり、その補佐として義久の家老鎌田政近・伊集院久治・比志島国貞の三人が忠恒の付家老となった。ただし、忠恒に付家老つまり監視役が配されたことでもわかるように、島津本宗家の実権は大殿義久の掌中にあった。

若殿忠恒は、五万石を加増されたことで、太閤検地の煽りを受けて所替えした家臣の領地をもとに戻すようになる。忠恒は三月五日、義久の継室妙蓮夫人（円信院殿）の弟で、朝鮮でも活躍した家老の種子島久時を薩摩国知覧院から本領の種子島一万石に戻し、種子島に移していた島津以久《もちひさ》を大隅半島北西部の垂水《たるみず》一万八千石に所替えする。以久は廻城合戦で討死した父忠将を「垂水家」初代当主とし、自身は二代当主となる。また、泗川《サチョン》の戦いで義弘の窮地を救った家老島津忠長を宮之城一万五千七百石の領主に任じ、島津歳久の居城であった虎居城主に据える。忠長は父尚久（日新斎の三男。貴久・忠将の異母弟）を「宮之城家」初代当主に定め、自身は二代当主となる。

伊集院忠棟斬殺

鼻息も荒く藩内の所替えをおこなっていた若殿忠恒は三月九日、豊臣政権内に漂う不穏な空気を煽るかのように、突如、伏見城下の島津屋敷において筆頭家老の伊集院忠棟をみずからの手で斬り殺す。

とどめは小姓の仁礼頼景が刺した。

殺害理由は明確ではない。考えられることは、島津氏領のうち日向国諸県郡庄内八万石を秀吉から直々に与えられるなど、島津氏の陪臣ながら豊臣家の直臣同然という扱いを豊臣政権から受け、島津本宗家の当主にして自身の主人義久をも凌駕するほどの権勢が島津家中で憎まれていたことや、国許にあって朝鮮への補給を担当したが十分ではなく、世子久保をはじめ島津家中の多くの家臣が飢餓に苦しんだ挙句病死したこと、忠恒が朝鮮の過酷な戦場で功を挙げた家臣に所領を与えようとしたにもかかわらず拒絶されたこと、忠恒を排除して血統が忠恒よりも優越する島津信久（父は義久が次期家督継承者に就けようとした以久の長男で垂水家三代当主彰久〈文禄の役で陣没〉。生母は義久の次女新城）を本宗家の相続者にしようと画策したことなどがあるとされる。忠棟にも数多の言い分はあろうが、殺されてしまっては申し開きはできない。家臣どころか薩摩の国賊とされてしまうである。

また、この忠棟殺害について大殿義久や名代義弘の内諾があったかどうかもはっきりしない。しかし、忠恒の単独行動であったとも思われない。義久と義弘のその後の行動をみると、少なくとも義久の暗黙の了承だけはあったように感じられる。さらには、石田三成の排除をもくろむ五大老筆頭の家康が一枚嚙んでいた可能性もないとは言えない。ただし、好悪が激しく直情径行の傾向があるとはいえ、忠恒の手討ちによって全藩士の正義が体現されたかのように思われるほど家中で憎悪されていたことは確かである。太閤秀吉が存命中ならば起こらなかったであろう惨劇が、その最高権力者秀吉の存在が霧消したことで起こってしまったようだ。この日、京から島津屋敷に駆け戻ってきた義弘は不測の事態に備え、忠恒は謹慎するため高雄山神護寺（右京区高雄）に入った。

豊臣政権に歯向かうかのような忠恒の暴挙に、忠棟と親しい石田三成は激怒するが、家康は「反逆した家臣を成敗するのは大名の成敗権で問題はない」と忠恒の行為を支持する。この家康の支持があったことで忠恒は謹慎を解かれて島津屋敷に戻ることができた。忠棟殺害は忠恒の〝短慮軽率〟として処理され、石田三成も島津氏との今後の関係を考慮して穏便にすませることにしたようである。

伊集院忠真の反乱

三月十四日、大坂からに久しぶりに居城富隈城に帰ったばかりの大殿義久に、筆頭家老伊集院忠棟殺害の急報がとどく。かたや家督を継いだ忠棟の嫡男忠真（正室は義弘の次女御下）は、その義久に面会し、義久・義弘・忠恒に従う旨を申し述べたが、受け入れられなかったとされる。豊臣政権を快く思わない義久は、すでに太閤秀吉がこの世を去ったことで、丸く収めるつもりはなかったようだ。

忠真は伊集院一族と合議した結果、島津本宗家に反旗を翻すことを決意。忠真は本拠の都之城（宮崎県都城市都島町）に籠もり、その都之城を中心として、日向国庄内から大隅国北東部にかけて展開する、梅北・志和池・山之口・三俣院高・安永・野々美谷・山田・梶山・勝岡・恒吉・末吉・龍虎の十二外城《とじょう》に一族や家臣ら八千を配置して守りを固めた。その忠真に対し、義久は開城するように迫る。しかし忠真は拒否。

京の若殿忠恒は三月二十九日、体調不良によって帰国できない父義弘に代わり、家康から「伊集院忠真討伐」の許可を得て、朝鮮から帰国して上方に駐屯中の軍勢を率いて鹿児島に帰国する。

義久は翌閏三月三日、十二外城それぞれを囲むようにして近隣の城砦に家臣を配置し、その一帯を封鎖するとともに、新納忠元や相良長泰（相良氏庶流）、比志島国貞、鎌田政近、喜入久正、山田有信、新納旅庵、平田増宗、伊集院久治、樺山久高、町田久倍、桂忠詮《ただのり》、北郷三久、上井里兼（覚兼の甥）らおよそ十四人の一族一門・家臣に、忠真に加担しないよう起請文を提出させた。忠真の反乱鎮圧を主導することにより、義久は家臣団の再掌握に成功する。

一方豊臣政権では、軍務を担う「武断派」と行政を担当する「文治派」に分裂して互いに対立していたが、この閏三月三日、その抑止力であった五大老の一人前田利家が前年来の病状を悪化させて没すると、翌四日未明、武断派の加藤清正・福島正則・黒田長政ら七将が結束し、文治派の代表格石田三成への恨みを晴らすべくその大坂屋敷（大坂城三の丸）を襲撃。しかし、すでに三成は伏見城内の屋敷に逃げ込んでいた（石田三成襲撃事件）。七日、仲裁に乗り出した徳川家康の裁定により、五奉行職を罷免された三成は、居城の近江佐和山城（滋賀県彦根市古沢町）に蟄居の身となり、十三日には、向島城に退去していた家康が伏見城に移り、豊臣政権の政務を担うことになった。

義久は四月二十八日、忠恒に与えた当主の証である重宝の中でもっとも重要な相伝文書の「頼朝以来御書八巻」「御当家御系図二巻」を取り上げる。義久は、忠恒による忠棟殺害という外聞を憚ってなのか、忠恒の当主としての器量・性格を疑問視したのか、または忠恒と亀寿の仲が悪く、子に恵まれていないことに悩まされていたからなのか、さらには、いまだに次女新城の嫡男信久による本宗家への家督相続にこだわっていたからなのかは、わからない。だが義久は忠恒から取り上げた相伝文書のうちの一部だけかもしれないが亀寿に与えたようである。

八千であった。

島津家中最大の内乱

帰国した若殿忠恒は六月、大殿義久の家老島津忠長や父義弘の家老樺山久高、北郷三久、足腰が弱って手輿に乗った新納忠元らの島津一門や重臣ら三万の軍勢を率いて清水城を出陣し、金剛仏作寺（宮崎県都城市高崎町）を本陣に定め、伊集院忠真を討伐するため日向庄内に向かう。対する伊集院軍は八千であった。

忠恒は都之城の支城山田城を、次いで恒吉城を落としたが、伊集院勢の激しい抵抗を受けて攻め口を見い出せず、義久もみずから出陣して忠真の甥伊集院甚吉《じんきち》の拠る龍虎城を攻め立てたが攻略できず、互いに戦死者を増やすのみで戦いは膠着状態に陥ってしまった。

上方では、徳川家康が事実上の専権を確立するため、亡き太閤秀吉の遺命に背き、九月に伏見城から豊臣政権の中枢である大坂城に入城する。ところが、大坂城内で家康を暗殺しようとする計画が露見。家康は翌十月、暗殺計画に加担した嫌疑で五奉行筆頭の浅野長政を国許の甲斐国府中（山梨県甲府市）に蟄居させ、また、父利家の死後五大老の一人となっていた、首謀者の前田利長からは実母芳春院を人質として江戸に差し出させることで落着させる。

その家康は、伊集院・島津両軍の膠着状態を見かねて仲裁に乗り出し、近習の山口直友（徳川氏と島津氏との取次役）を使者として日向国に派遣。直友は、義久と忠恒から「降伏すればいままで通り召し抱える」との証文を取り付けて忠真に降伏を促した。

翌慶長五年（一六〇〇）二月六日、兵糧攻めを受けていた志和池城が落城。その後、他の外城も順次開城し始め、防戦一方の忠真は家康の仲裁を受け入れ、父忠棟の死からおよそ一年後の三月十五日、ついに降伏し、最後まで抵抗していた伊集院甚吉の拠る龍虎城も開城してこの「庄内の乱」と呼ばれる伊集院忠真の反乱は終結する。忠真は日向庄内八万石から頴娃《えい》（南九州市頴娃町）一万石に、そして、帖佐（姶良市）二万石に所替えされることになる。

日向国庄内には、およそ二百五十年前の文和元年に北郷氏初代当主資忠が本拠をかまえて以来の旧領復帰を悲願とし、一族挙げて奮戦した北郷氏が祁答院三万七千石から所替えされた。ただし、大隅国内の財部・末吉・恒吉は島津本宗家の直轄領となり、回復できたのは日向国庄内四万石のみとなる。のちに北郷氏は島津姓を名乗ることを許されて「都城家《みやこのじょうけ》」と呼ばれ、家督代の北郷三久は、日向国に戻ることなく平佐（薩摩川内市平佐町）一万五千余石を領有し「平佐北郷氏」初代当主となる。

また、北肥後の領主加藤清正と飫肥領主伊東祐兵が「島津氏を抑え込む」という思惑から密かに伊集院忠真に兵糧や火薬などの支援物資を送っていた事実が発覚、島津氏から抗議を受けただけでなく、清正は、庄内の乱の早期収拾に尽力していた家康からも重大な背信行為として叱責され、領国の熊本に謹慎の身となった。

石田三成の挙兵

五大老の一人上杉景勝は、領国経営に本格的に取り組むため会津に帰国し、領国内の二十八支城の普請や街道、橋梁の整備をおこなっていたが、庄内の乱が終結しつつあった慶長五年二月からは会津若松城の北西に新た城の築城を開始していた。この活発・積極的な動きが「上杉景勝に謀反の疑いあり」という報告となって五大老筆頭の徳川家康のもとに相次いでもたらされていた。そのため家康は景勝に、領国内の諸城改修における申し開きをするように命じたが、景勝はその召喚命令に従わなかった。

家康は五月、召還命令を拒否する景勝を「豊臣家への謀叛」を理由として討伐するため、豊臣恩顧の諸大名に総動員令を発し、みずから軍を率いて六月十六日に大坂城から出陣し、鳥居元忠が守備する伏見城を経て、江戸で軍備を整えてから下野国小山（栃木県小山市）に向った。この出陣に際し、家康は石田三成が挙兵するであろうと踏んでいた。つまり挑発したのだ。

その家康不在を好機とみた三成は、蟄居していた佐和山城を発ち、毛利輝元を総大将（西軍）に担ぎ、五大老・五奉行制を有名無実化して豊臣政権の簒奪をもくろむ徳川家康（東軍）打倒の兵を挙げる。七月十七日、長束正家・大谷吉継・前田玄以の三奉行は、家康が大坂城西の丸に残留させた留守居を追放し、家康の犯した罪を書き連ねた弾劾状「内府ちがいの状々」を諸大名に送付して檄を飛ばす。

伏見城陥落と家康の西上

七月十九日、三奉行から要請を受けた毛利輝元は、軍勢五万を率いて完成したばかりの広島城（広島市中区）を出発し、大坂城に入城する。と同時に、鳥居元忠以下千八百と大坂城西の丸から逃げ込んだ五百の兵が籠もる伏見城攻めが開始された。八月一日、伏見城は宇喜多秀家・小早川秀秋を大将とする四万の軍勢によって落城、鳥居元忠は壮烈な死を遂げた（伏見城の戦い）。島津義弘はこの伏見城攻めの際に、甥の島津豊久や北郷久永（北郷氏庶流）、家老新納旅庵、木脇《きのわき》祐秀ら二百余の軍勢を率いて搦手から攻め立て、多くの犠牲者を出していた。また義弘は、伏見城攻め以前に「徳川家康から守備を頼まれた」として伏見城におもむいていたが、元忠にその真意を疑われて入城を断られていた。これを理由の第一として義弘は、大殿義久の三女亀寿や自身の愛妻宰相殿が大坂城に人質に取られていること、豊臣秀頼を擁する石田三成からの強い参陣要請を断りきなかったことなどを理由に、結果として伏見城攻めに参加することになったという。

一方、小山で伏見城陥落の急報を受けた家康は、宇都宮城主蒲生秀行（氏郷の嫡男）とともに次男結城秀康（結城晴朝の婿養子）を上杉景勝に備えて宇都宮を固めさせ、小山から京に向けて西上することを決する。五日に江戸城に着いた家康は、黒田長政（父如水は隠居して肥前中津城に在城）、福島正則、池田輝政、細川忠興（幽斎の嫡男。正室細川ガラシャ〈明智光秀の三女〉は西軍の人質になることを拒絶して自害）、山内一豊らとともに忠臣本多忠勝を軍監として先発させたが、自身は八月五日から江戸城にとどまって戦略を練り、石田三成ら西軍との合戦を有利に運ぶため、東軍諸将の引き留め・指示および西軍諸将の切り崩し工作をおこない、先発隊が織田秀信（信長の嫡孫三法師）の守る岐阜城を陥落（八月二十三日）させたあとの九月一日になってようやく東海道を西上する。また三男秀忠は、西軍に寝返った真田昌幸・幸村父子が守備する上田城（長野県上田市）を攻略し、信濃国を平定するため東山道（のちの中山道）を北上した。

十四日、東軍の総大将家康は美濃国赤坂に入り、西軍の根拠地大垣城（岐阜県大垣市郭町）北方の岡山に本陣を敷き、西軍の副大将小早川秀秋は関ヶ原の南の松尾山に着陣。大垣城を出た宇喜多秀家・小西行長・石田三成らの軍勢は松尾山麓から北方にかけて展開し、義弘率いる島津勢は、西軍の最左翼に位置する石田三成勢の後方に陣を定めた。

関ヶ原の戦い

九月十五日、徳川家康を総大将とする東軍七万五千と、毛利輝元（大坂城在城）を総大将とし、石田三成を主将とする西軍八万が美濃国関ヶ原（岐阜県不破郡関ヶ原町）で対峙していたが、朝霧が晴れ始めた頃、福島正則隊が宇喜多秀家隊に鉄砲を撃ちかけたことで「天下分け目の決戦」の火蓋が切られた。秀忠が戦国時代きっての知将真田昌幸・幸村父子以下わずか二千の兵が籠もる信濃上田城攻め（上田合戦）に手間取る三万八千を欠いたまま激戦は繰り広げられることになった。

東・西両軍の間で一進一退の攻防が続いていたが、島津義弘率いる島津隊は動かず、というよりも動けずにいた。義弘が再三再四くどいほどに大殿義久や若殿忠恒、家老らに催促しても鹿児島からの援軍どころか兵糧も軍資金も送られてこなかったことが原因である。ただ、国許の義久にすれば、「豊臣政権内の私戦に関わりを持ちたくない」という理由に加え、豊前中津城の黒田如水や肥後熊本城の加藤清正、飫肥城の伊東氏らの動向に備えねばならず、しかも、帰順したとはいえ、いつ何時伊集院忠真が加藤清正と結んで反旗を翻すかもしれず、何にも増して、朝鮮出兵と庄内の乱によって島津家臣団自体が疲弊しきっていたのである。

島津隊は新たに馳せ参じた北郷一門の北郷忠泰ら数百を加えてもわずか一千五百。眼前に攻め寄せる東軍を押し戻すだけでその数を三百にまで減らしていた。

午後二時頃、東軍に内応していた小早川秀秋隊が大谷吉継隊に突入。これを契機に家康の調略を受けていた西軍諸将が一転、東軍として参戦する。猛攻を受けていた大谷吉継隊は壊滅し、吉継は切腹して果てた。大谷吉継隊の敗北によってそれまで奮戦していた石田三成隊や小西行長隊、宇喜多秀家隊が総崩れとなって敗走し始めた。家康と内通していた吉川広家は南宮山からまったく動かず、それどころか出撃を拒否し、後方にあった毛利勢の進軍をも阻んでいた。

島津勢の敵中突破

島津隊は七万五千の敵中に孤立、退路を断たれてしまった。西軍諸将・軍兵が雪崩を打って後方の佐和山城方面に敗走するさまを見守っていた島津義弘は、勝ち誇る東軍本陣に斬り込み、潔い討死を選ぼうとしたが、島津豊久の血を絞るがごとき説得を受けて翻意し「穿《うが》ち抜け（錐のように敵陣中央部に突っ込んでその後方に抜け出る）」戦法で正面の敵の大軍を蹴散らし、それを突破する過酷な道を選ぶ。のちに「島津の敵中突破」「島津の退《の》き口《ぐち》」と呼ばれる決死の逃避行・退却劇である。義久は疲れ果てた将兵を鼓舞し、先鋒を島津豊久、右備えを山田有栄《ありなが》、本隊を義弘という陣立で敵中突撃を敢行する。

最初に対峙したのは東軍の前衛部隊で猛者ぞろいの福島正則隊だった。ところが、正則は〝死兵〟と化した島津隊との戦闘を避けるように命じ、追撃も禁じた。島津十字紋の旗指物を翻した島津隊は、家康の本陣を襲うかのようにその正面を通過して転進、伊勢街道をひたすら南下する。予期せぬ島津隊の面前突破に、徳川三傑の一人で〝井伊の赤鬼〟と恐れられた猛将井伊直政や本田忠勝（もう一人は榊原康政。秀忠の軍監だったので関ヶ原の戦いには不参加）、そして松平忠吉（家康の四男で井伊直政の娘婿）らが追撃する。

このとき島津隊は、殿軍の兵を死ぬまで戦わせる「捨て奸《がまり》」という特殊戦法をもちいた。殿軍の数人が追撃してくる敵兵を死ぬまで戦って足止めし、その数人が全滅すると新たな殿軍数人を退路に置き捨てることを繰り返して時間を稼ぎ、本隊を逃げ切らせるという壮絶な〝玉砕戦法〟である。

そのため山中の間道烏頭坂《うとうざか》（岐阜県大垣市上石津町）にたどり着くことができた島津隊はわずか二百。川上忠兄《ただえ》の家臣柏木源藤《げんとう》は藪の中から追撃隊の大将井伊直政を銃撃。直政は重傷を負って落馬し、後年このときの傷が原因で亡くなることになる。忠吉も負傷、忠勝も騎馬が銃弾を受けて投げ出されてしまう。島津隊では肝付兼護《かねもり》（肝付氏十九代当主）が討死し、義弘の甥島津豊久も、自身が義弘の捨て奸となって戦死する。また、義弘の懐刀である家老長寿院盛淳は、義弘が秀吉から拝領した陣羽織を身に着けて身代わりとなり、壮絶な討死を遂げた。家康は島津隊のあまりにも激しい抵抗に追撃を中止するのである。天下分け目の決戦は徳川家康の東軍の圧勝で終結する。

西国・九州の東軍と西軍そして大友氏の没落

文禄の役で改易されて広島城にあった大友義統は、この東西対立が旧領回復の絶好の好機とみて西軍に参加し、九月八日夜、毛利輝元の支援・要請を得て出陣し、瀬戸内海を渡って翌九日未明に豊後国浜脇（大分県別府市浜脇）に上陸。義統は馳せ参じた旧家臣団を加え、三千にまでふくれ上がった大友勢を率い、東軍細川忠興の家老松井康之《やすゆき》が守る杵築城《きつき》（杵築市杵築）を攻撃する。このとき、救援要請を受けていた黒田如水の軍勢一万が背後に迫った。そのため義統は、囲みを解いて撤退する。十三日、扇山東麓の石垣原《いしがきばる》（別府市吉弘）で大友勢と細川・黒田両勢が激突、大友勢は吉弘統幸《むねゆき》（父鎮信《しげのぶ》は耳川の戦いで討死）ら主だった武将が討死して完敗（石垣原の戦い）。降伏した義統は常陸国宍戸（茨木県笠間市）に幽閉され、十年後の慶長十五年〈一六一〇〉に死去。享年五十三。この大友義統の死によって、すでに少弐氏が没落しているため、九州三人衆の二人目が消滅したことになる。その三人目の島津氏も風前の灯火状態の真っただ中にあった。

大友勢を降した黒田如水は北上し、十九日に西軍の安岐《あき》城（大分県国東市安岐町）を、二十三日には同じく西軍の富来《とみく》城（国東町富来浦）を包囲する。また、黒田如水の援軍に向っていた加藤清正は、黒田勢の勝報を受けると直ちに踵を返し、西軍小西行長の宇土城攻略に切り替える。

大坂では二十五日、毛利輝元が大坂城から退去して城下の毛利屋敷に入り、肥後国では加藤清正が宇土城に総攻撃をかけると同時に球磨川北岸のその支城麦島城をも包囲・攻撃していた。大殿島津義久と若殿忠恒は、新納忠元や伊集院久治らの諸将を救援に派遣。島津勢は加藤勢と戦ったが宇土城が陥落したため、麦島城代小西行重をともなって撤退した。

亀寿や宰相殿らの大坂城からの脱出

敵中突破に辛くも成功し、堺に潜伏していた島津義弘は、吉田清孝・平田増宗・相良長泰《ながやす》らに、自身の生存と、大坂城に人質として収容されている若殿忠恒の正室亀寿（義久の三女）や宰相殿らの救出を命じる。人質は平田増宗の詭計によって摂津住吉への脱出に成功。義弘は堺から船出して九月二十二日に亀寿や宰相殿らの船と合流し、西宮沖から海路鹿児島をめざす。このとき亀寿は、島津本宗家の重宝である相伝文書の家系図を、宰相殿は、文禄の役の恩賞として太閤秀吉から義弘に与えられた平野肩付《かたつき》の茶入を携えていた。しばらくすると大坂にとどまっていた家臣らの船も追いついてきて五十余艘の船団となった。立花宗茂の船団五十余艘も合流し、ともに瀬戸内海を進んだ。

宗茂は東軍に寝返った京極高次（正室は浅井長政の次女初）の守る近江大津城（滋賀県大津市）を降伏・開城させたあと、関ヶ原の戦いで西軍が敗北したことを知り、大坂城に戻って毛利輝元に「城に籠もって徹底抗戦すべし」と進言したが入れられず、大坂城で人質となっていた実母宗雲院を奪い返して帰国する途上にあった。立花・島津両船団は周防国日向泊（山口県周防大島町）に到着すると、宗茂が義弘を表敬訪問。島津氏は宗茂にとって父の仇敵(父高橋紹運は岩屋城の戦いで自刃)ではあったが、宗茂は義弘に親近感を持ち、その武辺に私淑していた。対面後に宗茂は居城柳川城に向って西へ、義弘は鹿児島へ向けて南下する。

ところが、その義弘一行が国東半島沖を通過しようとした二十七日深夜、船団からはぐれた三艘が、富来城を包囲中の黒田如水麾下の水軍に追跡され、二十八日早朝から攻撃を受ける（守江海戦）。三艘のうち一艘には宰相殿が乗船していた。他の二艘が宰相殿の船を逃がすために戦い、その二艘が炎上して伊集院久朝ら三十八人が討死している間に、黒田水軍の追跡をかわした宰相殿の船と義弘一行は翌二十九日午前八時頃、日向国北端の細島（日向市細島）に上陸することができた。

義弘一行の帰国

島津義弘一行は三十日に細島から南下して高鍋城（高鍋町南高鍋）に到着し、同行していた高鍋藩主秋月種長の正室を返還。十月一日、義弘一行は高鍋城を発ってさらに南下、関ヶ原の敵中突破で討死した豊久の居城佐土原城には正午頃に到着。豊久の実弟忠仍《ただなお》の出迎えを受けた義弘は、豊久の姉を帰し、豊久の討死を伝えて悔やみを述べ、その日のうちに佐土原城を発って八代（国富町）に向う。この一日に南方十キロに位置する宮崎城が、大坂に居て密かに徳川家康に通じた伊東佑兵（十月十一日大坂にて病没）は、全盛期における日向伊東氏の旧領回復をもくろみ、嫡男祐慶《すけのり》（日向伊東氏十五代当主）を飫肥に下向させ、重臣稲津祐信とともに高橋元種の宮崎城を攻略し（元種は東軍に寝返っていたため、のちに宮崎城は元種に返還される）、佐土原城に攻撃を仕掛ける機会を窺っていた。

その頃、義弘一行を出迎える途上にあった家臣村尾重侯《しげあり》・重昌父子は、眼前に立ちふさがる伊東勢を撃ち破りながら日向八代で義弘一行と合流。その重侯・重昌父子や相良長泰、五代友泰らは、義弘一行の帰国を阻止するために義門寺（国富町本庄）に詰めていた伊東勢を攻撃し、六十余人を討ち取った。十月三日、義弘一行は大殿義久の居城大隅富隈城に到着。その後、亀寿や宰相殿をともなって居館の帖佐館に向い、鹿児島から駆けつけてきた若殿忠恒の出迎えを受けた。

関ヶ原を突破してから十三日ぶりに生きて薩摩に帰り着くことができた義弘一行は、本田親商《ちかあき》や中《ちゅう》馬大蔵《まんおおくら》ら三百人中八十数名だといわれている。これ以外にも、敵前突破の際に義久とはぐれ、近衛信《のぶ》伊《ただ》（前久の嫡男。近衛家十八代当主）の邸（京都御苑北西部・上京区）に逃げ込んで助かった喜入忠続（季久の四男）やその家臣押川強兵衛、東軍の人質になっていた義弘の家老新納旅庵らがのちに帰国する。忠続らいわば落武者を匿うという危険を冒した近衛信伊は、公家にしては血の気が多いようで、太閤秀吉の朝鮮出兵に従軍しようとして名護屋に下向、六年前の文禄三年四月に後陽成天皇の勅勘を被って薩摩国防津に配流され、義久の庇護を受けて三年間滞在し、その家臣団と交流した体験があり、四年前の慶長元年四月に京に戻っていた。

島津義弘一行が高鍋城を出立した十月一日、京では、捕えられていた西軍の主将石田三成・小西行長・安国寺恵瓊《えけい》が六条河原で斬首、長束正家は三日に近江国日野（滋賀県日野町）で自刃し、増田長盛は武蔵国岩槻（埼玉県さいたま市）への流罪となる。しかし、徳川軍の執拗な探索にもかかわらず、伊吹山中に逃げ込んで以降の西軍副大将宇喜多秀家の行方は杳として知れなかった。

九州の関ヶ原と家康の軟化

黒田如水は安岐・富来両城を攻略後、太田一吉の臼杵城を開城させたことによって豊後国の平定を終え、軍勢を率いて西に進み、十月五日に毛利勝信の豊前小倉城を、その支城の香春岳《かわらだけ》城を、小早川秀包《ひでかね》の筑後久留米城を開城させ、また、肥後の宇土・麦島両城を攻略した加藤清正と合流し、二十五日には立花宗茂の筑後柳川城を激戦の末に降すなど、九州の西軍勢力を相次いで破っていた。黒田如水や加藤清正、西軍から寝返った鍋島直茂は、立花宗茂を先鋒とする島津攻めを計画。宗茂の役目は島津氏に徳川家康との和睦を勧める役であった。

一方、関ヶ原から帰国した島津義弘、そして大殿義久と若殿忠恒は、合戦に備えて家臣団を諸外城に分散配置し、さらに国境の防備を固めたうえで家康との和睦交渉に取り掛かった。義久はこれまでの家康の恩義を述べたうえで「豊臣秀頼に誓書を提出していたため西軍に加わらざるを得なかった」と弁明しながらも「決して島津側に非はなかった」と強硬路線を曲げなかった。家康としても、実際には一万以上の軍勢を動員できるにもかかわらず、わずか千五百しか関ヶ原に参加せず、しかも本戦には加わらずに疾風のごとく逃げ去った島津隊を島津本軍とみなしていなかった。また家康は、関ヶ原の戦い後の国内秩序の回復を重視すると同時に、琉球を通じた明との国交回復をもくろんでいたため、島津氏への処分は手ぬるいものとなった。つまり、適中突破をやらかすような狂人相手に無駄な時間と神経を擦り減らす暇はないということだ。宗茂を先鋒とする島津討伐軍四万が肥後国水俣に進軍した十一月十二日、家康からの停戦命令がとどき、その軍勢は解散する。

家康による戦後処理（改易・減転封）

関ヶ原の戦いで勝利を収め、天下の実権を実質的に握った「天下殿」家康は、豊臣政権の五大老筆頭として、戦後処理をおこない、順次論功行賞を（思いのままに）発表していた。

西軍に属した諸大名の「減封（所領や城の削減）」と「改易（身分の剝奪。所領や城の没収）」は、関ヶ原の戦いの原因をつくった上杉景勝が会津百二十万石から家老直江兼続の居城である出羽米沢（山形県米沢市）三十万石に減転封、西軍の総大将毛利輝元は、家康と内通していた吉川広家の必死の嘆願が功を奏し、中国八カ国百十二万五千石から、広家が与えられる予定の周防・長門二カ国のみの三十六万九千石に減転封されて隠居、六歳の嫡男秀就《ひでなり》が家督を継ぐことで毛利家の存続については許された。このときの怨恨がおよそ二百五十年後の幕末に爆発することになる。また、土佐の長宗我部盛親は土佐二十万石すべてを没収される。これらを含むおもな改易は、備前岡山五十七万四千石の宇喜多秀家（逃亡中）ら九十一家（減封四家）にのぼり、没収された石高は六百二十四万石、豊臣秀頼の蔵入地を論功行賞として東軍諸将に分け与えた分も含めると七百八十万石。当時の日本の総石高千五百八十万石の四割強が没収された。なお、家康によって秀頼の蔵入地は二百二十万余石から摂津・河内・

和泉三カ国六十五万余石に大きく減らされ（体良くかすめ取られ）てしまう。

家康による戦後処理（加増・加増移封）

東軍に属した諸大名の加増ならびに加増移封のおもなものは、宇都宮城で上杉軍の南下に備えた蒲生秀行が宇都宮十八万石から会津六十万石に、細川忠興は丹後国宮津十八万石から豊前国小倉四十万石に、浅野幸長（長政の嫡男）が甲斐国府中二十二万五千石から紀伊国三十七万六千石に、黒田長政が備前国中津十八万一千石から筑前国福岡五十二万三千石に、合戦中に東軍に寝返った小早川秀秋がその筑前国福岡から備前国岡山五十五万石に、福島正則が尾張国清洲二十万石から安芸国（広島）四十九万八千石に、また、徳川家康に掛川城（静岡県掛川市）を真っ先に明け渡し、兵糧を提供した山内一豊は遠江国掛川五万石から土佐一国二十万石に加増移封され、肥後国熊本二十五万石の加藤清正も小西行長の旧領を与えられて五十二万石に加増される。これらの豊臣恩顧の外様大名の加増には、没収した七百八十万石のうち四百二十五万石が使われた。

親藩・譜代については、蒲生秀行とともに上杉軍の南下を牽制した結城秀康が下総国結城十万一千石から越前国北ノ庄（のちに福井と改称）六十八万石に、島津義弘を追撃して負傷した井伊直政が上野国高崎十二万石から石田三成の旧領近江国佐和山のうち十八万石（のちの彦根藩三十万石）に加増移封されたのをはじめ、多数の武将が加増または加増移封され、新たに万石大名に取り立てられた分も含め二百二十万石が分配された。残り百三十五万石が家康の蔵入地となり、関東の蔵入地百万石を含めると家康の蔵入地の合計は二百五十六万石、徳川統治領の総石高はおよそ四百万石になった。豊臣恩顧の外様大名は大幅に加増された代わりに西国の遠隔地へ移封され、畿内や東海道などの要衝の地は徳川一門や譜代大名で固められることになった。

鶴丸城の築城

慶長六年（一六〇一）四月四日、新納旅庵が薩摩に下向して島津義弘に拝謁する。関ヶ原の戦い後に捕虜となっていた旅庵は、大殿義久・若殿忠恒の上洛を促すように命じられ、徳川家康の書状と本多正信・山口直友連署の起請文を携えていた。その後義弘は、大隅国桜島の藤崎庄兵衛の屋敷（桜島藤野町）に蟄居・謹慎する。

六月初旬、突然、西軍の副大将だった宇喜多秀家が嫡男孫九郎（秀高）や次男小平次（秀継）らをともなって薩摩半島南端の山川港に姿を現す。家康と張り合う、同じ西軍だった島津氏を頼って海路大坂からやってきたのである。関ヶ原での敗北後の秀家は、伊吹山を経て京の太秦《うずまさ》（右京区）に潜伏していた。忠恒は舅義久と父義弘と話し合い、秀家の受け入れを決断したが、家康を憚って膝元の鹿児島ではなく、対岸の大隅国牛根（垂水市）に潜伏先を用意して住まわせた。

七月二日、鎌田政近が大坂に到着。八月十日に家康に拝謁した政近は、「義久が上洛して義弘の行動を弁明すればわしの面子が立ち、島津氏の赦免が決定する」と申し渡された。しかし、その言葉を信じきれない義久は、泗川の戦いで勇名を馳せた島津忠長を派遣。家康は起請文を書いたものの、それでも義久は上洛しなかった。

この慶長六年、忠恒は徳川軍に攻め込まれる事態を想定し、内城の南西に位置する上山城（城山）

を改修して詰城とし、その東麓に新たな居城として鶴丸城（正式名は鹿児島城。鹿児島市城山町）の築城と、鶴丸城を核とする城下町の建設に着手する。ただ、この鶴丸城の築城にあたっては、父義弘が「あまりにも錦江湾に近く、海上から攻撃されたらひとたまりもない」として反対した。しかし忠恒は、新たな城下町の建設を重視して着工する。鶴丸城は天守や高櫓、高石垣のないきわめて質素な造りだった。以降、忠恒をはじめとする歴代藩主は海岸を埋め立て、甲突川の流れを西へと移し、城下町を拡張・整備していくことになる。また、忠恒は内城跡に南浦文之《なんぽぶんし》（示現流の命名者）を開山に迎えて大龍寺という臨済宗寺院を創建する。

二　薩摩藩立藩と琉球王国の従属化

伊集院忠真射殺

徳川家康との和睦交渉を始めてからおよそ一年半後の慶長七年（一六〇二）四月一日、大殿島津義久による強硬外交は家康が根負けし、若殿忠恒に島津本宗家を正式に相続させることを条件に、薩摩・大隅・日向国諸県郡の旧領すべてを義久に安堵し、桜島で逼塞中の義弘も赦された。西軍の諸大名が減封・改易もしくは流罪や蟄居に処されている中での、島津氏のあっぱれな勝利である。ただし、処分を免れたのは、島津氏とゆかりの深い、左大臣に復帰した近衛信伊《のぶただ》や井伊直政（ふた月前の二月一日に死去）らが家康と義久との交渉に介入、家康に嘆願していたからでもあった。

忠恒は八月、義久の名代として、家康に本領安堵の御礼言上のため、庄内の乱の首謀者伊集院忠真を同行させて鹿児島から伏見への上洛の途につく。

忠恒は八月十七日、その途上の日向国野尻（小林市）で狩猟を催したが、その際、淵脇平馬に忠真を鉄砲で射殺させた。忠真の享年は二十七。実行犯の平馬はその場で切腹。そしてこの事件は平馬の誤射として処理されることになる。また、忠真の母吉利《よしとし》殿（吉利忠澄の妹）と弟の小伝次・三郎五郎・千次郎の三人もその日のうちに殺害された。これら伊集院氏の粛清の理由は、忠真・小伝次らの兄弟が、熊本の加藤清正と結託して義久・義弘・忠恒の離間工作を謀っていたからだとされるが、忠恒が、島津本宗家の新たな当主として、伊集院氏を嫌う島津家中の支持を得ると同時に自身への求心力を高めるためでもあった。

十二月二十八日、後顧の憂いを断った忠恒は、伏見城（関ヶ原の戦い後に再建）で江戸から戻った家康に拝謁し、銀子三百枚、紅糸《こうし》百斤、緞子《どんす》（色染めした糸で織り上げた織物）百巻、白糸二百斤・伽羅（香木）一斤を献上。島津氏の本領が正式に安堵された忠恒は、これを好機と捉え、大隅国牛根に亡命中の宇喜多秀家の助命を嘆願する。

その家康はこの上洛に際し、陸奥国仙台に漂着した、明から帰国途中の琉球王府の朝貢船の生存者を江戸から引き連れていたが、その生存者三十九人を忠恒に引き渡す。家康は、朝鮮出兵後の明との関係修復ならびに途絶えていた日明貿易の復活交渉に琉球を利用しようと考えていたのである。

江戸幕府の創始と薩摩藩の立藩

慶長八年（一六〇三）二月十二日、徳川家康は伏見城で後陽成天皇から武家の棟梁である征夷大将軍ならびに右大臣・源氏長者などに任命されて江戸に幕府を開く。この江戸（徳川）幕府の成立によって豊臣政権は消滅したことになる。

十四日、若殿忠恒が琉球人生存者三十九人をともなって帰国。島津本宗家十八代当主ならびに薩摩藩初代藩主の座に正式に就任する（薩摩藩の成立）。十六日には、重臣らを内城に集め「御家御安定の御祝言」を催して饗応。ただし実権は、隠居したとはいえ義父である義久の手の中にあった。

亡命していた宇喜多秀家はというと、自身の助命嘆願のため、八月六日に潜伏先の大隅国牛根を出発し、二十七日に伏見に到着する。秀家の牛根滞在期間は二年三カ月におよんだ。秀家は山口直友の屋敷に入り、出頭の意思を伝えた。九月二日、家康の裁定が下る。結果は、忠恒や前田利長（秀家の正室豪姫の実兄）、山口直友、本田正純、旧知の禅僧西笑承兌《さいしょうじょうたい》などの嘆願が功を奏し、秀家は死罪を免れる。秀家は駿府城二の丸に移送され、その後、嫡男孫九郎や次男小平次らとともに八丈島（東京都八丈島町）に配流されて生涯を終えることになる。

一方、新藩主忠恒によって三十九人の琉球漂流民は無事に那覇に送り届けられたが、その後、幕府は謝恩使を要求、つまり「お礼に出向いて来い」というのだ。しかし、琉球王府はその「聘礼《へいれい》（御礼や感謝の贈物）」に応じなかった。故太閤秀吉によって朝鮮出兵時の兵糧米負担を強制徴収させられた苦い経験のある王府は、あくまでも明との緩やかな朝貢・冊封体制維持に固執していたのである。

家康の政策

将軍徳川家康は、主要都市および重要鉱山を直轄領（天領）とするため、京・伏見・大坂・堺・奈良・長崎などに遠国《おんごく》奉行を置き、それらの支配を進めていた。とくに、奥平信昌（正室は家康の長女亀姫。美濃加納藩主）、続いて板倉勝重《かつしげ》を京都所司代に任じ、皇室や公家、門跡の監察および京都諸役人の統括のみならず、五畿内と京に近い丹波・播磨・近江八カ国の政務・訴訟・年貢徴収、さらに西国三十三カ国の大名の動静監視などにあたらせた。

また家康は、毛利氏から接収した石見銀山（島根県大田市）を手始めに、豊臣秀頼から没収した佐渡金山（新潟県佐渡市）や但馬生野銀山（兵庫県朝来市）、甲斐黒川金山（山梨県甲州市）、伊豆金山（静岡県）など各地の金銀山を直轄領とする。安定した徳川政権を築くため、すでに家康はこれらの鉱山から産出される莫大な金銀を背景に、全国に流通する統一貨幣造りを始めていた。江戸に金座・銀座を開設し、貨幣として一両小判、一両の四分の一の一分金、銀貨として丁銀、豆板銀を鋳造。ただし、銅貨の鋳造ができるのは寛永十三年（一六三六）、三代将軍家光の時代になる。

同時に家康は、国内の交通網の整備に着手。江戸（起点は日本橋）と京（終点は三条大橋）を結ぶ幹線道路（軍事道路・四百八十八キロ）に「東海道五十三次」という宿場（宿駅）を整備させた。

さらに家康は、イギリス人航海長ウィリアム・アダムス（三浦按針）やオランダ人航海士のヤン・ヨーステン（耶揚子《やようす》）を外交顧問に迎えるとともに、台湾・ベトナム・マニラ・カンボジア・シャム（タイ）・パタニ（マレー半島中東部）などの東南アジア諸国に使者を派遣して外交関係を樹立し、慶長九年（一六〇四）には、太閤秀吉の朱印状（海外渡航許可証）を携えた南蛮貿易に倣って「御朱印船制度」を実施し、三代将軍徳川家光によって、いわゆる「鎖国体制」が確立する寛永十二年（一六三五）まで、三百六十艘以上の日本船が朱印状を得て渡航することになる。琉球を通じた明との関係修復を含め、まさに薩摩藩の協力を必要とする東南アジア世界との友好関係の構築構想である。

佐土原藩立藩と永吉家の創設

御朱印船制度実施の一年ほど前、慶長八年（一六〇三）七月、徳川秀忠の長女で七歳の千姫（生母は継室江）が十一歳の豊臣秀頼と大坂城で婚儀を挙げた。

同じ慶長八年、関ヶ原の敵中突破で島津豊久が討死して以降、将軍家康の家臣庄田安信預かりとなっていた佐土原城とその領地三万石が、島津以久（垂水家二代当主）に与えられ、以久は一大名として独立する。以久は、垂水領主一万八千石の座を嫡孫島津信久（巨済島で陣没した彰久の長男。生母は義久の次女新城）に譲ったうえで、佐土原城に入城し「佐土原藩初代藩主」となる（薩摩藩唯一の支藩）。

一方、忠恒のはからいによって薩摩国永吉（日置市吹上町永吉）を与えられていた豊久の実弟忠仍《ただなお》は、慶長九年（一六〇四）、病身を理由として喜入忠栄（忠続の嫡男）を自身の娘婿に迎え、その永吉三千五百石を継がせて隠棲する。忠栄は「永吉家」を創設し、家久（佐土原城で急死した義久の末弟）を初代、豊久を二代、自身を三代当主に定める。

この慶長九年三月、富隈城から北東四キロの位置に国分舞鶴城（霧島市国分中央）を築城していた大殿義久（龍伯）は、いまだ完成していないその城に移り住み、明から商人を招いて城下に「唐人町」をつくるなど城下の整備を進めていた。

徳川一門との初の縁組

七月十七日、江戸城西の丸で徳川秀忠と継室江との間に次男竹千代が誕生する（庶長子長丸は夭折）。のちの三代将軍家光である。翌慶長十年（一六〇五）四月十六日、六十四歳の家康は二十七歳の秀忠に将軍職を譲り、以後、将軍職は徳川家が世襲することを天下に示し、みずからは大御所として慶長十二年（一六〇七）二月に駿府へ退くことになる。表向きは隠居だが、軍事・外交をはじめとする実権は大御所として家康が握り、将軍秀忠の江戸幕府を主導する形が整う。

八月、巨済島で病没した豊州家六代当主朝久と御屋地（義弘の長女で藩主忠恒の姉）の次女長寿院が、忠恒の代わりに人質として伏見に到着する。長寿院は翌九月、家康の命により、忠恒の養女となったうえで、家康の近習松平定行に輿入れする。定行の父松平定勝（遠江掛川藩主・のちに山城伏見藩主を経て伊勢桑名藩主）は、家康の実母於大（伝通院）と阿古居《あぐい》城（愛知県阿久比町卯坂《あぐいちょううざか》）城主久松松平家初代当主俊勝との間に四男として生まれていたため家康の異父弟にあたり、親藩大名の中でも格別に遇されるほどの一門だった。

この縁組は関ヶ原の戦い以降の徳川・島津両家の緊張状態を改善するべく挙行されたもので、婚儀は幕閣並みの政治力を有する、雲光院《うんこう》（家康の側室阿茶局《あちゃのつぼね》）が女中十余人をもって取り仕切った。それにしても将軍家による大変な気の遣いようではないか。その後、長寿院は定行との間に嫡男松平定頼をもうけたあと、元和四年（一六一八）に病没するが、定行と島津家との関係は良好で、定行は、日向国野尻で射殺された伊集院忠真の一人娘千鶴（生母は義弘の次女御下）を長寿院同様に忠恒の養女としたうえで継室に迎えるのである。義弘はこの慶長十年頃、帖佐館からかつて岩剱城攻略後に築いた平松城（始良市平松上星原）に居館を移す。

琉球出兵の内諾

慶長十一年（一六〇六）三月、将軍秀忠は諸大名に江戸城修築を命じる（天下普請）。島津忠恒は細川忠興や前田利常、池田輝政、加藤清正、福島正則らとともに増築される石垣普請が割り当てられ、石材を運ぶ石漕船三百艘の建造と石材の調達を命じられた。四月十九日、忠恒は家老の比志島国貞や伊勢貞昌、山田有栄、義弘の名代として遣わされた家老の本田親商・伊勢貞成（貞昌の実兄）らをともなって上洛し、伏見城で大御所家康に謁見、上洛を果たせぬ大殿義久の非礼を詫びた。

その忠恒は二十二日、家康の参内に随行し、五月十九日に家康主催の茶会に招かれ、六月十七日には、再び伏見城で家康に謁見し、家康の偏諱を与えられて「家久」と名乗る（ただし本書では、義久の末弟で忠恒の叔父にあたる島津家久との混同を避けるため忠恒と表記）。さらに忠恒は、十一年後の元和二年に将軍秀忠から松平姓を与えられるが、これ以降、薩摩藩主が松平姓を名乗ることや徳川将軍の名から一字拝領することが慣例となる。また忠恒は、家康に謁見した十七日に、おそらく家康から琉球出兵の支持・承認を得たと思われる。

この慶長十一年、尚寧《しょうねい》が明の十四代皇帝万暦《ワンリー》帝から冊封を受けて正式に第二尚氏王統七代国王となる。この尚寧の冊封は、明国内における相次ぐ反乱とその鎮圧ならびに文禄・慶長両役への支援による明の財政窮乏、さらに、冊封体制を背景とする中継貿易の衰退による王府財政の逼迫に加え、薩摩藩による王府への圧力によって遅れにおくれ、天正十七年（一五八九）に二十六歳で即位してから十七年が経っていた。

義弘の愛妻宰相殿、病没する

慶長十二年（一六〇七）五月六日、朝鮮通信使が江戸城に登城し、将軍秀忠に国書を奉呈、帰路に駿府城で家康に謁見する。朝鮮侵攻によって日朝間の国交は断絶したが、朝鮮人捕虜を送還するなど対馬藩主宗義智の奮闘努力の末に二年前の慶長十年に和睦が成立していたのである。家康から対朝鮮外交を命じられた対馬藩は慶長十四年（一六〇九）、朝鮮王朝と「己酉約条《きゆうやくじょう》（慶長条約）」を締結。この約条によって対馬藩は、釜山北方に新設された豆毛浦《トウモッポ》倭館（のちに草梁《チョリャン》倭館に移動）で対朝鮮貿易をおこなう特権も与えられ、そこで得た朝鮮国の産物を幕府管理下の長崎や京・大坂の対馬藩蔵屋敷でも販売できるようになる。なお朝鮮通信使は、将軍の代替りごとに来日し、十一代将軍徳川家斉の将軍就任を祝うための来日まで十二回におよぶ。

六月二十七日、藩主忠恒は鹿児島を出立して初めて江戸に向かう。八月二十六日まで伏見に滞在し、九月初旬に江戸に到着。江戸では真福寺（港区愛宕）に滞在し、十月に江戸を出発して十二月に鹿児島に帰国した。おそらく忠恒は、前年六月に伏見で家康の偏諱を与えられた際に関東下向を免じられてはいたが、幕府との親和策を推進する（有体に言えば機嫌を取って好かれる）ため、あえて出府して将軍秀忠に拝謁したのであろう。

島津義弘はこの慶長十二年、二年ほど前に帖佐館から移ったばかりの平松城から大隅国加治木に館（姶良市加治木町仮屋町）を構えて居館としたが、その加治木館で、義弘の愛妻宰相殿（実窓夫人）

が病没する。法名は実窓院芳真軒大姉。宰相殿の遺体は、義弘がみずからの菩提寺に定めた妙円寺（明治二年〈一八六九〉の廃仏毀釈により廃寺となり、義弘を祭神とする徳重神社となる。日置市伊集院町徳重）に埋葬（明治維新後に福昌寺跡に改葬）されたが、義弘は妙円寺の隣に芳真軒という寺を建立してその菩提を弔った。

決断、琉球への派兵

同じくこの慶長十二年、琉球王府は尚寧王が無事に冊封されたことへの感謝として明に謝恩使を派遣し、同時に冊封使として来琉した夏子陽《シャズーヤン》に中国商船の琉球への渡航を要請した。王府には、これが認められれば、琉球における日明の「出会貿易《であい》」が可能となり、大御所家康と薩摩藩主忠恒の望む朝鮮出兵で途絶えた日明貿易の再開につながり、しかも、那覇港をアジア貿易の拠点とすることができるという思惑もあった。しかし、日本を警戒する明が、その要請を認めるはずはなかったのである。

宗義智が日朝間の国交回復を成功させたことに対し、かたや忠恒は、王府が日明貿易再開に成果を得られなかったことを知ると、聘礼問題に見切りをつけ、その斡旋に失敗はしたものの一貫して和睦を求める琉球への派兵を決定する。忠恒の目的は、九州統一戦に始まり、島津征伐後の九州国分、朝鮮出兵、庄内の乱、関ヶ原の戦いなどによる財政逼迫を打開するためであり、王府による対明朝貢貿易の利益と奄美大島以北の琉球領土の収奪にあった。

琉球王国を制圧

慶長十四年（一六〇九）三月七日午前四時、藩主忠恒は家老樺山久高を総大将に、義久の家老平田増宗を副将に任じ、軍勢三千を軍船八十余艘に分乗させて薩摩国南端の山川港から琉球に出航させた。薩摩軍は奄美大島、徳之島、沖永良部島を攻略し、二十七日には、沖縄本島北部の運天港に上陸して今帰仁城《なきじんぐすく》（今帰仁村今泊）を陥落させた。琉球王府は急遽、講和の使者を今帰仁城に派遣したが「講和交渉は那覇でおこなう」とすげなく拒否されてしまう。

薩摩軍は南下して読谷山《よみたんざん》に上陸、陸路那覇へ、一部が海路那覇港に向かい、四月一日に首里城のある那覇に侵攻する。戦国時代および朝鮮侵攻という血の雨の中を潜り抜け、合戦慣れした鉄砲主体の薩摩藩兵の武力は武器のない王府の守備軍四千を圧倒する。いとも簡単に捻じ伏せられた王府は無条件降伏（琉球征伐・薩摩侵入・己酉《きゆう》の乱）。勝利に驕《おご》った薩摩藩兵は盗賊と化し、首里城内の宝物をことごとく強奪、聖域の聞得大君御殿《きこえおおきみうどうん》（最高女神官の神殿およびその住居）と大蔵経を収めた弁財天堂をはじめとする建物や文物の多くを焼失させただけでなく、先祖伝来の貴重品をも戦利品として没収する。四月四日、尚寧王は首里城を薩摩軍に明け渡し、五月十五日には、物頭本田親政らの一隊を琉球統治とその治安維持のために残し、薩摩軍は尚寧とその従者を引き連れて鹿児島に凱旋した。

七月二十五日、家康から朱印状を与えられた、ジャワ島のバタヴィア（インドネシアの首都ジャカルタ）に本拠を置く「オランダ東インド会社」が、ヤックス・スペックスを初代商館長として肥前国平戸にオランダ商館（長崎県平戸市大久保町）いわばその日本支店を開設する。

薩摩藩による琉球王国の従属化

佐土原藩は丹波篠山城（藩主松平康重・兵庫県篠山市北新町）の御手伝普請を命じられていたが、慶長十五年（一六一〇）四月九日、その普請の督励のために伏見におもむいていた藩主島津以久が病没してしまう。享年六十一。家督は、いまだに本宗家の家督相続を狙う義久の外孫島津信久（垂水家四代当主）が相続を固辞したことで三男忠興が継承し、佐土原藩三万石の二代藩主となる。

薩摩藩主忠恒は五月十六日、一年ほど捕囚として鹿児島にとどめ置いた尚寧王ら一行およそ二百人を同行して鹿児島を出立し、大坂・伏見を経て八月六日に駿府に到着する。

忠恒は二日後の八日、尚寧をともなって駿府城で大御所家康に、二十八日には江戸城で二代将軍秀忠に謁見。明との良好な関係維持を望む家康や秀忠、幕閣は、尚寧を捕囚ではなく異民族の「外国使節」として厚くもてなした。しかし、幕府が忠恒に琉球を安堵し、薩摩藩の付庸国（保護国・従属国）としたことで、薩摩藩は王府の内政に干渉し始めることになる。九月二十日に江戸を発った忠恒・尚寧一行が鹿児島に帰国したのは年の瀬も押し迫った十二月二十四日になってからである。

なお忠恒は、家康に拝謁した際に、江戸城南方の幸橋御門内に広がる外桜田いわゆる大名屋敷街の一角に七千坪を拝領し、薩摩藩最初の江戸藩邸となる桜田藩邸（上屋敷・千代田区内幸町）を造営する。

また、尚寧が江戸と薩摩を往復している間に、薩摩藩は琉球王国の検地をすませ、その知行を八万九千八十六石と決定（のちに改定）。五万石を王家の直轄領とし、残りを臣下の知行とする。

忠恒・尚寧一行が鹿児島に帰国する二十日ほど前の十二月三日、危篤状態に陥っていた新納忠元が、義久・義弘による病気平癒の願いもむなしく大口城で亡くなっていた。享年八十五。小柄ながらも豪胆な性格で、義久・義弘に従い、忠恒の補佐を務め、島津四勇将の一人にして〝親指武蔵（島津家中でもっとも勇敢な人物は？　と問われた際に最初の一人として親指を折るところからつけられた）〟の異名をもち、数多の合戦で勇名を馳せた。また、生前に書き起こした「武道が第一である」で始まる「二才咄格式定目《にせばなしかくしきじょうもく》」は島津忠良（日新斎）の「日新公いろは歌」とともに「郷中教育《ごじゅう》」の原点とされ、薩摩藩士子弟の教育法および規律となり、のちの明治維新の原動力となる。

義久の死と義弘による島津本宗家の家督継承

翌慶長十六年（一六一一）正月二十一日、隠居後も家中に隠然たる支配力を保持していた島津義久（本宗家十六代当主）が大隅国分《こくぶ》舞鶴城で病没する。享年七十九。号は龍伯、法名は貫明存忠庵主妙国寺殿。神号は大国豊知主命《おおくにとよしりぬしのみこと》。墓碑は福昌寺に建てられた。官位は従四位下（贈三位）修理大夫。九州統一の達成直前、太閤秀吉に屈したものの豊臣政権・徳川幕府の創草期を生き抜いて薩摩藩の礎《いしずえ》を築いた。また、佐土原藩主への転出を拒否し、祖父義久を唯一の後ろ盾として島津本宗家の家督継承をもくろみ続けていた島津信久の夢が、義久の死によって夢のままで終わってしまったことになる。

義久の実弟義弘による家督相続については、義久から直接忠恒にその座が移行したことにより、義弘による本宗家の継承は消滅していた。ただし義弘は、兄義久の死から五年後の元和二年二月、自身の居館である加治木館（義弘没後は「加治木家」の居館となる）内に経塚を建て、その碑文に「島津十七代藤原義弘」と刻む。兄の死を待って島津本宗家の家督継承者であったことを自称するのである。

本書は、幕末に編纂された「島津氏正当系図」をはじめ薩摩藩で編纂された系図や家譜類に倣い、義弘を島津本宗家十七代当主として話を進めたい。

義久が亡くなってふた月後の三月二十七日、延期されていた後陽成天皇が三宮政仁《ことひと》親王（後水尾天皇）に譲位し、四月十二日にその即位礼が執りおこなわれた。その儀式に立ち会うため、大御所家康は四年ぶりに駿府城から上洛する。翌二十八日、家康は豊臣秀頼を二条城（中京区）に迎えて引見し、在京している諸大名には、即位礼がおこなわれた四月十二日付で、二代将軍秀忠から発布される「法《はっ》度《と》（法令・禁制）」の厳守を主とする起請文を提出させ、秀頼の家康への臣従と徳川幕府の豊臣家に対する優位性を確立、大名支配の徹底化を推し進める。

琉球に課せられた重圧

尚寧王が琉球に帰国できたのは鹿児島に連れて来られてから二年五カ月後の慶長十六年十月。だが帰国に際し、尚寧と三司官（国王を補佐する三人の大臣）は起請文の提出を薩摩藩から強要される。その内容は、まさしく詭弁だが「征伐されたことは琉球に罪がある」という詫びと「薩摩藩主への絶対的忠誠」を神仏に誓う旨を書き記した屈辱的なものだった。また琉球は、薩摩藩が作成した「掟十五条」を課され、そのうえ佐敷王子朝昌《さしきおうじちょうしょう》（のちの八代国王尚豊）を「国質《くにじち》」として薩摩にとどめ置くことや、新春を祝い臣従の誓いを新たにするための「年頭使」を毎年、「慶弔使」をそのたびに薩摩へ派遣することが義務づけられた。

しかも幕府には、徳川将軍の恩義によって国王になれたことを感謝する「謝恩使」と新将軍就任を祝うための「慶賀使」をそのたびに江戸へ送らねばならなくなるのである（起請文・掟十五条への署名を拒否した三司官の謝名鄭迥《じゃなていどう》は斬首)。

また、二年後の慶長十八年には、奄美群島(奄美大島・喜界島・徳之島・沖永良部島・与論島など)が薩摩藩の直轄領とされ、琉球王府が支配を許された領域は沖縄本島以南の島々のみとなる。

琉球は徳川幕藩体制に「異国」として組み込まれ、王制は容認されたものの薩摩藩の「従属国」としてその実質的な支配を受け、明には儀礼的・経済的帰属をこれまで同様に続けるため「二重朝貢・二重冊封体制」を余儀なくされる。

薩摩藩が琉球を日明両属関係を採った狙いは、なんといっても「対明朝貢貿易」による利益にある。そのため薩摩藩は、琉球王国を間接統治するための出先機関として、十七年後の寛永五年から那覇に「在番奉行所(在番仮屋《カイヤ》・那覇市西)」を開設し、その三年後の寛永八年には「琉球在番奉行(初代は川上忠通)」を常駐させ、王府の監視ならびに資金を投入して対明朝貢貿易の補強と掌握を図り、鹿児島には「琉球仮屋(のちに琉球館と改称。鹿児島市小川町)」を設けて王府の「在番親方《うぇーかた》(琉球士族の最高位)」を常駐させ、国質ならびに琉球使節の滞在場所と琉球唐物の販売場所とする。その一方で薩摩藩は、琉球王国の対明朝貢貿易を維持するため、琉球王国が支配下にあることをひた隠しにかくす。と同時に強い貿易規制を加え、それから上がる利益の収奪のみならず年貢をも課す。ただし、その年貢は支配層の士族《さむれー》にはおよばず、奄美群島を失った王府と地元士族、薩摩藩による二重徴税は底辺の農民に押しつけられることになる。

三　薩摩藩の新たな門出

大坂の陣と豊臣家の滅亡

慶長十七年（一六一二）八月六日　キリスト教を黙認していた大御所家康・将軍秀忠ではあったが、幕府の統制を乱すとして、直轄領に「禁教令」を発し、翌慶長十八年十二月二十三日には、秀忠が「伴天連追放之文《ばてれんついほうのふみ》」を布告し、秀吉の伴天連追放令のごとき中途半端なものではなく全国的にキリスト教を禁教とする。そのため、幕府や諸藩では宣教師やキリスト教信者に対し、国外追放や処刑など激しい迫害を加えることになる。

慶長十九年（一六一四）四月十九日、豊臣秀頼によって再建された方広寺の鐘が完成。ところが、その鐘に刻まれた文字をきっかけに豊臣家と徳川家の関係が険悪となり、十二月に「大坂冬の陣」が起こる。鐘銘《しょうめい》の「国家安康《こっかあんこう》」は家康の名前を「安」の文字で分断、家康を呪詛するものであり「君臣豊楽」は豊臣家を君主としているため、徳川家を冒瀆するものと断定された。言いがかりもはなはだしいが、家康は何としてでも豊臣家を葬り去りたかったのだ。

大坂城を二十万の大軍で囲んだ徳川軍は、十二月十六日から本丸を中心にイギリス製のカルバリン砲やセーカー砲などの長距離砲を間断なく打ち込み続ける。その砲弾が本丸を直撃、耐えきれなくなった淀殿は二十日、家康からの和平交渉を受け入れて和睦が成立する（大坂冬の陣）。

しかし、関係は再び悪化。翌慶長二十年（一六一五）四月から五月にかけて、外堀のみならず内堀をも埋められて丸裸にされた豊臣政権の権威の象徴大坂城は、徳川軍二十万に攻め立てられ、天守の炎上とともに落城、五月八日に豊臣秀頼は母淀殿とともに自刃、豊臣家が滅ぶ（大坂夏の陣）。秀頼の正室千姫は前日の七日夜に脱出していて無事であった。その後の大坂城は、将軍家直轄領となって再築工事がおこなわれ、城代が置かれて西日本支配の拠点となる。

この大坂夏の陣において島津忠恒は、桂忠詮《ただのり》や吉利忠張《ただはる》（忠澄の嫡男）、川上久国らを率いて五月五日に鹿児島から出陣していたが、大坂城落城の急報に接したのは平戸に着いたときであった。忠恒は十九日、山口直友の「上洛すべし」という書状を受け、軍勢を鹿児島に帰し、供回りのみを従えて六月二日に摂津尼崎（兵庫県尼崎市）に上陸、翌三日に伏見城の家康に謁見して不参加を謝し、その労を気遣ったが何ともバツが悪い。冬の陣に続いて夏の陣も不参加である。三殿（義久・義弘・忠恒）体制から脱却するための藩政改革がうまくいかず、家臣の統一が遅れていたのであろうが、この夏の陣の不参加は「島津謀反」を疑われてもしかたのないところだった。

徳川幕藩体制と家康の死

閏六月十三日、幕府は「一国一城令」を発布する。この法令によって諸大名は所領内にある居城以外のすべての城を破却しなければならず、薩摩藩でも藩主忠恒の居城鶴丸城以外の領国内の外城（郷）にあった城郭はすべて取り壊すものの、武士は削減せず、そのまま各郷に分散居住させる。外敵への防衛と領民支配に備えるためである。

大御所家康と将軍秀忠は七月七日、二条城に在京の諸大名を招集し、幕府による新たな統制基準となる、将軍を頂点として全国の諸大名を支配・組織化するための「武家諸法度」いわば憲法を制定・

伝達する。武家諸法度は十三条から成り、文武弓馬ならびに倹約の奨励、謀反人・殺害人の隠匿の禁止、大名同士の婚姻および居城修理の届け出を制度化、参勤交代における作法などが定められた（寛永十二年〈一六三五〉六月には改正されて参勤交代が義務化され、その参勤時期は四月に定められる。同時に徒党の禁止や五百石以上の大船建造の禁など十九条が発布される）。おそらく島津忠恒は、二条城で黒衣の宰相金地院崇伝《こんちいんすうでん》の読み上げる武家諸法度を聴聞していたであろう。

幕府は十三日、豊臣家の滅亡により、応仁元年に起きた「応仁・文明の乱」以降百五十年もの間続いていた戦国乱世の時代が終焉を迎えたとして、元号を元和と改め、「元和偃武《えんぶ》（天下が平和になったから武器を収めよ）」いわゆるパックス・トクガワーナを宣言する。同時に、百七十余年前の嘉吉元年に足利義教（室町幕府六代将軍）が血祭りに挙げられた「嘉吉の乱」に始まる〝下克上の風潮〟も収束する。

さらに幕府は、元和改元四日後の七月十七日に天皇と公家を統制し、その生活倫理規範となる「禁中並公家諸法度」を、二十四日には、仏教各宗派を幕府の組織下に組み入れる「諸宗諸本山諸法度」を定めた。この禁中並公家諸法度により、天皇をはじめ公家は幕政への介入はおろか口出しもできなくなってしまうのである。

元和二年（一六一六）正月二十一日、家康が病を発症。三月二十一日、病床の家康が後水尾天皇から太政大臣に任じられる。武家では平清盛・足利義満・豊臣秀吉に次いで四人目となる。

四月八日夜、忠恒は帰国・暇乞いの挨拶のために駿府城に登城し、前田利常や伊達政宗とともに家康の病床近くに呼び寄せられて「北国方面で争乱があった場合は利常に、奥州方面の場合は政宗に、西国の場合は忠恒に一任する」と命じられ、脇差を拝領して伏見城をあとにした。

　十七日、大御所徳川家康が駿府城で没する。七十五歳だった。家康の遺言に従い、死を秘したまま遺体はその日の深夜、雨が降りしきる中を駿府城から久能山頂の廟所（墓穴・現在の久能山東照宮奥社廟塔）に埋葬され、葬儀は徳川家の菩提寺芝増上寺（港区芝公園）でおこなわれた。この家康が没した元和二年、幕府は貿易港を平戸と長崎に限定する。

家督相続の重圧から解放された忠恒

　島津義久（十六代当主）が亡くなって以降、藩主忠恒は頭上の重石が霧消したかのごとく、五歳年上の正室で兄久保の正室だった義久の三女亀寿を鶴丸城から義久の居城だった大隅国分《こくぶ》舞鶴城に移して（もしくは亀寿がみずから進んで）別居し、側室をもたなかった義父義久と実父義弘とはことなり、慶安夫人（恵灯院《けいとういん》・亀寿の姉御平の孫娘。薩州家忠清〈加徳島で陣没した薩州家七代当主忠辰の弟〉の長女）をはじめとする側室を抱えるようになっていた。それが功を奏し、元和二年六月二日、鹿児島の鶴丸城で四十一歳の忠恒とその慶安夫人との間に待望の嫡男虎寿丸が誕生する。通称は又三郎。のちに島津本宗家を継ぐことになる光久である。また、五カ月後の十一月七日には、同じ鶴丸城で忠恒と側室（鎌田政重の娘）との間に光久の異母弟忠朗《ただあき》が生まれている。

　活力に満ちた忠恒は、最終的に八人の側室との間に崇高なるイトナミを怠らぬよう相勤《いそ》しみ、その甲斐もあって六十三歳で亡くなるまでに十六男十六女の子宝に恵まれる（ほかに養女二人）。忠恒はそれらの子女を北郷氏や永吉家、垂水家などの庶子家（分家）や種子島氏ら重臣の家督相続者として、または正室として押しつけ、五歳年上の亀寿の婿（二人の間には子女がいない）という自身の脆弱な立場の強化や家臣団の統一に利用する。忠恒は単なる色好みで無節操な下郎に成り下がるほどの愚か者どころか、深謀遠慮に長けた藩主に成長していたのである。

翌元和三年（一六一七）二月二十一日、朝廷から家康に「東照大権現」の勅号が与えられ、三月に東照社（のちの東照宮）が竣工。三月十五日、家康の遺体は、収められていた久能山を出立し、四月八日に東照社奥院に安置され、東照社創建と家康の一回神忌《じんき》（命日）当日の四月十七日には、御三家や江戸在府の諸大名らを引き連れた秀忠によって盛大な「正遷座の儀《しょうせんざのぎ》」ならびに供養会が営まれた。その秀忠は五月六日、何事もなく正遷座の儀が終了したことを祝って江戸城で能楽を催し、諸大名を招いて饗応した。

忠恒の東照社参詣と松平名字の拝領

帰国中の藩主忠恒は、東照社創建と家康の一回神忌のため、家老伊勢貞昌らをともない正月下旬に鹿児島を出立し、平戸・大坂を経て、四月十八日には京を発ち、おそらく、東山道（中山道）を下って上野国倉賀野宿（群馬県高崎市）からは日光例幣使《れいへいし》街道を通って東照社におもむいたと思われる。忠恒は五月初めに参詣をすませて江戸へ、そして七月十八日には伏見城で将軍秀忠に謁見する。その際に忠恒は、秀忠から松平姓を与えられ、また、薩摩藩六十万五千余石を安堵されたようである。忠恒は二十一日の秀忠参内の供をし、十月下旬には鹿児島に帰国する。

この元和三年、大坂の陣ならびに初期の各種天下普請の論功行賞がほぼ終了。秀忠は諸大名に所領安堵の判物《はんもつ》を下す。その書面に表記された石高が「表高」と称され、原則的に幕末まで変わることはない。しかし、実際の大名の所領では、新田開発や検地の徹底によって実際の年貢賦課（割当・負担）の基準となる実質の石高「内高（実高）」との格差は広がる一方で、表高は大名家の知行や家格を示すための数字にすぎなくなっていく。一方、農村においては内高から算出される「物成高《ものなり》（年貢賦課の基準となる田畑からの収穫量）」が実際の物成高と合致するようになり、それまで「村高」水準までしかもちいることができなかった石高が個々の土地に対して適用できるようになる。幕府は石高制によって大名の所領規模を容易に把握できるようになり、加封・減封・転封や飛び地の処理も容易におこなえるようになった。また、大名に課す負担や幕府役職の任免も石高に応じたものとなるのである。

義弘の死

元和五年（一六一九）二月、四歳の島津忠朗は父忠恒にともなわれて上洛し、五月に二条城で将軍秀忠に拝謁。その後江戸に向かい、人質として桜田藩邸にとどまることになる。また、六年前の慶長十八年十一月から兄忠恒の名代として人質生活を送っていた御下（忠恒に射殺された伊集院忠真の正室）とその娘の千鶴は、義弘が重病と知った将軍秀忠の格別なはからいによって帰国が許された。

大隅加治木館では七月二十一日、病に伏せていた義弘がその波乱に満ちた生涯を閉じる。享年八十五。法名は妙円寺殿松齢自貞庵主《しょうれいじていあんじゅ》、神号は精矛厳健雄命《くわしほこいつたけをのみこと》。号は惟新（惟新斎）、受領名は兵庫頭、官位は従四位下参議。遺体は鹿児島に送られて福昌寺に葬られた。このとき、禁止されているにもかかわらず木脇祐秀や後藤種清《たねきよ》ら家臣十三人が殉死し、忠恒の勘気を被って家禄を没収されたが、のちにその忠節が認められて家禄は回復されることになる。

ところで、長女の御屋地は二人目の夫島津朝久（豊州家六代当主）が巨済島で病没後に帖佐館に身を寄せていたため父義弘を看取ることはできたであろうが、次女の御下と孫娘の千鶴は義弘の臨終に立ち会えたのであろうか。忠恒は帰国途上の伏見で父の訃報を受け、八月下旬に鹿児島に帰国した。なお、夫の伊集院忠真亡きあと未亡人となっていた御下は、その忠恒の命によって、正室と離縁させられた家老の島津久元（忠長の次男。宮之城家三代当主）に再嫁することになる。

徳川御三家の成立

この元和五年、芸州（広島）藩主福島正則は、夏の洪水で被害を受けた広島城（広島市中区）の無断修復を武家諸法度法違反に問われて安芸国四十九万八千万石を没収され、捨《す》て扶持として信濃国高井郡（長野県須坂市ほか）と越後国魚沼郡（新潟県魚沼市）四万五千石に減転封される。正則は嫡男忠勝に家督を譲って隠居・出家して「高斎」と号し、信濃国高井野村（高山村）に蟄居した（五年後の寛永元年七月十三日の正則の死去にともない福島氏は改易）。広島城には、浅野長晟《ながあきら》（豊臣政権の五奉行浅野長政の次男）が紀州（和歌山）藩三十七万石から加増移封されて芸州藩四十二万石の藩主として入城した。

紀州和歌山城（和歌山市一番丁）には、駿府藩主だった徳川頼宣（家康の十男）が浅野長晟《ながあきら》の旧領に南伊勢十八万石を加えて入城した。すでに徳川義直（家康の九男）は尾張藩主となって名古屋城（名古屋市中区）に、徳川頼房（十一男）も常陸水戸藩主として水戸城（茨木県水戸市三の丸）に入っていた。

これによって尾張徳川家六十二万石、紀州徳川家五十五万石、水戸徳川家三十五万石という、親藩のうちの最高位にある「徳川御三家」が成立。以降、徳川将軍家の天下を支えていくことになる。徳川御三家は、徳川宗家である将軍家に継嗣が絶えた際に継嗣を出すことができるため、のちに七代将軍家継が早世して「あわや将軍家の断絶」という危機に際し、紀州家の徳川吉宗がその養子に入り、八代将軍となるのである。

忠恒、妻子を江戸に常住させる

元和六年（一六二〇）六月、徳川秀忠の五女和子《まさこ》が後水尾天皇の女御となる（のちに中宮）。元和九年（一六二三）七月二十七日、徳川家光は伏見城で将軍宣下を受けて三代将軍となる。ただし幕府の実権は、父秀忠が握っていた。翌元和十年二月三十日、寛永元年に改元される。

藩主忠恒はこの寛永元年、家老伊勢貞昌を通じて老中土井利勝《どいとしかつ》（下総佐倉藩主）に妻子の江戸常住を進言。外様大名島津氏による、幕府すなわち徳川将軍家に対する〝忠誠心の見える化〟とでもいえようか。おそらく忠恒は、すでに新将軍家光の内諾を得ていたのであろう。妻子の江戸在府を決めた忠恒は十一月十四日、側室慶安夫人（忠恒は亀寿と別居しているため実質的な正室）・嫡男光久・四男岩松丸（のちの北郷氏十五代当主久直）・七男万千代丸（のちの垂水家六代当主忠紀）・家老伊勢貞昌・北郷久加《ひさます》（三久の嫡男。平佐北郷氏二代当主）・納戸役の児玉利昌らをともなって鹿児島を出立する。十二月十日に出水瀬之浦（阿久根市）から船出して翌寛永二年（一六二五）二月二日に大坂に到着。そして三月十八日に伏見を発ち、百四十七日かけて四月十三日に桜田藩邸に入り、忠恒は二十三日に光久や岩松丸、伊勢貞昌らをともなって登城し、将軍家光に拝謁する。以降、忠恒は妻子を江戸に住まわせたまま（大名承認〈妻子の人質〉制度の先駆け）、供回り（千二百から二千四百）を率いて江戸への参勤（出府）と国許への交代（帰国）を一年ごとに繰り返すことになる。なお、江戸・鹿児島間はおよそ千七百キロ、諸大名の中でももっとも遠方からの参勤交代でその費用も莫大なものとなる。この忠恒一行と入れ替わるようにして、それまで人質として桜田藩邸にとどめ置かれていた忠恒の三男忠朗が帰国した。

亀寿の遺言と加治木家の創設

寛永七年（一六三〇）四月十八日および二十一日、三代将軍家光と大御所秀忠が初めて桜田藩邸に「御成《おなり》」になる。御成とは、宮家や将軍などが家臣の邸を訪れることをいう。島津氏として初めて将軍と前将軍を迎える一大イベントであった。御成は、豪奢な御成御殿を設え、贅を尽くした料理で饗応しなければならず、莫大な費用を要する参勤交代と同様に、大名の経済力を削ぎ、必要以上に力をつけないための幕府の方策でもあった。このとき藩主忠恒は、重宝の平野肩付の茶入で二人をもてなした。母宰相殿が関ヶ原の戦い後に大坂城から脱出する際に携えていた茶入である。

十月五日、義久の三女亀寿（持明院様《じめさあ》）が大隅国分舞鶴城で息を引き取った。享年六十。夫忠恒との間に子をなすことなく、その忠恒と別居してからおよそ二十年になろうとしていた。臨終に際し、亀寿は老臣山田有栄《ありなが》に、八年前の元和八年に養子に迎えていた忠恒の嫡男で十五歳の光久に島津家相伝の家系図類を譲るように遺言したという。おそらく、父義久が忠恒から取り上げた「御当家御系図二巻」「頼朝以来御書八巻」などであろうか。亀寿は、夫の忠恒にだけはこの島津本宗家の相続の証となる重宝の中でもっとも重要な重宝を渡したくなかった、つまり、忠恒を島津本宗家の当主として認めたくなかったのだ。疎外され続けてきた女性《おんな》の意地なのである。

この寛永八年、帰国していた島津忠朗《ただあき》（藩主忠恒の三男）は祖父義弘の遺言に従い、分家して義弘の隠居領大隅国加治木（鹿児島県姶良市）一万石と義弘の家臣団である加治木衆三百十七家を拝領し、加治木衆の俸禄七千六百石も知行して「加治木家」を興し、その初代当主となる。

幕府によるお家取り潰し

寛永九年（一六三二）正月二十四日、体調を崩していた大御所徳川秀忠が江戸城西の丸で没する。六十歳であった。家康は東照宮に神として祀られたが、秀忠は、芝増上寺境内南側に造営される純仏式の台徳院霊廟に仏として祀られた。

四月一日、桜田藩邸で、世子光久と正室曹源院（伊勢貞昌の孫娘）とのあいだに長男虎寿丸が生まれた。光久の後継者として期待され、のちに四代将軍家綱から一字拝領して綱久と名乗る人物である。

肥後国では五月二十二日、日頃の不行跡が幕府に咎められた加藤忠広が改易され、父清正から受け継いだ熊本城を召し上げられて出羽庄内藩預かりの身となる。熊本城には備前小倉藩二代藩主細川忠利（忠興の三男）が加増移封されて熊本藩初代藩主として入城する。小倉城主には忠利の義兄弟の小笠原忠真が就任した。この加藤忠広や福島正則のように、家康から秀忠、家光の江戸時代初期に改易された大名は、世継の断絶や御家騒動、乱暴狼藉など理由は様々だが、外様八十二、親藩・譜代四十九家にもおよぶ。幕府は改易後の没収地を直轄領とし、幕府権力の絶対的優位性を確立するため、親藩・譜代大名を新たに配置して敵性を帯びた外様大名を遠隔地に転封したのである。

御代替の御上洛

寛永十一年（一六三四）七月、将軍家光が上洛する。家光は将軍権力の武威・権勢を天下に示すため、関ヶ原の戦い（十五万五千）や大坂冬の陣（三十万）を上まわる三十万七千の大軍勢を率いていた。家光にとってこの上洛は、伏見城で将軍宣下を受けた十一年前の元和九年七月と従一位右大臣に任じられた寛永三年八月に続く三度目の入洛であった。このとき薩摩藩主忠恒は、その供奉行列の中にあった。

忠恒は閏七月九日、すでに、尚豊王《しょうほう》（一時薩摩藩の人質となった佐敷王子朝昌。第二尚氏王統八代国王）の名代として京に到着していた正使佐敷王子朝益と副使金武王子《きんおうじ》朝貞をともなって二条城で家光に拝謁する。朝益は家光の将軍就任を祝う慶賀使、朝貞は尚豊が前年に琉球国王に冊封された御礼として、およそ百七十人の使節団を従えて二月に那覇を出発し、鹿児島からは薩摩藩士およそ五百人に護衛・先導されて上洛した。本来ならば江戸に向かうところだが、このたびは、家光が「御代替《みよがわり》の御上洛」として入洛していたこともあり、京での謁見となった。この初上洛以降、琉球使節の「江戸上《のぼ》り」は嘉永三年（一八五〇）までに計十八回派遣されることになる。

薩摩藩七十七万石

上洛中の閏七月十六日、将軍家光は五万石以上の大名と城持ち大名を二条城に招集し「寛永十一年八月四日」付の領地朱印改を発給する。前田利常の加賀藩は百十九万余石、伊達政宗の仙台藩は六十二万石を安堵され、島津忠恒の薩摩藩はというと、この朱印改を契機として、琉球王国十二万三千七百余石を領地高に組み込み、計七十二万九千五百余石として安堵された。薩摩藩は藩内に異国を抱える特殊な藩となり、琉球王国は正式に幕藩体制に組み込まれたことになる。ただし薩摩藩は、見栄を張って対外的に表高「七十七万石」を公称する。その領域は今日の鹿児島県全域と沖縄県全域に宮崎県南西部地域を加え、南北千二百キロ余りもあるため、薩摩藩は広大な海域をもつ海洋国家（藩）となった。

ただし、石高については、薩摩藩の場合は他藩と異なり、精米された「玄米高」ではなく、保存の利く籾を含む「籾高」であるため、実際の収入はその半分以下の三十六万石ほどしかなかった。しかも、人口に対する武士の割合が、他藩では二十人に一人であるのに対し、薩摩藩では四人に一人（人口約三十万に対し武士数は七万から八万〈琉球王国を除く〉）と異様に多く、三十六万石の半分以上がその家臣団に与える給地（知行地）高であるため、藩の財源となる蔵入高（実高）は十三万石程度にしかならず、藩財政を成り立たせるのは容易ではなかった。この寛永十一年薩摩藩の藩債は十三万両。江戸での起債つまり借金不可能状態に陥っていた。

キリスト教の禁止と薩摩藩の宗門改め

寛永十二年（一六三五）五月二十八日、幕府は「海外渡航禁止令」を発し、日本船の海外渡航および国外在住日本人の帰国を全面的に禁止し、日本人が海外に渡る道を完全に閉ざす。海外渡航を試みたり、帰国すれば死罪。禁教政策を徹底するためではあったが、東南アジア各地に散財する日本人町の日本人は見捨てられてしまう結果となった。さらに、幕府は諸大名に対し、領国内における「キリシタン改《あらため》」の実施を命じ、日本全域でのキリシタン根絶に乗り出す。訴人褒賞制（密告者に賞金や土地、家屋を与える制度）・踏絵・南蛮誓詞などをもちいてキリシタンの摘発をおこなうのである。

薩摩藩では、このキリシタン改に呼応して一向宗の本格的な禁圧に動く。関白秀吉による島津征伐の際に、獅子島の一向宗門徒が秀吉率いる島津討伐軍を先導したため、一向宗を禁制としていた薩摩藩は、全領民を対象に「宗門改」を実施、領民一人ひとりに名前・身分・年齢・宗旨などを記した宗門手札を交付する。これ以降、定期的に厳しい吟味のうえ更新（宗門手札改）し、のちに「宗体奉行《しゅうてい》」やその役所となる「宗体座」が設置され、取り締まりが強化される。しかし、下級郷士や農民の中には密かに一向宗の信仰を続ける者（隠れ念仏）が多くいたのである。

幕府は十九年前の元和二年に貿易港を平戸と長崎のみに限定していたが、寛永十三年（一六三六）に長崎港に「出島」が完成すると、ポルトガル商館を平戸からを移し、貿易も長崎港だけに限定する。

四　武断政治の世から文治政治の世へ

島原の乱

寛永十四年（一六三七）十月二十五日、相次ぐ凶作にもかかわらず、松倉勝家（有馬直純〈晴信の嫡男。日向延岡藩に転封〉に替わって大和国五條〈奈良県五條市〉から父重政とともに移封）による過酷きわまる年貢の取り立てが続いていた島原藩で、江戸時代初期における最大の反乱が勃発（島原の乱・天草一揆）。十六歳のキリシタン天草四郎（フランシスコ）を首領とする総勢三万七千の島原と天草の農民らが廃城となっていた原城（島原市南有馬町乙）に立て籠もった。幕府は板倉重昌（三河深溝藩主）を総大将とし、九州諸藩の藩兵を派遣して原城を攻撃。

このとき薩摩藩は、家老山田有栄が、病の藩主忠恒の名代として城代家老の豊州家久賀や喜入忠続（季久の四男。喜入氏七代当主）、北郷久加《ひさます》、新納忠清（忠元の次男忠増の嫡男）ら軍勢一千を率いて出陣した。

翌寛永十五年（一六三八）正月一日、功を焦った総大将板倉重昌が討死。幕府は新たに〝知恵伊豆〟松平信綱（武蔵川越藩主）と関ヶ原の戦いや大坂の陣で戦闘経験のある戸田氏鉄《うじかね》（美濃大垣藩主）を派遣する。

世子光久は、幕府から病床の父忠恒の代わりに参陣するように命じられ、十四日に江戸を出発し、二月十六日に鹿児島に到着、家老島津久元らを従えて出陣しようとしたが、その忠恒（本宗家十八代当主・薩摩藩初代藩主）が七日後の二十三日に病没する。享年六十二。法名は慈眼院殿《じがんいんでん》花蕣琴月《きんげつ》大居士。受領名は陸奥守・薩摩守・大隅守。官位は従三位権中納言。遺体は福昌寺に葬られた。忠恒は島津本宗家の継嗣としての立場が長い間安定しなかったものの、琉球王国を従属化し、大名妻子の江戸常住化の先駆けとなり、また、「家中軍役規定」の制定や家中の負担を平等にするための「知行ならし」など数々の制度施策を実施して薩摩藩の基礎を確立した。家督は三十六歳の光久が継承して島津本宗家十九代当主ならびに薩摩藩二代藩主となる。

島原では二十八日、松平信綱が十二万四千の軍勢をもって原城に襲い掛かった。原城は落城、時貞も戦死。そのため光久は乱の鎮定にはおもむかなかったが、派遣されていた新納忠清らが城内に討ち入って軍功を挙げている。乱後、生き残りは処刑され、領民に対して酷政と搾取をおこなって乱の原因をつくった松倉勝家は切腹ではなく、大名にもかかわらず斬首に処された。

幕府による鎖国

島原の乱でキリシタンに懲りた幕府は、キリスト教を禁止するための最終的な鎖国政策に踏みきる。幕府は寛永十六年（一六三九）七月五日、宣教師が潜入する可能性の高いポルトガルとの通商を断ち、外国との貿易は長崎一港に限り、明国人（明は自国民の日本渡航を認めていないため台湾・東南アジアの明国人）とキリスト教を布教しないオランダ人のみに貿易を許可する。そのため幕府は、寛永十八年七月に平戸のオランダ商館を長崎出島に移す。なお幕府は、元禄二年（一六八九）に長崎郊外に唐人居留地（唐人屋敷・長崎市館内町）を建設し、長崎に散在して居住していた清（明）国人をその唐人居留地に移住させる。

また幕府は、これまでポルトガル船が日本にもたらしてきた白糸（生糸）や紗綾《さや》（絹織物）、唐薬種などの唐物を琉球王府がおこなっている対明朝貢貿易で入手するよう薩摩藩に命じる。ただし幕府は、長崎貿易の支障にならないように品目・数量（額）ともに厳しく制限し、唐薬種などはこれまで通り長崎奉行の監督下にある長崎会所（長崎市立山町）での入札によって国内商人に販売されたが、薩摩藩は白糸と紗綾の二品目のみを領国内で販売することが許された（元禄二年に京での販売を許される）。

なお、いわゆる鎖国といわれる政策だが、この「長崎口」における幕府と明およびオランダ、「対馬口」の対馬藩と朝鮮、蝦夷（北海道）の「松前口」におけるアイヌと松前藩、「薩摩口」と呼ばれる琉球の対明朝貢貿易を通じた薩摩藩の「四つの口」だけは開かれていて、それらを幕府が管轄した。ただだし、東シナ海世界を舞台に海外貿易を当然のごとく活発に展開してきた長い歴史を持つ薩摩藩では、介入が公認された琉球の対明朝貢貿易における白糸と紗綾の二品目のみの領内販売だけでは藩・民間ともに大した利益にはならず、東シナ海に面した坊津などの港で民間による「抜荷」すなわち密貿易が横行、薩摩藩はそれを黙認もしくはみずからおこなうのである。幕命による鎖国とはいえ、「やめろ」といわれてもやめられないのが薩摩の藩士領民だった。

光久による金山開発

藩主光久は寛永十七年（一六四〇）三月、藩財政の不足分を補塡するため、島津久通《ひさみち》（久元の嫡男。宮之城家四代当主）に金山の探索および開発を命じる。久通は石見銀山から招いた内山与右衛門の協力を得て山ヶ野金山（霧島市横川町）を発見、二万人もの鉱夫を投入・採掘を開始する。ところが、産金量が幕府の予想を超えたことで、薩摩藩の強大化を危惧する幕府によって採掘停止を命じられてしまう（再開発許可は十六年後の明暦二年）。しかし、薩摩藩が目の前の金鉱脈を指をくわえて眺めていられるはずはないのだ。その後も細々とではあっても秘密裏に採掘を続けただけでなく、芹ヶ野《せりがの》金山（いちき串木野市）、そして鹿籠《かご》金山（枕崎市）を開発・採掘するようになる。

翌寛永十八年（一六四一）正月二十九日、江戸京橋で桶《おけ》町から出火して九十七町、千九百二十四戸が焼失するという大火が起った（桶町の大火）。薩摩藩の桜田藩邸に被害はなかったものの、光久は将軍軍家光から芝（港区芝）に新たに二万坪を拝領し、桜田藩邸の控えとして芝藩邸（のちに上屋敷）を造営することになる。

八月三日、江戸城本丸で家光待望の嫡男、のちに四代将軍となる家綱《いえつな》がようやく生まれた。生母は家光の側室楽《らく》。家光は三十八歳になっていた。

寛永二十年（一六四三）七月、改易された加藤明成（嘉明の嫡男）に替わって出羽山形藩主保科（松平）正之（家光の異母弟）が移封され、会津藩二十三万石の初代藩主として入城する。

寛永二十一年三月十九日、中国大陸では李自成《リーズーチョン》によって北京が陥落、明が滅亡する。李自成は順《シュン》王朝を興して皇帝を称したが、わずか四十日後に北から侵攻してきた満州族の清（一六一六年に建国）によって北京から放逐され、その清が中国を支配することになった。

綱貴の誕生・家光の死

戌年の正保三年（一六四六）正月八日、江戸城で家光と側室のお玉との間に、のちに五代将軍にして〝犬公方〟と呼ばれる四男綱吉が生まれた。綱吉は十六歳のときに上野館林藩（群馬県館林市）藩主となる。

慶安三年（一六五〇）十月二十四日、芝藩邸で島津綱久と正室真修院（伊予松山藩二代藩主松平定頼（生母は忠恒の養女長寿院）の長女）との間に嫡男虎寿丸が生まれる。通称は又三郎。のちに島津本宗家の家督を継ぐことになる綱貴である。なお、真修院は徳川家康の次女督姫（北条氏直没後に池田輝政に再嫁）の曾孫にあたるため、綱貴以降の薩摩藩主は家康の血を引いていることになる。

慶安四年四月二十日、三代将軍家光が四十八歳で世を去る。家光の直々の遺命により、芝増上寺ではなく、みずからが創建した上野寛永寺で葬儀をおこない、遺体は、祖父家康が祀られている日光東照宮の西方に大猷《たいゆう》院霊廟（栃木県日光市山内）を造営して埋葬されることになった。家康は六百万両（没収した豊臣家の財産二百万両を含む）を残して世を去ったが、家光は五百万両を残したとされる。八月十八日、十一歳の家綱が江戸城において将軍宣下を受け、四代将軍となる。これまで将軍宣下の儀式は京でおこなわれていたが、このとき以降、勅使を迎えて江戸で執行されることになる。

島津家の別邸仙巌園の造営

明暦三年（一六五七）正月十八日、数十日も雨が降らずに乾燥していた江戸で、大火災が発生する。本郷丸山の本妙寺（文京区本郷）から出火し、水戸藩邸を焼いて江戸城にまで燃え移った。翌二十日朝になってようやく鎮火したが、西の丸は被害を免れたものの幕権の象徴天守や本丸、二の丸以下ことごとくが灰燼に帰す。当時の江戸の人口およそ五十五万のうち犠牲者は四万余、江戸市中の六割が焦土と化した（明暦の大火・袖振火事）。薩摩藩も桜田・芝両藩邸が焼失したと思われる。

この大火を教訓に幕府直轄の「定火消」が制度化される。幕府は旗本に命じ、火の見櫓を備えた火消屋敷（消防署）を与え、専門の火消人足を雇わせて消防活動を担当させることになった。

将軍家綱は「大政参与（将軍補佐）」保科正之の進言を入れて城下の再建を優先し、また、本丸や二の丸などは再建されたが、天守は「城の守りには不要、無駄な出費は避けよう」という正之の提案によって再建されなかった。一方、財政難の薩摩藩は、他藩が江戸藩邸を再建していく中でその費用が捻出できず、着工すらできなかった。翌明暦四年（一六五八）七月二十三日、明暦の大火により万《まん》治《じ》と改元される。

四日後の二十七日、桜田・芝両藩邸の再建がおぼつかない中で、鹿児島に帰国した光久は、島津本宗家の別邸となる仙巌園（磯別邸・鹿児島市吉野町磯）の造営を開始する。二年前に山ヶ野金山の再開発許可が幕府から下り、採掘が軌道に乗って気が大きくなったのであろう。以降、白煙をなびかせる桜島を築山（人工の山）に、コバルト色に輝く錦江湾を池に見立てた景色無双の仙巌園は歴代藩主によって改築が重ねられていくことになる。

幕府による武断政治から文治政治への転換

寛文二年（一六六二）四月二十五日、江戸根津藩邸（文京区）で甲斐甲府藩主徳川綱重《つなしげ》（家光の三

男。将軍家綱の異母弟）と側室保良《ほら》との間に嫡男虎松が誕生する。のちに父綱重の死にともなって甲府藩主となり、さらに六代将軍に就任する家宣である。

将軍家綱は、十四年前の慶安四年に起こった軍学者の由井正雪や浪人の丸橋忠弥らによる幕府転覆の謀略を考慮し、圧倒的な武力で諸大名を威圧する三代将軍家光までの「武断政治」から徳を重んじる「文治政治」に転換する。家綱は寛文五年（一六六五）七月、初代将軍家康の五十回忌法会にあたり、大政参与保科正之の提言に基づいて家綱時代の〝三大美事〟とされる、大名の改易を減らす「末期養子（藩主の危篤に際して家臣が願い出た養子）の禁」の緩和、戦国大名の遺風を残す「殉死の禁止」と同様に薩摩藩初代藩主島津忠恒が先鞭をつけた「大名証人（妻子の人質）制」を緩和する。大名の妻子の江戸居住はそのままだが、家老クラスの身内の江戸在住を撤廃した。家綱は、文治政治へと舵を切ったが、武士の思想からは、「武」を尊ぶ意識がしだいに薄れ「文」へと偏重していくようになる。つまり、この泰平の世にあって、斬り合いを生業とする戦闘員としての武士は不要。かつては腰抜けと蔑まれた、実務に秀でた〝行財政官僚〟としての武士が必要とされるようになったのである。

寛文九年（一六六九）五月八日、島津綱久が江戸を出発し、七月一日に鹿児島に帰国。綱久は翌寛文十年三月二十二日に鹿児島を出立し、藩主光久が四月十五日に江戸を出発、光久は綱久と四月三十日に浜松で会見し、綱久は五月六日に江戸に到着。六月十日には、綱久の嫡男綱貴が江戸を出発し、光久は十一日に、綱貴は七月二十五日に鹿児島に到着する。綱貴にとっては二十一歳にして初の入国であったが、父子孫三代の参勤交代で費用は莫大なものとなる。

吉貴の誕生・江戸城最初の刃傷沙汰

寛文十三年（一六七三）二月十九日、藩主光久の後継者として期待されていた島津綱久が、芝藩邸で父光久に先立って病没する。享年四十二。葬儀は伊皿子《いさらご》の大円寺（港区三田）でおこなわれ、その後、遺体は鹿児島の恵燈院（福昌寺の支院）に埋葬された。受領名は薩摩守、法名は泰清院殿関由良無大居士、官位は従四位下侍従。父光久と綱久の嫡男綱貴はともに鹿児島に帰国中で、綱久の臨終には立ち会えていなかった。綱久の急逝によって二十四歳の綱貴がにわかに光久の継嗣に立てられた。なお、この葬儀以降、大円寺は江戸における島津家の菩提寺となる。

世子綱貴は延宝三年（一六七五）二月二十九日、急逝した米姫（松平信平〈元関白鷹司信房の四男。公家から転身して幕臣となる〉の娘）の継室として、上杉綱憲（出羽米沢藩四代藩主）の妹であり、その養女でもある十六歳の鶴姫（綱憲と鶴姫の実父は吉良義央《よしひさ》〈上野介・のちに起こる赤穂事件の主役の一人〉）を迎えた。

一方鹿児島では、九月十七日に鶴丸城で綱貴と側室蘭室院（二階堂宣行の娘）との間に嫡男菊三郎が誕生した。のちに島津本宗家の家督を継ぐことになる吉貴である。

延宝八年（一六八〇）五月、将軍徳川家綱が危篤状態に陥る。後嗣のいない家綱は、異母弟の上野館林藩主綱吉を養子に迎えて将軍継嗣とし、五月八日に死去。四十歳だった。五代将軍に就いた綱吉は翌天和元年（一六八一）二月二十七日、有栖川宮幸仁親王（後西天皇の二宮）を宮将軍に擁立しようとたくらだ大老酒井忠清（上野前橋藩主）を解任、自身の将軍就任に功労のあった老中堀田正俊（下総古河藩主）を大老に据える。

ところが、その正俊が貞享元年（一六八四）八月二十八日に江戸城内で親戚筋の若年寄稲葉正休《まさやす》（美濃青野藩主）に刺殺されてしまう。犯行におよんだ正休はその場で斬り殺された。大老堀田正俊を刺殺した原因は正休の発狂とされて稲葉家は断絶（稲葉正休事件）。側用人の柳沢吉保が幕政の実権を握ることになる。

島津本宗家一の艶福家光久の往生

貞享四年（一六八七）七月、島津光久は藩主に就任して以降およそ五十年もの長きにわたって薩摩藩を支配してきたが、隠居して継嗣綱貴に家督を譲り、芝藩邸から南西四キロほどに位置する高輪藩邸（下屋敷）に居を移す。綱貴は二十七歳で島津本宗家二十代当主ならびに薩摩藩三代藩主となった。

元禄六年（一六九三）四月十三日、光久は病気療養のため幕府から許可を得て鹿児島に帰国。翌元禄七年六月一日、その光久の病が重いという急報を受けた綱貴は江戸を出発し、夜を日に継いでわずか十八日後の六月十八日に鹿児島に到着する（薩摩藩主による参勤交代の通常平均は五十二日。参勤交代の中で最短）。島津光久（本宗家十九代当主・薩摩藩二代藩主）は、綱貴に一日遅れて鹿児島に到着した幕府派遣による医師団の手厚い看護により、夏を越せるほどに回復したものの、十一月二十九日、綱貴に見守られながら亡くなった。享年七十九。法名は寛陽院殿泰雪慈恩大居士。受領名は薩摩守・大隅守。官位は従四位上左近衛権中将。遺体は福昌寺に葬られた。

光久は父忠恒同様に艶福家で、正室曹源院との間に嫡男綱久と長女満（佐土原藩三代藩主島津久雄《ひさたか》の正室）をもうけたが、曹源院が亡くなると、公家平松時庸《ひらまつときつね》（近衛家の縁者）の養女陽和院（交野《かたの》時貞の娘。後光明天皇の掌侍《ないしのじょう》）を継室に迎え、さらに側室として、松沢弥右衛門の娘・黒田頼清の娘・救仁郷《くにごう》頼重の娘、都留正将の娘・新納忠頼の娘・玉利重親の娘・有馬純実《すみざね》の娘・塩田国実の娘・岩山直朝《なおとも》の妹・味方正信の娘だけでなく、「家女房」つまり身分の低い者の娘（家臣の娘）たち妻妾との間に男女各十九人、計三十八人の子女をもうけた。寝所における愛の身分格差是正に取り組んだという崇高なる精神の賜物であろうか、島津本宗家歴代の中でもっとも多い。光久は学問に熱心で儒学者泊如竹《とまりじょちく》や菊池東均らに師事し、また、記録奉行平田純正《すみまさ》に命じ、初代当主島津忠久以来の歴史『新編島津氏世録正当系図』を全百七十八巻にまとめさせている。

元禄九年（一六九六）四月二十三日、鹿児島の稲荷川下流の浜町（鹿児島市浜町）から出火した炎が折からの東風に乗って燃え広がり、侍屋敷・民家など千数百棟を焼滅させ、その劫火は鶴丸城内にまでおよび、本丸が焼失して二の丸の一部も罹災する。幕府の許可を得て本丸の再建に取り掛かろうとした翌元禄十年、薩摩藩は徳川将軍家の菩提寺である上野寛永寺本堂（根本中堂・台東区上野公園）の御手伝普請を命じられ、藩主貴綱は普請惣奉行に禰寝清雄《ねじめきよかつ》、副奉行に島津久明を任じ、元禄十一年八月十一日にその上棟式がおこなわれたが、鶴丸城は再建費用が捻出できずにしばらく棚上げとなった（復旧完了は十年後の宝永四年）。

赤穂浪士と綱貴の遭遇

元禄十四年（一七〇一）三月十四日午前十時頃、播磨国赤穂藩（兵庫県赤穂市）藩主浅野長矩《ながのり》（内匠頭・豊臣政権の五奉行長政の玄孫）が江戸城松之大廊下で、高家筆頭の吉良義央（上野介）に斬り

かかるという事件が起こる。この十四日は十二日に下された聖旨（天皇命令）に対して将軍綱吉が勅使に奉答する勅答の儀がおこなわれる、一年のうちで幕府のもっとも重要な日であった。長矩は指南役の義央のもとで勅使の饗応役を務めていた。

怒り狂った将軍綱吉により、大名として異例の即日切腹を命じられた長矩は、監禁されていた一関藩芝藩邸（港区新橋）で切腹。赤穂藩浅野家五万石は取り潰しとなる。義央は不問に付されたが、高家（幕府の儀式典礼を司り勅使や公家を接待する役職）の御役御免を願い出て了承された。

年の瀬の十二月二十二日、高輪藩邸で世子吉貴と側室須磨（名越恒渡《つねただ》の妹）との間に嫡男鍋三郎が誕生した。通称は又三郎。のちに島津本宗家の家督を継ぐ継豊である。

浅野長矩切腹から一年九カ月後の元禄十五年（一七〇二）十二月十四日夜、亡き主君長矩に替わり、元赤穂藩筆頭家老大石良雄（内蔵助）ら赤穂浪士（旧浅野家家臣）四十七人が本所の吉良邸（墨田区両国）に討ち入り、翌十五日未明に義央を討ち取ってその首級を挙げた（赤穂事件）。

赤穂浪士は義央の首級を長矩の墓前に供えるため、長矩の墓のある泉岳寺（港区高輪）へと向かった。ところがこの十五日は、薩摩藩主綱貴が、焼失して再建されたばかりの芝藩邸へ転居する当日だった。高輪藩邸を発った綱貴一行は、前方から黒い火事装束で血まみれの刀や槍、薙刀を携えた赤穂浪士の一団と出会う。その中の一人が進み出て、敵討ちの顚末を語るとともに公儀にたてつくつもりはまったくないことを告げると、赤穂浪士の一団は雪の降り積もった道端に平伏して貴綱一行を見送ったという。

討ち取られた義央は、綱貴の継室鶴子の実父で米沢藩主上杉綱憲の妹であり養女であったが、綱貴と鶴姫は夫婦仲が良くなかったようで、二人は二十二年前の延宝八年十一月に離縁していた。しかし夫婦のままでいたとしたら、この思いもよらぬ遭遇に際し、綱貴は赤穂浪士に対してどのような接し方（たとえば一戦交えて義父義央の首級を取り返すなど）をしたであろうか。

その後、赤穂浪士四十七人は熊本藩下屋敷・岡崎藩中屋敷・松山藩中屋敷・長府藩上屋敷に分けて預けられ、翌元禄十六年（一七〇三）二月四日に、それぞれの屋敷で切腹。遺体は主君浅野長矩の墓のある泉岳寺に葬られた。また、吉良家は改易となる。

吉貴の藩主就任と掟十一カ条の制定

十一月二十三日、安房国野島崎（千葉県南房総市）を震源域とする巨大地震が関東を襲う。江戸城をはじめ大名・旗本の屋敷や神社仏閣、町屋が破損・崩壊し、薩摩藩においても芝藩邸や桜田藩邸、高輪藩邸などが倒壊や焼失の被害を受ける（元禄大地震）。翌元禄十七年（一七〇四）三月十三日、宝永元年と改元。

七月一日に帰国していた世子吉貴は、父綱貴の病状悪化の急報を受け、幕府の特別許可を得て八月二十一日に鹿児島を出発し、帰国時には四十一日かかった行程をわずか二十九日で出府する。島津綱貴（本宗家二十代当主・薩摩藩三代藩主）は、吉貴が芝藩邸に到着して対面した九月十九日、安らぎを得たかのよう世を去った。享年五十五。法名は昌道元親大玄院。受領名は薩摩守。官位は従四位上左近衛中将。遺体は鹿児島の福昌寺に葬られた。家督は嫡男吉貴が継ぎ、島津本宗家二十一代当主ならびに薩摩藩四代藩主となる。

薩摩藩では、江戸の各藩邸はもちろん、八年前の元禄九年に焼失した鹿児島鶴丸城の修復にようやく着手することが可能になったが、徳之島の疱瘡や琉球王国の凶作などの天災・病疫が相次ぎ、さらに、財政難にあえぐ支藩佐土原藩への支援も強いられ、新たに三十四万五千両もの藩債が生じるなど、藩財政は危機的な状況を迎えてしまう。吉貴は重臣らの役料を半減するなど、藩財政の健全化をめざして荒治療を施したものの、期待とは裏腹にその成果が上がることはなかった。

宝永二年（一七〇五）、前田利右衛門が琉球から甘藷《かんしょ》（サツマイモ）を持ち帰り、自宅の薩摩山川《やまがわ》岡児ケ水《おかちょがみず》（指宿市）で栽培を開始する。七年前の元禄十一年には、琉球国王尚貞から種子島久基（久時の嫡男。正室は光久の十一女千代松。継室は十四女袈裟千代。種子島氏十九代当主）に甘藷の苗が譲られ、領内農民の救済策（救荒作物）として久基が農民に栽培させていた。これらの栽培がきっかけとなってサツマイモ栽培が全国に広がり、餓死者が大幅に減少するようになる。

宝永三年四月一日、藩主吉貴は薩摩藩の〝憲法〟とも呼べる十一カ条の掟を制定・通達する。この掟を毎月朔日（一日）に読むことにさせたため「毎朔之御条書」という。内容は、㈠幕府の政治・法令の遵守、㈡キリスト教に加え一向宗の禁止、㈢結党・連判などの禁止、そのほか藩士領民の守るべき基本的なことが定められていた。また吉貴は、以後の藩主に対し、藩主就任に際してこの十一カ条の掟を藩内に通達するよう指示を残す。

琉球使節の江戸上りごとに昇進する官位

宝永六年（一七〇九）正月十日、将軍徳川綱吉が麻疹《はしか》に罹って急死する。五月一日、綱吉の養子となっていた甥で四十八歳の家宣が六代将軍となる。藩主不在の甲府藩は廃絶、その家臣団は幕臣として組み込まれ、甲斐一国は直轄領（天領）となる。家宣は大老柳沢吉保に替えて側用人に甲府藩用人間部《まなべ》詮房《あきふさ》を、将軍補佐に儒学者新井白石を登用する。家宣は綱吉が始めた文治政治を推し進めるが、綱吉が一年前に発行した評判の悪い宝永通宝の鋳銭・流通ならびに価格高騰の原因となった酒税、志は尊いがゆがんでしまった天下の悪法生類憐みの令も廃止する（薩摩藩では中断されていたお家芸の犬追物が再開される）。

宝永七年（一七一〇）閏八月二十六日、島津吉貴は参勤のため鹿児島を出立。このとき吉貴は琉球使節をともなって十一月十一日に出府する。吉貴は十八日、家宣の将軍就任を祝う慶賀使美里王子朝《みさとおうじちょう》禎《てい》や琉球王に尚益が即位した御礼の謝恩使豊見城王子朝匡《とみぐすくおうじちょうきょう》らをともなって登城し、新将軍家宣に拝謁する。これによって吉貴は従四位下左近衛少将から従四位上左近衛中将に昇叙された。

ところが正徳二年（一七一二）十月十四日、将軍在職わずか三年で五十一歳の徳川家宣が頓死する。七代将軍には四男の徳川家継《いえつぐ》が翌正徳三年四月二日に三歳で就任する（史上最年少の征夷大将軍）。

正徳四年九月九日、吉貴は参勤のため鹿児島を出発。このとき吉貴は、琉球使節をともなって十一月二十六日に参府する。吉貴は十二月二日、家継の将軍就任を祝う慶賀使与那城王子朝直《よなぐすくおうじちょうちょく》や琉球国王に尚敬《しょうけい》が即位した御礼の謝恩使金武王子朝祐らをともなって登城し、新将軍家継に拝謁。吉貴はまたも位階が一つ上がり正四位下に昇叙された。

徳川吉宗の将軍就任

正徳六年（一七一六）四月三十日、綱吉・家宣に続き、わずか数年の間に将軍徳川家継が八歳で夭折（征夷大将軍として最年少）。この思わぬ死によって、家宣の御台所天英院と家継の生母月光院が熱望し、新井白石が尽力した八十宮吉子（霊元上皇の十三皇女・天英院の従姉妹）の家継への降嫁という、史上初の武家と皇女との結婚話は立ち消えとなり、吉子は一歳八カ月で後家となる。家継死去にともない六月二十二日に享保と改元された。

八月十三日、天英院の指名によって紀州藩五代藩主徳川吉宗（二代藩主光貞の四男。徳川初代将軍家康の曾孫）が側用人・老中格の間部詮房（上野高崎藩主）や新井白石の推す御三家筆頭の尾張藩六代藩主徳川継友を押さえ、御三家初の養子として徳川宗家を相続し、将軍宣下を受けて徳川八代将軍となる。紀州藩は吉宗の従兄で伊予西条藩二代藩主徳川宗直が継承した。

将軍に就任した吉宗は、間部詮房や新井白石を解任し、倹約と増税による財政再建をめざして水野忠之（三河岡崎藩主）を老中に任じ、のちに「享保の改革」といわれる幕政改革を推進する。財政の安定化を図るため、年貢率を四公六民を五公五民に引き上げるだけでなく、それまでの「検見《けみ》法」に替わって豊作・凶作にかかわらず一定額を徴収する「定面法」を採用。治水や新田開発に加えて「助《すけ》郷《ごう》制度（宿場周辺の村落に課した夫役）」を整備し、青木昆陽に飢餓対策としてサツマイモの栽培を命じ、朝鮮人参や菜種油などの商品作物を奨励、薬草の栽培もおこなうようになる。ちなみに薩摩藩は、八公二民とも九公一民ともいわれるほどの高税率だった。

また、秘密裏に諜報活動をおこなう将軍直属の「御庭番」や庶民の不満や要求を直接募るための「目安箱」、貧しい病人のための「小石川養生所（文京区）」を設置し、これまでの大名火消と定火消に加え、町人による〝いろは四十七組〟の「江戸町火消」を制度化する。

これらの政策に加え、吉宗は禁書令を緩和し、キリスト教に関係のない実用的なオランダ書物の輸入を認めた。ようやく西洋学術研究への道が開かれたのだ。さらに付け加えるならば、江戸の隅田川堤（墨田区向島）や飛鳥山（北区王子）、御殿山（品川区北品川）など江戸の各所に桜を植えてその名所とし、また、五代将軍綱吉が設置した中野（中野区中野）の犬小屋三十万坪の跡地に桃を植え、行楽・娯楽としての花見を奨励する。いわゆる江戸庶民のためのガス抜きだ。

五　将軍家との婚儀

病に苦しむ吉貴、継豊に家督を譲る

享保四年（一七一九）六月十六日、藩主島津吉貴は帰国のために江戸を出発して鹿児島に向かう。東海道・美濃路を通って伏見・大坂を経て、坂越《さこし》（兵庫県赤穂市）からは船で七月二十六日に備後国鞆《とも》に到着する。吉貴が海路を嫌ったため、鞆からは再び陸路に切り替え、赤間関に着いたのが九月七日。数日の道程をひと月半ほど掛かっている。吉貴は鞆へ向かう船中で持病の疝癪《せんしゃく》（胸や腹が差し込んで痛む病気。おそらく膵臓癌であろう）を発症させたようである。吉貴は十日に大里《だいり》（北九州市門司区）を発ち、十月五日には熊本藩との国境を越えた米之津（出水市）に到着する。吉貴は米之津辺

りでしばらく療養したのであろうか、鹿児島までは通常四日から五日ほどの距離だが、二十三日後の二十八日にようやく鹿児島にたどり着く（帰国または出府に掛かった日数が百三十一日というのは参勤交代では三番目）。

享保五年（一七二〇）三月、吉貴は疝癪で目がかすみ、手が震えるため書状への書判《かきはん》（署名いわゆる花押）ができなくなり、幕府老中への書判以外は印判をもちいることを幕府から許される。

吉貴は六月二十三日、参勤のため鹿児島を出立し、九月十二日に芝藩邸に到着したが、翌享保六年六月には、疝癪のさらなる悪化によって登城すらできなくなり、隠居して家督を嫡男継豊に譲る。継豊は島津本宗家二十二代当主ならびに薩摩藩五代藩主に就任する。隠居した吉貴は、幕府から鹿児島在国の許可を得て、享保七年（一七二二）四月二十一日に帰国したものの、その後二十六年間出府できず、桜島を望む磯別邸（仙巌園）を増改築して居住、ここで新藩主継豊を補佐したため磯別邸が藩政の中心となる。

継豊は藩主就任二年後の享保八年に長州藩主毛利吉元（毛利氏十九代当主）の娘皆姫《みな》を正室に迎えたが、四年後の享保十二年三月にその皆姫が子をもうけることなく病没してしまう。

しかし、享保十三年（一七二八）六月十三日、芝藩邸で継豊と側室於嘉久《おかく》（渋谷貫臣の娘）との間に嫡男益之助が生まれた。通称は又三郎。のちに島津本宗家を継ぐことになる宗信である。残念ながら継豊は、鹿児島に帰国していたため、この嫡男誕生の瞬間には立ち合えていない。また、翌享保十四年二月十一日、鶴丸城で側室登免《とめ》（光久の十四男久房の娘）が次男善次郎を産んだ。間もなく善次郎は、二代藩主光久（本宗家十九代当主）の長男綱久（五十六年前の延宝元年没）の次男で、加治木家の当主久季の養子としてその家督を継いで四代当主となり、元服して重年《しげとし》と名乗り、さらに、宗信没後に島津本宗家の家督を継ぐことになる。だが継豊は、この次男誕生の場にも、参勤で正月五日に鹿児島を出立していたため居合わせることができなかった。

将軍吉宗の御内意に頭を抱える継豊

皆姫の三回忌を終えたばかりの享保十四年（一七二九）四月六日、突如、老中松平乗邑《のりさと》（肥前唐津藩主）から将軍吉宗の「御内意（内々の意向）」として、五代将軍綱吉の養女竹姫との縁談話が正室不在の藩主継豊に持ち込まれた。この縁談話の背景には、享保の改革を推し進める吉宗が、大奥の縮小ならびに経費削減を図るため、二十五歳になっても嫁ぎ先の定まらない竹姫の縁談を決めてしまいたいという思惑があったのだ。実際に吉宗は大奥の女中四千人を千五百人にまで削減していた。

その御内意に対し、直ちに御請《おうけ》（了承するという返事）するのが慣例であったが、継豊は尻込みし「誠にありがたい」としながらも、返答を先延ばしにしてくれるよう願い出る。

竹姫は二十四年前の宝永二年二月十九日に前大納言清閑寺熙定《ひろさだ》の娘として誕生した。父熙定が二年後の宝永四年正月十日に亡くなったため、竹姫は翌宝永五年春、綱吉の側室で子宝に恵まれなかった叔母大典侍《おおすけ》の局《つぼね》（熙定の妹）に養女として迎えられて江戸に下向、七月二十五日には、将軍綱吉の養女になり、徳川一門の会津藩主松平正容《まさたか》（保科正之の六男。会津藩三代藩主）の嫡男正邦《まさくに》と婚約したが、十二月に正邦が十四歳で夭折し、宝永七年（一七一〇）には有栖川宮正仁《ただひと》親王（大老酒井忠清によって宮将軍に擁立されかけた幸仁親王の二宮）と婚約したものの、嫁入りを控えた享保元年（一七一六）九月、正仁が二十三歳で急逝してしまう。竹姫は〝婚約者を二人も亡くした不吉な姫君〟状態のまま、五代将軍綱吉・六代将軍家宣・七代将軍家継夭折後も江戸城大奥にとどまっていた。

竹姫を継室として受け入れるとなれば、婚礼費用をはじめ竹姫や随行してくる奥女中らの生活費や、頻繁に訪れる江戸城からの客の接待に御客会釈《おきゃくあしらい》の女中を新規に召し抱えねばならず、莫大な費用が必要となる。それにも増して気が重いことは、吉宗から「竹姫に男子が生まれても、宗信を後継として良い」と最大限の譲歩が示されてはいるものの、竹姫に男子が出生するとなれば、家臣にするわけにはいかず、御家騒動の火種になる可能性は十分にあった。また、婚礼を機に幕府が藩政に介入してくる恐れもあった。財政難にあえぐ薩摩藩にとってこの縁組は〝災厄〟そのものでしかなく、継豊も家老らも乗り気ではなかったのである。継豊は〝縁談不成立〟をめざし、断る理由をみつけるため家老らと鳩首協議を凝らすが良案は皆無であった。

一方大奥では、吉宗から要請を受けた六代将軍家宣の御台所天英院が、島津家に働きかけていた。竹姫を妹のように可愛がっていた天英院は、大奥上臈《じょうろう》秀小路に薩摩藩老女佐川を召し「我が意を伝えよ」と命じる。秀小路は佐川を江戸城西の丸の大奥に呼び寄せ「公方様（吉宗）の仰せを無下にしないよう。一位様（天英院）は文昭院様（六代将軍家宣）の名代と皆がみておられるので、一位様の仰せは文昭院様の仰せ同様とお考えくださり、よいご返事を仰せ出られますように」と竹姫入輿に賭ける天英院の並々ならぬ意向を伝えた。

天英院は太政大臣近衛基熙《もとひろ》（近衛家二十一代当主）の娘（熙子）で、甥の関白近衛家久（基熙の孫。近衛家二十三代当主）は、三代藩主島津綱貴から正室亀姫を、その亀姫が亡くなると四代藩主島津吉貴から継室として満姫を迎えており、近衛・将軍・島津三家が血縁関係で結ばれることは「願ってもないこと」と喜んでいた。

老中・大奥双方から働きかけられ、さらに、鹿児島に在国中の父吉貴からも「将軍の内意が示されている以上、お断りできるはずはないではないか。子孫のためには良縁なり、お請けせよ」と諭された継豊は降参、承諾して五月二十八日に請書を提出する。

格上の将軍養女竹姫降下

将軍吉宗は改めて竹姫を自身の養女とし、薩摩藩には竹姫の邸宅となる「御守殿」用地として芝藩邸の北接地に七千坪を無償で与え、竹姫の実家として豪華な婚礼調度や衣装などを整えるだけでなく、万石以上の諸大名にも婚礼調度の献上を命じるなど、竹姫の婚礼に対する本気度を示す。薩摩藩もこれに応えて豪奢な御守殿の造営ならびに御待請道具をしつらえて竹姫の入輿に備えた。竹姫のために用意された婚礼調度は長持四百四十六棹と膨大な量で、御守殿への搬入に十二月三日から五日までかかるほどだった。

竹姫は十一日、大上臈以下二百余人の奥女中を引き連れて藩主継豊のもとへ輿入れし、盛大かつ絢爛豪華な婚礼が執りおこなわれた。この婚姻により継豊は従四位下から従四位上近衛中将に昇叙される。その後の夫婦関係は(竹姫の生活費に年六千両かかるものの)思いのほか良好で、享保十八年(一七三三)五月一日には、二人の間に菊姫が生れる。竹姫は二十九歳、当時では高齢出産であった。娘の菊姫はのちに越前福岡藩六代藩主黒田継高の嫡男重政(宝暦十二年〈一七六二〉七月に二十六歳で早世）に嫁ぐものの、男子に恵まれなかった竹姫は、夫継豊の嫡男宗信を養子に迎えて養育にあたるなど、島津家に尽くすことになる。

享保二十一年（一七三六）四月、継豊は江戸への出府を果たしたが、疝癪に悩まされて帰国できないため、翌元文二年（一七三七）に在府願いを幕府に提出する。これが幕府に認められて以降十二年、江戸在府となる。

五月二十二日、江戸城西の丸で将軍家重と側室のお幸との間に竹千代が生まれた。次期十代将軍となる家治である。

島津氏家臣団の家格と一門家の創設

藩主継豊の父吉貴は家臣団の家格を以下のように序列化していた。まず、家老に就くことができる上士層の「一所持（私領主・二十九家）」「一所持格（私領をもたないが一所持と同格。十二家）」「寄合（五十二家）」「寄合並（十家）」、その下に城下士（城下居住士）として「無格（二家）」「小番（七百六十家）」「新番（二十四家）」「御小姓与《ぐみ》（三千九十四家）」「与力（十家）」を置き、これらのほかに百三十一（幕末時点）の諸外城に居住する「外城士（郷士）」というようにである（数字は時代や資料によって変動）。

父吉貴同様に持病の疝癪に悩まされていた継豊は、この元文二年に、御三家を新設した徳川将軍家に倣い、嗣子のいない藩主が死去した際に藩主を輩出できる家格として新たに「一門家（四家）」を設置する。

継豊は次男重年「加治木家」と同母弟貴儔《たかとも》（吉貴の三男）の「垂水家」を一門家とし、さらに島津忠之がおよそ百七十年前の天正三年に戦死して以降断絶していた「越前家（播磨家）」を異母弟忠紀（四男）に、和泉直久がおよそ三百年前の応永二十四年に討死して以来絶えていた「和泉家」を異母弟忠《ただ》卿《あきら》（七男）に、それぞれの名跡を継がせる形で「重富家（大隅国重富〈姶良市〉の領主なので越前家ではなく重富家と呼ばれる）」、「今和泉家（今は今代《こんだい》の和泉家という意味）」として再興させ、一門家とする。

江戸時代を通じ、この「重富家（一万五千石）」を筆頭に「加治木家（一万七千石）」「垂水家（一万八千石）」「今和泉家（一万四千石）」の四家（一門四家）が従来の一所持家の上位となる。また、一所持家の「日置家（九千石）」「花岡家（六千石）」「宮之城家（一万六千石）」「都城家（四万石）」の四家を別格とした。

薩摩藩家臣の身分制度

藩主―一門家（重富家・加治木家・垂水家・今和泉家ならびに別格一所持家の日置家・花岡家・宮之城家・都城家）―一所持―一所持格―寄合―寄合並―無格―小番―新番―御小姓与―与力

島津重豪生れて母死す

竹姫入輿後の島津本宗家には、徳川家や宮家から縁談話が舞い込むようになっていた。その一つが、元文四年（一七三九）十二月十一日、藩主継豊の嫡男宗信が元服すると、御三家筆頭の尾張藩から八代藩主徳川宗勝の長女房姫との縁談が持ち込まれ、二人は翌元文五年に婚約した。

延享二年（一七四五）九月二十五日、徳川吉宗は将軍職を三十五歳の嫡男家重に譲った。しかし、言語障害のある家重に代わり、大御所として改革を続行することになる。

鹿児島では十一月七日、加治木家の屋敷（義弘が建てた加治木館）で、加治木家四代当主重年と正室都美《とみ》との間に嫡男善次郎が生まれた。通称は又三郎。のちに西欧学問にのめり込んで「蘭癖（オランダかぶれ）大名」として名を馳せる重豪《しげひで》である。都美は同じ一門家の垂水家九代当主貴儔《たかとも》の長女で重年とは従姉弟どうしだった。

しかし、嫡男誕生という喜びも束の間でしかなかった。難産だったのだろう都美は出産したその日、十九歳という若さで他界する。遺体は加治木家の菩提寺長年寺（加治木町木田）に葬られたが、のちに重豪は、生母都美の位牌を長年寺から恵燈院に、さらに島津家の菩提寺福昌寺に移し、たびたび墓参をおこなうようになる。

延享三年（一七四六）十一月、病の癒《い》える見込みのなくなった継豊は隠居し、十九歳の宗信が家督を継いで島津本宗家二十三代当主ならびに薩摩藩六代藩主となる。宗信は藩財政の悪化を憂慮し、みずから粗食を実践、衣類や日用品も国許の鹿児島産である質素な製品を常用するなど、諸経費削減を率先しておこなった。

延享四年四月二十三日、藩主宗信は江戸を出発し、六月二十五日に藩主として初入国したが、その鹿児島在国中の十月十日、すでに歩行もままならくなっていた祖父島津吉貴（本宗家二十代当主・薩摩藩四代藩主）が磯別邸（仙巌園）で病没する。享年七十三。法名は浄国院殿鑑《かん》阿《あ》天清《てんせい》道《どう》凞《き》大居士。

受領名は薩摩守。官位は正四位下左近衛中将。遺体は島津久経（三代当主）が自身と一族の善根功徳のために再建した鹿児島の浄光明寺（鹿児島市上竜尾町）に葬られた。

重年による島津本宗家の継承

寛延《かんえん》元年（一七四八）九月九日、藩主宗信は江戸参勤に際し、家重の将軍就任を祝う琉球王国の慶賀使節およそ百人の引率を家老平田靱負《ゆきえ》に命じて鶴丸城を出立する。宗信は十二月十一日に芝藩邸に入り、十五日に正使具志川《ぐしちゃん》王子《おうじ》朝利《ちょうり》・副使与那原《よなばる》親方《うぇーかた》良暢《りょうちょう》らをともなって江戸城に登城、将軍家重に拝謁、その後、世子家治にも謁見させた。

寛延二年二月四日、隠居中の継豊が病気療養を理由に鹿児島に出発する。大名の隠居はその正室同様、江戸に居住するのが慣例だったが、薩摩藩では吉貴・継豊二代にわたり、国許での隠居滞在を幕府に願い出なければならなくなってしまった。宗信の後見は在府している養母竹姫にゆだねられたが、その宗信が膝に痛みを覚えたため、夏季になってからでは参勤交代における鹿児島への帰国は困難として、三月二十二日に急遽江戸を出発する。

しかし宗信（本宗家二十三代当主・薩摩藩六代藩主）は、その途上で浮腫（むくみ・おそらく疝癪が進行したからであろう）を発症、五月十八日に鹿児島に到着したものの症状を悪化させ、ひと月ほど前に到着していた父継豊に先立ち、七月二十日に病没する。享年二十二。法名は慈徳院殿俊厳良英大居士。受領名は薩摩守。官位は従四位上左近衛中将。遺体は福昌寺に葬られた。幼い頃から利発で将来を嘱望されて藩主に就いたが、その地位にあった期間はわずか三年にも満たなかった。

尾張藩主徳川宗勝の長女房姫と婚約していた宗信は、房姫が病没したため、この寛延二年に入って房姫の妹邦姫と婚約したばかりだった。宗信には正室・側室ともにおらず、当然ながら子女もいないため、異母弟の加治木家四代当主重年が島津本宗家に復帰してその家督を継ぎ、十一月に出府、幕府の承認を得て島津本宗家二十四代当主ならびに薩摩藩七代藩主に就任する。加治木家の家督は、重年の嫡男善次郎（重豪）が九歳で継承し、その五代当主に就いた。

尾張徳川家との縁組は実現しなかったが、新藩主重年に閑院宮直仁親王（東山天皇の六宮）の四女格宮との縁談が舞い込む。格宮の妹倫子《ともこ》は将軍世子家治の婚約者だった。重年はすでに一門家の花岡家二代当主島津久尚の娘於村《おむら》との縁談が進んでおり、格宮との縁談をどうするか、その判断は竹姫にゆだねられた。於村の母岩子が前藩主で隠居中の継豊の妹ということもあって、竹姫は十九歳の於村を重年の継室として選んだ。

寛延四年（一七五一）六月二十日、将軍を退いてから六年、大御所徳川吉宗が脳卒中を悪化させ江戸城で没する。享年六十八。遺体は、倹約に励み続けた吉宗らしく上野寛永寺常憲院（五代将軍綱吉）霊廟に合祀された。吉宗以降の将軍はすべて上野寛永寺と芝増上寺の徳川家の菩提寺に建立された霊廟に合祀となる（十五代将軍慶喜は一般の谷中霊園）。

宝暦三年（一七五三）四月二十三日、重年は芝藩邸を出発して六月九日に鹿児島に帰国したが、その頃、薩摩国から遠く離れた飛驒の山岳地帯や美濃・尾張・伊勢三国に広がる肥沃な濃尾平野では長雨が降り続いていた。そして八月十三日には、その濃尾平野西部（西濃地域）を複雑に合流と分流を繰り返して伊勢湾にそそぐ木曽三川（東から木曽川・長良川・揖斐《いび》川）で数十年来の大洪水が発生、下流域の輪中《わじゅう》堤防が各所で決壊、収穫直前の農作物に甚大な被害をもたらした。輪中というのは洪水から集落や田畑を守るために周囲を堤防で囲んだ地域のことで、大小新旧七十余があった。この地域に多くの直轄領を持つ幕府は事態を重く受け止め、これまでにもたびたび暴れ川となって氾濫を繰り返してきた木曽三川の洪水被害復旧と河川改修計画に着手、その難工事を御手伝普請でおこなうことを決めた。

島津氏略系図（八）

⑱1忠恒（義弘の三男で義久の養子。子女三十二人）―⑲2光久（忠恒の嫡男。子女三十八人）

⑳3綱貴（光久に先立って死没した綱久の長男）―㉑4吉貴（綱貴の嫡男。疝積による病死）

㉒5継豊（綱貴の嫡男。疝積による病死）―㉓6宗信（継豊の嫡男。疝積の進行にともなう浮腫の悪化による病死）

㉔7重年（継豊の次男。疝積による病死。加治木家四代当主）

㉕8重豪（重年の嫡男。子女二十六人。加治木家五代当主）

□内は薩摩藩主の代数

第八章　財政難との格闘

一　薩摩藩の悲劇、宝暦治水

御手伝普請という災厄

年の瀬の宝暦三年十二月二十五日、九代将軍徳川家重は島津重年に御手伝普請として、正式に木曽三川治水の川普請を命じる。その青天の霹靂ともいえる命令書が芝藩邸の江戸留守居山沢小左衛門の急飛脚により、翌宝暦四年（一七五四）正月十日頃に鹿児島在国中の重年のもとにとどく。

薩摩藩はおよそ百六十年前の慶長十一年に江戸城修築の御手伝普請を命じらて以降、江戸・大坂両城の普請助《すけ》役や徳川家の菩提寺である上野寛永寺の本堂造営の御手伝普請、内裏外苑牆《がいえんしょう》（付属庭園の築地《ついじ》）修築の御手伝献金などを命じられていたが、これらは藩財政にとって大きな負担となっていた。

しかし、このたびの御手伝普請は規模・費用ともにそれらをはるかにうわまわっていた。幕府による普請費（工事費）の見積額は十三万から十四万両。この金額だけでも薩摩藩の一年間の産物売上高に匹敵するか、もしくはそれを超えていた。

すでに六十六万両におよぶ藩債を抱え、利子だけでも毎年五万両の支払いを必要としていた薩摩藩にとり、目もくらむような負担額である。鶴丸城で大評定が開かれたが、あまりにも無茶な幕命に「辞退すべし」という過激な意見と「受けざるを得ない」とする穏健な意見が数日間ぶつかり合った。結果は、幕命を拒否すれば「改易・転封の恐れがある」「他国とはいえ、水難にあえぐ人々を助けるのが仁義を尊ぶ薩摩武士の本分ではなかろうか」として受け入れに決した。

重年は十六日、勝手方（財務担当）家老平田靱負《ゆきえ》を総奉行に、大目付伊集院十蔵を副奉行に任命し、二十一日には、御手伝いを引き受ける旨の請書を幕府に差し出すと同時に、江戸から山沢小左衛門率いる先遣隊二百を美濃国に向けて出発させた。これは普請本隊の到着までにその宿舎や詰所、作業場、資材置き場となる出張り小屋ならびに薩摩藩の本部となる本小屋を設営するためであった。出張り小屋には地元の農家などがあてられ、不足した場合はその敷地内に掘立小屋を建てて宿舎とし、本小屋は美濃国大牧村の豪農鬼頭平内の屋敷（岐阜県養老町大巻）が提供されることになった。

二十九日、平田靱負率いる本隊の第一陣が鹿児島から美濃国に向い、翌三十日には、伊集院十蔵が残りの薩摩藩士とともに鹿児島をあとにした。二月十六日、靱負ら第一陣が大坂藩邸に到着したが、このとき、工事費用が倍以上の三十万両におよぶことがわかった。靱負は合流した伊集院十蔵や京・大坂両留守居らとともに、両替商である銀主の間を金策のために半月ほど狂奔することになる。なお、大名に金を貸す両替商を、銀貨が主体の上方では銀主、金貨が主体の江戸では金主《きんしゅ》といった。

この普請は事業計画を立案した幕府の指揮・監督のもとで、薩摩藩が全資金（幕府の負担は一万両足らず）を用立て、人足の動員や資材の調達のみならず、工事全般にわたって全責任を負わなければならない。さらに、地元の村人を救済し、その収入とするため「村人請負」とされた。

幕府が作成した工事区域は、美濃国六郡百四十一カ村、尾張国一郡十七カ村、伊勢国一郡三十五カ村におよんでいた。工期は二期に分けられ、一期目の春の工事は洪水で破損・決壊した輪中の堤防や堰《せき》の復旧・補強を目的とし、二月から雪解けによって増水する五月まで、二期目の秋の工事は治水を目的として十月から年末まで（実際には遅れて翌宝暦五年三月）、六月から九月は秋の工事に必要な石材や木材などの資材を調達するための準備期間とされた。

春の工事に着手

二月二十七日、薩摩藩士ら一千人と現地雇いの人足八百人を併せた千八百人に加え、村方である地元の農民およそ一万人によって春の工事が着工された。芝藩邸では閏二月二日、前年から病臥していた重年の継室於村が病没する。享年二十三。その悲報が二十六日に鹿児島にとどく。薩摩藩は工事請負とその資金三十万両の調達、於村の死という悲しみに深く沈んだ。

四月十四日、最初の犠牲者が出る。薩摩藩士の永吉惣兵衛と音方貞淵が差し違えて自害したのである。二人が管理していた工事現場で三度にわたって堤防が決壊し、指揮を執っていた幕府役人に難詰され、その抗議のための切腹であった。しかし靭負は、事態を穏便にすませるため病死としてとどけ出る。

また、春の工事では補修個所が相次いで追加された。薩摩藩にとって工事費の膨張をともなう追加工事は受け入れがたかったが、拒否することはできなかった。結果として工事自体は比較的順調に進み、開始からおよそ四カ月後（閏二月があるため）の五月二十二日に完了する。

引き続き秋の工事に向けて資材の調達に入る。その資材は材木・石材・砂利・土・竹・俵など多種多様で数量も膨大なものであった。とくに五万坪（三十万立方メートル）におよぶ石材の調達と運搬は工事費の総額をふくらませる結果となって薩摩藩士を苦しませた。

春の工事が終わる十日前の五月十一日、重年が参勤のために鹿児島を出立。このとき、祖父吉貴や父継豊と同じ疝癪に苦しんでいた重年は、万一を慮って嫡男重豪を幕府に後嗣として認めさせるために同行する。その途上の七月五日、重年は重豪をともなって大垣を発ち、広い工事現場の一つを視察して普請藩士らを激励。さらに病人小屋を見舞い、その後、靱負や伊集院十蔵らの工事報告と普請藩士の補充依頼を受けて江戸に向かった。

長雨によって七月十一日・十二日・二十二日に揖斐川が氾濫、修復したばかりの堤防の多くが破壊され、調達した資材も流されてしまった。薩摩藩士が直ちに修復に取り掛かったが、そのため資材調達の本格化する時期がずれ込んでしまう。しかも、幕府担当役人から期限内の調達を厳しく督促され、その罵詈雑言に耐えかねて痛憤のあまり切腹する藩士が続出。

揖斐川が最後に氾濫した二十二日、父重年とともに江戸に到着した重豪は、八月四日に幕府から藩主の後嗣と認められた。なお、当主不在となった加治木家は、十八年後の明和九年に重豪の養子（義弟）として島津久微《ひさなる》（継豊の三男で知覧家十八代当主島津久峯の嫡男）が相続することになる。

濃尾平野は夏は高温多湿で蒸し暑い酷暑地帯である。薩摩藩士らの間で八月に赤痢が発生し、工事経費節減のための粗末な一汁一菜の食事と過酷な労働、板張りに筵敷きという劣悪な住環境によって体力が弱っていた藩士ら百五十七人が相次いで病に倒れ、三十八人が病死、切腹した藩士を含めて五十五人が犠牲となる。

秋の工事に着手

二期目の秋の工事は九月二十二日に始まった。この秋の工事は、木曽・長良・揖斐三川の流れを変えてそれらの流れをできるだけ早く伊勢湾に流し込み、洪水を防ぐ水行《みずゆき》工事が中心だった。その中でも計画が変更されてさらに大規模になった油島（岐阜県海津市油島）の築堤と長良川の支流大榑《おおぐれ》川の築堤が最大の難所であった。これらの難工事には高度な土木技術を必要とするため村人請負に「町人請負」が加えられた。

油島の築堤は長良川を併呑してふくらんだ木曽川と揖斐川の合流地点となる金廻輪中南端部の油島から長島輪中北端部の松之木村（三重県桑名市長島町）との間に築堤し、木曽川から揖斐川への流入抑制が目的であった。しかし、揖斐川西岸への水の流入を防ごうとすると木曽川の水位が上がり、木曽川東岸域が水害の危険にさらされる可能性が高まるという濃尾平野独特の東高西低構造により、輪中同士および尾張藩とその支藩である美濃高須藩、美濃大垣藩、伊勢桑名藩の利害が対立し、いずれの工事も河川を完全に締め切ることはせず、最終的に油島から五百四十間（九百八十メートル）、松之木村から二百間（三百六十メートル）、それぞれ高さ四尺（一・二メートル）、幅二十三間（四十二メートル）の突堤を構築し、両先端部に開口部を設ける食違堰《くいちがいぜき》とすることに決まって着工された。

下流部の大榑川の洗堰築堤もこの油島食違堰に劣らず難工事だった。長良川の支流大榑川が揖斐川に流れ込む水勢を緩和して流れを南東に向けるため、その大榑川に高さ四尺、幅二十三間、長さ九十八間（百七十八メートル）の洗堰を福束《ふくづか》輪中の大藪村（岐阜県輪之内町大藪）東岸に構築し、長良川の水位が四尺までは揖斐川に流し、四尺を越えた分だけを長良川に分流させ、水流も弱めることが目的とされた。

油島食違堰は翌宝暦五年（一七五五）三月二十七日、大榑川洗堰は二十八日に工事を終えた。すでに、木曽川河口付近の堆積した膨大な土砂の浚渫や木曽川の奔流が長良川にそそぐ逆川《さかさがわ》の洗堰、川の流れを緩和して輪中を守る突堤などの工事はことごとく終了していたため、この二大工事の終了をもって御手伝普請はまさしく完了したことになる。結果として、この秋の工事では二十六人の犠牲者が出てしまった。しかし薩摩藩は、国難ともいえる災厄を克服したのだ。また、この宝暦治水で培った経験や技術、知識がのちに藩内で活かされることになる。

藩主重年の心労死

五月二十二日、幕府によるすべての出来栄え検分が終わった。総奉行平田靱負は二十四日、藩主重年宛の報告書を副奉行伊集院十蔵に託し、翌二十五日、工事費が四十万両（一両十万円とすると四百億円）にまでふくれ上がったことや、切腹五十一、病死三十二、計八十三（作業中の事故による犠牲者は皆無）もの犠牲者を出した全責任を負い、大牧の本小屋で自刃する。五十一歳だった。

六月六日、病床にあった重年は、伊集院十蔵から治水工事の完成と靱負自害を伝えられた。そして十日後の十六日、心労が祟ったのであろうか、持病の疝癪を悪化させた島津重年（本宗家二十四代当主・薩摩藩七代藩主）は、兄の宗信同様、父継豊に先立ち芝藩邸で病没する。享年二十七。法名は円徳院殿覚満《かくまん》良義大居士。受領名は薩摩守。官位は従四位下左近衛少将。遺体は鹿児島の福昌寺に葬られた。藩主の座にあった期間はわずか六年。重年は救仁郷《くにごう》善兵衛から剣術の示現流を学んだとされるが病弱だった。薩摩藩は産物の売却や増税、御加勢銀《おかせい》（寄付金）などで十八万両を捻出し、二十二万両を上方の商人から借り入れて工事を完了したが、この御手伝普請を受け負ったことで藩財政は一気に悪化していく。しかし西濃地方では、この治水工事の完了以降、自然の恩恵をこうむって生産高が上がり「御救普請」と呼ばれるようになった。

重豪の家督相続

島津重豪はこの世に生を受けると同時に母都美を喪い、いま再び十一歳で父重年と死別した。その重豪は七月二十七日、家督を継いで島津本宗家二十五代ならびに薩摩藩八代藩主となったが、家督とともにおよそ九十万両の借金が覆い被さっていた。後見役の祖父継豊は病のために鹿児島からは動けず、重豪の実質的な養育は江戸の祖母竹姫にゆだねられた。重豪はその竹姫の京生まれで大奥育ちの影響を強く受けて育つことになる。

宝暦十年（一七六〇）五月十三日、将軍家重が隠居して大御所となり、九月二日には、将軍宣下を受けて家治が十代将軍となる。九月二十日、藩政後見を始めて五年余り、重豪の祖父島津継豊（本宗家二十二代当主・薩摩藩五代藩主）が国許の磯別邸で病没する。享年六十。法名は宥邦院殿円鑑亨盈《きょうえい》大居士。受領名は大隅守。官位は従四位上左近衛中将。遺体は鹿児島の福昌寺に葬られた。江戸の継室竹姫は落飾して「浄岸院」と称する。継豊が寛延二年二月に鹿児島に帰国して以降十一年、浄岸院と継豊が再会することはなかった。

翌宝暦十一年六月十二日、五十一歳の大御所家重が江戸城で病没する。六月二十三日、重豪は藩主として初めて鹿児島に帰国。父重年に連れられて江戸におもむいてから七年が経っていた。重豪は、九月二十二日の谷山郷（鹿児島市）を手始めに、在国中に十数回の鷹狩を楽しんだ。重豪の鷹狩や狩猟は、あまり頑健ではなかった少年時代の重豪自身による健康法の一つでもあった。また、のちのことではあるが、重豪の鷹狩好きを聞きつけた将軍家治が、三羽の鷹を重豪に贈っている。重豪はその鷹を使って国許の田布施（南さつま町）で捕らえた鶴を家治に献上したという。

宝暦十二年（一七六二）二月二十六日、江戸馬町（港区芝）から出火した炎により、芝藩邸と御守殿が全焼。浄岸院らは南方の高輪藩邸に避難して無事であったが、薩摩藩ではこの宝暦十二年に芝藩邸で重豪の婚儀が予定されていたため、芝藩邸ならびに御守殿の速やかな再建が望まれた。しかし薩摩藩にはその資金がなかった。

参勤途上にあった重豪は、幕府から「参府・帰国勝手次第」という連絡を受けていったん鹿児島に引き返す。とともに一橋家家老田沼意誠《おきのぶ》を通じてその実兄の将軍家治御用取次田沼意次（遠江相良藩初代藩主）に働きかけ、その斡旋によって再建着手用の資金として、幕府から浄岸院への三千両の下賜のみならず二万両の借入れにも成功する。

重豪の婚姻

再建の見通しがついた重豪は、五月六日に鹿児島を発って七月十八日に参府し、真っ先に高輪藩邸の浄岸院を見舞い、真新しい芝藩邸に入った。浄岸院も十月一日に建替えられた御守殿に移った。十二月十四日には、重豪のもとに保姫《やすひめ》が輿入れする。重豪十八歳、保姫は十六歳だった。この縁組は八年前の宝暦四年に、父重年に連れられた重豪が、治水現場の視察後に出府した際、一橋家初代当主徳川宗尹《むねただ》から竹姫のもとに持ち込まれていたもので、しかも「公方様（将軍家重）の思し召し」でもあった。

宝暦十三年（一七六三）四月二十八日、重豪は江戸を出発して六月二十一日に鹿児島に帰国する。保姫は十月十三日、芝藩邸で長女悟《さと》姫を無事出産したが、在国中の重豪はその誕生には立ち合えていない。しかし、翌宝暦十四年五月十三日に出府し、みずからの腕に抱くことができたと思われる。ところが、およそふた月後の七月二十七日、残念ながらその悟姫はわずか十四カ月、ようやくよちよち歩きができるようになった頃に病没してしまうのである。

十一月九日、薩摩藩士五百人に先導された琉球使節およそ百人が江戸に到着。家治が将軍職に就いた御代替《みよがわり》の慶賀使節だった。重豪は十三日に正使読谷山《ゆんたんざ》王子朝恒《おうじちょうこう》と副使湧川《わくがわ》親方朝喬《うえーかたちょうきょう》をともなって登城し、将軍家治に謁見する。十五日に琉球使節が登城して恒例の枯淡幽玄な琉球楽を披露。二十五日には、重豪が琉球使節をともなって再び登城。重豪は従四位上左近衛権中将に叙任された。

重豪の漂着船検分と散楽

明和二年（一七六五）五月四日、江戸を出発した島津重豪は、京・伏見・宇治をお忍びで訪れ、六月二十二日に鹿児島に帰国したが、見聞を広めるため、今回のみならず参勤交代で江戸・鹿児島間を往復する際は、日本文化の中心である上方を訪れ、元禄期（一六八八〜一七〇四）に花開いた華麗で人間味ある上方文化の吸収にいそしみ、また、黄金時代を迎えた隣国清の絢爛たる学術・文化や産業革命によって変革した西欧の優れた科学・技術、いわば繁栄を謳歌するあこがれの文化先進国への理解を深めることにも積極的に取り組むのである。

重豪は十一月に日置郡市来（いちき串木野市市来町）で鷹狩をおこなったが、北隣の串木野郷羽島に唐船が漂着している知らせを受け、藩主みずから二十七日早朝にその唐船を検分する。薩摩藩は重豪の曽祖父吉貴と祖父継豊の時代に、幕命によって薩摩半島南端部の東シナ海に面した坊津を「抜荷（密貿易）」の拠点として大々的に取り締まったが（享保の唐物崩れ）、同じくその北西部に位置する羽島ではいまだに密貿易が横行していた。漂着船は長崎に回航する定めになっているため、重豪はその指揮を執ろうとしたのか、もしくは漂着を装って密貿易をおこなう（と思われる）その唐船に興味をもっただけなのか、いずれにせよこの時点では、のちに重豪自身が国禁を犯して密貿易を統制し、その大元締めになるとは思ってもいなかったであろう。

重豪は十二月四日、鶴丸城で午前六時から翌朝までの二十四時間、能や狂言などの散楽を催し、また、芝藩邸には能舞台を設け、宝生太夫らを招いて本格的な稽古を積み重ね、みずからも「羽衣」「翁」「乱」「望月」などの能を舞い、さらに、名優七世中村勘三郎らの歌舞伎役者を招き、庭園で演じさせた。こういった嗜みは、浄瑠璃や能、琵琶や三味線などを好む竹姫の影響を受けていたからであろう。

重豪は幕府の儒学者室鳩巣の学統を引く朱子学者により、儒教を根本とする教養を身につけていた影響と異文化理解のため、明和四年（一七六七）から翌明和五年にかけ、儒教をはじめ中国の史書・詩文集など多量の本を購入している。

厳重倹約と藩制改革

高価な中国本を購入する一方で、重豪は明和五年（一七六八）四月、藩財政の窮乏を打開するため、向こう七年間の「厳重倹約令」を藩内に通達し、その倹約を徹底させるため、みずから積極的に模範を示す。普段の食膳を従来の一汁二菜から一汁一菜に改め、衣食から燈火にいたるまで二十数項目を省略する。すでに重豪は、十四年前の宝暦十一年に「緊縮令」を、宝暦十三年には、五年間の「特別緊縮令」を発していたが効果はなかった。この明和五年の厳重倹約令は延長され、二十年後の天明八年まで続くことになる。

これらの倹約・節約の実行とともに重豪は、年貢の完納に加え、農業生産の増加を図るために薩摩南西部の過剰農民を日向・大隅地方に移し、農地面積と農民数との比例化に着手する。また、和蠟燭などの原料となる櫨《はぜ》、和紙の材料に使われる楮《こうぞ》、塗料の原料となる漆など利益率の高い商品作物の栽培を奨励し、七年後の安永四年には、菜種子の専売制を、さらに、道之島と呼ばれる奄美大島・喜界島・徳之島三島の砂糖を「惣買入制（専売制）」にする。しかし、重豪の隠居後には、数量を定めて買い入れる「定式《じょうしき》買入制」に戻ってしまうのである。

明和六年（一七六九）八月十九日、重豪は江戸を出発し、鎌倉に立ち寄って源頼朝と島津氏の始祖忠久の墓所に参詣。ところが保姫は二十六日に流産、芝藩邸で他界してしまう。江戸に引き返すことは許されず、重豪は十月十七日、失意の底に沈んだまま鹿児島に到着する。

重豪はおよそ五カ月後の明和七年三月三十日に江戸に戻ったが、その心中は如何ばかりであったろうか。その重豪は、おそらく在国中の正月に綾姫を継室に迎えていたと思われる。浄岸院は、正室の保姫を喪った重豪に継室を迎えるように薦めていたが、重豪は国許の田舎娘が好みでないため、従兄弟の権大納言甘露寺規長（規長の父万里小路《までのこうじ》尚房は浄岸院の実父清閑寺熙定の弟）の娘綾姫を浄岸院付きの侍女として京から鹿児島に下向させ、重豪が見初《みそ》めれば継室か側室にすることにしていたのである。

その重豪は、綾姫を継室に迎える以前に市田貞行（薩摩藩大坂蔵屋敷の足軽とも近江国出身の浪人ともいわれる。のちに江戸家老）の娘於登勢をすでに側室としていたが、その於登勢が八月二十一日に次女敬《すみ》姫を産んだ。敬姫はのちに奥平昌男（豊前中津藩四代藩主）と婚約するが、その昌男は天明六年（一七八六）三月二十一日に死去し、敬姫も二年後の天明八年四月に十九歳で他界してしまう。

長崎訪問

明和八年（一七七一）五月二十八日、薩摩への帰国の途についた二十七歳の島津重豪は、おそらく開明的な側用人兼老中格田沼意次のはからいによってであろうか、幕府の正式な裁可を得て、オランダ船・唐船唯一の入港地長崎に立ち寄った。七月十六日に長崎に到着した重豪は、新築した西浜町の薩摩藩蔵屋敷（長崎市銅座町）に入る。重豪の長崎訪問の理由は「長崎非常の際、出兵警備の任にあたるため、あらかじめ長崎の実情を自身の目で確かめておきたい」というものだった。重豪はもちろん薩摩藩の長崎警備の状況を視察、片淵郷・小島郷両陣所を視察したが、その視察よりもオランダ人や中国人との交流接触を深め、薩摩藩に異国文化採用の道を探ることのほうが心が浮き立ったにちがいない。

長崎では長崎奉行夏目信政に挨拶を兼ねて訪れ、唐人居留地の中国系寺院や唐通詞（通訳）の屋敷を訪問するだけでなく、オランダ通詞を訪ねたり、オランダ商館を訪問して商館長アルメノールトやその後任のフェイトらとオランダ料理の昼食をともにし、さらに、フェイトが乗船してきたオランダ商船ブルグ号にみずから乗り込んで視察している。異国の文物に直接触れるという実体験は重豪の異国文化・学術への興味を一層掻き立てたようである。このとき以降、重豪は歴代オランダ商館長との親密な交流を続けるだけでなく、重豪自身、中国語のみならずオランダ語を学習し、唐通詞やオランダ通詞を任用して図書編纂などにあたらせる。さらに重豪は、両通詞を通して多種多様な海外情報を収集し、また、第三者に秘密にしたい内容を書く場合にはオランダ語の文字をもちいるようにまでなるのだ。

七月二十七日、重豪は長崎小島の唐通詞平野善次右衛門の別邸で「卓袱《しっぽく》料理」の饗応を受けた。卓袱料理というのは、一人前を一つの膳に載せるのではなく、現在では当たり前だが、一つのテーブルを囲んで、中国料理のように大きな皿に盛られた肉類や魚介類などの料理を各自が小皿に取り分けて食べる様式のことである。

長崎に二十三日間滞在したあと重豪は、海路八月十八日に帰国。殺伐とした戦国期の気風をいまだ濃厚に漂わす、薩摩藩士の無骨で粗野な士風を嫌う重豪は、竹姫の影響を受けていたからであろう、十一月十九日に家老以下諸役人を鶴丸城に招集し、上下の礼節を守ることや言語・容貌の矯正ならびに服装・士風を上方風に改めるように命じる。つまり、薩摩藩という品格を備えねばならぬ大藩の武士にもかかわらず「裾を端しょって腰に刀を差した農民や漁師のごとき風体で城下を闊歩するのは見てはいられぬ、その時代錯誤にうぬぼれるがごとき性根や礼節無き武張った物言い、所作は面汚し、より気に食わぬ」ということだ。容貌矯正については重豪の曽祖父吉貴も通達していたが、いっこうに改まる気配さえなかったのである。

明和の大火

江戸ではこの明和八年、蘭方医の杉田玄白・前野良沢・中川淳庵らが、ドイツ人医師が著してオランダ語に翻訳された解剖学書『ターヘル・アナトミア』をもとに小塚原刑場（東京都荒川区南千住）で死人の腑分け（解剖）を実見し、その図版の精密な解剖図に驚嘆して『ターヘル・アナトミア』の翻訳に着手していた。そして四年後の安永三年に『解体新書』として発行、将軍家にも献上されることになる。

明和九年（一七七二）正月二十九日、重豪は鹿児島を出立したが、参勤途上の二月二十九日、江戸で明和の大火が発生し、九百三十四町が焼亡、老中に就任したばかりの田沼意次をはじめとする大名屋敷百六十九が被災、寺社三百八十二が焼け落ち、死者は一万四千七百人におよんだ（明和の大火）。重豪は三月二十五日、桜田藩邸が焼失した江戸に到着する。

放火犯の僧真秀は火付盗賊改方に捕らえられ、小塚原刑場で火あぶりの刑に処せられたが、取り調べ中に真秀は「お上がしきりにご倹約というので、五軒焼くつもりで放火したが、きれいさっぱり焼けてしまった」と言い放った。大円寺は出火元として幕府から再建の許可が下りなかったが、重豪の嫡孫斉興《なりおき》が帰依し、その菩提寺となることで、七十六年後の嘉永元年（一八四八）に再建されることになる。

二　重豪、将軍の岳父となる

浄岸院の死と篤姫の誕生

明和の大火により十一月十六日に改元されて安永元年となったが、それからひと月もしない十二月五日、浄岸院が静かに世を去った。六十八歳だった。五代将軍綱吉および八代将軍吉宗の養女となり、島津家に嫁いで四十四年、徳川・島津両家の縁戚関係を強化・継続させることに尽力し、その存在と影響力は大きかった。浄岸院の遺志でもあったのだろうか、遺体は一度も訪れたことのない鹿児島の、夫の継豊が眠る島津家の菩提寺福昌寺に埋葬された。重豪は浄岸院の逝去後、於千万《おちま》を側室とする。於千万は中納言堤代長《つつみしろなが》の娘で、綾姫同様に浄岸院が京から江戸の芝藩邸に呼び寄せて自身の侍女としていた。

重豪が帰国中の翌安永二年（一七七三）六月十二日、側室の於登勢が鶴丸城で三女篤姫を産んだ。およそ四カ月後の十月五日、江戸城一橋門内の一橋家上屋敷（千代田区大手町）では、その篤姫が嫁ぐことになる、一橋家二代当主治済《はるさだ》（宗尹の四男。重豪の亡き正室保姫の弟）と側室於富との間に嫡男豊千代が生まれている。のちの十一代将軍家斉である。

重豪の開化政策

重豪はこの安永二年、領国内の振興・発展を図るため「繁栄方」という役所を設け、島津久金・山岡久澄に担当させた。すでに重豪は、関所の往来をゆるめ、他国人との縁組やその居住、他国の商人が城下で商売をすること、領民が他国へ出かけることなどを勝手次第としていたが、さらに、他国の芸妓や遊女がやってくることや鹿児島で花火を打ち上げること、舟遊びをすることも勝手次第とした。そのため、呉服商が開店し、舟遊びの茶店は建ち並び、歌舞伎や相撲も催されるなど鶴丸城下はにぎやかになった。しかしその一方で、重豪の趣旨に反し、心得違いをした城下士らが続出。〝お喜び〟効果が効き過ぎて遊興に耽り、質実剛健の士風が惰弱になってしまったのである。重豪は「何たる体たらく」「不届至極」「不埒千万」と怒り心頭に発することになる。

また、江戸や上方、長崎で先進的な文物に直接触れていた重豪は、他藩よりも遅れている薩摩藩の現状に懸念を抱き、資金不足もあって計画倒れになっていた藩校創設に乗り出す。二月、幕府の湯島聖堂（東京都文京区）に倣い、鶴丸城二の丸御門前に、儒教の聖堂「宣成殿」および講堂・学寮・文庫などの建設に着手する。これがのちに「造士館」と称される薩摩藩初の藩校となる。重豪は十余人の学官を選び、初代聖堂奉行（のちに教授）に山本正誼《まさよし》を、同じく講堂学頭（のちに助教）に長崎通《みち》喬《たか》を任命し、儒教（朱子学）に基づく藩校教育を通じ、より近世的・封建的な藩官僚を養成・充実させようとした。

藩校建設と並行して、重豪は城下士が諸稽古を怠らぬよう、弓術・剣術・槍術・馬術（幕末には柔術・鉄砲・大砲・火術などを追加）の武芸道場を宣成殿に隣接して設け、犬追物稽古場を付設し「演武館」と命名、示現流の東郷家や犬追物の川上家など師範家二十二家を定めた。これらの教育・稽古・鍛錬を通じて城下士の士風が高まり、言語・容貌の矯正などを徹底させるという目的もあった。

十二月六日、芝藩邸で重豪と側室於千万との間に待望の嫡男虎寿丸が生まれた。通称は又三郎。重豪の後嗣となる斉宣である。その吉報が二十日頃に重豪のもとにとどいたであろう。重豪にとって翌安永三年（一七七四）正月は例年にも増してめでたい正月となったようだ。

重豪は二月、医師の養成と医療（漢方）の進歩のために「医学院」を造士館の隣接地に創建し、薩摩半島南端の「山川《やまがわ》薬園（指宿市山川町）」と大隅半島南端の「佐多薬園（南大隅町佐多伊座敷）」を再興、城下北方の吉野帯迫《おびざこ》には新たに「吉野薬園（鹿児島市吉野町）」を造園する。さらに、鶴丸城の南東に天文暦学研究所「明持館（天文館・東千石町）」を創設。天文観測をおこなって藩独自の「薩摩暦」を作暦した。領国内で活用するためである。

重豪はこれら文化施設などの創設と並行する形で、語学・歴史・農業・生物・博物学など各方面にわたる図書を編纂あるいは刊行するようになる。それらは莫大な費用と長年月、関係者の並々ならぬ努力と執念を懸け、なかには重豪の死後に完成されるものもあるが、薩摩の文化発展の基礎となるのである。

不思議なめぐりあわせ

重豪は安永四年（一七七五）正月、世子斉宣の生母於千万を芝藩邸から鶴丸城に転居させ、篤姫とその生母於登勢を薩摩から呼び寄せて芝藩邸に住まわせた。そして重豪は、徳川・島津両家の血縁関係が末永く続くことを願った亡き浄岸院の「女子が生まれたら徳川家に嫁がせるように」という遺言に従い、正式に一橋家に豊千代と篤姫の縁組を申し入れた。一橋治済《はるさだ》はこれを受け入れ、将軍家治も承認する。重豪は四月二十一日に江戸を出発し、六月四日に鹿児島に帰国したが、十月二十六日に重豪の継室綾姫が病没する。在国中の重豪は、保姫同様に綾姫の臨終にも立ち会うことができなかった。

安永五年（一七七六）七月、篤姫は名を茂姫と改めて豊千代の婚約者となり、十月に一橋邸に移り住み「御縁女様《ごえんにょ》（婚約者様）」と呼ばれるようになった。ところが、不思議なめぐり合わせが豊千代と茂姫に起こる。安永八年（一七七九）二月二十四日、将軍家治の嫡男で次期将軍として期待されていた十八歳の家基が鷹狩直後に急死すると、豊千代が将軍家治の養子に迎えられることになったのである。豊千代は江戸城西の丸に入り、元服して名を徳川家斉と改め、嫁ぎ先が一橋家から将軍家に替わった茂姫は、次期御台所として江戸城西の丸に入った。

隠居に追い込まれた重豪

天明の大飢饉によって餓死と疫病が流行しているさなかの天明四年（一七八四）三月二十四日、江戸城桔梗《ききょう》の間で刃傷沙汰が起こる。新番組（近習番・将軍外出時の先駆）の旗本佐野政言《まさこと》が若年寄田沼意知に脇差で斬りつけたのである。意知は出血多量で四月二日に絶命、政言は乱心として改易・切腹が命じられ、翌三日に自害して果てた。賄賂と汚職にまみれた（とされる）田沼政権への不満が深まる中で政言は〝世直し大明神〟と崇められ、幕閣では反田沼派の白河藩（福島県白河市）藩主松平定信らが台頭してくることになる。

天明六年（一七八六）八月二十五日、十代将軍徳川家治が五十歳で没する。家斉が徳川宗家を継承したことで、茂姫が将軍の正室すなわち「御台所」となるのが現実味を帯びる。ところが徳川家の慣例では、三代将軍家光（正室は関白鷹司信房の娘孝子）以降、御台所は皇族か五摂家の姫を迎えることが慣例となっていた。将軍家と大名家では「格式（礼儀や作法）」がことなり、しかも外様大名出身の茂姫では家格が釣り合わないというのである。

そこで重豪は、茂姫を島津家とゆかりの深い近衛家の養女にするため、右大臣近衛経熙《つねひろ》（近衛家二十五代当主）に内々に打診する。同時に「将軍の岳父が外様大名の藩主では誠に不都合」という声に配慮し、天明七年（一七八七）正月に渋々隠居する。家督を譲られた斉宣は島津本宗家二十六代当主ならびに薩摩藩九代藩主となったが、その斉宣がまだ十五歳と若輩のため、四十三歳の重豪が芝藩邸内に隠居所を設けてしばらく藩政を後見する。新藩主斉宣も重豪同様に藩財政の改革つまり莫大な借金返済に頭を悩ますことになる。

茂姫の将軍家入り

この天明七年四月二日、重豪の婿徳川家斉が十五歳で十一代将軍に就任した。

その家斉は、家治死去後に田沼意次を罷免していたが、六月十九日に松平定信を老中首座に据える。実際は、家斉の父一橋治済が、従弟の松平定信に家斉を後見させるためで、意次の罷免や田沼派の一掃も治済と定信が画策していたのである。その定信は幕府財政の安定化を図るため、八代将軍吉宗がおこなった享保の改革に倣い、大胆な財政緊縮政策や風紀取り締まりによる「寛政の改革」を推進する。

この六月、すでに茂姫養女の同意を得ていた重豪は、近衛経熙に正式に申し入れる。近衛家では、四十六年前の寛保元年に六代将軍家宣の御台所天英院が死去して以降、将軍家との血縁が途切れていたため、重豪からの申し入れは好都合だった。経熙は光格天皇に茂姫を自身の養女とする許可を得たのち、使者を江戸に派遣して茂姫との養子縁組成立を幕府に告げさせた。十一月十五日、正式に近衛家の養女となった茂姫は、家斉の生母於富とともに一橋邸から江戸城西の丸に入った。

天明八年（一七八八）正月三十日、京で火災が発生し、三日にわたって燃え続ける。この未曽有の大火によって内裏（京都御所）をはじめ仙洞御所や二条城、摂関家の邸など三万七千軒が焼失（天明の大火）。薩摩藩も錦小路藩邸（中京区錦小路東洞院）を失っていたが、傷口に塩を揉み込まれるかのように、薩摩藩は九月十一日、幕府から紫宸殿造立の建築費として二十万両の献納が命じられた。無い袖は振れぬなどと言っていられない薩摩藩ではあったが、年五万両ずつを上方の豪商に借り、四年にわたって分割・献納してどうにかこの危機をしのぐ。ただし、藩債は百二十万両を超えてしまう。

藩政後見の名目もやめる

天明九年（一七八九）正月二十九日、天明の大飢饉や内裏炎上によって改元され寛政元年となる。数日後の二月四日、十一代将軍家斉と近衛寔子《ただこ》と名を改めた茂姫の婚儀が江戸城でおこなわれた。婚約してから十三年が経っていた。

寛政三年（一七九一）五月、重豪は藩政後見を退いたが、斉宣の願いによってその名目だけは残す。十一月六日、江戸芝藩邸で斉宣と側室芳蓮院（鈴木勝直の娘で出羽久保田藩九代藩主佐竹義和《よしまさ》の養女）

との間に嫡男が生まれた。幼名は憲之助《のりのすけ》のちに虎寿丸。通称は又三郎。斉宣の後継者となる斉興《なりおき》である。前代未聞の〝外様大名にして将軍岳父〟となった重豪は、翌寛政四年六月、斉宣が二十歳になったこともあって藩政後見の名目も廃止し、老中首座松平定信による寛政の改革を無視するかのように、高輪藩邸（港区高輪）内にオランダ風の豪壮な家屋や贅を凝らした庭園を備える隠宅蓬《よもぎ》山館の建築に着手する。

九月一日、重豪は江戸を出発して十月二十二日に鹿児島に帰国、鶴丸城南東側に竣工した二の丸に入った。隠居した五年前の天明七年に次いで二度目のお国入りであった。重豪は在国中に、藩内の高齢者男女千八百五十余人に、その長寿を祝って金子二百疋《ひき》（一両の半分二分。一両十万円とすると五万円）その他を与えた。その中には百歳以上が六人いたという。

重豪がお国入りした十月、はるか北方の蝦夷地根室（北海道根室市）にエカチェリーナ女帝の命を受けたアダム・ラクスマンが、初のロシア使節として来航していた。目的は日本との通商関係樹立と漂流民の船頭大黒屋光太夫らの送還。幕府は翌寛政五（一七九三）年三月、ラクスマンに国書の受理は長崎のみである旨を告げ、長崎への信牌《しんぱい》（入港許可証）を与えて光太夫らを引き取った。ラクスマンは七月十六日、長崎には向わずにオホーツク（ハバロスク）へ帰帆した。

島津家に押し寄せる婚儀

将軍岳父重豪は寛政八年（一七九六）三月十三日、芝藩邸内の隠宅から完成した隠宅蓬山館に移る。蓬山館に居を定めた重豪は〝高輪下馬将軍〟と称されるほど栄華と権勢を誇るようになる。というのは、将軍家に御台所を送り込んだ唯一の大名島津家と将軍家の密接な関係にあやかろうとする大名家がこぞって島津本宗家と婚姻・養子縁組を結ぼうとするからである。そのため重豪は、早世した長女悟姫と次女敬姫、それに、三女寔子《ただこ》や嫡男斉宣を含め、文化十四年（一八一七）までに十四男十二女（そのほかに養子一・養女三）をなすが、重豪が将軍岳父になって以降は、次男昌高が豊前中津藩主奥平昌男の婿養子に、六男忠厚は今泉家島津忠温《ただよし》の後嗣に、八男一純が越前丸岡藩主有馬誉純《しげずみ》の婿養子に、九女孝姫《たか》は伊勢桑名藩主松平定和（老中首座定信の孫）の正室に、十女種姫《しな》が美濃大垣藩主戸田氏正の正室に、十一女淑姫《ます》は大和郡山藩主柳沢保興の正室に、十二女貢姫《こう》が出羽新庄藩主戸沢正令《まさよし》の正室に、十三男斉溥《なりひろ》は越前福岡藩主黒田斉清の婿養子に、十四男信順《のぶゆき》が陸奥八戸藩主南部信真の婿養子に、養女立姫《たつ》（実父は今和泉家八代当主忠厚）は上総鶴牧《かずさつるまき》藩主水野忠実《ただみつ》の正室に、同じく養女の寿姫《ほぎ》（実父は播磨龍野藩主脇坂安董《やすただ》の娘）が三河挙母《ころも》藩主内藤政優《まさひろ》の正室に迎えられるだけでなく、嫡男斉宣と嫡孫斉興の子女の多くも、他の大名家と婿養子の縁組や婚姻を重ね、島津家を中心とする華麗な血縁グループ、言い換えるならば〝性なるネットワーク〟が形成されていくことになる。

　しかし「めでたい」とばかり言っていられないのだ。その持参金や婚礼費用、婚礼調度の購入費、毎年の生活費、贈答品、交際費などの出費がいやおうなしにかさみ、しかも、時代の趨勢で豪奢になるため薩摩藩の一年分の産物料収入だけでは賄《まかな》いきれなくなり、藩債が増大することはあっても減ることはないからである。

　重豪が蓬山館に移ってから六日後の三月十九日、江戸城二の丸で御台所寔子が将軍家斉の五男敦之助を産む。御台所が男子を出生するのは二代将軍秀忠の正室江（浅井長政の三女で秀吉の養女。崇源院）が三代将軍家光を産んで以来であった。だが、三年前の寛政五年五月に家斉の側室楽《らく》が産んだ家慶が将軍世子に定められていたため、敦之助は徳川重好（十代将軍家治の弟）の死去（寛政七年）にともない断絶していた御三卿の一つ清水家を再興してその当主とされた。しかし三年後の寛政十一年五月七日、残念ながら敦之助は四歳で夭折してしまう。寛政十二年（一八〇〇）十一月十四日、重豪は総髪にして「栄翁」と号したが、家中では〝御隠居様〟と呼ばれるようになった。

成るか、藩債増加の封じ込め

薩摩藩の享和元年（一八〇一）の実収入は十一万六千両。これに対し、薩摩藩の借金（元金百二十一万両）における金利支出は、月に七朱（年率八分四厘）ほどで十万一千両。差し引き薩摩藩には一万五千両しか残らなかった。参勤交代片道分にしかならず、生活費は、無い。そのため、さらなる借金をしなければならなかった。

貧乏神と縁切りするために重豪は、翌享和二年三月頃に三都の藩債利子率を月に上方二朱（年二分四厘）、江戸三朱（年三分六厘）に引き下げるよう銀主・金主に通告する。この低利の利子返済のみですむ、元金の返済をしない借りっぱなしの銀を、薩摩藩では「永々銀」と称した。これによって金利支出は、年間十万一千両から二万九千両に減り、差し引き八万七千両が薩摩藩の懐に残る見込みだった。

結果として銀主・金主は永々銀を受け入れる。その背景には、幕府が寛政の改革の一環として、借金苦に陥った旗本・御家人を救済するため「棄捐令《きえんれい》」を発令し、総額百二十万両の借金を札差（旗本・

御家人専門の金融業者）に棒引きさせていた。しかし薩摩藩は、それまで債務破棄、平たくいえば借金踏み倒しをしなかったことやこれまで貸し付けてきた元金百二十一万両だけは保証されていることで、一時は騒ぎ立てたものの、結局はやむを得ないとこの低利に甘んじたのである。ただし薩摩藩は、藩債増加の封じ込めに失敗、しかも、この強引な金利引下げがのちに祟ることになる。

文化元年（一八〇四）九月六日、ロシア使節ニコライ・レザノフがラクスマンに与えられていた入港許可証とロシア皇帝アレクサンドル一世の親書を携え、通商を求めてナジェージダ号で長崎に来航する。幕府は六カ月以上も出島近くにナジェージダ号を抑留した挙句、親書の受理および通商要求を拒否。何の成果もあげられぬままレザノフは翌文化二年三月に長崎から去った。

三　借金という無限地獄

青息吐息

隠居した将軍岳父重豪が藩政後見を退いて十三年。その重豪は還暦を迎え、藩主斉宣は三十三歳になっていた。文化二年（一八〇五）五月十一日、鹿児島に帰国した藩主斉宣は『亀鶴問答』という書物の執筆を開始し、七カ月後の十二月に完成、藩士に配布する。その内容は「文武忠孝」「質素倹約」を奨励しながらも、暗に重豪の開化政策に逆行する自身の施政方針をほのめかしていた。そのうえで斉宣は、益々困難な状況に陥っている財政改革にみずから取り組む姿勢を示す。

斉宣がその財政改革に動き始めた翌文化三年三月四日、江戸車町（港区高輪）から出火した大火によって芝藩邸と高輪藩邸、三田の薩摩藩蔵屋敷が全焼する（文化の大火）。焼け出された十六歳の継嗣斉興や斉宣の継室亭姫《みち》（二本松藩主丹羽長貴《ながよし》の娘）、操姫《みち》（斉宣の娘。のちの近江善所藩主本多康《やす》禎《つぐ》の正室）、寛《かん》二郎（斉宣の三男。のちの重富家四代当主忠公）らは、桜田藩邸などに難を避けて無事だったが、この文化三年は、琉球の尚灝《しょうこう》王（第二尚氏王統十七代国王）の即位を将軍家斉に感謝する謝恩使参府の年だった。芝藩邸は琉球使節にとって諸儀式・諸行事をおこなうための臨時の〝在日琉球王国大使館〟でもある。早急な再建が望まれたがその資金はカケラもなく、工面したくても上方の銀主は「金利一律月に二朱」の通告に懲《こ》りて金をまったく貸さなかった。

借入れに窮した薩摩藩は、江戸の金主から年一割という高金利（しかも複利であろう）で四万一千二百両を掻き集め、幕府からの一万両下賜という恩恵もあって芝藩邸の再建を終えた。十月十九日、琉球使節に先行して出府した斉宣は、翌十一月十三日に到着した謝恩使読谷山《よみたんざ》王子朝敕《おうじちょうちょく》や副使小禄《おろく》親方《うぇーかた》良和《りょうわ》らをともなって二十七日に登城、将軍家斉に拝謁させることができた。しかし、高金利の借入部分が増大し、借金累積の、しかもより重い過程に陥ってしまうのである。

斉宣の藩政改革と近思録党の跋扈

文化四年（一八〇七）九月六日、藩主斉宣は江戸を出発し、重豪の命で江戸に向かう途上の母於千万と二十三日に大坂で会い、十月二十三日に鹿児島に帰国した。重豪は藩政後見を退いたが、その後も重豪の息のかかった江戸家老市田盛常（将軍家斉の御台所寔子を産んだ重豪の側室於登勢〈享和元年十月没〉の弟）らが藩政を左右する状態が続いていた。この文化四年の薩摩藩の藩債は百二十六万八千余両に達していた。重豪の積極的な開化政策（放漫財政とされてしまう）による国許の疲弊は目に余る状態となり、限界に達した斉宣は一気に藩政改革に舵を切る。

斉宣は十一月、三十歳の樺山主税《ちから》を大目付から藩の財務・行政の首座である勝手方家老に、「近思《きんし》録《ろく》党」の首領である三十五歳の秩父太郎も家老に抜擢する。と同時に、勝手方家老新納《にいろ》久命《ひさなか》を罷免し、前家老高橋種央《たねお》・赤松則決《のりひろ》（嫡子則敏が市田盛常の娘婿）に隠居・剃髪を命じ、吟味役（裁判官）・郡《こおり》奉行（地方の農政・民政・訴訟の担当者）らをも免職または降職する。

藩政改革に取り組むことになった秩父太郎は、側用人・側役をはじめとする諸役に近思録党の仲間を相次いで登用し、下級役人にいたるまで他派を排して藩政の中枢を近思録党で固めるのである。近思録党というのは儒者で造士館書役（書記官）の木藤武清に師事し、朱子学の精髄『近思録』を共同研究するグループである。武清は、実践を重んじるその朱子学の教本『近思録』を愛読し、荻生徂徠や赤埼海門らの学風を「詩文が少々できるのみ」として嫌っていた。

斉宣と近思録党は、㈠造士館の改革、㈡諸役場の廃止・統合ならびに人員整理、㈢諸役場の綱紀刷新、㈣藩財政再建における幕府対策を決定して改革に着手し、造士館担当者の全面入れ替えを図る。十二月二十九日、斉宣は秩父太郎を造士館掛に任じ、翌文化五年（一八〇八）正月二十一日には、重豪に重用されて造士館の教授を務め、近思録党を「偽《にせ》実学党」と罵った山本正誼《まさよし》（荻生徂徠の門人）を罷免し、新たな教授に黒田才之丞を任命する。造士館は大混乱に陥った。斉宣は二月四日、引きずり落とせずにいた江戸家老市田盛常を罷免・帰国させて謹慎を命じ、十四日には盛常の嫡男小姓組番頭市田義宜を免職して市田一族を鹿児島から追放する。二十三日には、島津久照（加治木家七代当主）とその父で隠居の久徴《ひさなる》（重豪の養子であり義弟）を譴責。理由は、久徴が天明四年に造士館に倣い自領の加治木郷に毓英館《いくえい》（姶良市加治木町）を創建し、山本正誼と親交を重ねていたからだとされる。

次に近思録党は、諸役場の統廃合と諸役人の解雇・整理をおこなって経費削減をもくろむ。鹿児島の尾畔《おぐろ》（鹿児島市原良町）以外の鷹狩場を廃止。聖堂における孔子を祀る儀式「春秋釈菜《せきさい》」も中止、大番頭や道路・水路を管理する道奉行、鷹および鷹狩場の管理をする鳥見頭などの諸役・諸役場を廃止。それらのほとんどが重豪の創設によるものであった。さらに、荻生徂徠系統の学問を禁止すると同時に門閥層の衣食住の華美を戒め、武士の習いである質素廉恥の気風に復すことを通達し、そのうえで、重豪の生活費削減にメスを入れる。

ただし、これらだけでは膨大な藩債の整理・返済、さらには財政力向上は見込めなかった。そのため斉宣と近思録党は、㈠幕府から十五万両の借入、㈡参勤交代の十五年間免除、㈢琉球を通じた中国貿易（対清朝貢貿易）の拡大を幕府に請願し、藩債節減・藩庫増収に乗り出す。

峻厳・酷薄をきわめる重豪の怒り

こうした近思録党の改革は、薩摩藩始まって以来の大改革いわば島津重豪による「開明進取政策」を完全に否定、将軍岳父にして御隠居様重豪の神経を逆なでにする、どころか爪を立てて掻きむしった。

面目丸潰れの重豪は「不埒千万不忠不孝の至り」「国内紊乱の元凶」「何たる非道」と吠え狂い、退いたはずの藩政後見をすぐさま撤回、一転して藩政に介入する。重豪はみずから近思録党の弾圧に乗り出し、五月八日に樺山・秩父両家老に隠居を命じ、国家老潁娃久喬《えいひさたか》には江戸出府を命じる。呼び出された久喬は重豪の手練手管と凄味（しかも、べらんめえ調の江戸弁だったろう）に翻弄され、近思録党の行状やその関係者を洗いざらいさらけ出してしまうのである。

かたや藩主斉宣は、重豪の下した処置に抵抗、秩父・樺山両家老の罷免を拒否しようとする。しかし、五月十二日に幕府奏者番有馬誉純《しげずみ》の飛脚が到着し、その書状に接した斉宣は、重豪の下した処置の背後に幕意を察する。誉純は越前丸岡藩五万石の藩主であり、重豪の八男一純を婿養子に迎えていた。重豪の剛腕に腰砕けとなった斉宣は、改めて秩父・樺山両家老を罷免・隠居を命じる。

潁娃久喬の詳細な報告により、秩父太郎は七月六日に切腹し、秩父家は家禄・屋敷・家財を没収のうえ改易となり、側用人清水盛之、同じく勝部軍記、側役隈元平太、同じく森山休右衛門、斉興付側役隈本軍六、納戸奉行堀甚左衛門、小納戸大重五郎左衛門、目付岡元千右衛門、同じく小島甚兵衛、物奉行吟味役勤日置兼儔《かねとも》、目付裁許掛尾上甚五左衛門が切腹し、蟄居を命じられていた樺山主税も九月二十六日に切腹。彼ら十三人の切腹以外に、近思録党の精神的支柱木藤武清をはじめ二十五人が遠島、四十四人は寺入り、十九人が逼塞、そのほか役免・謹慎・叱りなどを含めると計百十一人が重豪によって処分された。これが「近思録崩れ（文化朋党事件・秩父崩れ）」と呼ばれる薩摩藩における御家騒動である。おそらく重豪は「幕法・藩法を犯して結党した近思録党を藩主斉宣がみずから率い、自身に対して反旗を翻し、藩政を壟断する気でおる」と信じて疑わなかったにちがいない。

近思録崩れの処分で鹿児島が揺れていた八月十五日、長崎港では、オランダの国旗を掲げたイギリス軍艦フェートン号が侵入し、オランダ船と勘違いして出迎えにきたオランダ商館員二人を人質として薪水《しんすい》・食糧を要求。長崎奉行松平康英はその引き換えとして、拘束されたオランダ商館員の返還を求めていた。十七日に人質は解放されたが、松平康英はフェートン号が退去した直後に、事件の責任を重く受け止めて自決していた（フェートン号事件）。

幕末の名君・斉彬の誕生

翌文化六年（一八〇九）四月二十八日、藩主斉宣の嫡男斉興と周子《かねこ》（鳥取藩主池田治道《はるみち》の娘）が芝藩邸で婚礼を挙げる。二人とも十九歳だった。この慶事を無事に終えるのを待ってでもいたかのように、将軍岳父にして御隠居様重豪は六月十七日、藩政混乱の元凶ならびに近思録崩れの最高責任者として藩主斉宣を隠居させる。家督は婚礼を挙げたばかりの斉興が継いで島津本宗家二十七当主ならびに薩摩藩十代藩主となる。ただし、藩政の実権は祖父重豪の掌中にあった。重豪は「大御隠居様」、斉宣は「御隠居様」と呼ばれことになった。

大御隠居様重豪は六十五歳という高齢にもかかわらず、藩財政の困窮とその打開に対し並々ならぬ意欲を示す。すでに前年五月、徒党を厳禁すると同時に以後五年間の厳重な緊縮財政を命じ、なお一層の倹約に努めるよう藩内に通達していたが、秩父太郎・樺山主税らが廃止した諸施設・諸役場のほとんどを復活させ、追放されていた市田義宜を勘定奉行に抜擢するなど、斉宣によって処分された者らの多くをその処分から解いた。

また重豪は、自身の隠居所である高輪藩邸の北方に白金藩邸（港区白金台）を建て、のちに斉宣を芝藩邸から移し、その斉宣は総髪にして「溪山」と号することになる。

婚礼を終えてから五カ月後の九月二十八日、芝藩邸で斉興と正室周子との間に嫡男邦丸が誕生する。通称は又三郎。のちに幕末の名君・英主と称えられる斉彬《なりあきら》である。幕府へは斉興と周子の婚礼日と斉彬の出産日が矛盾するため、斉彬の出産日は半年後の翌文化七年（一八一〇）三月二十八日としてとどけられた。ちなみに、斉彬が生れた一八〇九年には、奴隷解放の父とよばれるアメリカ大統領エイブラハム・リンカーンや未来のイギリス大宰相ウィリアム・グラッドストン、自然科学界の明星チャールズ・ダーウィンが産声を上げている。

斉彬の生母周子は、当時の女性としては珍しく、婚礼調度品の中に儒教の経典『四書五経』、中国古代の歴史書『春秋左氏伝』、中国最初の正史『史記』など多量の書物とともに、いざ合戦という非常事態に備えた甲冑まであって芝藩邸の奥女中や役人らを驚かせていた。

和漢の学問に通じ、薙刀の名手でもあった周子は、当時の将軍家や大名家はもとより、公家や大身旗本が踏襲してきた慣習に束縛されることなく、乳母に斉彬をゆだねず、みずから乳を与え、おむつも取り換え、漢籍の素読や書、絵画、和歌、礼儀作法などを手ほどきし、それも「いずれ薩摩藩七十七万石の太守となる身だから」と、厳しくかつ愛情深く養育した。斉彬の他者に対する深い思いやり、藩の枠や身分に関係なく人材を登用・育成する豊かな包容力、物事に対する洞察力、冷静にして賢明な判断力は母周子の養育によってつちかわれたとされる。

その後の周子は、次男斉敏や長女候姫《こう》をもうけることになるが、斉敏は岡山藩主池田斉政の婿養子となって七代藩主となり、候姫は土佐藩主山内豊熙《とよてる》の正室（山内容堂の養母）となる。

藩債破棄の通告とその失敗

藩政後見に返り咲いた大御隠居様重豪は、国産物の利益だけでは利払いさえ困難なほど増大した財政危機に将軍岳父という地位と縁戚ネットワークをフルに活用する。寺社奉行脇坂安董《やすただ》（播磨龍野藩主・娘の寿姫《ほぎ》がのちに重豪の養女として三河挙母《ころも》藩主内藤政優《まさひろ》の正室となる）や若年寄有馬誉純《しげずみ》（婿養子が重豪の八男一純）らに働きかけ、藩庫増収策として琉球を通じた中国貿易の拡大を図る。これは近思録党と同じ政策だが、もとは重豪が六年前の文化元年から「琉球国救済」を名目として幕府に請願していたもので、この文化七年（一八一〇）九月、五色唐紙・羊毛織・緞子《どんす》（表裏ともに文様をあしらった高級絹織物）など八種、貿易額年一万七千両の長崎会所での三年間の販売許可を得る。しかし、これではたいした儲けにならず、重豪はさらなる品目・数量（額）の増加を願い出る。

翌文化八年九月十五日、藩債破棄を秘めた重豪は、江戸を発って大坂に向かい、大坂藩邸（大阪市西区）の留守居以下に藩債破棄の下準備を直接指導してから江戸に戻った。

文化十年（一八一三）八月四日、重豪は藩債破棄のための足固めをするべく高輪藩邸を出発して鹿児島に向かった（重豪最後の帰国）。重豪は直接一門や重臣らを指揮し、不正が横行・腐敗している「勝手方」にその内局となる「趣法方」を新設する。公金の出入りを監査・掌握し、不正を防ぐためである。国許の憂いを断った重豪は、鹿児島を出立して大坂藩邸に入り、留守居らに藩債破棄の実行を命じ、十一月十三日に江戸に向かった。重豪出発後の大坂藩邸では、金方物奉行《きんほうもの》樋口小右衛門が銀主に藩債百二十六万八千両の破棄と永々銀の廃止を通告。銀主である大坂商人の腹立ちは狂ったように激しく、薩摩藩への不信は一挙に増し、まったく貸出しに応じなくなってしまった。

藩債破棄は上手くいくかにみえた。ところが翌文化十一年（一八一四）は、領内のみならず道之島三島の砂糖も不作。さらに、砂糖を運ぶ運搬船の難破が相次ぎ、その乏しい砂糖さえも大坂に送れなかった。威勢よく藩債破棄を通告した薩摩藩は、銀主に「つなぎ融資」を申し入れることさえできずに途方に暮れ、斉興の参勤費用一万五千両の工面ができず、中小の牙儈《すあい》（仲買人）から新たな借金を高利（しかも複利であろう）でしなければならなくなってしまったのである。しかし、その牙儈ですら貸し渋るほど薩摩藩の財政悪化は深刻度を増し、重豪による藩債破棄は一方的な通告で終わり、失敗することになる。「ほれ、みたことか、薩摩さま」と、居丈高に藩債破棄と永々銀の廃止を通告した大坂商人から重豪は嘲弄されていたようである。

薩摩藩が絶望の淵に落ちかけていた文化十三年（一八一六）四月、幕府から薩摩藩に対し、その淵に突き落とすかのごとく「美濃・尾張・東海道筋川川普請割用金」七万七千六百余両の上納命令が下る。宝暦治水工事では薩摩一藩で四十万両を負担させられたが、このたびは伊予宇和島藩や肥前島原藩など六藩が加わっていたものの、この上納命令によって薩摩藩の借金はさらに増え続けていくことになる。

密貿易のもくろみ

文化十四年（一八一七）十月二十四日、鶴丸城で藩主斉興と側室由羅（岡田半兵衛の娘）との間に五男晋之進《かねのしん》が誕生した。斉興の嫡男斉彬の八歳年下の異母弟で、斉彬の死後、国父と仰がれて藩政を取り仕切る島津久光である。久光は翌文化十五年三月一日、一所持の種子島家二十三代当主久道（正室は斉興の次女御隣《おちか》）の養子となるが「公子（藩主の子）」の待遇を受けて鶴丸城で養育される。四月二十二日、仁孝天皇の即位により改元されて文政元年となる。

その四月、薩摩藩は幕府からガラスの原料となる硼砂《ほうしゃ》など唐物四種の向こう三年間、年額三万四千五百両を長崎会所で販売する権利を得る。重豪が幕府勝手掛老中（八月に老中首座）に就任した水野忠成《ただあきら》（駿河沼津藩主）や脇坂安董に、旱魃・台風で飢饉に見舞われた「琉球王国救済」を名目として働きかけた結果であろう。その忠成の分家筋にあたる水野忠実《ただみつ》（上総鶴牧藩主）に重豪の養女立《たつ》姫が嫁いでいたことで、忠成と重豪が縁戚関係にあったことが都合よく働いたようだ。以降、忠成・安董との関係が薩摩藩の唐物販売拡張に大きな意味を持つようになる。だが、この程度では儲けにはならず、重豪はさらなる品目・数量の増加をめざして家老らに檄を飛ばす。

その一方で重豪は、長崎会所での販売が可能となったことを好機と捉え、十二月に唐物関係の業務を担う「唐物方」実際は〝密輸方〟とも呼べる役所を新たに設置し、これまで琉球がおこなってきた中国貿易（対清朝貢貿易）に直接介入、資金を投入して唐物の一手買入れ（独占買入れ）を進め、免許品以外（密輸品）の多種多量の唐薬種・唐物類を琉球を通じて福州の琉球館から輸入し、その販売をもくろむ。将軍岳父みずから唐物の「抜荷」つまり密貿易に本腰を入れ、その陰の頭目になろうというのである。大御隠居様だからといって傍観していられないのである。

貧乏神に祟れた重豪

しかし、たちどころに藩財政が好転するはずもなく、文政二年（一八一九）には、大坂の銀主らに貸出しを拒否されて藩主斉興の帰国費用が賄えず、その費用を掻き集めるために大坂留守居らが武士としての外聞をかなぐり捨てて必死に奔走。その結果、五月の帰国と翌文政三年の参勤だけは、かろうじて果たすことができた。

こうした状況下、大御隠居様重豪は江戸での経費節減をはかるため、鹿児島在国を幕府に願い出たが、娘の将軍御台所寔子が老齢の父重豪の長旅に反対して実現できず、また、重豪に代わる御隠居様斉宣の在国は勝手次第とされたが、近思録崩れの再発を危ぶまれて立ち消えとなった。しかも、さらに金のかかる厄介事が起こる。越前丸岡藩主有馬誉純《たかずみ》の婿養子になっていた一純が、病弱を理由に廃嫡されて久昵《ひさちか》と改名し、部屋住みとして重豪のもとに舞い戻ってきたのである。

薩摩藩は文政三年（一八二〇）八月十日、水野忠成から鼈甲《べっこう》（海亀の甲羅）など唐物二種の追加販売を許されたものの、金の算段に精魂尽き果てた重豪は三日後の十三日に藩政後見を退いた。天下御免の将軍岳父重豪は貧乏神に敗北。参勤交代の費用に困った藩主斉興は、文政四年の帰国と文政五年の参勤をあきらめて江戸にとどまざるを得なかった。

異国船討払令

文政七年（一八二四）四月八日、江戸城で将軍家慶に四男政之助が生まれる。生母は側室の美津。のちに島津斉彬の養女篤《あつ》姫を御台所として迎える十三代将軍家定である（家定は結果として家慶の十四男十三女の中で唯一人生き残る）。

五月二十八日、イギリスの捕鯨船二隻が水戸藩領常陸大津浜（茨木県北茨木市大津町）沖に碇泊し、鉄砲を携えた船員十二人がボートに乗って上陸する。水戸藩士がその船員を捕らえて尋問すると、船内に病人がいることが判明、水戸藩は薪水《しんすい》・食糧を与えて退去させた（大津浜事件）。

一方、薩摩藩の直轄領吐噶喇《とから》列島では、七月八日にその最南端の宝島にイギリスの捕鯨船が漂着。翌九日、その捕鯨船の乗組員数人が食糧調達のために上陸し、島役人の詰所である番所に向かって発砲。島役人が驚いて逃げ散ると、イギリス人は放牧されていた牛一頭を射殺し、二頭を捕獲。唯一人番所に残っていた吉村九助が、旧式の鉄砲で一人を射殺。他のイギリス人は逃げ出し、捕鯨船も姿を消した（宝島事件）。

八月十六日、斉興の正室であり斉彬の生母でもある周子《かねこ》が「父母の名を汚すなかれ」と斉彬に遺言し、三十四歳の若さで病没する。斉彬は十六歳で母を喪ってしまった。周子（賢章院）の死後、斉興は継室を迎えないため、その寵愛を一身に受けた久光の生母由羅が「御国御前」と呼ばれて斉興の正室同様の立場となる。

幕府は翌文政八年（一八二五）二月二十九日、頻発する外国船来航に対し、鎖国政策を維持するため「異国船打払令（無二念《むにねん》打払令）」を定め、それまで通商のあるオランダ・清・朝鮮・琉球王国以外の日本沿岸に接近する外国船に対し、見つけ次第砲撃して撃退し、上陸した外国人は捕縛するように通達する。水野忠成・青山忠裕（丹波篠山藩主）・大久保忠真（相模小田原藩主）・松平乗寛《のりひろ》（三河西尾藩主）ら幕府老中は、追い払う大砲も船も訓練された兵隊もいないにもかかわらず、威勢だけは良いのである。

その二月、斉興の妹郁姫が五摂家筆頭の権大納言近衛忠熙《ただひろ》（恒熙の嫡孫。近衛家二十七代当主）と婚約。父斉宣が隠居の身であるため、藩主である兄斉興の養女となって名を興子《おきこ》と改め、輿入れすることになる。

借金苦の救世主調所広郷

ひと月後の三月十三日、九歳の島津久光は種子島家との養子縁組を解消して本宗家に復帰し、四月に又次郎と名を改め、十一月一日には、重富家次期当主忠公の娘千百子《ちもこ》と婚約して同家の婿養子となり、鶴丸城を出て城下の重富邸（鼓川町）に移る。一所持の種子島家では家老にしかなれないが、一門四家の重富家は、本宗家に後嗣がない場合はその地位を狙える立場にあった。斉興は愛妾由羅の産んだ久光を藩主に据えるための布石を打ったのである（久光は十一年後の天保七年二月に千百子と婚儀を挙げ、天保十年十一月に忠公の隠居にともない重富家の家督を相続する）。

この三月、老中首座水野忠成や長崎奉行高橋重賢らの協力と唐物方の調所広郷の働きにより、薩摩藩は鼈甲などの唐物六種に加え、利益率の高い伽羅などの沈香（香木）や漢方薬となる阿膠《あきょう》など新たに唐物十種、計十六種が追加公認され、向こう五年間、年額二万八千七百両を長崎会所で売りさばく許可を得る。

五十歳の調所広郷《ずしょひろさと》は、無高無屋敷（自領も持家もない）の小姓与《こしょうぐみ》いわゆる藩士最下級の出身である。広郷は安永五年（一七七六）二月五日、鹿児島城下でその御小姓与川崎主右衛門《しゅ》基明の次男良八として誕生し、十五歳で扶持米年四石の表坊主（城内の給仕係）となり、二十三歳のときに出府、重豪付奥茶道を命じられて名を笑悦《しょうえつ》と改め、三十六歳で茶道頭、二年後に小納戸役（重豪の日常の雑務に従事）

に登用されて蓄髪し笑左衛門と名乗る。四十歳で小納戸頭・御用取次見習、四十三歳で使番（連絡役）、次いで鹿児島城下を管轄する町奉行となった。前年の文政七年に鹿児島から呼び戻され、高輪・白金両藩邸の資金を運用する側用人格、両御隠居様の御続料掛となって藩財政に携わることになり（広郷と改名したのはこの頃か）、この三月の唐物十種の追加公認の功で八月に藩主斉興付側用人側役勤に昇進して重豪の路線を踏襲、さらに拡大させるため、中国貿易の品目増加ならびに密貿易の補強に取り組んでいた。

おそらく重豪の命により、薩摩藩は蝦夷松前や越前国に民間商船を送り、長崎会所が独占的に買入れて中国（清）に輸出していた昆布や俵物三品（イリコ・干アワビ・フカヒレ）などの海産物を密かに、しかも安価で良質な品を多量に入手し、それらを琉球を通じて福州の琉球館で販売。その琉球館で入手した生糸や紗綾、唐薬種などの免許品を長崎会所で販売し、また、免許品以外の唐物類（密輸入品）は琉球産物として薩摩領内や蝦夷松前、越前国に持ち込み、そこから諸国に向けて販売していたようである。そのため、長崎会所を通した公貿易が成り立たず、中国商人らによって薩摩藩の密貿易取り締りの嘆願書を長崎奉行に提出されてしまう。広郷が俵物三品の買付けならびに密貿易品の販売ルートに何らかのテコ入れ、おそらく密貿易そのものを藩の統制下に置いたのであろう。

しかし、老中首座となっていた水野忠成はその嘆願書を握りつぶす。おそらく、付け届けという賄賂が効き、しかも相手は将軍岳父、その人脈も広く深い。やたらに手入れなどすれば火の粉を被る程度ではすまないのである。

シーボルトとの会見

文政九年（一八二六）三月四日、大御隠居様重豪は次男奥平昌高（前豊前中津藩主）と十八歳の曾孫斉彬をともない、江戸を出立して大森宿（東京都大田区大森）に向った。目的は、オランダ商館長スツルレルによる「日蘭貿易」御礼のための江戸出府（カピタン江戸参府）に随行し、その途上にあるシーボルトに面会することにあった。

幼い頃から生母周子（賢章院）に厳しく育てられた斉彬は、すでに、儒教におけるもっとも重要な経典「四書五経」や中国歴代正史『二十一史』を修得し、和歌や茶道、囲碁、将棋、絵画を学び、槍術は鏡知流槍術を、剣術は柳生新陰流を、のちに薩摩藩独特の「チェストー」の掛け声で恐れられる示現流を、弓術は日置《へき》流弓術を、馬術は高麗《こま》流馬術を習得し、砲術は荻野流を好んで威力絶大な十匁銃を修練していたが、重豪の薫陶を受けていたからでもあろうか、蘭学や西洋科学にも強い興味を抱いていた。

奥平昌高は、表向きには「誰はばかることなくシーボルトに会うため」として前年五月に四十五歳で五代藩主の座を十八歳の次男昌暢《まさのぶ》に譲って隠居していた。昌高も父重豪同様に蘭学に興味を持ち、藩主時代の商館長ドゥーフから「フレデリック・ヘンドリック」というオランダ名までもらい、和蘭語の辞書『蘭語訳撰』や蘭和語の『中津バスタードル辞書』を編纂・出版していた。

一方、ドイツ人医学者シーボルトは、オランダ人と偽って三年前の文政六年八月に来日してオランダ商館医となり、長崎出島に滞在していたが、翌文政七年に長崎郊外に診療所を兼ねた鳴滝塾（長崎市鳴滝）を開設し、最新の西洋近代医学を高野長英や伊東玄朴、戸塚静海ら日本人に教え、その学識の深さは世に知れ渡っていた。

重豪ら三人はオランダ商館長一行が休憩する宿屋で待っていた。その宿でのシーボルトの重豪に対する印象は、「たいへん話し好きで、目も耳もまったく衰えておらず、強壮な体格をしているため八十二歳の老人には見えず、六十五歳ほど」に感じたという。重豪はスツルレルらとの対談中はところどころオランダ語を使い、それが終わるとシーボルトに向き直り、「自分は動物や天産物の大の愛好者なので、四足の獣や鳥の剝製方法、昆虫の保存方法を教えてもらいたい」と申し込んだ。シーボルトはその助力を喜んで受けた。

オランダ商館長一行はこの三月四日に江戸での宿舎となる日本橋長崎屋（中央区）に到着。五日夜、奥平昌高がシーボルトをお忍びで訪れ、六日朝に重豪がシーボルトに織物や生きている鳥、植物（盆栽・鉢植え）などを贈り、夜になると昌高が再びお忍びでシーボルトを訪れている。九日夜には、重豪と昌高が公式に商館長一行を訪問。シーボルトらと音楽や詩歌、書籍、機械類などの話をしながら夜を過ごし、また、そのときシーボルトは、重豪が持参した鳥一羽をその場で剝製にして剝製法を実見した。

二十五日、スツルレルやシーボルトが将軍家斉と世子家慶に謁見。二十九日に重豪が、四月一日には昌高がシーボルトを訪問。十二日、重豪は長崎に戻るシーボルトと商館長一行を品川宿でもてなし、昌高が大森で別れを惜しみながら見送った。

重豪は十月に高輪藩邸蓬山館の園内に「聚珍宝庫《しゅうちん》」という宝物庫を建て、それまで収集した剝製・宝具・玉石・古印《こいん》・古瓦・百般精工窯器《ようき》・奇物異産など和漢洋の品々を収めた。シーボルトが剝製にした鳥も陳列されたのであろうか。なおシーボルトは、任期を終えて帰国する二年後の文政十一年九月、オランダに持ち帰る荷物の中に御禁制の伊能忠敬作成による日本地図などがあったことが発覚、翌文政十二年十二月に国外追放となる（シーボルト事件）。

この文正九年十一月二十七日、斉彬は御三卿の一橋家三代当主斉敦の娘恒姫と芝藩邸で婚礼を挙げた。恒姫は十八歳の斉彬より四歳年長の姉女房。斉敦は将軍家斉の実弟（生母は一橋家二代当主治斉《はるさだ》の側室於富《おとみ》）であるため、恒姫は家斉の姪にあたっていた。

四　待ったなし！　薩摩藩の財政改革

調所広郷、財政改革主任に就任

唐物十六種の幕府公認によって藩財政は好転するかにみえたが、前年の文政八年二月の興子と近衛忠煕の婚儀ならびに斉彬と恒姫の婚儀それぞれに一万余両の臨時出費が重なり、文政九年の江戸・京・大坂三都の負債は百七十六万四千両に達し藩財政は窮迫が続いていた。打開策を見い出せぬまま江戸の各藩邸では、大御隠居様重豪以下藩士までが爪に火を灯すように暮らしていた。江戸詰め奉公人の俸禄は十三カ月も支給できないどころか、買い物代金が数年もの間払えずにいたため出入りの商人は一人もおらず、使者を出す駕籠を雇う金さえなく、年末の贈答も目録だけとなり、各藩邸では草木が伸び放題、一期半期で雇われる奉公人は蜘蛛の子を散らすように逃げ出し、大工や左官も雇えぬため屋敷内も荒れ果てていた。薩摩藩では二代藩主光久の時代から山ヶ野金山をはじめ芦ヶ野金山、鹿籠《かご》金山などを採掘し続け、この頃の山ヶ野金山の産出量は幕府直轄の佐渡金山を上まわるほどだったとされる。しかし、膨大な藩債の前には焼け石に水だったのであろう。

重豪は文政十一年（一八二八）六月、唐物十種の追加販売権の獲得と密貿易のテコ入れをおこなった腕を見込み、逃げ腰の調所広郷を膝詰め談判の末に説き伏せ、財政改革主任に任命する。広郷は直ちに大坂に向い、寝食を忘れ、死を覚悟して金策に奔走。しかし、当然ながら旧来の銀主からはまったく相手にされなかった。ところが、進退きわまった広郷に救世主が現れる。広郷は、薩摩藩御用商人となった浜村（出雲屋）孫兵衛の斡旋を受け、平野屋五兵衛を本銀主とし、その本家にあたる平野屋彦兵衛や炭屋彦五郎、炭屋安兵衛、近江屋半兵衛に孫兵衛自身が加わり、六人で新たに組織した「銀主団」いわば現代におけるメインバンクによって、不可能とされた十万両の改革資金調達に成功する。その見返りは薩摩藩のもっとも重要な特産品まさにドル箱である砂糖の販売支配権であった。十月頃、その報告のために江戸に戻った広郷は、高輪藩邸で重豪はじめ藩主斉興、世子斉彬、島津久昵《ひさちか》列席のもと、改めて財政改革主任を命じられ、細部を詰めるために再び大坂に向った。

翌十一月、平野屋彦兵衛と浜村孫兵衛は、重豪から確実な保証を得るため、銀主団代表として広郷とともに出府する。重豪はこれまでの財政困窮の経緯を詳細に説明し、珍しいことに「路頭に立つどころか、わしは路頭に寝ている状態だから、深く窮状を察してよろしく頼む」と本音を漏らす。有り体に言えば「日本一の貧乏殿さまを助けてくれ」ということだ。武家、しかも薩摩藩七十七万石の最高実力者にして将軍岳父の矜持はどこへやらである。彦兵衛らは重豪に、改革成功まで財政改革主任広郷を替えないでくれるように頼むと、重豪は「ならぬ、わしの意にかなわぬときは替える。しかし、その方らに相談のうえで替える」と約束した。また重豪は、このたびの改革が挫折しないように、産物の運搬時期を違《たが》えぬことや積極的な増収対策として砂糖の惣買入制（専売制）の実施を担当役人に申し付けたことを斉興と相談して決定し、十一月二十一日、その旨を記した朱印書を平野屋彦兵衛に下した。しかしこの朱印書は、「大名財政の生命線を大坂商人に握られては不都合」としてのちに取り返されてしまう。

なお、前年の文政十年十二月七日には、鶴丸城下甲突《こうつき》川中流北側の加治屋町で小姓与勘定方小頭の西郷吉兵衛とマサの嫡男として西郷隆盛（幼名は小吉、通称は吉之助などがあるが本書では隆盛で統一）が生まれている。

重豪の厳命

文政十一年暮れ、十万両の改革資金を得た藩財政改革主任調所広郷による改革（薩摩藩における天保の改革）が始動する。広郷は、江戸・京・大坂・国許の徹底した支出の引締めと収入増加のために改善に取り組み、米・生蠟《きろう》・菜種子・鬱金《うこん》・朱粉・薬種などの国産品の改良増産を図る。と同時に、砂糖を「御改革の第一の根本」とする広郷は、新たに「三島方」を設け、道之島三島とよばれる奄美大島・喜界島・徳之島の稲作を禁止し、田畑すべてを甘蔗《かんしょ》（サトウキビ）畑に変え、宮之原源之丞や肥後八右衛門らを派遣し、砂糖の惣買入制の実施および砂糖の品質向上、新たな出荷搬送方法などに着手する。生産から保管・流通、販売にいたるルートを薩摩藩の全面的な管理下に置き、経費削減と増収を達成するためである。これが成功し、惣買入後の大坂での砂糖販売額は年平均二十三万五千両にものぼった。ただし、この道之島三島における収奪のごとき砂糖政策は、島民から「黒糖地獄」と呼ばれて憎悪されるほど過酷な労働と酷薄無残な生活を強いることになる。

翌文政十二年（一八二九）八月三日、芝藩邸で斉彬と正室恒姫との間に待望の嫡男菊三郎が誕生。将軍家斉と御台所寔子、恒姫の実家一橋家から祝いの品がとどけられた。しかし菊三郎は、およそひと月後の九月十一日に夭折してしまう。

一方、重豪が十六年前の文化十年に金主・銀主に藩債放棄を通告した際の三都の旧債は百二十六万八千両だったが、その後の高金利の三都新債と国許の藩債などを加え、この文政十二年には藩債総額が五百万両（一両十万円とすると五千億円）に達していた。薩摩藩は半死半生、破滅状態にあった。その雪だるま式にふくれ上がった五百万両という途方もない藩債の返済のみならず、さらなる増収・増益策を見い出したうえで藩政をより積極的に展開するための軍資金が必要だった。

文政十三年（一八三〇）十二月十日、改元されて天保元年となる。重豪はその十二月、「万古不易（永遠不変）の備え」として、翌天保二年から十年以内に、㈠五十万両の備蓄、㈡幕府への御手伝金と軍用金の備蓄（五十万から百万両）、㈢五百万両の藩債証文の貸主からの奪還を調所広郷に厳命する。

八十七歳にしてこれほど身勝手な無理難題を吹っ掛ける旺盛な活力・執念は尋常ではない。枯れることを知らないのである。もっとも重豪は、七十三歳だった文化十四年三月十四日に、高輪藩邸で側室（田上則照の娘）との間に十二女となる貢姫《こう》（のちの出羽新庄藩主戸沢正令《まさよし》の正室）をもうけているから理解できなくもない。重豪は正室と九人の側室との間に十三男十四女（一人が養子。三人が養女）に恵まれたが（十三人は夭折）、貢姫はその末子である。ちなみにその文化十四年には、藩主斉興に重豪の曾孫にあたる五男久光が生まれている。

広郷はというと、これら困難極まる命令に対し、尻込みしつつも結果として引き受けたうえで、毎年の出費増加の抑制や諸経費の節約、国産品などの販売増加を図るため、家臣一統への通達を重豪に要請した。

なお、改元四カ月前の八月十日には、城下甲突川下流域南側の高麗町で小姓与の大久保利世と福の嫡男として大久保利通（幼名は正袈裟《しょうけさ》。元服後に正助と名乗るが本書では利通で統一）が生まれている。利通は、幼少期に西郷隆盛らの住む甲突側北側の鍛治屋町に移住し、隆盛をはじめ税所《さいしょ》篤(三歳上）や吉井友実（二歳上）、海江田信義（二歳下）らとともに郷中《ごじゅう》教育を受け、藩校造士館で学び、親友そして同志となる。

重豪の大往生

重豪は天保二年（一八三一）正月十九日、従三位に叙せられる。従三位にまで昇ったのは島津家では琉球王国を従属させた初代藩主忠恒以来であった。調所広郷はこの天保二年十二月に大番頭、翌天保三年二月に大目付格ならびに「三位様御眼代《さんみさまごがんだい》」つまり重豪の代理となり、十二月には、重豪のはからいによって家老格側詰《そばづめ》に進んで昼夜の別なく財政改革に奮闘することになる。

天保四年（一八三三）正月十五日、島津重豪（本宗家二十五代当主・薩摩藩八代藩主）が高輪藩邸の大奥寝所で天寿をまっとうする。享年八十九。島津貞久（本宗家五代当主）の九十五歳に次ぐ長寿であった。法名は大信院殿栄翁如証大居士《だいしんいんでんえいおうにょしょう》。神号は斎栄退齢彦命《さいえいかれいひこのみこと》・護国権現。受領名は薩摩守・上総介。官位は従三位左近衛権中将。遺体は四月八日に鹿児島の福昌寺に葬られたが、その遺体を納めた棺を鹿児島に運ぶ際、あまりにも重く箱根越えが容易でなかったという。四代吉貴や五代継豊、六代宗信、父で七代藩主の重年は、疝癪や浮腫、病弱で苦しんだが、幼少時はともかく、重豪は健康維持に努めた甲斐もあって頑健な体に成長していたようである。重豪が死去した際に、孫三十四人（男子十五・女子十九）、曾孫十九人（男子十二・女子七人）が健在だったという。

一方、藩主斉興は重豪路線を踏襲し、三月に広郷と浜村孫兵衛に朱印書を与えて財政改革の続行を命じる。その広郷は、重豪の死を待っていたかのように、渋る重豪の四男島津久昵の鹿児島転居をなかば強引に決める。重豪の死と久昵の帰国によって江戸での諸経費を大きく減らすことができた。広郷は翌天保五年（一八三四）に入ると、唐物販売の二十年間の期限延長を幕府に願い出たが、賄賂三千余両が功を奏したのか、六月にその内諾を得る。そのひと月ほど前の五月二十三日には、鹿児島に転居させられていた島津久昵が田浦（鹿児島県枕崎市）で息を引き取っていた。

一向宗徒の弾圧

島津斉彬は藩政見習いとして天保六年（一八三五）四月二十七日、調所広郷らを従えて芝藩邸を出発し、鎌倉に立ち寄って源頼朝と始祖島津忠久の墓所に参詣し、五月十五日には、前年十二月に左近衛権少将に昇進したからであろうか、京の近衛邸に挨拶に出向き、六月二十三日に鶴丸城に入った。斉彬二十七歳にして最初の入国である。

江戸生まれで江戸育ちの斉彬は、造士館および演武館における家臣らの文武や砲術演習の指導はもとより、藩内の民情を知るため、農民に直接声をかけるなど在国およそ八カ月、翌天保七年二月十八日に鹿児島を出立して江戸に向うことになる。が、広郷はというと、斉興に厳命されていた一向宗徒の大量検挙を、帰国した翌七月から実施(おそらく斉彬には秘密にし、バレないようにしたのであろう)。薩摩藩ではキリスト教のみならず一向宗をも禁止し、宗門方を設置して取り締まりを厳重におこなっていたが、キリスト教はともかく一向宗徒を根絶やしにできずにいた。秘密の信者(隠れ念仏)が藩内各所に潜伏していたからである。大量検挙はその一向宗徒が本願寺に上納する莫大な奉納金の流失を防ぐためでもあった。

薩摩藩による一向宗徒への拷問は酸鼻をきわめ、拷問死はあとを絶たず、さらに流刑や死罪に処し、軽い場合でも士分は百姓に、百姓は下人に落とし、あるいは僻地に強制移住させ、前科者としての監視が続けられた。この大弾圧による処分者数は十四万人といわれている。その頃の薩摩藩領の人口六十万人(琉球王国十万人は含まず)、あまりにも大きい数字ではなかろうか。ところが、村を棄て逃散する農民があとを絶たず、土地は荒れ、生産力は減退してしまうのである。

広郷の総仕上げ、五百万両の借金帳消し

一向宗徒を大量検挙中の天保六年閏七月、調所広郷は鹿児島を出立して大坂に向かい、浜村孫兵衛と謀って支出節減策の最重要事項である藩債五百万両の処分を決行する。十一月、広郷は「返済の目途がついた」と偽って上方の銀主から藩債証文を預かり、その銀主には借用金高を記した通帳を渡す。

そうしておいて広郷は、銀主に「元金千両につき毎年四両ずつの返済とする」と宣言。つまり、永遠にふくれ上がる元金五百万両の利子（年利一割二分で計算すると六十万両）は払わない。しかし、元金五百万両については二百五十年かけて返済するということである。広郷は、一方的に立法したこの「二百五十年賦償還法《ねんぷしょうかんほう》」を強引にもちい、実質的に借金を踏み倒したのである。そして翌天保七年から有無をいわせず返済を開始し、同様に江戸の金主にも一年遅れで実施したのである。

一方、国許の藩債は完璧な踏み倒しで、藩債証文と引き換えに家格を引き上げるという身分上の恩典のみを与える手法を採った。これによって藩の年々の藩債償還額は二万両で足りることになった（明治四年〈一八七一〉の廃藩置県にともなって明治新政府が諸藩の借金を棒引きするまで払い続けるがその総額はわずか七十万両）。打撃を被った銀主らは恐慌をきたし、「金山を担保に幕府から金を借りて返せ」とまで息巻いた。しかし、どこ吹く風の広郷は怒号渦巻く大坂を十二月に発って出府する。

借金踏み倒しに上方が揺れていた十二月十九日、鹿児島鶴丸城下の今和泉家の屋敷で、島津忠剛《ただたけ》（九代藩主斉宣の七男で今泉家十代当主）と正室幸《ゆき》とのあいだに長女於一《おかつ》が生まれた。のちに、幕末動乱の中で十三代将軍徳川家定に嫁ぐ篤姫である。なお、この天保六年には、岩崎弥太郎（三菱財閥初代総帥）や福沢諭吉（慶應義塾大学創設者）、前島密（日本近代郵便制度の確立者）、松方正義（四代・六代総理大臣）、土方歳三（新選組副長）、小松帯刀（薩摩藩家老）、坂本龍馬（海援隊の設立者）、松平容保（会津藩九代藩主）など幕末維新期に活躍する、個性豊かな逸材・俊英が生まれている。

藩主斉興は天保七年（一八三六）四月十六日、怒り心頭に発した上方銀主らが訴え出た際の対策として十万両を幕府に上納した。どうやら斉興は、病死した水野忠成《ただあきら》に替わって老中に就いたその同族の水野忠邦（遠江浜松藩主）に根回しを依頼したようだ。四月二十四日に大坂東町奉行に就任した跡部良弼《よしすけ》が、二百五十年賦償還法を発案した浜村孫兵衛を捕縛、取り調べのうえ堺に追放しただけで、実行者の広郷と薩摩藩には何の処分もなく、良弼が大目付に転出すると孫兵衛も大坂に戻ってくるからである。良弼は水野忠邦の実弟で、旗本跡部良貞の養子となっていた。良弼が大坂東町奉行に就任したのも、二百五十年賦償還法における騒動処理を穏便に収めさせるための忠邦による恣意的な人事だったようだ。

モリソン号事件と薩摩藩による洋式砲術導入

三都の藩債処理を終えた調所広郷は、上方での新たな借銀に頼らず、国産品の利益などで諸支出を賄うという藩財政の安定・健全化とさらなる増収策を進める。と同時に広郷は、休止されていた三都ならびに長崎・国許の薩摩藩領における営繕に拍車をかける。広郷は諸藩邸の新築・修繕工事をはじめ道路改修や橋梁架設・新田開発に加え、藩主斉興のための別邸玉里邸（鹿児島市玉里町）の建築など、結果として総額二百万両もの大金をつぎ込み、驚異的な手腕を発揮するのである。

天保八年（一八三七）二月十九日、幕府直轄領の大坂で、大坂東町奉行所の元与力で陽明学者の大塩平八郎とその門人らが反乱を起こす（大塩平八郎の乱）。六年前の天保四年から続いていた全国的な天候不順や冷害、暴風による不作で餓死者が続出（天保の大飢饉）。各地で百姓一揆や打ち壊しが頻発し、将軍の膝元の江戸や大坂でも豪商などが襲撃されていた。全国から産物が集まる〝天下の台所〟大坂でさえ食糧不足となり、富める者が買い占めるため米価は高騰していた。平八郎は蔵書を売り払って難民の救済に努め、大坂城代土井利位《としつら》（下総古河藩主）に非常米の放出を願い出たもののその願いは入れられず、平八郎は農民や、門人・同志らとともに武装蜂起、越後屋や鴻池屋などの豪商を襲った。しかし、仲間に裏切られてわずか一日で鎮圧されてしまう。四月、家斉は次男家慶に将軍職を譲ったが、大御所としてその死にいたるまで幕政の実権を握り続ける。

六月二十八日、アメリカ商船モリソン号が漁民の音吉ら七人の日本人漂流民をともない、その返還と通商、布教を求めてマカオから江戸湾口の浦賀沖（神奈川県横須賀市）に来航。浦賀奉行太田資統《すけのり》は異国船打払令に基づき、江戸湾警固の川越・小田原両藩に命じ、二十八日から二十九日にわたって平根山砲台（西浦賀）から砲撃して退散させた（モリソン号事件）。ところが、このモリソン号における幕府の対応を契機として異国船打払令ならびに幕府の鎖国政策への批判が高まる。

そのモリソン号は翌七月十日、薩摩半島南端の山川岡児ケ水《おかちょがみず》（指宿市）沖に碇泊。国家老島津久風（日置家十二代当主）はその対応にあたるため山川港に出陣し、異国船打払令に従って砲術師範鳥居平八に砲撃を命じた。モリソン号はマカオに舞い戻ったが、錦江湾口にまで異国船が来航したという現実は薩摩藩に衝撃を与えることになった。藩主斉興は、平八・平七兄弟を長崎会所調役頭取で高島流砲術の始祖高島秋帆のもとに入門させて洋式砲術を学ばせ、二人が高島流砲術の奥義を究めて帰藩すると（兄の平八は間もなく病死）、薩摩藩の公式砲術「御流儀砲術」として採用し、平七を成田正右衛門と改名させてその師範に任じた。

広郷の工作

モリソン号が浦賀に来航した天保八年六月、勝手方老中水野忠邦は、薩摩藩の密貿易によって圧迫されている、長崎会所における会所貿易を立て直すため、二年後の天保十年（一八三九）を期し、長崎会所での琉球を通した唐物販売停止を薩摩藩に通告する。忠邦は、二年前の天保六年十月に越前国で難破した薩摩船に唐物薬種が積まれていたことで、その年末に薩摩・松前両藩に抜荷を取り締るように通達していた。しかし、いっこうに密貿易は収まらず、しかも、琉球を通した薩摩藩の唐物十六品が、長崎会所で公式に輸入した唐物よりも優れているため、会所で扱う唐物価格が下落、会所貿易の不振につながっていた。

ところが薩摩藩は、密貿易を否定するとともに、「この停止によって琉・清・日の関係が断絶の危機に瀕し、幕府に対する琉球王国内の感情悪化を招き、王府による慶賀使および謝恩使の派遣に影響するのみならず、かえって密貿易が増大する恐れがある」と指摘。さらに「幕府の御威光にかかわるのではないか」とその弱点を突いて幕府に譲歩を迫った。また、琉球王尚育（第二尚氏王統十八代国王）に「唐物商法再願」を提出させ、その追い風を得た調所広郷は、幕閣や長崎奉行、長崎会所役人らを籠絡するため賄賂工作を展開、同時に唐物方（実際は密輸方）を廃止し、琉球国救済を前面に押し出すかのように「琉球産物方」を新たに設置して唐物販売の復活工作を推し進める。

この天保八年九月二十九日、江戸小石川の水戸藩邸（文京区後楽）で、藩主徳川斉昭の七男として七郎麻呂が生まれている。生母は有栖川宮織仁《おりひと》親王の十二王女吉子。のちに一橋家を継ぎ、そして江戸幕府最後の征夷大将軍となる徳川慶喜である。

天保九年（一八三八）三月十日、江戸城西の丸が炎上し、斉興から上納金御用掛を命じられた広郷は、四月六日にその西の丸造営のために十万両を幕府に献上する。広郷は八月二十五日、家老・側詰兼務に昇進する。翌天保十年五月、浦賀におけるモリソン号への砲撃と幕府の鎖国政策を批判していた高野長英・渡辺崋山らが捕らえられるという言論弾圧事件が起こる（蛮社の獄）。のちに崋山は切腹、長英は捕縛されて暴行死する。

その頃の隣国清は、イギリスによってインドで製造され、輸入される麻薬のアヘン禍や軍隊の腐敗、相次ぐ流民と内乱、治安維持能力の低下によって衰弱していた。天保十一年（一八四〇）四月、産業革命を遂げたイギリスと清との間にアヘンの禁輸を発端とする「アヘン戦争」が勃発する。

水野忠邦による天保の改革の開始

アヘン戦争が始まった四月、その二十一日に重富家当主久光と正室千百子との間に長男壮之助が生まれた。通称は又次郎。のちに薩摩藩十二代（最後の）藩主となる島津忠義（藩主時代は将軍家茂の偏諱を受けて茂久《もちひさ》と名乗るが本書では忠義で統一）である。

天保十二年閏正月七日、五十年の長きにわたり、幕府の実権を握っていた大御所家斉が江戸城西の丸で没する。六十九歳だった。御台所の寔子（重豪の三女篤姫）は落飾して「広大院」と称し〝大御台様〟となって西の丸大奥から本丸大奥に移り住む。

家斉の大御所時代の幕府は、とくに水野忠成が老中首座に就いて以降、田沼時代以上に賄賂が横行し、幕府財政は窮乏、風紀は退廃、その忠成死後は、御側御用取次水野忠篤や若年寄林忠英《ただふさ》（上総貝淵藩主）、小納戸取締美濃部茂育《もちなる》、いわゆる〝天保の三佞人《ねいじん》〟が家斉を操って幕政を壟断、それが頂点に達していた。老中首座水野忠邦は、家斉が没すると水野忠篤や林忠英、美濃部茂育をはじめ勘定奉行田口喜行《よしゆき》を粛清し、さらに、幕臣およそ一千人を処分する。この粛清に恐れをなした大老井伊直《なお》亮《あき》（彦根藩主・安政の大獄〈後述〉を引き起こす井伊直弼の兄であり養父）は五月十五、みずから辞任して彦根に舞い戻ってしまった。

忠邦は農業を国家の根幹と信じ「農本思想」を基本に「天保の改革」つまり家斉の華美な生活の反動で、破綻しかけていた幕府財政の改善を開始する。四十九歳の将軍家慶は、八代将軍吉宗による享保の改革ならびに十一代将軍家斉の寛政の改革を踏襲し、幕政改革の上意を伝え、忠邦は幕府各所に綱紀粛正・奢侈禁止を命じ、その改革内容を新たに抜擢した北町奉行遠山景元と南町奉行矢部定謙《さだのり》を通じて江戸市中に布告させる。ただし、広大院寔子の支配下にある大奥だけは改革の対象外とされた。また忠邦は、真田幸貫《ゆきつら》（信濃松代藩主・松平定信の次男）を老中に、川路聖謨《としあきら》を小普請奉行に、江川英龍《ひでたつ》を伊豆韮山代官に、高島秋帆を砲術方与力に起用するなど、新たな人材発掘をおこなった。

十月十三日、重豪によって強制隠居させられ、藩政から締め出されていた島津斉宣（本宗家二十六代当主・九代藩主）が高輪藩邸で病没する。享年六十九。法名は大慈院殿舜翁渓山大居士。受領名は豊後守。官位は従四位上左近衛中将、修理大夫。妻妾との間に男女計十四人をもうけた。遺体は鹿児島の福昌寺に葬られた。

アヘン戦争余波

天保十三年（一八四二）六月、清がイギリスに敗北（第一次アヘン戦争）。清は七月二十四日、イギリスとの間に香港島の割譲や賠償金二千百万ドルを支払い、広州・福州・厦門《アモイ》・寧波《ニンポー》・上海《シャンハイ》五港の開港、貿易の完全自由化などを認める「南京条約」を押しつけられた。その後清は、ほぼ同内容の「望厦条約《ワンシア》」をアメリカと、同じく「黄埔条約《ファンプー》」をフランスと締結。この〝ウェスタンインパクト〟によって清は半植民地の道を歩み始め、清主導の「朝貢貿易体制（華夷秩序）」は突き崩され、東アジアは自由貿易の時代に移行していく。当然ながら、欧米列強（欧米資本主義諸国）の利益追求・勢力伸張・植民地化の波が日本にも押し寄せてくることになる。

幕府は〝眠れる獅子〟と畏怖されていた清が日本同様の島国イギリスに一方的に敗北したことに驚愕、それまで「異国船を見つけ次第、追っ払え」と強気に出ていたが、その異国船打払令を廃し、来航した異国船に薪水・食糧などを補給し、穏便に退去してもらうための「薪水給与令」を七月二十三日に沿岸地域の幕府代官と諸大名に通達した。

薩摩藩はというと、日本と欧米列強との軍事力の差を認識し、その差を早急に縮めるため、洋式砲術を採用する。また、島津斉彬は『清国阿片戦争始末に関する聞書』を写し取っている。戦争勃発から清がイギリス海軍に制海権を握られ、事実上敗北したこの天保十三年四月までが記された『阿蘭陀《オランダ》風説書』を写したものである。また、阿蘭陀風説書というのは、代々のオランダ商館長が海外情報などを書きまとめて幕府に提出した報告書である。

天保の改革の破綻

一方幕府は、権威の低下と行財政の行き詰まりの打開策の一つとして、天保十四年（一八四三）四月、将軍家慶による東照宮への「社参（参拝）」を十代将軍家治以来六十七年ぶりに実施。幕府は年貢収入の七分の一にあたる二十二万両という莫大な経費をつぎ込んだがその盛儀とは裏腹に、将軍社参は権力と幕府支配体制の維持低下の歯止めとはならず、また、弱者には極端に厳格で、強者には甘い天保の改革も庶民の恨みを買っていた。にもかかわらず水野忠邦は「上知令《あげちれい》（土地没収令）」の断行をたくらむ。だが、大名・旗本の反対に加え、腹心の勘定奉行鳥居耀蔵が上知令に反対する老中土井利位（大塩平八郎の乱を鎮圧した元大坂城代）に寝返ったことで機密情報が洩れ、失敗する。幕閣は分裂、孤立した忠邦は閏九月十三日に老中首座を罷免、その屋敷は暴徒化した江戸庶民によって襲撃されてしまう。

二日前の十一日には、度量の狭い忠邦を嫌って老中を辞した堀田正睦《まさよし》（百五十九年前の貞享元年に江戸城で若年寄稲葉正休に刺殺された大老堀田正俊の玄孫。下総佐倉藩主）の後任として、家慶により寺社奉行阿部正弘（備後福山藩主）が大坂城代・京都所司代を飛び越えて老中に抜擢されていた。その正弘は二年後の弘化二年（一八四五）二月に若干二十七歳で史上最年少の老中首座となって「安政の改革」を断行するのみならず、斉彬の薩摩藩主就任にも力を尽くし、その斉彬が藩主就任後に推進する日本初の工業コンビナート「集成館」事業にも理解を示して援助するようになる。安政の改革は、江戸三大改革と呼ばれる、八代将軍吉宗が陣頭指揮を執った享保の改革、十一代将軍家斉のもとで松平定信がおこなった寛政の改革、十二代将軍家慶のもとで水野忠邦が主導した天保の改革に次ぐ幕政改革である。しかしその三大改革は、各時代を反映して緊縮経済・財政再建が目的だったが、安政の改革は深刻化する対外脅威に備える軍事・外交が主であった。

総額二百万両の営繕事業と五十万両の備蓄達成

東照宮への社参が挙行された天保十四年四月、薩摩藩では川内川上流の曽木川の河川改修が完了する。この河川改修はそれまで険路に苦しんでいた年貢の陸送を河川水運によって便利にするためであった。さらに調所広郷は、城下甲突川の拡幅および浚渫《しゅんせつ》と同時に諸河川も含めて数十もの堅牢な石橋を架設する。浚渫された土砂は甲突川河口右岸の埋め立てに使用され、新たに造成されたその土地は元号にちなんで天保山（鹿児島市天保山町）と呼ばれるようになる。また、広郷は新田開発も手掛けていたがその中でもっとも大規模なものは、遠浅の海岸を埋めた国分小村新田（霧島市広瀬）でおよそ三万両をかけて百町（三十万坪・東京ディズニーランド二つ分）もの広さだった。

天保十五年（一八四四）三月三日、ひたすら藩財政立て直しに心を砕き、その身をもって奔走してきた広郷は、予定より四年遅れたものの、重豪の遺命の第一である「五十万両の備蓄」を達成、大坂薩摩藩蔵屋敷（大阪市西区）で参勤途上にあった藩主斉興に報告する。広郷は胸を撫で下ろす心境だったにちがいない。蔵屋敷の五十万両はその後国許の鶴丸城二の丸の御宝蔵に移送された。それにしても、幕府に上納した天保七年の十万両と天保九年の十万両、その他の臨時経費を賄い、二百万両におよぶ諸営繕事業を成し遂げたうえでの五十万両の備蓄金である。調所の手腕は並々ならぬものであった。だが、藩士領民のみならず上納を要求される琉球も苛烈をきわめた。

ところが、実に厄介な問題が琉球で起こる。三月十一日、那覇に来航したフランス東洋艦隊所属の軍艦アルクメーヌ号の艦長デュ・プラン提督が軍事力をちらつかせ、黄埔条約同様の開国要求である通信・貿易・布教を琉球王府に迫るという「琉球外交問題」に薩摩藩は見舞われてしまう。

王府に拒否されたプランは、宣教師フォルカードと清国人通訳を那覇に残し、「回答はのちに来航するフランス艦船にすべし」と高飛車に通告して出航。琉球在番奉行はフランス艦船来航を薩摩藩に急報し、藩主斉興は広郷を老中阿部正弘のもとに遣わした。広郷は、兵を派遣して琉球警備を強化するよう正弘に命じられ、琉球に大目付二階堂行健《ゆきたけ》ら警備兵百二十八人を送り込んだ。

幕府海防掛の常設化

江戸では五月十日早朝、将軍家慶付き上臈姉小路が食する天ぷら調理が原因で本丸大奥から火災が発生、本丸が全焼してしまう。本丸大奥で就寝中だった大御台所広大院寔子は、大雨の中を御末《おすえ》（最下級の奥女中）に背負われて吹上御殿に避難して命拾いしたが、奥女中数百人が焼死する大惨事であった。

七月二日、オランダ軍艦パレンバレン号が長崎に入港。国王ウィレム二世から「日本国王（将軍家慶）」宛に国書がとどく。日本が清国の二の舞になることを憂えたシーボルトの起草によるその内容は、アヘン戦争の実情を知らせ、「鎖国を解いて開国したらどうか」と勧めていた。しかし老中首座阿部正弘ら幕閣は謝絶する。

十一月十日、九死に一生を得た広大院寔子ではあったが大奥で病没する。七十二歳だった。遺体は夫の十一代将軍家斉とは別の芝増上寺に葬られた。この江戸城の災禍により、十二月二日に改元され弘化元年となる。薩摩藩主斉興はこの弘化元年、江戸城本丸造営の御手伝金として気前よく十五万両を幕府に上納した。

調所広郷は翌弘化二年（一八四五）三月、デュ・プラン提督が予告したフランス軍艦がいっこうに来航しないため、秘密裏に琉球から警備兵の半数を、のちに目付以下二、三人のみを残し、すべてを引き揚げさせた。在琉経費削減のためである。

その三月、アメリカの捕鯨船マンハッタン号が江戸湾の湾口部にあたる三浦半島東部の相模国浦賀（神奈川県横須賀市浦賀）に入港。日本人漂流民二十二人を帰国させるためであった。八年前のモリソン号の際と異なり、薪水給与令が通達されていたこともあって浦賀奉行土岐頼旨《よりむね》とマーケイター・クーパー船長との交渉は順調に進み、頼旨は「受け入れるべし」と上申し、老中首座阿部正弘ら幕閣は特例としてそれを採用。幕府は飲料水をはじめ米二十俵、麦二俵、サツマイモ十一俵、鶏五十羽、木材などを提供し、さらに染付皿や漆器などの土産を贈り、捕鯨を中止して日本人を救助してくれたことへの謝意を示した。

将軍家慶は六月二十七日、海防掛（のちに外国掛）を常設とし、その海防掛に正弘や老中牧野忠雅（越後長岡藩主）、若年寄大岡忠固《ただかた》（武蔵岩槻藩主）、本多忠徳（陸奥泉藩主）を任命する。海防掛には奉行や目付などの実務官僚が加わり、海防つまり軍事外交に関する情報の収集・分析ならびに評議をおこなう幕府内の専門部局となる。来航頻度が高まる英米仏露など欧米列強の艦船とその要求・対応を、長崎奉行だけに任すわけにはいかない切迫した情勢となっていたからである。

七月二十八日、世子斉彬と側室（旗本横瀬克己の娘）との間に次男寛《ひろ》之助が誕生する。嫡男菊三郎が文政十二年に一カ月足らずで夭折してから十六年が過ぎていた。また斉彬は、側室（越前敦賀藩主酒井忠藎《ただえ》の娘）との間に長女澄姫、次女邦姫をもうけていたが、四年前の天保十一年五月に二歳の邦姫が、八月には三歳の澄姫が夭折していた。

広郷の虚偽報告

弘化三年（一八四六）正月二十六日、仁孝天皇が崩御した。翌二月十三日に四宮の統仁《おさひと》親王が践祚し、孝明天皇（のちに十四代将軍家茂の御台所となる和宮の異母兄）となる。

四月五日、イギリス艦船スターリング号が那覇に来航し、宣教師ベッテルハイムとその妻子、清国人通訳の三人を那覇に残して出航。七日、二年前にデュ・プラン提督が予告した通り、フランス艦船サビーヌ号が那覇港に入港する。その後、北方の運天港に回航し、十三日には、セシーユ提督の旗艦クレオパートル号および随行艦ビクトリューズ号も運天港に投錨。セシーユはデュ・プランが求めた通信・貿易・布教に対する回答を、地元の琉球役人を通じて王府に要求し、黄埔条約の写しを手渡した。

琉球在番奉行からの急報を受けた薩摩藩は、長崎奉行井戸覚弘《さとひろ》と江戸の藩主斉興に急報、その斉興は閏五月二十日に幕府に報告書を提出した。調所広郷は小姓組番頭兼槍奉行の倉山作太夫を新たな琉球在番奉行に任命し、一組三百四十八人を率いて琉球警備に向かうよう命じる。しかし実際には、作太夫と使番新納常善《つねよし》のみを琉球に派遣し、その他は極秘のうちに引き揚げさせた。

かたや王府に回答を拒否されたセシーユは、フランス艦船三隻を率いて琉球沿岸の威嚇航行を繰り返したあと、二十四日に宣教師アドネ（嘉永元年〈一八四八〉五月三〇日死亡）とチュルジュ（アドネ死亡後に香港に退去）を那覇に残し、フォルカードと清国人通訳を連れ、翌年の再航を通告して出帆した。

広郷は二十五日、老中首座正弘と内談し、「琉球在番の者六百から七百、前回派遣した者を含めて千数百人が在琉中」と偽る。と同時に広郷は、おそらく斉彬の意見であったと思われるが「三項目すべてを拒否した場合、琉球の存立は危うくなり、フランスとの貿易という一項目だけでも琉球に許可することが望ましいのではないか」と提案し、正弘の同意を得た。

藩財政の赤字転落を防ぐために広郷は「出兵しても異国艦船から琉球を守ることなどできないどころか、軍費がどれほど膨大なものになるか計り知れず。しかも、血気にはやる藩士が戦闘行為におよべば清国の二の舞になる。交渉して穏便に退去してもらうしかない」と考えていた。ただし、この琉球警備兵の派遣員数の偽装工作ならびに正弘への虚偽報告、そして琉球を通じて巨額の利益を得ていた密貿易がのちに広郷の命取りとなる。

米国軍艦の江戸湾来航

セシーユ提督が那覇を出帆した閏五月二十四日、御三家の紀州藩主斉順《なりゆき》（十一代将軍家斉の七男。閏五月八日に死去）の次男慶福《よしとみ》が江戸紀州藩邸（港区元赤坂）で生まれている。生母は斉順の側室美佐。のちに一橋慶喜と争って十四代将軍となる家茂である。

二日後の二十六日、マカオを出港したアメリカ東インド艦隊司令長官ジェームズ・ビドル提督が旗艦コロンバス号と随行艦ヴィンセンス号をともなって浦賀沖に投錨。この二隻は将軍のお膝元の江戸湾に初めて来航した外国軍艦で、コロンバス号は大砲九十二門を、ヴィンセンス号が大砲二十四門を備えていた。ビドルは大久保忠豊・一柳一太郎両浦賀奉行に、清と結んだ望厦条約同様の通商条約締結を要求したが、老中首座阿部正弘ら幕閣は鎖国政策を理由に拒絶する。六月七日、豊富な薪水・食糧を受け取ったビドルは事を荒立てることなく、日本の開国に向けた意思を探っただけで帰帆した。

一方幕府は、このコロンバス号の来航によって江戸湾の海岸警備の不足を痛感し、それまで警備の任にあった譜代の忍《おし》藩（藩主松平忠国。埼玉県行田市）に親藩の会津藩（藩主松平容保）を支援させて江戸湾東側の房総半島を、相模湾の警備にあたっていた川越藩（藩主松平斉典《なりつね》。川越市）には、譜代藩筆頭の彦根藩（藩主井伊直弼）を加勢させ、相模湾次いで江戸湾西側の羽田・大森の警備にあたらせることになる（彦根藩は翌嘉永七年には江戸湾警衛を免じられて京都守備専任となる）。

ビドルと交渉中の六月一日、将軍家慶は薩摩藩主斉興と世子斉彬を江戸城に召し、「琉球のことはすべて委任する。のちの憂いとならぬよう、寛大にして厳格な対処を思う存分かつ臨機応変に処置するように」と直接伝えた。つまり、斉彬の提案通り、やむを得ない場合はフランスに限り琉球との貿易を許すという意味だが、この家慶からの委任と斉彬を斉興の名代として帰国させて琉球外交問題にあたらせるという処置は、英邁な斉彬が一日も早く薩摩藩主に就任し、外様大藩のリーダーとして自身の幕閣を支えてもらいたいと望む正弘の深謀遠慮の結果であった。

薩摩藩の近代化

藩主斉興の名代にして世子の斉彬は七月二十五日に鹿児島に帰国。ところが調所広郷は、それ以前に、セシーユ提督の再航に備えて、フランスとの貿易についての措置を終えてしまう。これに斉彬は憤慨したものの、広郷は琉球を通じた密貿易とそれに絡む外交上の主導権を斉彬に握られたくなかったのだ。

八月二十八日、斉彬は谷山中之塩屋（鹿児島市小松原町）で薩摩藩御流儀の砲術演習を実見し、その後、薩摩半島南東部沿岸域の防備体制を巡視、山川港では青銅砲を据えるための砲台の築造現場を検分する。斉興は洋式砲術の採用に引き続き、この弘化三年からは錦江湾口部における東西の要所禰寝《ねじめ》（南大隅町根占）と山川に砲台の築造に着手していたのである。さらに斉興は、城下上町向築地《かんまちむかえつきじ》（鹿児島市浜町）に「鋳製方（鋳砲工場・製銃工場）」を設置、青銅砲・燧石銃《すいせきじゅう》（火打石で点火する銃）の製造に着手し、また、理化学薬品の研究ならびに製造をおこなう中村製薬所（鴨池）を創設、のちに滝之上《たきのかみ》火薬製造所（稲荷町）の製法を洋式に改めるなど、すでに重豪が開始していた薩摩藩の近代化・工業化を進めていた。しかし、琉球外交問題が長びくことによって緊縮財政に一転し、縮小されてしまうのである。

ところが斉彬は、この程度の近代化・工業化は「児戯に等しい」と感じ、「より大規模な近代化、しかも幕府や藩という枠を超えた大きな取り組みが必要だ」と唱えていた。これに対し、斉興や広郷は、重豪の再来を彷彿とさせるほど、莫大な出費をいとわぬ斉彬が藩主になれば、藩財政が破綻して悪夢のごとき借金地獄に再び陥ってしまうことを恐れていた。そのため、斉興は斉彬への家督相続をためらい、広郷は反対・妨害するようになる。

翌弘化四年（一八四七）三月八日、国許における斉彬の采配ぶりを知った斉興が、あたかも名代にして世子の斉彬に藩政の主導権を奪われるのを恐れるかのごとく広郷らを従えて帰国。その斉興は外交・軍事問題における薩摩藩の様々な問題点などを斉彬と話し合う。不満はあるものの、納得した斉彬は在国わずか八カ月足らずで斉興と交替し、十五日に鹿児島をあとにした。

五　島津斉彬による聖域なき藩政改革

久光、藩主名代となる

弘化四年五月十日、出府した世子斉彬は、二十五日に老中首座阿部正弘から呼び出され、調所広郷による「琉球への派兵報告は虚偽ではないか」と問いただされただけでなく、薩摩に派遣されていた御庭番が、薩摩藩による琉球を隠れ蓑に使った密貿易に関する情報をつかんで戻ってきたことも伝えられた。その情報の正確さに驚いた斉彬は、六月二十二日、数寄屋頭として鹿児島に転任する斉彬付き奥茶道頭山口不及を隠密に任じ、琉球における広郷とその周辺の情報のみならず、藩主就任が遅れている理由を探るため、斉彬の藩主就任反対派の筆頭広郷や斉興の側室由羅、広郷の推挙によって家老になった島津将曹《しょうそう》（碇山久徳・島津姓を許される。養女ヒサが調所広郷の嫡男左門の正室）、側役伊集院平《たいら》、同じく側役の吉利仲《よしとしなか》、大目付二階堂行健《ゆきたけ》らの動向、さらに、斉興が進める軍制改革とその基本となる給地（所領）高改正なども密かに探らせた。つまり久光擁立派のアラ探しをさせたのである。不及以外に斉彬の隠密要員となったのは、腹心中の腹心小納戸見習伊集院兼直（祖父兼珍《かねたか》は斉彬の側室須磨の養父）や蔵方目付吉井泰通、奥小姓吉井泰諭《やすのり》、屋久島奉行村野実晨《さねとよ》らであった。

一方広郷は、天保十年の停止を受けてから七年もの間、執拗に唐物十六種の復活工作を続けていたが、水野忠邦の失脚と琉球外交問題の発生につけ込み、八月に唐物十六種（当初は十五種）の販売権を再び獲得する。この販売権再獲得後の薩摩藩は、年平均一万六千両の利益を得るものの、琉球外交問題が激しさを増すにしたがって莫大な費用を琉球にそそぎ込まざるを得ない状況に追い込まれ、逆に藩財政が圧迫を受けるようになり、また、琉球口貿易も徐々に行き詰まりをみせるようになる。

帰国した藩主斉興はというと、世子斉彬の意見を参考にした結果であろう、琉球へ警備隊を派遣すると同時に「海岸防御掛」を設置し、また、城下六組の御小姓与番頭六人を「御流儀大砲掛」に任命して旧来の甲州流軍学を廃止し、「洋式銃砲術」に統一するなど着々と軍制改革を進めていた。斉興は八月二十一日、砲術館（大竜町）を開場、久光（重富家五代当主）をはじめ一門四家以下三千五百余人が出席するなどその開場式は盛会をきわめた。斉興は十月一日、異国方を廃して軍務・海防にあたる「軍役方」を設置し、久光と島津将曹を軍役方名代に、城代家老島津久宝《ひさたか》（豊州家十五代当主）を副名代に、広郷を惣奉行に、側用人海老原清熙《きよひろ》を惣頭取に、大目付二階堂行健と家老川上久封《ひさかね》を軍役方掛に任じ、十月二十八日には、久光を藩主名代とする「第一回御流儀大操練」を城下北方の吉野で実施した。

十一月二十九日、斉彬と側室（田宮安知の娘）との間に三男盛之進《せいのしん》が誕生した。この頃、斉彬は二歳年下の大叔父で福岡藩主黒田斉溥《なりひろ》と密かに連絡を取り、その斉溥から老中首座正弘に、公表しないことを条件に、これまで収集してきた広郷の琉球を通じた密貿易の全容を伝えたようである。

調所広郷の死

孝明天皇の即位により、翌弘化五年（一八四八）二月二十八日に改元されて嘉永元年となる。その四月、鹿児島にあった藩主斉興は、自身の名代として久光を城代家老島津久宝の上座に据え、藩政処理にあたらせることにした。さらに斉興は、翌五月に軍役奉行・軍賦役を新設し、久光の軍役方名代を免じ、久光が琉球外交問題をはじめとする藩政に専念できるように配慮する。斉興は自身と世子斉彬が江戸在府が多いため、鹿児島在住の久光に国許における藩政の指揮を任せたのだが、斉彬の藩主就任を熱望する藩士らは、「斉彬を廃嫡し、久光を次期藩主に据えようとしているのではないか」と怪しみ、それを久光の生母由羅が「背後で操っている」と邪推するようになる。

また斉興は、磯別邸北方の花倉《けくら》屋敷（鹿児島市吉野町）で那覇滞留中の英仏人を調伏するように命じ、呪力によってその退去を試みていたが、それが「由羅が斉彬とその子息を呪い殺そうとしているに相違ない」という風聞となって城下に広まった。運命の悪戯であろうか、五月七日に斉彬の次男寛之助が二歳十カ月で夭折し、斉彬でさえも由羅による呪詛を信じてしまうほどその噂が真実味を帯びてしまうのである。

斉興は八月二十一日、参勤のため鹿児島を出立し、十月十日に出府する。十二月、斉興に遅れて広郷が江戸に到着。老中首座正弘の屋敷（千代田区大手町）に召し出された広郷は、琉球派兵虚偽報告と琉球を通した密貿易について糾問された。十九日、藩主斉興の召喚そして隠居を避けるため、広郷はその身に全責任を負って芝藩邸の宿舎で毒をあおって自殺する（二十一年にわたる薩摩藩による天保の改革の終焉）。

広郷が非業の死を遂げたことで琉球派兵虚偽報告と琉球を通した密貿易の真相は闇に葬られ、斉興を隠居に追い込むという斉彬らの計略は頓挫する。しかし、重豪の遺命の第一である五十万両の備蓄に加え、その第二である幕府への御手伝金と軍用金の備蓄も、推測だが五十万両を越える額が藩庫に収められいたのではなかろうか。広郷の類まれな手腕によって薩摩藩は日本一の貧乏藩から這い上がって諸藩屈指の富豪藩となっていた。

斉彬擁立派と久光擁立派の対立

一方、調所広郷の死によって責任追及を免れた島津斉興は藩主の座に居座り、広郷の後継者となった家老島津将曹らは藩政の実権を握り続け、そのため世子斉彬は家督を継げずにいた。しかも、股肱の臣広郷を喪った斉興は斉彬を恨み、溺愛する久光への家督継承をより強く望むようになっていた。由羅はというと、久光擁立を望んだ広郷に同情し、広郷の死後に幕府を憚って屋敷を取り上げられ、免職処分を受けていたその嫡男左門（改名させられて稲富数馬と名乗る）を密かに当番頭に復帰させた。

斉彬は、江戸家老島津久武や大目付二階堂主計《かずえ》といった改革派に加え、国許の近藤隆左衛門（物頭兼町奉行）や山田清安（鉄砲奉行兼町奉行格）、高崎五郎右衛門（船奉行兼家老座書役勤奥掛）、赤山靱負《ゆきえ》（軍役方掛槍奉行・国家老で日置家十二代当主久風〈翌嘉永四年四月に死去〉の次男。父久風は久光擁立派だが実兄で日置家十三代当主となる久徴《ひさなが》は斉彬擁立派）ら主に藩内若手から成る「斉彬擁立派」の期待を受けていたのに対し、久光は、調所が築き上げた安定路線を堅守する城代家老島津久宝、島津将曹・伊集院平・吉利仲といった斉興の側近や家老らが結束、この強力な「久光擁立派」が斉彬の藩主就任を阻んでいたのだ。

十一月二十三日、斉彬の側室須磨が四男篤之助《とくのすけ》を、翌嘉永二年（一八四九）閏四月二日には、同じく側室（田宮安知の娘）が五男虎寿丸を出産する。しかし、その喜びも束の間、およそ三月後の六月二十二日に篤之助がわずか七カ月で夭折してしまう。「またも由羅による呪詛か」と、血気盛んな若手の多い斉彬擁立派はいきりたち、由羅らを呪い返すとともに「由羅や島津将曹らを暗殺すべし」と悪し様に罵るようになった。見識の高い斉彬でさえも由羅を「姦婦」と呼び「闇討ちにしたい」と望むほど精神的に追い込まれていたが、自身の支持者らの暴走を危惧し「何事も致さぬように」と鹿児島に書状を送って軽挙妄動を戒め、耐え忍ぶように諭した。

起きてしまったお由良騒動

ところが、世子斉彬が由羅排除を模索中に、斉彬擁立派の一人但馬市助が〝暗殺〟という暴挙に恐れをなして裏切り、伊集院平に通報。また、山田清安の密書が押収されて斉彬擁立派の策謀が明白となる。帰国していた藩主斉興は「徒党を組んで藩政非難を繰り返し、花倉屋敷における那覇滞留中の英仏人調伏を斉彬父子への調伏と言い広め、重臣（久光擁立派）の暗殺を謀議した」などの咎で、十二月三日に近藤隆左衛門・山田清安・高崎五郎右衛門ら六人を切腹させ、この騒動以前に死去していた二階堂主計の士籍を剝奪する。とくに、首謀者と認定された斉彬擁立の急先鋒近藤隆左衛門・山田清安・高崎五郎右衛門には、追罰として、士籍剝奪のうえそれぞれの墓を暴いて腐乱死体を境瀬戸《さかせと》の刑場で磔《はりつけ》にし、近藤隆左衛門にいたっては鋸挽《のこぎりび》きのうえで磔刑に処す。

斉彬に久光擁立派の情報を送っていた吉井泰通は切腹、村野実晨《さねとよ》（泰通の兄）・吉井泰諭《やすさと》（泰通の兄。屋久島奉行）・山口不及は遠島、大久保利通の父で琉球館蔵役の次右衛門らは罷免のうえ遠島、利通自身も記録所書役助《かきやくすけ》を免職となる。有村兼善《かねよし》・俊斎（海江田信義）父子は一時藩を追われ、切腹した父高崎五郎右衛門の縁座を受けて嫡男正風《まさかぜ》も遠島処分となる。

翌嘉永三年（一八五〇）三月四日には、将来を嘱望された赤山靱負も切腹させられ、その死に立ち会った父西郷吉兵衛から靱負の血染めの肩衣《かたぎぬ》を譲られた隆盛は、大久保利通や海江田信義、伊地知正治、吉井友実、税所篤らと協議を重ね、靱負の遺志を継いで世子斉彬の擁立に努めることになる。さらに彼らは、藩主就任後の斉彬に登用され、久光・忠義時代には獅子奮迅の活躍をする、のちに「精（誠）忠組」と呼ばれるその中核となる。

この災禍は国許のみならず江戸にまで飛び火し、斉興は、斉彬擁立派筆頭の江戸家老島津久武を罷免のうえ鹿児島に召喚し、隠居出家を命じていたが、四月二十六日に切腹させる。斉彬擁立派は、切腹した十三人を含む約五十人が遠島・蟄居・謹慎・免職などの処分を受けた。これが「お由羅騒動（嘉永朋党事件・高崎崩れ）」と呼ばれる、四十二年前の文化五年に起きた近思録崩れに次ぐ薩摩藩の御家騒動である。調所広郷を喪った恨みを晴らすかのような斉興による斉彬擁立派への処分は祖父重豪同様に峻厳・酷薄をきわめ、頼みとする斉彬擁立派の家臣はことごとく粛清・弾圧され、残るは斉彬一人となった。寂しき世子斉彬の家督相続は絶望にみえた。

しかし、この斉彬擁立派への過剰なまでの処置が、藩主斉興にとって逆にその首を絞めて隠居を早める結果となる。斉彬の藩主就任を待ち望む前中津藩主奥平昌高（重豪の次男）・斉彬の二歳年下の大叔父で筑前福岡藩主黒田斉溥《なりひろ》（重豪の十三男）・陸奥八戸藩主南部信順《のぶゆき》（重豪の十四男）らの親戚や宇和島藩主伊達宗城《むねなり》、水戸烈公徳川斉昭（すでに嫡男慶篤《よしあつ》に家督を譲って隠居）、福井藩主松平春嶽（十一代将軍家斉の異母弟にあたる田安家三代当主斉匡《なりまさ》の八男）らの知己、さらに老中首座正弘、大目付筒井政憲《まさのり》らが結束して斉興に圧力を加え、その早期隠居を謀るのである。また、生きていれば斉彬のもっとも頼れる支持者・相談役になっていたであろう実弟の備前岡山藩七代藩主池田斉敏は、残念ながら八年前の天保十三年正月三十日に病没していた。

斉興の隠居と斉彬の藩主就任

藩主斉興の処分を逃れて脱走に成功した井上経徳や木村時澄ら世子斉彬擁立派四人は筑前福岡藩に逃げ延び、藩主黒田斉溥に嘆願書を提出し、「斉彬はお由羅騒動にまったく関係ない」ことを伝え、同時に調所一派の悪事、斉興による斉彬擁立派の粛清事件の内幕を告発する。

実家の騒動を見逃せない斉溥は、異母兄の奥平昌高と異母弟の南部信順と諮り、四月二十八日に亡命藩士の件を老中首座正弘に報告するとともに事態収拾を訴え、五月一日には、在府中の宇和島藩主伊達宗城に書状を送り、正弘との交渉など、お由良騒動後の円満な処理と斉彬の藩主就任を依頼した。かたや斉興は、脱藩士を引き渡すよう叔父斉溥に強要するが、斉溥は「証人として匿っているため、弓・

鉄砲を使用してでも守る」と断固拒否。

斉興は八月二十一日、琉球王尚泰《しょうたい》（第二尚氏王統十九代国王）の謝恩使節をともなって鹿児島を出発、十月三十日に江戸に参府した。斉興がその途上にあった十月四日、斉彬は二年前の次男寛之助、一年前の四男篤之助に続き、三男盛之進を喪った。二歳十カ月の死であった。残ったのは一歳八カ月の五男虎寿丸だけとなった。

世子斉彬の藩主就任を期待する正弘は、南部信順らとともに斉興に隠居を勧めたが、渋ったため斉興に隠居を命じるよう将軍家慶に要請する。

十二月三日、斉興は将軍家慶から唐物の大名物《おおめいぶつ》茶入「朱衣肩衝《あけのころもかたつき》」を与えられた。通常であれば武家には刀や馬を下賜するが、茶道具類を下賜することは「隠居せよ」という暗示である。その斉興は、藩の財政再建を成し遂げたと自負しているため、琉球王国を従属させた藩祖忠恒と将軍岳父の祖父重豪同様に従三位への昇進を熱望していた。そのためには「現役の藩主であらねばならぬ」と勘違いし、二年前の嘉永元年五月から昇叙の内願を続けていたが、隠居でも従三位に昇った前例（重豪は隠居後）があることを朝廷から知らされ、翌嘉永四年（一八五一）正月二十九日、幕府に正式に隠居届を提出する。近思録崩れで藩主となった斉興は、四十二年もの間その座にあったが、お由羅騒動によって隠居し、斉彬に島津本宗家相伝の重宝を譲って家督を明け渡し、居所を高輪藩邸、そして江戸南郊の大井藩邸（品川区東大井）に移すことになる。なお、斉興が待望の従三位に昇叙されるのは、およそ五年後の安政四年十二月十五日。藩主在職中の勤労や十一代将軍家斉の正室広大院との続柄、十三代将軍家定の御台所篤姫（後述）との縁戚であることが理由とされたが、もちろん斉彬の強力な要請によるものである。

斉興に藩政後見を断念させる

藩主斉興が隠居届を提出する直前の正月十六日、世子斉彬と側室須磨との間に三女暐子《てるこ》が生まれていた。のちに久光の嫡男忠義の正室となる女性である。二月二日、江戸城に登城した斉彬は、老中松平乗全《のりやす》（三河西尾藩主）から家督相続を許可され、島津本宗家二十八代当主ならびに薩摩藩十一代藩主となる。四歳で世子として幕府にとどけられてから三十九年、すでに四十三歳になっていた。ところがこの二日、新藩主斉彬にとって不都合なことが起こる。隠居した斉興が藩政の実権を握り続けるために藩政後見を家老に通達したのである。棺桶の中から命令書が突き出されたようなものであろうか。何とも往生際の悪い偏屈な男だ。

隠居の斉興を藩政から排除するために斉彬は、老中首座正弘に働きかけ「幕府すなわち将軍家慶の意思」としての覚書を老中牧野忠雅（越後長岡藩主）から斉興に下させる。忠雅から「お由良騒動は藩主である斉興の責任」「茶器を拝領して首尾よく隠居できた意味をとくと心得よ」と斉興は戒められ、さらにこの覚書に触れるようなことがあれば「琉球対策の失態や不埒な虚偽報告（斉興自身が二年前の嘉永二年十一月七日に来航したイギリス艦船の事実を隠蔽し、琉球は平穏そのものと幕府に報告していた）、密貿易の表沙汰もあり得る、覚悟せよ」と脅されて藩政後見を断念することになる。

ちなみに、斉彬と親交のある有力諸大名の中では、老中首座阿部正弘が三十三歳、尾張藩主徳川慶勝は二十八歳、一橋慶喜が十五歳、福井藩主松平春嶽は二十四歳、土佐藩主山内容堂が二十五歳、長州藩主毛利敬親は三十三歳、宇和島藩主伊達宗城が三十四歳、肥前佐賀藩主鍋島閑叟（閑叟の生母幸《さち》姫が斉彬の生母周子《かねこ》の異母姉であるため閑叟と斉彬は従兄弟どうしとなる）は三十七歳、斉彬の大叔父の福岡藩主黒田斉溥が四十一歳で、唯一の年上として五十二歳の水戸烈公徳川斉昭がいるだけである。また、のちに大老となる譜代藩筆頭の近江彦根藩主井伊直弼（関ヶ原の戦いで柏木源藤《げんとう》に銃撃された徳川三傑の一人〝井伊の赤鬼〟直政の末裔）は三十七歳だった。

鹿児島では二月二十日、江戸からの急飛脚が到着し、斉興の隠居、斉彬の藩主就任が知らされ、翌二十一日に城代家老島津久宝が藩内に布告。鹿児島城下のみならずこれを伝え聞いた藩領内に歓声が溢れたという。

島津斉彬、藩政改革に本腰を入れる

藩主就任からおよそひと月後の嘉永四年三月三日、斉彬は虎寿丸を世子として幕府に届けを出し、九日には、藩主として初入国するため、家老島津将曹や側役種子島時昉《ときあき》、堅山利武、山口直記、御納戸奉行鷲頭《わしず》才之丞、使番兼物頭向井新助らを従え、芝藩邸を出発し、お由羅騒動に揺れた鹿児島に向かった。

その途上、斉彬は三月二十七日から三日間伏見藩邸（伏見区東堺町）に滞在したが、その間に京都所司代内藤信親（越後村上藩主）および近衛家に藩主就任の挨拶に出向く。近衛家を訪問した際の斉彬は、右大臣近衛忠熙（重豪の三女茂姫を養女とし御台所〈広大院寔子〉として送り込んだ経熙の孫。近衛家二十七代当主）に面会している。おそらく忠熙の十四歳の四男忠房にも会ったのではないだろうか。忠熙の正室で斉彬の叔母興子は、一年前の嘉永三年三月二十九日に亡くなっていたが、忠房はその忘れ形見だからである。

斉彬は四月二十六日、福岡藩主黒田斉溥に会い、お由羅騒動ならびに藩主就任の斡旋について礼を述べ、お由羅騒動後の処分や今後について話し合った。

斉彬は、福岡藩に匿われていた井上経徳ら脱藩した四人の藩士に長年の忠節に対する褒詞と褒美の品を密かにとどけさせた。また、住吉神社（博多区）に参詣する旨を告げ、その路傍で待ち受けさせ、駕籠が通り過ぎるときに御簾《みす》を上げて四人を見やった。四人は跪いて仰ぎ見た。四人は脱藩の罪で追われる身であったので公に藩主斉彬に拝謁することができなかったのである（のちに許されて帰藩）。

斉彬は五月三日に出水麓（出水市麓町）で叔父の島津忠剛、八日には、苗代川村（日置市東市来町）で城代家老島津久宝らの出迎えを受け、九日には、水上坂《みっかんざか》（鹿児島市常盤）で馬に乗り換えて二の丸下楼門から鶴丸城に入城する。雲ひとつない好天のもと、城下沿道には新藩主斉彬の帰国を待ち望んでいた領民が詰めかけ、立錐の余地もないほどであったという。

斉彬はこの帰国に先立ち、徳川家康の霊廟日光東照宮の修理御手伝金として、修理総額十三万四千両余のうち五万千四百四十三両を献上する。斉興の隠居ならびに藩主に就任できた諸事情を考慮し、また、幕府との良好な関係を重視するためでもあった。

その鹿児島では、久光擁立派の藩士らが斉彬からどれほど過酷な処分が下されるか戦々恐々としている一方で、処分された斉彬擁立派の藩士の処分回復の期待がふくらんでいた。しかし、泥沼の内紛を経て藩主となった斉彬は、父斉興に配慮し、斉溥の意向を踏まえたうえで久光擁立派の藩士を即座に処分せず（のちに島津将曹は依願退職し、伊集院平や吉利仲らも処分されるが、斉興のお気に入りの島津久宝は処分されず）、また、遠島に処された斉彬擁立派の藩士も直ちには赦免しなかった。赦免された藩士によって久光擁立派に対する報復を恐れたからでもあった（免職・謹慎者らの赦免は翌嘉永五年五月に、遠島者は四年後の安政二年九月までに全員が断続的に赦免される）。

それよりも斉彬は、琉球外交問題については汾陽光遠《かわみなみようえん》ら二十五人を琉球ではなく奄美大島に派遣し、非常時に琉球に渡る備えとするとともに、薩摩藩における富国強兵・殖産興業策の実現に本腰を入れるため、開明策を採って西欧の科学や技術を導入し、さらなる軍備の近代化・強化に取り組む。その資金の裏付けとなるのは、皮肉なことに自身が死に追いやった調所広郷の貯えた備蓄金であった。

集成館事業の開始

藩主斉彬は五月十六日、藩士から意見を汲み上げるために最初の親書を布達し「遠慮なく意見を申し出よ」と述べるとともに、「先代（斉興）の規則に基づいて藩士領民がそれぞれの務めに励むように」と布告する。在国中の斉彬は寺社への参詣をはじめ砲術調練や諸武芸の実演を観閲するなど多くの諸行事に加え、薩摩半島の巡視、領民の内情視察など多忙な日々を送った。この間、従兄弟の佐賀藩主鍋島閑叟から翻訳書を譲られた斉彬は、斉興が始めた鋳製方での青銅砲の製造のみならず、鉄製砲を製造するため、磯別邸の敷地の一部に、鉄鉱石を溶かして銑鉄（不純物を含んだ粗製鉄）を造る溶鉱炉を、その銑鉄を溶かして高純度の鋼鉄製大砲を造る反射炉を、さらに大砲の孔《あな》を刳《く》る鑽開台《さんかいだい》を、その周囲にはガラス工場や陶器製造所、蒸気機関研究所などの建設に着手し、のちにこれら一連の近代工場群を「集成館」と名づけ、最盛期には一日千二百余人の職工や人足が働くようになる。

斉彬は鋳製方での青銅砲、集成館での鉄製砲の製造と二本立てで鋳砲事業を展開すると同時に、城下防衛のために祇園之洲（祇園之洲町）・新波止《しんはと》（本港新町）・弁天波止場・天保山（天保山町）・大門口（南林寺町）、桜島の袴腰（桜島横山町）、錦江湾に浮かぶ鳥島、沖小島などに砲台を追加築造して沿岸防備を固め、鋳砲事業で製造された青銅砲・鉄製砲を据えて外国艦隊による攻撃に備えるのである。

海軍力・海運力強化のために斉彬は、洋式船とくに外輪（のちにスクリュー）を備えた大型の蒸気軍艦が必須と考え、世子時代から研究を進めさせていたが、そのためには、従来の和船を建造する造船所では小さすぎるため、新たに大船建造用の磯造船所（鹿児島市吉野町）や桜島瀬戸村造船所（黒神町）、桜島有村造船所（有村町）、牛根造船所（垂水市牛根麓）の建設に着手する。

また斉彬は、城下の西田下会所《しもかいしょ》（役場・西田町）に逗留していた中浜万次郎に依頼し、軍賦役田中清左衛門と田原直助に船大工三、四人を加えて航海術や造船などを学ばせていたが、十月四日には洋式船の雛型を造らせ、さらにその雛型を基に磯造船所で「越通船《おっとせん》」と呼ばれる小型の和洋折衷船を建造。同時に、蘭学者箕作阮甫《みつくりげんぽ》に翻訳させた蒸気機関の解説書『水蒸船説略』を参考に蒸気機関の開発・製造を命じた。

中浜万次郎は十年前の天保十二年に土佐国足摺岬（高知県土佐清水市）沖で操業中に難破し、太平洋上の沖ノ鳥島に漂着。捕鯨船ジョン・ハウランド号が沖ノ鳥島に立ち寄った際に救助されたが、鎖国中の日本に異国船では帰ることができず、その捕鯨船で日本人として初めてアメリカに渡った。万次郎は〝ジョン・マン〟という愛称で船長ホイットフィールドの養子となってマサチューセッツの学校に通い、卒業後は捕鯨船の船員となり、この嘉永四年二月二日に琉球に上陸、番所で尋問を受けたあと薩摩藩に送られていた。

また斉彬は、工業だけではなく農政面にも強い関心を示す。農業政策としては十月十四日に「常平倉」設置し、藩費を使って豊作で価格の安いときに買い入れた米を凶作で高いときに放出し、米価の価格安定を図った。さらに、作物や肥料、農具などの改良に努めるとともに、それまでの黒砂糖を白砂糖・氷砂糖への転換に取り掛かり、奄美大島・徳之島・喜界島のみならず、沖永良部島・与論島でも砂糖惣買入制を実施するようになる。

次期新御台所の選定

話はお由良騒動を乗り越えた斉彬が、自身の藩主就任と父斉興の隠居を画策していた二年前の嘉永三年初秋頃に遡る。将軍継嗣家定の実母本寿院から島津家に対し、内々に「藩主斉興か世子斉彬に家定の嫁となる年頃の姫君はおられるか」という問い合わせがあった。その理由は、嘉永元年六月に家定の正室鷹司任子《あつこ》（元関白鷹司政熙の二十三女）が病死し、嘉永三年六月にも、輿入れしたばかりの継室一条秀子（前関白一条忠良の十四女）が病死してしまい、本寿院らは家定の次期継室を早急に選ばねばならなかったからである。本寿院は、十一代将軍家斉の大御台所広大院寔子以後の家系を調べ、その繁栄ぶりにあやかるため、島津家から家定の継々室を迎えることに決め、打診してきたのである。広大院寔子の家系とは重豪の子孫のことである。当時、前中津藩主奥平昌高・福岡藩主黒田斉溥・八戸藩主南部信順・薩摩藩九代藩主斉宣・同じく十代藩主斉興・松山藩主松平勝善《かつよし》（斉宣の十一男）および各藩主夫人を加えると計十五人が大名家にあってしかも健在であった。もちろん世子斉彬も。

また、寔子を御台所に迎えた家斉は、将軍在位五十年と歴代最長で、六十九歳で亡くなるまで御台所の寔子および楽《らく》以下二十数人の側室および御手付二十数人との間に男子二十六人、女子二十七人、計五十三人もの子をもうけていた。世に言う〝オットセイ将軍〟である。本寿院をはじめとする大奥の上臈らは、家斉と寔子にあやかり「家定も島津家から嫁を迎えれば長寿をたもち、子宝にも恵まれるのではないか」と期待したのである。しかし、残念ながら斉興・斉彬父子ともに将軍継嗣家定の次期継室に見合う年頃の娘はいなかった。そのため島津家としてはこの縁談話を断った。ところが大奥から「島津一族の中からでも」とさらなる申し入れがあった。これを受ける形で斉彬は、家定に見合う女性を一族の中から選ぶことにしたのである。

十二月十五日、鶴丸城でおこなわれた「御家督御内証御祝」の席で、斉彬は今泉家の島津忠剛とその正室幸にともなわれた三人の娘、於一（のちの篤姫）、その異母妹於龍《おりゅう》と於才《おさい》と対面した。於一の才覚・器量を見抜いた斉彬は、十六歳の於一を家定の次期継室にすることを決める。斉彬は、於一入輿が実現して家定が将軍となり、自身が曽祖父重豪同様〝将軍岳父〟となれば、那覇のベッテルハイム退去問題や琉球を通じた密貿易など、幕府による薩摩藩への対応が寛大になり、自身による集成館事業も思う存分成し遂げられ、ひいてはそれが幕府への御奉公につながり、父斉興の三位昇叙にもつながるのではないかと考えた。

嘉永五年（一八五二）二月、斉彬は城下北方の吉野原（吉野町）で大規模な西洋式軍事調練を挙行。

五月二十七日には、斉彬と側室須磨との間に四女典子が生まれた。のちに久光の三男で重富家六代当主島津珍彦《うずひこ》の正室となる女性である。

斉彬は七月、着任したばかりのオランダ商館長ドンケル・クルチウスが幕府に提出した「阿蘭陀風説書」の写しを長崎のオランダ通詞から密かに入手し、翌嘉永六年にアメリカ艦隊が江戸近郊の海域に来航し、幕府に対して貿易を求めることや上陸戦に備えて陸軍および攻城兵器を積み込んでいることを知った。

斉彬と久光の信頼関係

藩主斉彬は嘉永五年八月二十三日、およそ一年六カ月（二月閏月）の在国を終え、参勤のため鹿児島を出立するが、その途上京に立ち寄り、右大臣近衛忠熙に於一の養女の件について協力を仰ぐ。将軍家の御台所には、摂関家の姫を迎えるのが慣例であるため、広大院寔子の前例に倣って於一を近衛家の養女にしてもらうことにあった。

斉彬と忠熙の会談直前と思われる九月二十二日、権大納言中山忠能《ただやす》の娘慶子《よしこ》が実家の中山邸（上京区）で孝明天皇の二宮睦仁《むつひと》親王を出産する。のちに近代日本の指導者と仰がれる明治天皇である。

十月九日に斉彬が出府すると、阿部正弘から内々にアメリカ艦隊の来航情報が伝えられ、防衛体制を強化するよう指示された。その内容は、すでに斉彬が秘密裏に入手していた阿蘭陀風説書の写しと同じであった。正弘から指示を受けた斉彬は、薩摩藩の藩邸が芝や高輪、田町など海岸沿いにあるため（当時）、アメリカ艦隊の襲撃に備え、婦女子の避難場所として、西方山手の渋谷に新たな屋敷として四万三千四百余坪を購入、渋谷藩邸（下屋敷・渋谷区東）とし、芝藩邸と高輪藩邸にはオランダの新式砲台を築造する。

翌十一月、斉彬は「次に帰国するまでに、万一外国船が琉球に来航した場合は、藩主名代として遠慮なく処置するように」と久光に書き送った。蘭学を好んだ斉彬は、儒学・漢詩・和歌・書道・国学に秀でた久光の学才を高く評価し、のちに咸臨丸で鹿児島を訪れた勝海舟に「自分は久光の博識と優れた記憶力、志操堅固（何があっても自身の思想・信念を貫くこと）には遠くおよばない」と称賛するほど、久光に対する斉彬の信頼と期待はきわめて大きかったのである。ただし、一般の藩士らはお由羅騒動の真相や複雑に絡み合う人間・権力・利害関係を知らず、なかには久光擁立派による呪詛の件を信じ続け、由羅や久光に良い印象を抱けない、とくに処分された斉彬擁立派の西郷隆盛ら多くの藩士がいた。斉彬は十二月二十七日、琉球王国の防衛を名目として、日本初の本格的洋式軍艦「琉大砲船」の建造願を幕府に提出する。

嘉永六年（一八五三）三月一日、斉彬は於一を実子（側室須磨の娘）として幕府にとどけ、その於一は十日、斉彬の大伯母にあたる広大院寔子の恩恵（運気上昇を願う、いわゆる福マン）にあやかるため「篤姫」と改名する。

黒船前夜

琉球では四月十九日、アメリカ東インド艦隊司令長官マシュー・ペリーが那覇に来航。ペリーは七カ月前の嘉永五年十月十三日にアメリカ東部のノーフォークを出港して大西洋を横断、喜望峰を越えてインド洋を経由し、南シナ海・東シナ海を北上して香港に到着。艦隊を整えたペリーは九日から十日にかけて上海を出港し、この十九日の夕方にたどり着いたのである。ペリーは三十日、泊港《とまり》（那覇市前島）から武装兵二百を従え、首里城に強引に押しかけて琉球王府を威嚇、開国を要求する。ペリーにとって重要なことは、植民地香港を足場として東アジア全域に躍進を遂げているイギリスに対抗し、その東アジアに進出することであった。さらに、対清貿易拡大のため、ゴールドラッシュに沸くカリフォルニアと上海を結ぶ北太平洋横断航路を新たに拓き、アメリカの捕鯨船や商船などの寄港地を、その航路上にある日本に確保する必要があったのである。

そのためペリーは、幕府との交渉が決裂した場合を想定し、軍事力のない琉球を占領・植民地化して日本と分断し、東アジアでの貿易・軍事の拠点にしようとたくらんでいた。ペリーは五月二十六日、那覇を出帆して江戸に向かった。

それよりひと月ほど前の四月二十九日、琉大砲船の建造許可を得た斉彬は、五月二日に江戸を出発していたが、帰国途上の二十九日に備前国藤井（岡山市）でペリーの首里城強行訪問を江戸に向かう城代家老島津久宝の発した急使によって知る。斉彬は江戸家老末川久平に「来月初旬にはアメリカ艦隊が江戸に来航するだろう。その際は手抜かりなく臨機応変の対策を採り、江戸湾内に入り込んだ際は婦女子を渋谷藩邸に避難させ、戦闘となってもこちらからは一切手出しをせず、また、浦賀で江戸湾防備にあたっている幕臣下曽根金三郎に使者を送って様子を探るように」と命じる書状を（おそらく）その急使に託す。

島津久宝は同内容の急使を長崎奉行にも送り、長崎奉行は幕府に伝達。その後も、女性を暴行した米水兵を那覇の住民が殺害した事件など、琉球王府・在番奉行からの報告は定期的にとどけられ、斉彬や長崎奉行、幕府は琉球で何が起こっているのか把握できるようになる。

ペリー来航

アメリカ東インド艦隊司令長官ジェームズ・ビドル提督の浦賀入港から七年後にあたる嘉永六年六月三日、斉彬の予想した通り、旗艦サスケハナ号以下四隻の戦艦を率いたペリーが浦賀沖に投錨する。ペリーは「日本国皇帝（将軍）」に宛てたミラード・フィルモア大統領の国書を携え、軍事力をもって幕府に対し恫喝的な態度で開国を強要。老中首座阿部正弘は開国反対の急先鋒である水戸烈公徳川斉昭の理解を得て、浦賀奉行所に大統領の国書を受け取るように通達する。ペリーは九日、幕府指定の久里浜（横須賀市）に水兵三百を率い、海上を忍・会津両藩が、陸上を川越・彦根両藩に加え、熊本・福井・徳島・高松・長州・姫路・柳川七藩が物々しく警備する中を上陸し、戸田氏栄《うじよし》・井戸弘道両浦賀奉行に大統領国書を手渡す。幕府は「将軍病臥中」のため一年の回答猶予を求めた。

黒煙を濛々と吐き、巨大な船体を黒々と塗り、大砲を装備した最新鋭の外輪式蒸気艦サスケハナ号とミシシッピ号（サラトガ号とプリマス号は帆走軍艦）は江戸湾奥の川崎沖にまで侵入して測量と示威行動を繰り返したあと、「来年三月か四月にやってくる」と予告して十二日に去ったが、江戸市中がいまだ騒然としているさなかの二十二日、十二代将軍徳川家慶が六十一歳で世を去った。家慶は正室・側室との間に十四男十三女をもうけていたが、成人まで生き残ったのはたった一人、三十歳の四男家定だけであった。

帰国途上にあった斉彬は、六月十七日に肥後八代で江戸留守居早川兼彜《かねのり》からペリーの浦賀入港の急報を受け、家慶が亡くなった二十二日に鹿児島に到着。鶴丸城に移っていた篤姫は八月二十一日に斉彬に見送られて鶴丸城を陸路出立し、途中、京の近衛家に参殿し、十月二十三日に芝藩邸に到着した。三十日には、鶴丸城で斉彬と側室須磨との間に五女寧子《やすこ》が生まれた。のちに寧子は、久光の嫡男忠義の正室になった姉暐子が亡くなると忠義の継室に迎えられることになる。

幕府海防掛の常設化

黒船の威容を目の当たりにした老中首座正弘をはじめとする幕閣は、江戸湾の海防強化ならびに「幕府海軍」創設の必要性を痛感、島津斉彬が推挙した海防問題の第一人者である水戸烈公徳川斉昭を海防参与に任じ、伊豆韮山代官江川英龍《ひでたつ》（江川塾を開塾し西洋砲術を諸藩士に教育する）を勘定吟味役格に抜擢、南品川洲崎（品川区東品川）から深川洲崎（江東区東陽）にかけ、十一基の台場（海上要塞）築造に着手させるとともに、その台場に据える大砲製造のための「湯島大小砲鋳立場《ゆしまだいしょうほういたちば》（文京区湯島）」を設け、青銅砲鋳造の指揮を執らせる。のみならず、幕臣水野忠徳を長崎奉行に任じてオランダからスクリューを装備した蒸気軍艦の購入（咸臨丸と朝陽丸）を、水戸藩に洋式軍艦（帆船）旭日丸の建造を、浦賀奉行に同じく鳳凰丸の建造を命じ、そして、斉彬らの建議を受けて、武家諸法度の一つ「大船建造の禁」を解除する。これによって諸藩でも公然と軍艦建造が可能となった。さらに、幕府直轄の武芸訓練機関「講武所（講武場・砲術訓練所）」、同じく洋学研究教育機関「蕃書調所（のちに開成所と改名。東京大学の前身）、同じく海軍士官を養成する「長崎海軍伝習所」の創設に着手する。

また、目付の中から才気煥発な岩瀬忠震《ただなり》、永井尚志《なおむね》、大久保一翁（忠寛）、堀利熙《としひろ》を海防掛に起用し、老練な勘定奉行川路聖謨や勘定吟味役格江川英龍、長崎奉行水野忠徳を海防掛と兼帯させ、幕閣に対する諮問機関でしかなかったそれまでの海防掛を軍事・外交を専門とする行政機関に昇格させる。そのうえで、翌年のペリー再来航に備え、英語が正確に話せる、土佐藩士となっていた中浜万次郎を旗本格として登用した（のちに軍艦教授所教授）。

十月二十三日、徳川家定が十三代征夷大将軍に就任した。

帰国中の斉彬は十一月六日、大船建造の禁の解除を受け、幕府に蒸気船を含む大船十五隻の建造を出願する。と同時に、一つの国家としての〝船印〟が必要と考え、幕府に「白帆に朱の日の丸」を外国船同様につくるよう図面を添えて提案する。斉彬は十一月から十二月にかけて大隅および日向諸県郡の巡視の際に、各地の防備施設の視察と同時に調練を実施し、十二月二十四日には、十八カ郷の郷士・私領主（御一門四家と一所持）を集め、帖佐椋《むく》瀬《せ》河原（姶良市帖佐）で大調練をおこなった。すでに斉彬は、城下に騎兵隊を編成していたが、これを諸郷にも展開しようと考えたのである。

日米和親条約

翌嘉永七年（一八五四）正月十六日、ペリーが急遽来航。ペリーは香港で将軍家慶の死去と「プチャーチン率いるロシア艦隊が皇帝ニコライ一世の国書を奉じて長崎で日本と条約の交渉中」という情報を得て、そのプチャーチンに遅れまいと予定を繰り上げて来航したのである。なおプチャーチンは、日本が他国と条約を結んだ際には、ロシアとも同様の条約を結ぶという一筆を幕府派遣の全権川路聖謨から得て、また、クリミア戦争の勃発によってイギリス・フランス両艦隊との遭遇を避けるため、すでに八日、長崎を出航してマニラに向かっていた。

ペリーは前回にも増して幕府を威圧するため、艦船数を増やし、外輪式蒸気艦の旗艦ポーハタン号・サスケハナ号以下艦船七隻を率い、琉球を経由して江戸湾に姿を現す。その後二艦が加わって九隻となり、その威容をもって江戸湾横浜村沖に投錨。老中首座正弘は三月三日、要求を拒絶できる軍事力が備わっていない現状を考慮し、有り体に言えば江戸を焼け野原にされる事態を避け、穏便にすませるため、通商（自由貿易）問題を棚上げにした状態で「日米和親条約」を締結する。幕府全権は林復斎、アメリカ全権はペリーである。そのおもな内容は、㈠伊豆国下田（静岡県下田市）と蝦夷地箱館（北海道函館市）の開港、㈡下田への在日米国領事館の設置、㈢漂流民の救助・保護、避難港の確保と薪水・食糧の提供などであった。なお、下田港は締結と同日の三月三日に、箱館は一年後に開港される。そして、六月三十日に箱館奉行を再置し、その奉行所として日本初の洋式城郭五稜郭（函館市五稜郭町）が築造されることになる。この条約締結により、三代将軍徳川家光以降二百年以上におよぶ「鎖国政策」は一発の砲火も交えることなく終焉し、ほぼ完成した台場五基を残して江戸湾に築造中の六基は中止となり、また、水戸烈公徳川斉昭は条約締結を不服として海防参与を辞任する。

なお、ペリー艦隊が江戸湾に投錨中、土佐藩士坂本龍馬は、臨時招集されて土佐藩下屋敷の浜川砲台（品川区東大井）で守備の任にあたっていた。その頃の龍馬は自費遊学を藩に許され、桶町《おけまち》千葉道場（中央区八重洲）で北辰一刀流の剣術修行に励むとともに佐久間象山の五月塾（銀座）で砲術や兵学を学んでいた。

ペリー艦隊は十七日から順次江戸湾を出航し、三月二十一日に新たに開かれる下田港に到着。直ちに下田港の測量を開始する。二十八日には、長州藩士吉田松陰が下田港に停泊中のポーハタン号に密かに乗船し、アメリカへの渡航をくわだてた。しかし失敗。国禁を犯した松陰は下田奉行所に自首し、小伝馬町牢屋敷に投獄され、その後、川路聖謨や老中松平忠固《ただかた》（信濃上田藩主）、老中首座正弘によって助命され、国許の野山獄《のやまごく》（山口県萩市今古萩町）に幽閉されたが、のちに松下村塾（椿東《ちんとう》）を主宰し、高杉晋作・久坂玄瑞・吉田稔麿《としまろ》・入江九一《くいち》・伊藤博文・山縣有朋・山田顕義・前原一誠・品川弥二郎らの塾生を輩出することになる。四月十七日、ペリー艦隊は、下田同様に湾内の測量をおこなうため箱館を訪れ、それを終えると下田に戻り、六月二日には那覇に向った。

斉彬、若手を抜擢

薩摩藩における洋式軍事調練の徹底に取り組んでいた藩主斉彬は、老中首座正弘から出府を早めるように要請され、この嘉永七年正月二十一日に鹿児島を出立し、二十四日に西方《にしかた》（薩摩川内市西方町）で江戸留守居早川兼彝《かねのり》の発したペリー来航の急報を受け、平均五十七日かかるところを四十五日と急いだが、出府できたのは日米和親条約締結三日後の三月六日だった。このとき、二十八歳の西郷隆盛が郡方書役《こおりかたかきやく》から中小姓《ちゅうごしょう》に大抜擢されて参勤行列に加わっている。中小姓の隆盛は翌四月に庭方役を命じられ、芝藩邸で斉彬のもっとも近くに仕え、その斉彬の薫陶と厚い信頼を得て水戸藩邸（文京区後楽園）や福井藩邸（千代田区大手町）、その他への使者を務めることになる。身分は軽いとはいえ庭方役になったことで隆盛は、徳川斉昭の腹心藤田東湖や戸田銀次郎、武田耕雲斎、家老安島《あじま》帯刀、松平春嶽の側近で越前藩屈指の俊才橋本左内ら他藩の有力者との親交を深め、人脈を養い、その視野を広めていくことになる。

なお斉彬は、すでに大久保利通の謹慎を解き、記録所に復職（嘉永六年五月）させて御蔵役（のちに徒《かち》目付）に任じていたが、この頃、小松帯刀（喜入氏庶流の喜入肝付家十代当主兼善の三男。同じ一所持家の吉利領主小松清猷《きよみち》の養子）を当番頭に、中山中左衛門や谷山昌武、児玉雄一郎、伊地知貞《さだ》馨《か》ら有望な若手を小姓に取り立てて手許に置き、次世代を担う人材として育成していた。お由羅騒動で頼みとする家臣をことごとく失っていた斉彬は、そうせざるを得なかったのだ。

明記された琉球における自由貿易

琉球王府は下田から戻ったペリーによって日米和親条約の締結を知り、六月十七日に「琉米修好条約」を結ぶ。王府全権は総理官（外交担当）の宜野座按司朝昌《ぎのざあじちょうしょう》と布政官（総理官補佐）の棚原親方《たなはらうえーかた》朝矩《ちょうく》、アメリカ全権はペリー。このときの琉球王尚泰《しょうたい》（第二尚氏王統十九代国王）はわずか十歳。すべての目的を達したペリーは二十三日、在琉八年になる宣教師ベッテルハイムらを連れて香港へ向かったが、さらに王府は、フランス（安政二年十月十五日）・オランダ（安政六年六月七日〈後述〉）とも同様の修好条約を締結することになる。注目に値するのは、第一条でアメリカとの自由貿易が明記されている点である（仏蘭ともに）。この第一条の存在により、この時点では和親であって開国していない日本が、間接的に開国したとも、もしくは、琉球が日本開国の口火を切ったともいえる。琉米修好条約締結・ベッテルハイム退去により、天保十五年から十年もの間薩摩藩と琉球王府が悩み、耐えしのいできた厄介な琉球外交問題が解決。ところが、これも難題の将軍継嗣問題が浮上する。

将軍家定の後継問題

老中首座正弘はペリー来航直後、朝廷や諸大名らに対して広く意見を求めていた。朝廷は徳川初代将軍家康が定めた「禁中並公家諸法度」によって幕政（大政）に関する発言を一切禁止されていた。にもかかわらず正弘は「開かれた幕府」をめざし、あえて意見を求めたのである。ただし、抑圧されて鬱積していた少壮公卿のみならず諸藩の中下級武士までもが幕政に対してけたたましいほどの発言をするようになり、国内は混沌とした状況に陥って幕藩体制崩壊を誘引することになる。

また、押し寄せる欧米列強の修好通商条約締結要求という国難に立ち向かうためには、将軍に強力な指導力を発揮してもらう必要があった。しかし、気の毒なことに将軍家定は極端に病弱で引き籠もりがち、ひどい抑鬱《よくうつ》症に罹っているうえに軽度の運動障害があり、将軍として幕政を指導できる資質に乏しいとみなされていた。そこで、将軍後継を定めて家定を補佐させようという声が高まった。将軍継嗣は御三家・御三卿（清水家の当主は不在）の中から選ばれる。候補者は二人。紀州藩主徳川慶福と一橋慶喜。慣例に従って選ぶと家定の従兄弟にあたる慶福が順当だった。慶福の父は前将軍家慶の弟斉順《なりゆき》（十一代将軍家斉の七男）である。しかし、慶福は弘化三年生まれで九歳、あまりにも幼かった。慶喜は水戸烈公徳川斉昭の七男で家定との血縁は薄い。しかし天保八年生まれで十八歳、早くから英明の誉れが高く、将軍補佐にふさわしい人物ともくされていた。慶喜を最初に推したのは松平春嶽で、斉彬の賛意を得ていた。こうしてまず春嶽と斉彬、老中首座正弘、慶喜の実父斉昭、慶喜の実兄で水戸藩主徳川慶篤、従兄の尾張藩主徳川慶勝、宇和島藩主伊達宗城、土佐藩主山之内容堂、上野安中藩主板倉勝明《かつあきら》、阿波徳島藩主蜂須賀斉裕（十一代将軍家斉の二十二男で家定の叔父）らが慶喜擁立に加わって「一橋派」が結成されていく。かたや、彦根藩主井伊直弼、老中松平忠固《ただかた》、会津藩主松平容保、高松藩主松平頼胤、紀州藩家老水野忠央《ただなか》らは「あくまでも血筋を優先させるべき」として慶福を推す。これが「南紀派」と呼ばれた。そして、執拗に倹約を迫る斉昭を嫌う大奥も、慶喜擁立に反対するのである。

この将軍継嗣問題は、日米和親条約に続き、イギリス（八月二十三日）・ロシア（十二月二十一日）・オランダ（安政二年十二月二十三日）との間にもほぼ同内容の条約が締結されて事態が安定するといったん下火になる。なお日露和親条約では、択捉《えとろふ》と得撫《うるっぷ》両島間を国境とし、樺太島は両国の雑居地とすることが定められた。

生死を彷徨う斉彬

嘉永七年七月九日、幕府は、島津斉彬が進言した「日の丸（日章旗）」を日本国惣船印に採用する。幕府内では複数の案が候補にのぼったが、老中首座正弘から諮問を受けた徳川斉昭は、白地に赤丸を強硬に主張、譲らなかったことで決定した。なお、平安時代末期の源平合戦の頃から使われていたとされる日の丸は明治三年（一八七〇）に新政府からも日本船の目印として承認され、国旗として慣例的にもちいられるが、正式に日本国旗として定まるのは平成十一年（一九九九）八月に「国旗・国歌法」が制定されてからとなる。

七月三十日、胃腸を患っていた斉彬が病床に伏す。正室恒姫や篤姫が渋谷藩邸内の仏間に籠もり、西郷隆盛も「この身命に替えて斉彬公を救ってたもんせ」と目黒不動尊（目黒区）で断食に入り、その病気平癒を一心不乱に祈り続けた。ところが閏七月二十三日、斉彬の唯一の男子であり継嗣の虎寿丸も病に罹ってしまう。斉彬は自身が重病にもかかわらず看病したものの、虎寿丸は翌二十四日にわずか五歳で世を去った。五日前の十九日には、斉彬の使者が虎寿丸と右大臣近衛忠熙の六女信《のぶ》姫との結納を京の近衛邸で終えたばかりだった。斉彬はおよそ二カ月の闘病の末、九月になってようやく快方に向かう。十一月二十七日、改元されて安政元年となる。

第九章　幕末に躍動する薩摩藩

一　斉彬の海越える視座

洋式軍艦と蒸気船の建造

安政元年十二月二十二日、島津斉彬によって建造された本格的な洋式軍艦第一号となる琉大砲船（三本マストの帆船。全長三十一メートル。幅七・五メートル）が桜島瀬戸村造船所で竣工し、翌安政二年（一八五五）正月二十三日、島津久光・忠義父子が錦江湾で試乗し「昇平丸」と命名され、二月二十三日に日の丸を船尾に翻して鹿児島を出帆、三月十八日に品川沖に回航された。

五月十四日、阿部正弘・牧野忠雅（越後長岡藩主）・久世広周《ひろちか》（下総関宿藩主）・内藤信親（越後村上藩主）四老中と若年寄や側役衆、大目付、目付、勘定奉行らの幕閣に加え、会津藩主松平容保らが、病がようやく癒えた斉彬の案内で昇平丸に乗船し、船内の隅々まで見学。間もなく昇平丸は高々と帆を揚げて江戸湾を帆走、装備された大砲十門の試射をおこなった。生まれて初めて見る船上から発射される大砲と薩摩藩士によるその大砲の迅速かつ熟達した操作に幕閣は感嘆の声を上げた。芝浦一帯には江戸の町民多数が繰り出して見学、その町人目当ての屋台まで立ち並ぶ、祭りのようなにぎやかさであった。六月七日には、水戸烈公徳川斉昭・水戸藩主慶篤父子、藤田東湖らが乗船、聞きしに勝る堅牢にして優美な西洋式船体と勇ましい大砲の試射を賞賛し、九日には、将軍家慶が将軍家別邸浜離宮（浜離宮恩賜公園・中央区）から遠望、その雄壮な姿に満足し、大いに喜んだという。

斉彬はその昇平丸を幕府に献上し、幕府は「昌平丸」と改名、創設間近の長崎海軍伝習所の第一回伝習生らを乗せて長崎へ向かうことになる。また斉彬は、大船十二隻・蒸気船三隻のうち四隻の建造を有村造船所と牛根造船所で進めていたが、幕府命令で建造した洋式軍艦「大元丸」と「鳳瑞丸」（ともに帆船）が竣工するとその二隻を各三万両で幕府に売却した。

攘夷派の巨頭水戸烈公斉昭はというと、参与辞任後も幕府の諮問を受けて幕政改革案を示していたが、「改革の邪魔になる」として開国派の牧野忠雅・松平忠固《ただかた》（斉昭の海防参与就任に唯一人反対）・松平乗全《のりやす》（三河西尾藩主）三老中の罷免を老中首座正弘に迫る。正弘は八月四日、三老中のうち忠固と乗全の二人をやむなく罷免し、十四日に斉昭を海防参与に復帰させた。しかし、開国派の井伊直弼らの反発を買ったことで、孤立を恐れた正弘は十月九日、同じ開国派の堀田正睦《まさよし》を老中に再任し、表向きには、正睦に老中首座を譲った形にし攘夷派と開国派の融和を図った。

斉彬は八月二十三日、鹿児島から回航させた和洋折衷の越通船《おっとせん》に、海岸沿いにある三田の薩摩藩蔵屋敷（港区芝）で開発したばかりの蒸気機関を搭載し、日本初の蒸気外輪船「雲行丸」を完成させ、その試運転を隅田川でおこなった。それまでの日本船にはみられない前後への動きは両岸に参集した物見高い江戸っ子を驚かせた。ところがその後、雲行丸は蒸気機関に不具合が生じたため、鹿児島に回航されて試験航海が続けられることになる。ただし、蒸気機関の独自開発の困難を痛感した斉彬は、急迫する内外情勢を考慮して蒸気船造りを中止し、国防力向上のために外国製蒸気船の購入に転換する（薩摩藩は最終的に十七隻を購入〈四隻を売却〉。幕府の二十五隻にはおよばないが、土佐藩の八隻、長州・久留米両藩の六隻を大きく引き離して諸藩中第一位）。そのため、斉彬による大船建造計画は、幕府に献上した昌平丸と売却した大元丸・鳳瑞丸に加え「承天丸」「万年丸」の五隻で打ち切られた。

幕府長崎海軍伝習所と薩摩水軍隊の創設

九月二十二日、藩主斉彬の父島津斉興が高輪藩邸を出発して鹿児島に向った。五年前に隠居させられてから初めての帰国である。それから十日後の十月二日、江戸で直下型の大地震が発生し、家屋二万棟が倒壊、七千人が死亡した。水戸藩では家老戸田忠太夫（銀次郎の実父）や烈公斉昭の腹心藤田東湖ら四十八人が圧死する。薩摩藩も桜田藩邸が倒壊後に全焼、芝・高輪・田町などの藩邸・蔵屋敷が被害を受け、斉彬や恒姫、篤姫、家臣らは比較的被害の少ない渋谷藩邸に移った（安政江戸地震）。

長崎ではその十月、海軍士官養成のため、長崎奉行所（西役所・長崎市江戸町）に待望の「長崎海軍伝習所」が設置された。目付永井尚志《なおゆき》と木村喜毅《よしたけ》が伝習監督となり、第一次教官としてオランダ海軍士官ペルス・ライケン以下二十二人の指導のもと、オランダ国王ウィレム三世から寄贈された蒸気外輪船観光丸（スームビング号）や昌平丸を練習艦とし、矢田堀景蔵や勝海舟、中島三郎助、榎本武《たけ》揚《あき》、赤松則良、松本良順らの幕臣のみならず、佐賀・福岡・長州・熊本などの諸藩士からも選抜し、蘭学や航海術、砲術、測量など諸科学を学ばせた。斉彬はこの長崎海軍伝習所に、安政六年（一八五九）二月に閉鎖され、江戸築地に「軍艦操練所」として移行されるまで、木脇賀左衛門や川村純義《すみよし》（西郷隆盛の親戚）、五代友厚、寺島宗則、堀孝之ら総勢二十五人の藩士を送り込む。斉彬はこの派遣に先立ち「薩摩水軍隊（海軍）」を創設し、その水兵を下級藩士から徴募していた。しかし、これに応じたのはわずか百七十七人。藩内では水軍を見下す風潮があったからだとされる。にもかかわらず斉彬は、承天丸や万年丸で調練を繰り返すと同時に蘭学者石川確太郎に命じてイギリスの海軍制度を調査させ、水軍隊の規約なども定め、着々とその強化に務めるのである。

そうした中で斉彬は、幕府に対して琉球王国防備の軍事費援助を請願していたが得られずにいた。斉彬はこの安政二年十二月、それに代わるものとして、琉球王国救済を名目とする、幕府統制下にある貨幣鋳造の特別許可を幕府に請願する。結果は却下。しかし斉彬は、いずれ許可されると見込んで鹿児島に鋳造施設を建設し、江戸から幕府鋳銭座の鋳銭職人を呼び寄せ、側近の市来四郎や集成館鋳《い》物師《もじ》千葉助十郎、磯永喜之助に鋳銭技術を習得させるのである。

斉彬、将軍岳父となる

実質的な老中首座正弘は安政三年（一八五六）二月二十八日、篤姫と将軍家定の縁組決定を内達する。和親条約締結・内裏炎上（嘉永七年四月六日）・安政江戸地震などで遅れにおくれ、篤姫と改名してから三年が経っていた。すでに藩主斉彬の命を受けていた西郷隆盛は、篤姫が大奥入輿時に持参する諸々の婚礼調度品の駕籠や長持、箪笥、鋏箱、衣装、櫛、髪飾り、化粧道具などの調達にあたっていた。それは、小姓与という下級武士で貧窮家庭出身の隆盛が、本来なら間近に見ることすらできない高価な貴重品の鑑識眼を得ることのできる貴重な体験でもあった。

七月二十一日、日米和親条約に基づき、タウンゼント・ハリスがアメリカ初代駐日総領事として伊豆下田に着任。八月五日に郊外の玉泉寺（静岡県下田市柿崎）を総領事館とし、翌六日には星条旗が高々と掲げられた。ハリスの第一の任務は、和親条約には盛り込まれていない、日米間の経済交流いわゆる自由貿易を促進する通商条約を結ぶことにあった。そのためハリスは江戸出府を要請したが、水戸烈公徳川斉昭ら攘夷派が反対したことで江戸出府は留保された。

十一月十一日、左大臣近衛忠熙の養女となって藤原敬子《すみこ》と名を改めた篤姫（本書では以後も篤姫と表記）が年寄幾島をともなって渋谷藩邸から江戸城大奥に入り、十二月十一日に結納、十八日には十三代将軍家定との婚礼がおこなわれた。幾島は忠熙の正室興子付きだったが、嘉永三年三月に興子が没して以降は得浄院と号して興子の菩提を弔うとともに忠熙に仕えていた。斉彬は忠熙に頼み、その幾島を篤姫付き年寄として大奥に送り込んだのである。気性の優れた肝っ玉の太い女丈夫で女傑、黄金を湯水のように使って人心をつかみ、ひたいに瘤があったことから人は陰で〝コブ〟といって恐れたという。幾島の放つカリスマ性が大奥工作や江戸城と薩摩藩との連絡役にはうってつけだと斉彬は見込んだのである。輿入れに際して斉彬は「将軍家（家定）の意向が一橋慶喜か徳川慶福か、密かに探るように」と篤姫に言い含めた。しかし、男児出生を期待されて御台所になる篤姫にとっては悩ましく、容易なことではなかった。ともあれ、斉彬は曽祖父重豪同様に「将軍岳父」となった。

斉彬、偽金造りを開始

安政四年（一八五七）正月二十八日、隠居の島津斉興が鹿児島の玉里邸を出立し、三月十八日に高輪藩邸に帰着する。斉興は一年二カ月ほど前の安政二年十一月十日に鹿児島に帰国したが、斉彬が藩主に就任して以降、その鹿児島が西欧化・近代化され、わずか五年ほどで大規模に変貌を遂げた姿を目の当たりにして胆を潰し、藩庫から小判が湯水のごとく流れ出てゆく悪夢にうなされたのではなかろうか。

そうした斉興の恨みがましい心情をよそに藩主斉彬は、三月十一日と二十七日に一橋邸を訪れて慶喜との対面を果たす。おそらく一橋派の一人として慶喜の器量を見極めるためであったと思われる。斉彬は松平春嶽宛に「早く将軍後継として仰ぎたいものだ。ただ、自信過剰気味で他人を見下す傾向が強いので、諭したほうが良い」と書状を送っている。二十一歳の慶喜は、賢侯随一の斉彬に、才智と出自を多少鼻にかけるところはあるとはいえ、将軍後継に相応しい若者として高く評価されたようだ。

この十一日か二十七日であろうか、斉彬は、ペリーが再航した際に将軍家定に贈った蒸気機関車や電信機をはじめとする数多くのプレゼントの一つに、御三卿以外は拝見することができない最新式のライフル銃（後装式施条銃）を慶喜から強引に借り受け、一晩で分解して設計図を作製させ、元通りに組み立てて翌日に返却したとされる。

その斉彬は四月一日に江戸を出発し、京で近衛忠熙・忠房父子を訪ね、三条実万《さねつむ》（五月に内大臣に就任）と権大納言中山忠能《ただやす》を含めて国事について話し合った。そのとき斉彬は、不測の事態が生じた際の「京都守衛の内勅」を賜りたい旨を告げ、五月二十四日に鹿児島に帰国、磯別邸に入った。藩政改革の意気込みに燃える斉彬は、反射炉や鑽開台など、鋼鉄や銃砲の鋳造諸施設を視察したあと、これら集成館諸事業に多大の諸経費がかかることを心配する、勝手掛家老新納久仰《ひさのり》や御側御用人三原藤五郎以下の軍役掛に対し、「薩隅日の海陸防備を十分に施したあとに、銃砲を余分に製造して幕府・

諸大名のみならず、清国その他の諸外国に輸出すれば十分に採算は取れる」と説いた。が、斉彬の胸に秘めた遠大な計画を新納久仰らは理解できなかったであろう。

その一方で斉彬は、幕府による鋳銭許可を前提とし、鋳銭の技術習得を終えた市来四郎や磯永喜之助らに、金銀分析を名目として鶴丸城内製煉所（開物館）で「天保通宝」の試験鋳造を密かに開始させる（国禁を犯した実質的な偽金造り）。鋳銭は、四郎や喜之助が数百人の職工を使い、翌安政五年（一八五八）の斉彬の病死まで続けられることになる。一日五百枚で月に二十日として計算するとおよそ十二万枚（五十五枚で一両として二千二百両。一年で二万六千余両）。職工の賃銭が年に一万両、材料を含む諸経費が年二万一千余両が必要となり、初期投資の費用負担はかなりなものとなったが、この貨幣鋳造技術と経験がのちに薩摩藩による「琉球通宝」ならびに大々的な天保通宝などの〝偽金〟造りに大いに役立つことになる。

日本一致一体

六月十七日、島津斉彬の盟友ともいえる老中阿部正弘が江戸で急死する。心労が重なった三十九歳の死であった。七月二十三日には、老中首座堀田正睦と反りが合わない水戸烈公徳川斉昭が海防参与をまたもや辞任。八月、側近の市来四郎に開発を命じていたガス燈が完成。斉彬は磯別邸内にガス室を設置させると、庭園内の石灯籠すべてに配管を施し、いっせいに点灯させた。この成功に気を良くした斉彬は、鹿児島城下へのガス燈設置を計画する。

四男虎寿丸が嘉永七年に亡くなってから三年、九月九日に鶴丸城で四十九歳の斉彬と三十七歳の須磨との間に六男哲丸が生まれた。歓喜の声が藩内外に響き渡ったが、斉彬の喜びはどれほど深かったであろうか。その斉彬は十六日と十七日に鶴丸城内で写真の撮影実験に臨んだ。このとき、市来四郎が斉彬を写した銀板写真は、よく撮れている三枚以外は破棄させ、篤姫と土佐藩主山内豊熈《とよてる》（嘉永元年七月に死去）の正室となった斉彬の実妹候《こう》姫、側室須磨に与えられた。この須磨が所持していたとされる一枚が、日本人が日本人を写した現存する日本最古の写真として尚古修成館（薩英戦争〈後述〉後に建築される集成館機械工場。吉野町）に残されている。

　一方、オランダ商館長クルチウスが長崎奉行岡部長常に締結を申し入れていた琉蘭修好条約は、幕府公認のもと琉球で進められることになった。これを幕府から伝えられた斉彬は、その締結に絡め、㈠琉球国王の名義で琉球と奄美大島を開港して、その後に鹿児島の山川港でオランダやフランスとの貿易を開始し、㈡同じく琉球王の名義で蒸気船（軍艦）や大砲、小銃の購入および大砲、小銃を年間六千丁製造可能な機器類を買い入れ、㈢英米仏に留学生を派遣する、といった途方もない計画を進める。斉彬は琉球王府との説得交渉を市来四郎に託す。斉彬は、一国一郡を越えた「日本一致一体（挙国一致つまり〝オールジャパン体制〟）」による中央集権国家のもと、国と国民が豊かで近代化された軍備を有する「富国強兵策」の実現以外に、迫りくる欧米列強（欧米資本主義諸国）による日本の植民地化という脅威に対処する道はないと信じて疑わなかった。集成館事業もその一環であったのだ。

　十月三日、斉彬の密命を帯びた市来四郎が、恩賀親方《おんがうえーかた》（鹿児島琉球館の在番親方であろう）をともなって鹿児島を出立し、十日に那覇に到着する。薩摩藩（すなわち斉彬）の威圧の前に王府は承諾。四郎は琉球風に変装し名も市地良雲上《いちらぺーちん》と変え、琉球官吏と称してフランスとの間に蒸気船購入や留学生派遣交渉を始めた。

斉彬最後の建白

ハリスが下田に到着してからおよそ一年、その間ハリスによって執拗に繰り返されてきた出府要請を、ついに老中首座堀田正睦は受け入れる。ハリスが「アメリカ軍艦ポーツマスで江戸に向う」と下田奉行井上清直を脅したからである。

このハリス出府に釣られるかのように、小康状態にあった将軍後継問題が急浮上。しかし、一橋派による「慶喜を将軍継嗣に」という動きは南紀派の強い抵抗に遭う。そのうえ老中阿部正弘が急死し、徳川斉昭も閣内から去っていた。しかも、斉昭によって罷免された松平忠固が老中に再任され、幕府内における一橋派の勢威は急激に低下していた。苛立った松平春嶽は、朝廷に後継将軍を決めてもらうため、側近の橋本左内を国許から呼び寄せ、自身は老中首座正睦や老中久世広周《ひろちか》に後嗣決定の急務を説く。さらに春嶽は、十月十六日、従兄弟の蜂須賀斉裕（阿波徳島藩主）とともに、正睦に慶喜を将軍後継とするよう建白書を提出する。その春嶽を支援するため島津斉彬は、ともに帰国していた西郷隆盛を徒目付に任じ、江戸詰めとして出府を命じた。

十月二十一日、下田から江戸に着いたハリスは秘書兼通訳のヒュースケンをともなって江戸城で将軍家定に謁見し、アメリカ大統領フランクリン・ピアースの親書を提出して公式に「日米修好通商条約」の締結交渉の開始を要求する。

正睦は下田奉行井上清直と目付岩瀬忠震《ただなり》を全権委員に任じ、十二月十一日からはハリスの宿舎蕃書調所で通商条約調印を前提にハリスと通商条約案の逐条審議にあたらせ、二十六日にその交渉が終了。正睦は二十八日と二十九日の両日、在府の諸大名を総登城させて交渉過程を説明する。その後、意見具申を求めたが、とくに質問はなく「取り合えず了承」つまり幕府主導の流れに任せようということだ。

斉彬は十二月二十五日付で幕府に建白書を提出する。その内容は「通商は許可すべきである。ただ、それによって外人が入国すると人心の統一が必要となるため、将軍継嗣決定が第一となる。将軍継嗣には英明・人望を備え、年齢も二十一歳と申し分のない一橋慶喜を後継将軍に決定すべきである」というものだった。亡き阿部正弘は「通商問題と将軍継嗣問題を切り離し、通商問題を最優先とすべし」としていたが、斉彬は初めて慶喜擁立を公然と表明すると同時に、通商問題と将軍継嗣問題を絡めたのである。篤姫が将軍家定の世子を産む可能性があったにもかかわらず、欧米列強の脅威がより切迫したことによって「将軍後継問題の解決が急務」と考えざるを得なくなったからである。さらに斉彬は、翌安政五年（一八五八）正月六日に京の左大臣近衛忠煕と内大臣三条実万に書状を送り、内勅（内密の勅命）を幕府に下して慶喜を将軍継嗣とするよう依頼する。

その頃、江戸に到着していた隆盛は、橋本左内とともに慶喜擁立に向けて大奥工作を展開していた。その柱となったのは、篤姫と幾島、芝藩邸の老女小野島で、小野島は薩摩藩邸の奥老女を務めるとともに斉彬の正室恒姫付きでもあった。隆盛は携えていた斉彬による篤姫宛の密書を小野島を通じて幾島に、幾島は篤姫に伝えた。しかし成果は上がらなかった。将軍家定の生母本寿院が「継嗣は不要」の立場にあり、また、本寿院・家定ともに慶喜を嫌っていたからでもあった。

通商条約勅許不可

日米修好通商条約の逐条審議が終了し、条約案が正月十二日に妥結する。その内容は、㈠下田・箱館に加え、神奈川（横浜）・長崎・新潟・兵庫（神戸）の開港と江戸・大坂の開市（公開の商取引・自由貿易）、㈡公使の江戸在住、㈢関税（日本の関税自主権が欠如）、㈣治外法権などであった。調印を前に老中首座正睦は、孝明天皇の調印勅許を得ることに決し、「ショーグンよりエラい人がいるのか？　それならみずから京に出向く」と息巻くハリスをなだめ、調印までしばしの猶予を得る。

正睦や逐条審議にあたった井上清直、岩瀬忠震らは「天皇の勅許を貰えさえすれば、徳川斉昭を旗頭とする強硬な条約締結反対派すなわち攘夷派を沈黙させ、世論に対しても開国を正当化できるうえに、欧米列強の軍事力の前に膝を屈した弱腰幕府と見くびられずにすむ」と踏んでいた。しかし「鎖国政策」を三代将軍家光以降堅持してきたのは幕府自身。その鎖国政策をはじめどのような重要政策でさえも天皇に許可を求めたことはなく、本来ならば幕府の判断で条約に調印すべきであった。

条約案が妥結した十二日、大目付蜂須賀斉裕（徳島藩主）・勘定奉行川路聖謨《としあきら》・岩瀬忠震・老中松平忠固・老中久世広周を抱き込んでいた松平春嶽は、天皇から一橋慶喜を将軍継嗣とする内勅を引きだすよう正睦に迫った。

条約案を携えた正睦は二十一日、条約勅許に加えて将軍継嗣についての内勅も得るため上洛の途につき、これに川路聖謨や逐条審議にあたった岩瀬忠震らが随行する。二月五日、正睦一行は宿所となる本能寺（本能寺の変により移転。中京区下本能寺前町）に入った。ほぼ同時期に春嶽は、正睦を側面から援助するため左内を京に送り込んだ。左内は、中川宮・左大臣近衛忠熙・内大臣三条実万・前関白鷹司政通（正室が斉昭の姉清子）に働きかけ、三月初旬には、篤姫の密書を携えた西郷隆盛も左内を追って京に到着した。

正睦はというと、親幕派の関白九条尚忠《ひさただ》に、聖謨や忠震は武家伝奏広橋光成《みつしげ》や東坊城聡長《ひがしぼうじょうひさなが》、議奏万里小路正房《なおふさ》に、世界情勢や通商開国のやむなきにいたった経緯を懇切丁寧に説明した。

三月十二日、その甲斐もあり、九条尚忠は、条約調印については幕府に一任する内容の「勅答文案」をみずから作成し、朝議に提出しようとした。ところが、攘夷派で天皇の侍従兼近習の岩倉具視が仕掛人となり、中山忠能、大炊御門家信《おおいみかどいえこと》、正親町三条実愛《さねなる》、野宮定功《ののみやさだいさ》、大原重徳《しげとみ》、澤為量《さわためかず》、長谷信篤、四条隆謌《たかうた》、姉小路公知《きんとも》ら公家百三十七家のうち八十八人が勅答文案撤回を求めて九条邸（内裏南側中央の堺町御門内西側）で、抗議の座り込みを断行（廷臣八十八卿列参事件）。

二十日、一貫して開国不可・攘夷の立場にあった孝明天皇は、正睦に「条約調印不可」を突き付ける。楽観して入洛した正睦は完敗、天を仰いだ。しかも、同時に進めていた将軍継嗣問題は、「幕府一任」とされ、結果として慶喜による将軍継嗣の目は霧消し、一橋派の策略は水泡に帰した。

不要の勅許を求めて上洛したにもかかわらず、その勅許が得られないどころか、条約調印そのものを否定されたことで、それまで良好とされていた朝幕関係は一転して不穏なものとなる。しかも、このとき以降、幕府は朝廷の意向を無視できなくなってしまうのである。

かたや、京にあった西郷隆盛や橋本左内は近衛家老女村岡（津崎矩子）を介し、または月照（清水寺の塔頭成就院の前住職で近衛家と親密）の助力を得て、慶喜擁立のための朝廷工作を密々のうちにおこなっていたが、幕府一任と決まったことで打つ手を失って江戸に戻った。

勝海舟とカッテンディーケの鹿児島来訪

鹿児島では、廷臣八十八卿列参事件から三日後の三月十五日、長崎海軍伝習所の練習船咸臨丸が山川港に入港した。長崎を出航した咸臨丸が航海訓練途上に訪れてきたのである。指宿二月田（指宿市西方）で湯治中だった島津斉彬はその報告を聞き、翌十六日、馬を飛ばして駆けつけ、咸臨丸に乗り込んだ。斉彬は船長格の勝海舟や第二次教官のカッテンディーケ以下の仕官、薩摩藩の伝習生成田彦十郎、加治木清之丞らに出迎えられて艦内を見学。その後斉彬は、オランダ仕官と同じ食事をふるまわれた。斉彬は咸臨丸を鹿児島に回航させ、磯別邸で歓迎セレモニーを催し、砲台や集成館の溶鉱炉、銑砲の鋳造諸設備、ガラス工場、電信機製作所などを見学させてオランダ士官に意見を求め、寺島宗則がその内容を筆記した。

オランダ海軍の軍医ポンペは、これら集成館の工場群が日本人だけで築かれ、運営されていることに驚嘆し「この藩はまもなく日本全国の中でもっとも繁栄し、かつ強力な藩になる」と予言。とくに驚いたのは蒸気船雲行丸だった。カッテンディーケは、蒸気機関など見たこともない日本人が書物と図面だけでこれだけのものを造り上げる能力の高さに尊敬の念すら抱いたという。

四月二十日、老中首座正睦らが失意のうちに江戸城に戻り、将軍家定に報告。正睦は起死回生策として、松平春嶽の大老（将軍代行）就任を家定に打診したが拒否された。その家定は二十三日、あてつけるかのように譜代大名筆頭の彦根藩主井伊直弼を大老に任命し、老中首座正睦の上に据えた。

二　島津斉彬の遺徳

日米通商条約の締結成る

安政五年（一八五八）五月一日、将軍家定は大老井伊直弼以下の幕閣を招集し、紀州藩主徳川慶福を継嗣に決めたことを告げる（公表は六月二十五日）。その頃の西郷隆盛は将軍継嗣問題が一橋派にとって不利だと察知し、藩主島津斉彬の指示を直接仰ぐため帰藩を決意。隆盛は松平春嶽から斉彬宛の書簡を受け取って江戸を出発した。

六月七日に鹿児島に帰着した隆盛は、磯別邸におもむいて斉彬に拝謁し、春嶽の書簡を手渡すともに詳細な報告をする。春嶽の書簡と隆盛の報告によってであろう。慶福が将軍後継になることを知った斉彬は、幕府起因による「天下の禍乱（騒動）は必至」と危惧、不測の事態に備え、斉彬みずから藩兵三千を率いて上洛し、天皇・朝廷の守護ならびに幕藩体制の再編強化のため、朝廷を主として幕府を従とする、すなわち尊王を根幹に据えた「公武合体（公武一和）」構想に切り替える。隆盛は六月十八日、斉彬のその構想を成就させる下準備のため、早々に鹿児島を出立。同時に斉彬は、慶喜から借り受けて一晩で作製させた設計図をもとに、集成館に最新式のライフル銃三千挺の製造を命じる。

翌十九日、江戸湾横浜沖のアメリカ軍艦ポーハタン号上では、ハリスの強硬な要求に屈し、勅許を得ぬまま「日米修好通商条約」が調印にされた。幕府全権は井上清直・岩瀬忠震《ただなり》、アメリカ全権はハリス。大老直弼は二十一日、「無勅許（違勅）調印」の弁明を宿継奉書《しゅくつぎほうしょ》いわば郵便物で朝廷に送り、二十二日には、在府の諸大名に登城を命じて条約調印を布告する。直弼は二十三日、勅許獲得失敗および幕権失墜の責任を老中首座堀田正睦と即時条約調印を強行に主張していた老中松平忠固を罷免、替わって水野忠邦に罷免された太田資始《すけもと》（前遠江掛川藩主）と同じく忠邦に疎まれて辞任した間部《まなべ》詮《あき》勝《かつ》（越前鯖江藩主）、阿部正弘に罷免された松平乗全《のりやす》を老中に再起用する。

この二十三日、一橋慶喜は登城して直弼に面談し、無勅許調印という重大決定を宿継奉書という軽率で礼を失した方法をもちいたことについて責め、二十四日には、松平春嶽が直弼の彦根藩上屋敷（千代田区永田町）に乗り込んだのみならず、慶喜の父徳川斉昭、同母兄の水戸藩主徳川慶篤、その従兄の尾張藩主徳川慶勝と無断で登城し、直弼の違勅調印と宿継奉書の責任を追及・面詰しようとした。しかし、待たされるだけまたされた挙句、直弼に体よくあしらわれてしまう。

二十七日、宿継奉書を受け取った朝廷は無勅許調印を知って驚愕、面子をつぶされた孝明天皇は退位の意向を示し、中川宮や右大臣鷹司輔熙《すけひろ》（前関白政通の子）らは幕府に対して反発を強める。

相次いで締結される通商条約

七月三日、将軍家定の病が重篤化したため、幕府はオランダ医学解禁令を発し、翌四日には、シーボルト門下で蘭方医の伊東玄朴や戸塚静海（元薩摩藩医）らを幕府奥医師に任じて治療にあたらせた。

大老直弼は五日、将軍家定の名をもって、徒党を組んで無断登城した徳川斉昭を謹慎、徳川慶勝と松平春嶽を隠居謹慎、徳川慶篤と一橋慶喜（慶喜は登城日ではあったが）に登城停止処分を下す。

翌六日、十三代将軍徳川家定が亡くなった。享年三十五。御台所の篤姫は大御台所となって落飾、天璋院《てんしょういん》と称する。

斉昭・慶篤父子が処分された水戸藩では、藩士らが直弼への反発を強め「条約調印ならびに将軍継嗣選定は違勅」とし、斉昭・慶篤父子の処分撤回を命じる勅書を得るため、左大臣近衛忠熙や内大臣三条実万を通じて朝廷に働きかけることになる。

幕府は八日に海防掛を廃止し、外交専門の「外国奉行（のちに外国惣奉行）」を老中支配下に新設して岩瀬忠震・井上清直（下田奉行兼任）・永井尚志《なおゆき》（のちに軍艦奉行に異動）・水野忠徳・堀利熙《としひろ》（箱館奉行兼任）を任命する。この五人の外国奉行により、孝明天皇が反対しているにもかかわらず、十日に「日蘭修好通商条約」、十一日に「日露修好通商条約」、七月十八日に「日英修好通商条約」、九月三日に「日仏修好通商条約」が相次いで調印される（アメリカを含めて「安政五カ国条約」という）。しかし、外国人嫌いの孝明天皇が安政五カ国条約を頑として認めないため、その意思を尊重し、外国人を日本から追い払おうとする「尊王攘夷（尊攘）」運動が全国各地を席捲し、慶応元年（一八六五）十月五日に、英米仏蘭の軍事的圧力に屈した孝明天皇が勅許を下すまでの七年余の間、国内は救い難い状況に陥り、開港・開市は遅れてしまうのである。

斉彬の突然死

外国奉行が新設された七月八日、鹿児島では前日に引き続く炎天下のもと、島津斉彬が午前十時から城下南部の天保山調練場で大規模な軍事調練を指揮し、天保山台場では大砲試射を視察していた。率兵上洛に備えていたのであろう。それを終えた斉彬は、午後五時頃から船に乗り、釣りを楽しんでから鶴丸城に戻った。ところが斉彬は、翌九日夜に悪寒と下痢に見舞われ、十日には高熱・腹痛が続き、十一日からは下痢を頻繁に繰り返して体調を急激に悪化させた。

死期を覚った斉彬は、小納戸頭取山田壮右衛門や駆けつけてきた異母弟久光に遺言を告げる。その内容は、六男哲丸が生後十カ月とあまりに幼いため、後継者は久光かその長男忠義のどちらかを希望することや忠義を娘暐子の婿養子とすること、哲丸を忠義の養子にすること、朝廷尊崇を心掛けることなどであった。このとき、久光は四十二歳、忠義が十九歳、暐子は八歳だった。

島津斉彬（本宗家二十八代当主・十一代藩主）は十六日早朝、父斉興に先立って病没する。病名はコレラ（のちに赤痢と判明）であった。享年五十。藩主に就任してからわずか七年、斉彬の無念はいかばかりであったろうか。

ただし、斉彬は毒殺されたという説もある。隠居させられた在府中の斉彬の父斉興が指示し、国許の斉興配下の家老が実行したというのである。理由は、斉興が斉彬による率兵上洛を〝薩摩藩の滅亡〟につながると恐怖を抱いたからだとされる。が、これは確証がないため闇の中である。

薩摩藩は久光が相続を辞退したため、十九日に斉彬の名で忠義の跡目相続願を幕府に提出し、二十日にその死を公表する。斉彬の遺体は八月五日に福昌寺に葬られた。法名は順聖院殿英徳良雄大居士。受領名は薩摩守。官位は従四位上左近衛権中将。のちに斉彬は朝廷から「照國《てるくに》大明神」の神号を授けられ照國神社（鹿児島市照國町）に祀られることになる。天璋院篤姫は頼るべき夫家定と養父斉彬をほぼ同時に喪ってしまったのだ。

斉彬の死からおよそふた月後の九月十日、夫斉彬のあとを追うかのように正室恒姫（栄樹院）が江戸（おそらく渋谷藩邸）で息を引き取った。遺体は生後四十日足らずで夭折した長男菊三郎の眠る芝大円寺に埋葬され、遺髪は鹿児島の福昌寺に建てられた斉彬の墓に納められた。大正六年（一九一七）にその遺体は福昌寺に改葬されることになる。

戊午の密勅と安政の大獄

一方、島津斉彬の尊王を根本に据えた「公武合体」成就という密命を帯びた西郷隆盛は、その地固めのために大坂留守居吉井友実とともに七月十四日に入洛し、尊攘論を唱え国事に奔走する梁川星巌《せいがん》や春日潜庵、頼三樹三郎らと会合を重ね、上方の情勢を探っていた。ところが二十七日、斉彬死去という驚天動地の訃報がとどく。思い詰めた隆盛は落胆のあまり殉死を決意。しかし、月照に諫められて思いとどまり、また、水戸藩京都留守居鵜飼吉左衛門・幸吉父子、江戸から駆けつけてきた薩摩藩士日下部伊三次《いそうじ》・裕之進父子らが、水戸藩への勅書降下を近衛忠熙や三条実万を通じて朝廷に工作しているのを知り、水戸藩および幕府情勢を探るため、八月二日に京を発って七日に江戸に到着する。

無勅許調印を断行した幕府に憤激していた孝明天皇は、この七日深夜、親幕派の関白九条尚忠の裁可を経ず、また、幕府を通すこともなく水戸藩に直接勅書を下す。これが「戊午《ぼご》の密勅」とされるものである。その中身は「（幕府が尋ねてきたので条約調印不可としたにもかかわらず）無勅許での条約調印は遺憾、詳細な説明をせよ。内憂外患の折、御三家および諸藩は朝廷を尊重し、幕府に協力して公武合体に努め、幕府は攘夷推進のために幕政改革をせよ。そして水戸藩はこの勅書の趣旨を諸大名に伝達せよ」といった内容で、同様の勅書は三日後の十日に禁裏付（京都所司代の指揮下にあって朝廷内を管轄）の大久保一翁（忠寛）を通じて幕府にも下された。

水戸藩宛の勅書は、武家伝奏万里小路正房《までのこうじなおふさ》から鵜飼吉左衛門に下されたが、持病を悪化させた吉左衛門に代わって幸吉が駕籠かきに変装し、東海道を下って十六日に江戸水戸藩邸（文京区後楽）の家老安島帯刀にとどけられ、藩主慶篤が開封し、帯刀はその内容を水戸駒込別邸（弥生）で謹慎中の斉昭に伝え、勅書の写しは奥右筆頭取高橋多一郎によって十九日に水戸城（茨木県水戸市）に伝達された（勅書そのものは斉昭の命によって十月に水戸城に移される）。

これを知った大老直弼は面子をつぶされて激怒、幕府を差し置いて下された水戸藩への勅書無効を朝廷に働きかけると同時に水戸藩にその勅書返還を要求、諸藩への回送停止を命じる。さらに直弼は、朝廷が幕政やその処断に干渉したことを危険視し、老中間部詮勝と自身の懐刀長野主膳を上洛させ、京都所司代に再任した酒井忠義《ただあき》（若狭小浜藩主）とともに、勅書降下に奔走した関係者を手始めに、幕政を批判する公家や大名、志士らの尊攘派や一橋慶喜を将軍後継に据えようとした一橋派をも摘発、そして粛清させる。いわゆる一年にわたる「安政の大獄」の始まりである。その引き金を孝明天皇は引いてしまったのだ。とくに勅書を直接受け取った水戸藩への弾圧は、「水戸藩の陰謀」とされて徹底されたものとなる。また、諸藩への回送停止を命じられた水戸藩では勅書を秘匿していたが、その写しが斉昭を支持する近衛忠熙や三条実万らを通じ、尾張・薩摩・津・長州・福井・土佐・宇和島・岡山・加賀・徳島・熊本などの諸藩にも回覧された。

集成館事業の縮小

紀州藩主徳川慶福は八月二十五日、徳川十四代将軍となり、名を家茂《いえもち》と改名する。なお、この将軍宣下の際、それまでは新将軍が上座で天皇の勅使が下座であったのを〝尊王の世情〟を反映して朝廷の権威が上昇したため逆転、将軍が下座となる。なお紀州藩主には茂承《もちつぐ》が就任する。

翌二十六日、隠居の島津斉興は藩政補佐を決意し、筆頭家老島津久宝を率いて江戸を出発。すでに西郷隆盛は久宝の命を受けて江戸から鹿児島に帰国途上の京にあった。その頃京では、老中間部詮勝と京都所司代酒井忠義による安政の大獄の嵐が吹き始めていた。第一の捕縛目標であった梁川星巌が、流行していたコレラで急死したため、九月七日に勅書降下運動の主犯と断定された梅田雲浜《うんぴん》（元小浜藩士・中川宮に提出した意見書が勅書降下につながったとされる）が捕縛されると、勤王の志士ら百数十人が次々と捕縛されて六角獄舎（中京区）につながれ、その後江戸に護送された。

九月十二日、大坂藩邸に到着した斉興は、それまで一人だった勝手掛に、新たに島津久宝を任じ、新納久仰《ひさのり》と二人体制に強化して財政整理に着手する。と同時に、十年間の非常節倹（節約）を藩内に通達。鹿児島の玉里邸に到着した斉興は十月十一日、斉彬が計画していた率兵上洛を中止する。

藩政を掌握した斉興は、非常節倹に従い、新規事業で利潤を上げる見込みのない事業は縮小・中止する。城下へのガス燈設置や通信事業、常平倉制度、江夏《こうか》十郎が長崎で進めていたオランダから購入予定の蒸気軍艦や市来四郎がすでに琉球でフランスと契約済みの蒸気軍艦および大砲などの購入、集成館に命じた最新式ライフル銃三千挺の製造はもとより、海外への密航留学生派遣も中止され、薩摩水軍隊をも解散、極秘裏に進められていた天保通宝の偽金造りも当然ながら沙汰止みとなる。斉興は勝手掛の島津久宝・新納久仰両家老とともに、斉彬が心血をそそいだ殖産興業政策を真っ向から否定、諸事業の中核集成館いわば〝富国強兵策の母胎〟を閉鎖状態に追い込んでしまう。

この抜本的見直しにともない、斉彬に重用されていた家老島津久微《ひさなが》（久風の嫡男。お由羅騒動で切腹させられた赤山靱負《ゆきえ》と桂久武の兄で日置家十三代当主）と、斉興の意に従って斉彬の近代化に逆行する政策を採る島津久宝が対立。これ幸いとばかりに、斉興は久微をすっぱりと罷免する。すると、西欧軍備を見下し、日本古来の軍備を尊ぶ風潮が藩内に広がっていく。斉彬の死は、藩当局のみならず諸藩士にまで大混乱を巻き起こす結果になってしまったのだ。

西郷隆盛の配流

梅田雲浜の捕縛を知った西郷隆盛は、自身も一連の勅書降下に奔走していたため、捕吏の手が伸びてくることを察知し、九月二十四日、月照と護衛役の薬丸自顕流（示現流の分派）の使い手海江田信義とともに大坂を発った。隆盛は、月照受け入れ工作のために赤間関（下関）から先発して十月六日に鹿児島にたどり着いたが、十日ほど前の九月二十七日には、すでに日下部伊三次・裕之進父子が捕縛されていた（凄惨な拷問の末に伊三次・裕之進父子は伝馬町牢屋敷で獄死することになる）。

月照は十一月八日、隆盛の同志で福岡脱藩浪士の平野国臣や海江田信義らとともに鹿児島に逃れることはできたが、幕府の追求を恐れた薩摩藩最高権力者斉興と島津久宝や新納久仰両家老らは、お尋ね者にして厄介者の月照保護を拒否し、「日向送り」つまり薩摩・日向両国境で殺害することを命じる。これを知った月照は死を覚悟。月照を保護してきた隆盛は前途を悲観し、十一月十六日未明、その月照とともに帖佐龍ヶ水（鹿児島市吉野町）で入水する。月照は溺死したが、隆盛は同乗していた平野国臣らに助けられて蘇生、一命を取りとめた。月照の享年は四十六。隆盛は三十二歳だった。

十一月四日に鹿児島を出立していた島津忠義は、十二月二十五日に江戸に到着した。幕府は二十八日、斉彬から提出された跡目相続願通り、斉彬の三女暐子の婿養子となる忠義の薩摩藩主就任を許可する。忠義は島津本宗家二十九代当主ならびに十二代藩主（薩摩藩最後の藩主）となる。翌安政六年（一八五九）正月二十八日、忠義は将軍家茂に謁見し、家茂の諱《いみな》を与えられて忠徳《ただのり》から茂久《もちひさ》と名のる（忠義と改名するのは維新後だが本書では忠義のままとする）。また、幕府は新藩主忠義が若年であるため祖父斉興の藩政補佐を承認した。

忠義が江戸滞在中の正月二日、鶴丸城で斉彬の遺児哲丸が一歳四カ月で夭折していた。斉彬は十一人の子女に恵まれたが、六人の男子すべてと二人の娘（長女澄姫・次女邦姫）は早世した。そのため斉彬の男系は絶える。

斉興は「月照・西郷隆盛両人とも溺死」として幕府にとどけ、その追及をかわすとともに、隆盛を「菊池源吾」と改名させて奄美大島に潜居させる。隆盛は大久保利通らに事後を託し、十二日に山川港を離れ、翌十三日に奄美大島北部の龍郷《たつごう》（鹿児島県竜郷町）に到着。以後、流島生活がおよそ三年続く。忠義は三月二十五日に江戸を出発し、五月九日に鹿児島に到着した。

六月二日、安政五カ国条約に基づき、横浜・箱館・長崎三港が開港して貿易が始まり、その周辺の外国人居留地に各国公使館や外国商社、外人住宅などの建築が進められることになる。横浜の居留地（横浜市中区山下町）に在日アメリカ公使館が完成するまで、ハリスは下田から江戸の善福寺（東京都港区元麻布）に公使館を移す。また、七日には、島津斉彬の死で滞っていた「琉蘭修好条約」が締結された。

島津氏略系図・斉彬の子女（九）

㉕[8]重豪―㉖[9]斉宣―㉗[10]斉興┬㉘[11]斉彬
　　　　　　　　　　　　　　　└久光―㉙[12]忠義（久光の嫡男。斉彬の養子。斉彬の三女暐子を正室に、暐子没後は四女寧子を継室とする）

斉彬の子女
- 菊三郎（生後ひと月余で夭折）
- 澄姫（長女・三歳二歳十カ月で夭折）
- 邦姫（次女・一歳六カ月で夭折）
- 寛之助（次男・二歳九か月で夭折）
- 盛之進（三男・二歳十カ月で夭折）
- 篤之助（四男・七カ月で夭折）
- 寅寿丸（五男・五歳四カ月で夭折）
- 暐子（三女・忠義の正室、十九歳三カ月で難産で死去）
- 典子（四女・久光の四男で重富家珍彦の正室）
- 寧子（五女・忠義の継室。二十五歳七カ月で難産で死去）
- 哲丸（一歳四カ月で夭折）
- 光子（養女・近衛忠房の正室）
- 篤姫（養女・十三代将軍徳川家定の御台所。天璋院）

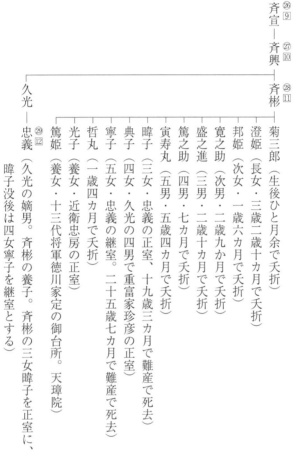

安政の大獄による処分

その頃、すでに京では、大老直弼による安政の大獄が猖獗《しょうけつ》をきわめていた。直弼が朝廷に圧力をかけたことで、中川宮が隠居永蟄居いわゆる永久禁固刑、左大臣近衛忠熙は辞官落飾、前内大臣三条美万が隠居落飾（十月三日に死去）、右大臣鷹司輔煕は辞官落飾、輔煕の父で前関白鷹司政通が隠居落飾、武家伝奏を辞任していた万里小路正房は謹慎（十月二十二日に死去）の身となった。

直弼は八月二十七日、勅書未納の水戸藩家老安島帯刀と奥右筆茅根《ちのね》伊予之助を切腹させ、水戸藩京都留守居鵜飼吉左衛門とその子息幸吉を伝馬町牢屋敷（中央区日本橋）で拷問のうえ斬首、斉昭を謹慎から水戸での永蟄居に、水戸藩主慶篤を登城停止から差控（門を閉ざしての謹慎。九月三十日に解除）に、慶喜を登城停止から隠居謹慎に罪を加重する。

幕閣については、アメリカとの外交を一身に背負っていた、外国奉行から作事奉行に左遷した岩瀬忠震を罷免永蟄居、軍艦奉行永井尚忠も罷免永蟄居、西の丸留守居に左遷した川路聖謨を隠居謹慎、安政の大獄に反対した老中太田資始《すけもと》を罷免、京都東町奉行大久保一翁を西の丸留守居に左遷、前老中の堀田正睦と松平忠固を隠居謹慎に処す。

九月十四日、江戸に送られて小倉藩邸（千代田区大手町）の獄舎に幽閉の身となっていた梅田雲浜が獄死。伝馬町牢屋敷では、十月七日に橋本左内と頼三喜三郎が、二十七日には、安政の大獄を指揮する老中間部詮勝の暗殺をくわだてたとして吉田松陰が斬首された。

その十月、土佐藩主山内容堂と宇和島藩主伊達宗城が隠居謹慎に処されたため、容堂は前藩主豊資の弟豊範に、宗城も養子の宗徳《むねえ》に藩主の座を譲った。

この安政の大獄では、七十歳を過ぎた近衛家の老女村岡なども押込《おしこめ》（座敷牢入り）に処されるなど百人以上が処分された。公家の多くがいっせいに処分されたことで朝廷は無力化され、孝明天皇は孤立する。一方の直弼はというと、幕府を批判する有力大名を一掃したは良いが、「徳川幕藩体制」を支える英傑俊才をも大量に処分してしまったことで、幕府自体の首を絞めてその破滅を早めてしまう。日本を開国に導いた直弼ではあったが、自身に対する反対者には容赦なく鉈《なた》を振り下ろす〝赤鬼の大老〟と化していたのだ。大老どころか彦根藩主にさえ縁遠かった十四男坊が日本の未来を背負わされた悲劇でもあろうか。

忠興の死と集成館事業の復興

京や江戸で安政の大獄の嵐が吹き荒れていた九月十二日、藩政補佐の島津斉興（本宗家二十七代当主・薩摩藩十代藩主）が病没する。おそらく鹿児島玉里邸で愛妾由羅に看取られながら死を迎えたと思われる。享年六十九。法名は金剛院殿明覚亮忍大居士。受領名は豊後守・薩摩守。官位は従三位左近衛中将。遺体は鹿児島の福昌寺に埋葬された。斉興は東郷實守《さねもり》から剣術を習い、示現流の免許皆伝を受けるほどの腕前であったという。

また、斉興が亡くなったことで、実父久光が藩主忠義の後見となり、藩内におけるその政治的影響力が上昇する。久光は十一月、亡兄斉彬の近代化政策に逆行する保守政策を進めてきた二人の勝手掛、島津久宝・新納久仰両家老を罷免、斉興によって退けられた島津久徴を筆頭家老に再起用し、集成館事業の復興に着手する。しかし、欧米の近代化された軍備をないがしろにする傾向が強まっていたため、造砲部門での旧式砲の造砲だけにとどまることになる。

藩主忠義の諭書と精忠組の誕生

一方、大老直弼が断行した欧米列強との修好条約締結や安政の大獄は、尊攘運動にさらなる油をそそぐ結果となっていた。そのため、薩摩藩でも中下級藩士を中心に尊攘派の動きが活発化し、寄合並（家老になれる上士）岩下方平《みちひら》を担いだ大久保利通や伊地知正治、海江田信義、吉井友実、税所《さいしょ》篤、村田新八、松方正義《まさよし》、大山綱良《つなよし》ら下級藩士が結束して「突出（脱藩）」し、親幕派の関白九条尚忠と京都所司代酒井忠義を暗殺する計画を、江戸在勤の伊地知貞馨《さだか》（堀次郎）や高崎五六、山口三斎、田中謙助、有村雄助・次左衛門兄弟（海江田信義の弟）は、藩内が猛り立っている水戸藩の高橋多一郎や金子孫二郎らに呼び掛けて直弼の暗殺計画を進めていた。

この利通らの蠢動を心配した側近の谷村昌武から知らされた藩主忠義は、父久光と相談し、その指示のもとに脱藩中止を求める十一月五日付の「諭書《さとしがき》」を利通らに送った。忠義自筆（原案は久光が書いたと思われる）による諭書は、利通らを精忠士と称えるとともに、「事変（非常事態・騒乱）到来の際は順聖院（斉彬）様の遺志を引き継ぎ、藩を挙げて朝廷を守護し、忠勤を尽くすので、その際は柱石として自分（忠義・実質は久光）を助け、藩命を汚すことなく精忠を尽くすよう頼む」という軽挙妄動を諫める懇切丁寧な内容だった。異例の藩主諭書に感激した利通らは脱藩を中止し、流島中の西郷隆盛の名を最初に記し、江戸や京の同志の名も書いた請書を忠義に提出。以後「精忠組」と称し、隆盛をリーダーと仰ぐ四十九人（のちに百余人）の藩士が薩摩藩政の中核となっていくのである。

本来ならば、徒党を組むこと自体ご法度である。しかし久光は、徒党を組んで脱藩、暗殺をもたくらむ「不忠不孝」ともいえるこのグループを、亡兄斉彬同様にその存在を認め、抱き込み、この才気活発なグループから新たな人材を発掘しようと考えていた。

利通は出府して伊地知貞馨らを直接説得しようとしたが、「利通は逆に江戸の同志を煽り立てる危険がある」として認められず、その代わりに久光は、江戸における精忠組の仕切役伊地知貞馨を鹿児島に呼び戻す召喚状を、利通は諭書の内容と脱藩中止にいたる経緯を説明した書状を江戸に送った。

水戸藩の密勅返納騒動と大老直弼暗殺計画

家老安島帯刀らが切腹、烈公徳川斉昭が永蟄居に処されるなど、大老直弼の大弾圧を受けていた水戸藩では、勅書返納について、尊攘派内で会沢正志斎を領袖と仰ぐ「鎮《ちん》派」と呼ばれる穏健派と高橋多一郎・金子孫二郎・関鉄之助らを核とする「激派」といわれる過激派に分裂して大騒動が巻き起こり、鎮派は「勅書を朝廷に返納すべし」と主張、かたや激派は「天皇の意向に従って攘夷を達成するために勅書を諸藩に回達すべし」と反対を叫んで収拾がつかない状況に陥っていた。会沢正志斎と対立した高橋多一郎・金子孫二郎・関鉄之助は十一月、幕命によって蟄居させられた。

十二月初旬、江戸在勤の伊地知貞馨らと高橋多一郎らが談合し、水戸藩が直弼暗殺と御殿山の外国公館および横浜の外国商館焼討ちを、薩摩藩は京都守備を受け持つことが決まった。ところがその後、久光による伊地知貞馨への召喚命令と利通の書状がとどく。事情説明と出兵準備のため、伊地知貞馨に加えて高崎五六が鹿児島に向った。

直弼は十二月十五日、登城してきた水戸藩主慶篤に改めて勅書返納を厳命。二十四日、鎮派の領袖会沢正志斎は、激派のリーダー高橋多一郎・金子孫二郎・関鉄之助が不在の水戸城における大評定で勅書返納を決定する。これに憤激した激派の藩士領民ら百人は、密勅返納を阻止するため、水戸街道長岡宿（茨城県茨城町）に集結。この長岡勢に対し、幕府は水戸藩に解散させるよう厳命する。

翌安政七年（一八六〇）二月二十二日、蟄居中の斉昭の許可を得た会沢正志斎は、長岡勢駆逐のために軍勢二百を率いて出陣。これを知った長岡勢は解散したが、二十八日には、蟄居中の高橋多一郎や金子孫二郎、関鉄之助らが脱藩して江戸にその身を潜め、有村雄助・次左衛門兄弟と直弼暗殺を実行するべく密会を重ねていく。

この間の正月五日、召喚命令を受けていた伊地知貞馨そして高崎五六が帰藩。大久保利通が貞馨を説得中の二月四日、山口三斎が江戸から馳せ帰り、事態がさらに切迫し、直弼暗殺計画が急速に進んでいることを伝えた。二月十八日には、江戸の同志鎮撫のために貞馨が鹿児島を出立する。ところが二月二十一日には、高橋多一郎の手紙を携えた田中謙助が帰国。貞馨とは途中で擦れ違ってしまったようである。それには「大老直弼を暗殺して横浜の外国商館などを焼き討ちし、攘夷を決行して幕府に改革を迫るから、薩摩藩はこれに呼応して京に出兵し、朝廷を守護してもらいたい」といった内容が書かれていた。大久保利通からの出兵要請に対し、久光の答えは否だった。「すでに騒乱が起っているならともかく、未然の出兵名目がない」というのである。

三　尊王攘夷から倒幕へ

桜田門外の変

ふた月ほど遡った安政七年正月二十二日、大老井伊直弼が無勅許で交わした日米修好通商条約の批准書交換のため、正使新見《しんみ》正興や副使村垣範正（正興・範正ともに外国奉行兼神奈川奉行）、目付（監察）小栗忠順《おぐりただまさ》ら遣米使節七十七人がアメリカ軍艦ポーハタン号で横浜を出港し、サンフランシスコ到着後はパナマ経由でワシントンへと向かう（閏三月二十四日到着）。その四日前の十九日には、同じく副使の軍艦奉行木村喜毅《よしたけ》（咸臨丸総督）、軍艦操練所教授方頭取勝海舟、通訳中浜万次郎、喜毅の従者福沢諭吉らの乗船する咸臨丸が、ポーハタン号の護衛艦という名目で浦賀から出航し、太平洋の大海原に乗り出していた（万延元年の遣米使節）。

ポーハタン号がサンフランシスコに到着（三月九日）しようとしていた三月三日、江戸城桜田門外で大老直弼が暗殺された。この日は雛祭りの日で、在府中の諸大名は祝賀のため登城することになっていた。早朝から季節はずれの大雪が降っていたが、午前八時に総登城の合図である太鼓が響き始めると小降りとなり、午前九時に直弼一行およそ六十人が外桜田の彦根藩上屋敷（千代田区永田町）を出立する頃には薄陽が射し込むようになっていた。その行列がわずか五百メートル先の桜田門へと向かう途中を直弼を憎悪する水戸浪士十七人と薩摩浪士一人の計十八人が襲撃したのである。

実行主犯は水戸浪士関鉄之助。傘をさした刺客らは大名行列の見物人を装って近づき、森五六郎が駕籠訴を装って行列の供頭に接近、黒澤忠三郎がピストルを駕籠の中の直弼めがけて撃つと、それを合図に残りの水戸浪士らがいっせいに傘を投げ打ち、合羽を脱ぎ捨て、雪を蹴って斬り込んだ。供回りの彦根藩士は雪のために刀の柄を黒い羅紗袋で覆っていた。そのため鞘を払う暇もなく討ち取られ、駕籠の周辺はたちまち怒号と流血の巷と化した。

直弼を駕籠から引きずり出して大太刀で殺害、その首級を挙げたのは薬丸自顕流ならびに北辰一刀流の使い手である薩摩浪士有村次左衛門だった。しかし、その次左衛門も重傷を負って自刃する。享年二十二。憎悪を一身に浴びて殺された大老井伊直弼は四十六歳だった（桜田門外の変）。のちに京で吹き荒れる「天誅」すなわち「天に代わって罰を下す」という報復テロの先駆けである。弟の死を見届けた有村雄助は、品川宿で落ち合った金子孫二郎とともに京へ、実行主犯関鉄之助と見届役岡部三十郎も京に向った。

その目的は、かねての計画通り薩摩藩と合流して天皇を守護するとともに幕府に備えるためである。ところが、期待していた薩摩藩兵は三千どころか誰一人としていなかった。薩摩藩ではすで自重と決まっていたからである。そのため、幕府に藩士が捕らえられることを恐れた薩摩藩は、江戸から坂口周右衛門らを向かわせ、伊勢国四日市で雄助らを捕縛、伏見の薩摩藩邸（京都市伏見区東境町）に送り、その後鹿児島に護送する。また、金子孫二郎と佐藤鉄三郎は幕府に引き渡された。

この桜田門外の変の実行部隊十八人は、本懐は遂げたものの乱闘の中で討死するか重傷を負って自害し、自訴した者も、首領の金子孫二郎やのちに捕縛される関鉄之助・岡部三十郎同様に江戸の伝馬町牢屋敷で斬首されるか獄死することになる。なお、海後磋磯之介《かいごさきのすけ》と増子金八の二人は生き残り、磋磯之介は七十六歳で、金八は六十歳で病没する。

三月十三日、藩主忠義は参勤のために鶴丸城を出立。十八日には、桜田門外の変や江戸城本丸の焼失（前年十月十七日）によって万延と改元される。

薩摩藩の対応

三月二十日、有村雄助を護送中の坂口周右衛門が柳川藩領瀬高宿（福岡県瀬高町）に到着したとき、参勤途上にあった藩主忠義の行列に行き会った。忠義は雄助と周右衛門から「大老直弼暗殺」の第一報を受ける。驚愕した忠義や重臣らは、雄助と周右衛門らを帰藩させ、とりあえず北上し、二十一日、松崎藩領松崎宿（福岡県小郡市）まで進むと芝藩邸からの飛脚が到着し、事変の詳報がとどいた。忠義は二十五日、混乱の真っただ中にある江戸入りは危険と判断、病気と称して引き返し、閏三月二日に鹿児島に帰着する。

この間の三月二十三日、有村雄助が鹿児島に到着。精忠組や家族らによる必死の助命嘆願もむなしく、幕府の嫌疑が薩摩藩全体におよぶことを恐れた藩庁は「藩命違反」として翌二十四日に切腹させる。介錯は刎頸の友、奈良原繁が務めた。このとき久光は、せめてもの償いであろうか、有村雄助・次左衛門兄弟の実兄海江田信義を縁座に問わなかった。しかし精忠組のメンバーは、同志有村兄弟を喪ったことで慟哭する。

閏三月九日、混乱中にもかかわらず、幕府から藩主忠義に快気次第に出府するよう指示が下った。だが、国父久光が要請した福岡藩主黒田斉溥（重豪の十三男）や八戸藩主南部信順（十四男）らの幕府への働きかけによって、この年の藩主忠義の参勤は免除されることになる。

血気盛んな精忠組のリーダー格大久保利通はというと、事変到来として挙藩出兵を久光に直訴。その久光は「直弼暗殺に我が藩士が加わっていたことで世間の（藩ぐるみで決行したのではないかという）疑惑が水戸藩同様に我が藩に集中している。いま出兵などすれば益々疑いを増すことになる」と、熱《いき》り立つ精忠組を前になおも自重の姿勢を崩さなかった。

一方、大老直弼暗殺を知った十五歳の将軍家茂は「御三家の水戸が幕府に弓を引く気か」と憤激し、同じ御三家の尾張・紀州両藩に水戸藩問罪の軍兵を派遣させようとした。しかし親藩の会津藩主松平容保が、徳川宗家（将軍家）と御三家の同士討ちを恐れて会津から急遽出府し、みずから家茂と水戸藩の間に立って調停にあたったことで、この件は沙汰止みとなった。さらに、直弼暗殺後うやむやとなっていた勅書返納問題は、容保が尽力して勅書を返納させることで決着する。

四月二十八日、彦根藩は取り潰しを免れ（のちに松平春嶽らの幕政改革によって二十五万石に厳封）、直弼の次男で十三歳の直憲《なおのり》が家督を継承して藩主となる。彦根藩が取り潰しとなった場合、浪人に身をやつした怖いものなしの彦根藩士が水戸藩と戦端を開くことが確実視されていた。それを恐れた幕閣は穏便にすますことにしたのである。しかし、御三家水戸徳川家と譜代大名筆頭の彦根藩井伊家の反目は続き、幕府の権威も大きく揺らぎ、「尊王攘夷（尊攘）運動」がさらに激化していく。

公武合体の女神となるか、和宮の降嫁が決まる

幕閣の中心に立った安藤信正（陸奥磐城平《いわきたいら》藩主）はふた月ほど前の閏三月一日、久世広周を老中に復帰させていた。その信正も正月十五日に老中に任命されたばかりであった。広周はというと、水戸の徳川斉昭らに対する強圧的な処分に幕閣内で唯一人反対し、大老直弼の怒りを買って老中を罷免されていた。信正と広周は安政の大獄を引き起こした直弼の強圧政策を否定し、穏健政策を推進する。その第一は、かねてから工作していた、孝明天皇の異母妹和宮を将軍家茂の御台所に迎える公武合体策によって、尊攘派の幕政批判をかわすとともに、対立を深めた朝幕間の和解、さらには、幕権の復活ならびに幕藩体制の再編強化を図ることであった。ただし、亡き島津斉彬や久光の採る、尊王を根幹とする公武合体策ではなく、天皇の伝統的権威を都合よく利用しただけの、幕府主導の公武合体政策（政略結婚）で、尊攘派の眼には朝廷を幕府に追従させる、いわば天皇を愚弄するものと映り、逆に尊攘派の怒りを買うことになる。

すでに二度（安政五年と六年）、孝明から断られていたが、四月二十日、安藤信正・久世広周・内藤信親（越後村上藩主）・脇坂安宅《やすおり》（安董《やすただ》の嫡男。播磨龍野藩主）の四老中が連署した、和宮の将軍家茂への降嫁を請う書簡を関白九条尚忠《ひさただ》に提出する。孝明は和宮が有栖川宮熾仁《たるひと》親王に輿入れが決まっているとしてまたもや拒否。しかし信正らは五月十一日と二十六日にも和宮降嫁を重ねて奏請。孝明は、幕府が軍備を整えたうえで七、八年ないし十年以内に安政五カ国条約を破棄して攘夷を決行すると約束、つまり「破約攘夷」を実現して鎖国体制を復活させると誓ったことで和宮降下を承認する。八月十五日、固辞していた和宮が降嫁を内諾。

水戸では同じ十五日、永蟄居処分が解けぬまま徳川斉昭が急逝していた。享年六十一。二十六日にその喪を秘したまま斉昭の永蟄居処分が解かれ、九月四日には一橋慶喜や松平春嶽らの蟄居謹慎も一部解除（面会と文通は依然禁止）された。

国父久光体制の始動

文久元年（一八六一）三月三日、将軍家茂の意を受けた老中久世広周から島津久光に藩政補佐を命じる通達が鶴丸城にとどく。四月十九日、久光は重富家から島津本宗家に復帰し、藩主忠義から「国父」として迎えられ、藩政の中枢にあってその実権を握ることになった。

江戸では五月二十八日、水戸浪士ら十四人が東禅寺（港区高輪）に置かれていたイギリス公使館に侵入、公使ラザフォード・オールコックらを襲撃する（第一次東禅寺事件）。しかし浪士三人は討ち取られるか、捕縛後に自決または処刑された。オールコックは無事であったが、書記官のオリファントとその場に居合わせた長崎駐在領事モリソンが負傷した。

国父久光はこの五月、小松帯刀を当番頭から側役（のちに家老）に、中山中左衛門を小納戸頭取に抜擢し、十月には、精忠組の岩下方平《みちひら》を軍役奉行兼趣法方掛に、大久保利通と伊地知貞馨を小納戸に、海江田信義と吉井友実を徒目付に、税所篤を二の丸御用部屋書役に、有馬新七を藩校造士館主任教授に登用するなど人事異動をおこなった。こうした小松帯刀および精忠組の中核メンバーの起用により、率兵上洛・公武周旋に備えた〝国父久光体制〟が始動することになる。

江戸出府への地ならし、芝藩邸の自焼

人事異動を終えた久光は、来春に迫った藩主忠義の参勤再延期を実現させるため、小納戸に起用した伊地知貞馨を江戸に派遣する。と同時に、自身の率兵上洛・公武周旋を実行するため、中山中左衛門を、次いで大久保利通を京に派遣して上洛の地ならしをさせ、近衛家を通じて自身に率兵上洛と朝

廷守衛を命じる勅許が下るように工作させる。

久光によるこの率兵上洛・公武周旋は「順聖院（斉彬）様の御深志を実行する」との名目のもと、朝廷権力を背景とする薩摩藩の主導によって公武合体そして挙国一致を成し遂げ、あくまでも尊王を根本に据えた幕権の復活を図り、もって国難を乗り切ること、さらには、自身と有力大名（親藩・外様）が、それまで譜代大名・旗本によって独占されてきた幕政に進出することである。それには朝廷と幕府双方の改革が必要だった。その実現のために久光は、幕府が自身の要求に応じない場合と内乱発生に備え、軍勢一千を率いることを決していた。兄の斉彬同様に当時では謀叛とみなされかねないほど大胆不敵にして前代未聞、驚天動地の決意である。

江戸の伊地知貞馨は十二月七日、おそらく久光の了解を取り付けた大久保利通の指示によってであろう、よりにもよって芝藩邸を意図的に焼亡させてしまう。参府する藩主および家臣団の居住場所の焼失に加え、その多額の再建費用の捻出を理由に、幕府から忠義の二度目の参勤猶予を引き出すためであり、さらに、その参勤猶予の御礼と藩邸再建の指揮を口実とする久光の出府許可を得るためでもあった。

文久二年（一八六二）正月十五日、江戸城坂下門外において、登城途中の老中安藤信正が尊攘派に襲撃される。しかし、桜田門外の変以降、警備が厳重になされていたため襲撃者六人全員がその場で討ち取られてしまう（坂下門外の変）。再び老中が襲われたことで、幕府の権威は益々失墜。安藤信正は背中を斬られたことで「武士の風上にも置けぬ」と責任を取らされて罷免・隠居謹慎の身となり、久世広周もその連座を受けて老中を罷免されてしまう。幕閣の中心には板倉勝静《かつきよ》（備中松山藩主）と水野忠精《ただきよ》（忠邦の嫡男。出羽山形初代藩主）が座り、井上正直（上総鶴舞藩主）と小笠原長行《ながみち》（肥前唐津藩世子）が老中および老中格に任じられることになった。

西郷隆盛、久光東上に反対

坂下門外の変の起こった正月十五日、鹿児島の国父久光のもとに、藩主忠義の参勤延期ならびに久光の出府許可という吉報がとどく。しかも、薩摩藩に割り当てられていた江戸城本丸（安政六年十月十七日に焼失）再建用の献上金残額四万両と木曽川治水普請金七万二千両の免除、それどころか、薩摩藩が大御台所天璋院の実家であること考慮し、返済義務のない藩邸造営費二万両が貸与されることになった。盗人に追い銭とでもいえようか、幕府こそ好い面の皮である。

すでに、自身の出府許可が下りることを想定し準備を進めていた久光は、三日後の十八日に、上洛の出発日を二月二十五日（延期されて三月十六日）と決めて正式に藩内に通達する。久光はこの率兵上洛に反対する筆頭家老島津久徴を罷免し、精忠組と良好な関係にある喜入《きいれ》久高（喜入氏十八代当主）を筆頭家老に据える。

二月十一日、皇女和宮が将軍家茂に降嫁。翌十二日、前年の十一月二十三日に召喚状を受けていた西郷隆盛が奄美大島から鹿児島に戻った。帰藩を許された理由は、隆盛をリーダーと仰ぐ精忠組が藩権力を掌握したことを受け、久光が率兵上洛する際にその公武周旋の補佐をさせるため、「順聖院さまの遺志を正当に継ぎ、篤姫や近衛家、諸藩の重臣らにも顔の広い隆盛は無くてはならない家臣である」と大久保利通に説得されたからである。

隆盛は十三日、小松帯刀・大久保利通・中山中左衛門と久光の率兵上洛について協議したが難色を示す。隆盛にとり、この藩を挙げての率兵上洛計画は「成算のない無謀な計画であり、下手をすれば薩摩藩の命運にかかわる」と映る。二日後の十五日、危機感を抱いた隆盛は久光に面会し、国父を前にして「藩主になったこともなく、ただの藩主の実父にすぎず、しかも無位無官では相手にされず、東上しても公武周旋という目的達成の見込みは（天下が認める順聖院さまならば可能だったが）薄い。単なる地五郎《ジゴロ》（田舎者）」と言い放つ。隆盛は久光が精忠組を中心に推し進めてきた出府計画をこき下ろしたのである。しかし久光は、この下級藩士しかも島流しを許してやった隆盛の暴言によく耐えた。

隆盛はお由良騒動（斉彬擁立派の弾圧）における久光に対する怨みや安政の大獄で自身が月照とともに身を投げた恐怖が脳裏にこびりついていて目を曇らせていたのかもしれないが、隆盛は、自身の尊敬する斉彬が、「あらゆる障害を乗り越えて信念を貫く強固な意志はわたしにもおよばない」と久光を称賛し、また、遺言を伝えるほど信頼に値する弟だったのである。その久光は、桜田門外の変や坂下門外の変後の幕権の急速な衰えを的確に見抜き、幕政改革は「オレにしかできない」と踏んでいたのだ。

その隆盛はこの十五日、死んだことになっているため、自身の生存が幕府に発覚しないように「大島三右衛門（大島に三年居たという意味）」と名を改めた。

久光は二十四日、重富邸から改築された鶴丸城二の丸に移る。久光の本宗家復帰により重富家の家督は久光の三男島津珍彦《うずひこ》（忠義の同母弟）が五代当主として相続した。

隆盛の再遠島

その頃、九州諸藩の尊攘激派志士や浪士が、国父島津久光の率兵上洛に呼応して上方に続々と集結しつつあった。こうした動きを察した久光は、藩士に対して「尊攘激派志士と私的に交わることを厳禁する。違反した者は厳罰に処す」と通達し、藩内が久光のもとで一致団結し、行動することを命じた。自身の率兵上洛によって内乱が発生することを恐れる久光は、藩内における対立・分裂を強く戒め、背いた者には断固たる処置をすると警告したのである。

久光は三月十六日、小松帯刀・中山中左衛門・大久保利通ら藩兵一千を率い、小銃と大小砲を忍ばせて鶴丸城二の丸を出立。三日前の十三日に村田新八をともなって鹿児島を先発していた西郷隆盛は、二十二日に薩摩藩御用達の海運業者で勤王志士でもある白石正一郎の下関郊外の屋敷(山口県竹崎町)に到着する。その屋敷で尊攘激派志士と会った隆盛は、久光の率兵上洛および出府の趣旨を誤解していることに驚く。久光の目的は、公武を融和させて挙国一致を成し遂げると同時に幕権復活と朝幕改革にあったが、かたや諸国の尊攘激派志士は、武力倒幕(討幕)かつ王政復古(旧体制の復活すなわち天皇親政)を達成するために違いないと信じ込み、しかもその熱情は、久光の考えている以上に滾《たぎ》り立っていたのである。

隆盛は久光の「下関で待機せよ」という命令に背き、その日の夕方、新八をともなって海路下関を発って二十七日に大坂に到着する。隆盛は精忠組激派の説得にあたった。ところが、隆盛不在の下関を経て四月六日に姫路に着いた久光は、その隆盛が禁止されている私的交わりを尊攘激派志士らと持ったことを知り、自身の命をないがしろにしたうえに「尊攘激派の挙兵を扇動、乱をくわだてている」と決めつけて激怒。久光は挙藩一致の対応が求められるこの時期に、藩内の「一和」を乱したとして隆盛を切腹させようとしたが、大久保利通の必死の嘆願により、死一等を減じて遠島処分を下す。四月十一日、大坂に戻った隆盛は新八とともに海路大坂から山川港に送られ、隆盛は徳之島（のちに沖永良部島）に、新八は喜界島に護送されることになった。

一方藩兵を率いた久光は、兵庫を経て四月十日に大坂に到着する。久光は藩兵七百を大坂警備に残し、残り三百を率いて十三日に伏見に入る。久光は、相次いでとどく権大納言近衛忠房（忠熙の四男。生母は忠熙の正室で斉宣の娘〈斉興の養女〉興姫。正室は斉彬の養女光子）の面談要請に応え、十六日に京に入った。その日のうちに久光は、小松帯刀らの側近をともなって近衛邸におもむき、忠房や権大納言兼議奏の中山忠能、正親町《おおぎまち》三条実愛《さねなる》らと対面、今回の上洛・出府趣旨について、表向きは「二度におよぶ藩主忠義の参勤猶予のお礼と焼失した芝藩邸の再建指揮」と述べ、実際は「前藩主斉彬の遺志を継ぎ、朝威振興ならびに公武合体による幕政改革を周旋するため」と説明する。さらに久光は、九カ条の建白書を提出。その主な内容は「安政の大獄における処分者を赦免し、復権させたうえで近衛忠熙を関白に、松平春嶽を大老に、一橋慶喜を家茂の将軍後見職に据えることや尊攘激派志士の厳格な取り締まり、外交は公論をもって定めること」などであった。

この十六日夕刻、当初のもくろみ通り、久光は京に滞在して尊攘激派志士の鎮圧にあたるよう孝明天皇から命じられた。本来、京の治安維持は京都所司代の職掌だが、諸国から雲集した尊攘激派志士らが坂下門外の変に呼応して不穏な動きをみせ、それを京都所司代酒井忠義《ただあき》だけでは抑えきれていないどころかお手上げ状態だったからである。しかも久光にとり、その尊攘激派志士らと結託した有馬新七ら精忠組激派の暴挙は見過ごすことはできなかった。翌十七日、久光は錦小路藩邸に入った。

四　荒れ狂う世相

久光、鎮撫使を派遣

大坂警備に残されていた有馬新七ら薩摩藩の精忠組激派は、上洛した久光の目的が幕権の復活のみならず、尊攘激派の鎮圧までもが加わったことを知り、しかも精忠組のリーダー西郷隆盛が退けられたことで歯止めがかからず、尊攘激派志士で久留米水天宮の神官真木和泉や中山忠能の元家臣田中河内介《かわちのすけ》らと共謀、長州藩の尊攘激派と結んで親幕派筆頭の関白九条尚忠を襲撃して幽閉し、安政の大獄で尊攘志士を弾圧した京都所司代酒井忠義を暗殺し、久光を盟主に担ぎ上げて無理やりにでも即刻挙兵・倒幕に引きずり込もうとしていた。

文久二年四月二十二日、薩摩藩大坂藩邸内二十八番長屋（大阪市西区土佐堀）にあった有馬新七や真木和泉らと魚屋太平の旅宿にいた柴山愛次郎や橋口壮助らは、翌二十三日に京の南郊にある薩摩藩の定宿寺田屋（伏見区南浜町）への集結後、その夜半の襲撃実行を決め、二十三日未明それぞれが出発する。久光から説得を命じられた海江田信義と奈良原喜左衛門が二十八番長屋に着いたときには、すでに新七らの姿はなく、新七らの上役で翻意した永田佐一郎が、新七らを説得できなかった責任を取って自刃したあとだった。

有馬新七らが寺田屋に集結しているのを察知した高崎五六は久光に急報。久光は、精忠組のリーダー格大久保利通や海江田信義、奈良原喜左衛門らを寺田屋に派遣し、有馬新七らの説得を命じた。が、失敗したため久光は、とくに剣術に優れた精忠組の奈良原繁(喜左衛門の弟)・大山綱良・道島五郎兵衛・森岡善助・江夏《こうか》仲左衛門・鈴木勇右衛門・鈴木昌之助・山口金之助の八人を鎮撫使に任じ、臨機応変の処置すなわち「上意討ちにしてもかまわぬ」と言い含めて寺田屋に派遣し、これに上床《うわとこ》源介が志願して参加、錦小路藩邸に来るように再度説得させる。寺田屋には精忠組激派二十九人と田中河内介や真木和泉ら藩外の十八人が集結していたが、兵力不足のため、京都所司代酒井忠義への襲撃は長州藩に任せ、狙いを関白九条尚忠に定めていた。

寺田屋の悲劇

四月二十三日夜八時、寺田屋に着いた奈良原繁は、有馬新七と柴山愛次郎、田中謙助、橋口壮介らを一階の座敷に呼んで懸命に説得を試みる。しかし、まったく応じないため、激高した道島五郎兵衛がいきなり「君命に従わぬか、上意！」と叫び、抜刀して田中謙助のひたいを割り、柴山愛次郎は薬丸自顕流の達人山口金之進の発する気合い「キェエエェー」の猿叫《さるきょう》と同時に首を落とされた。真影流の使い手有馬新七は薬丸自顕流の達人道島五郎兵衛に斬り掛かった。刀が折れた新七は五郎兵衛に組み付いて壁に押しつけ「俺《おい》ごと刺せ！」と命じ、傍らにいた橋口吉之丞（壮介の兄）が二人を刺し殺した。

大山綱良はこれ以上犠牲を出さないために両刀を捨て、二階に上がって精忠組の同志に必死の説得を再度試みる。これに応じた西郷従道《つぐみち》（隆盛の弟）や大山巌《いわお》（隆盛と従道の従兄弟）、篠原国幹《くにもと》、三島通庸《みちつね》、伊集院兼寛（実姉須賀は隆盛の最初の妻）らは投降し、また、成行きを見守っていた真木和泉や田中河内之介らも説得に従って錦小路藩邸に向った。

鎮撫使では道島五郎兵衛が犠牲になったが、精忠組激派では有馬新七と柴山愛次郎、橋口壮介、西田直五郎、弟子丸龍助、橋口伝蔵の六人が斬り殺され、重傷を負った田中謙助と森山新五左衛門の二人は翌二十四日に切腹を命じられた（薩摩藩志士粛清事件・寺田屋事件）。すでに永田佐一郎は自刃し、京の藩邸で病気療養中だった山本四郎も切腹を命じられた。なお、伊地知貞馨が長州藩邸（中京区河原町御池）におもむいて寺田屋事件の顛末を伝えると、久坂玄瑞や前原一誠ら武装待機していた吉田松陰の門下生（松下村塾の門下生）を中心とする百人は京都所司代酒井忠義への襲撃を中止して平静を装った。かたや尊攘激派の暗殺対象となっている酒井忠義は、京における職責をまっとうできず、京都所司代を罷免されて隠居、さらには蟄居謹慎の身となる。

錦小路藩邸に着いた真木和泉らは、所属するそれぞれの藩に引き渡されて監禁されたが（のちに釈放）、藩邸内に監禁されていた薩摩藩士の西郷従道ら二十一人は、帰国謹慎を命じられ、二十七日に大坂から海路鹿児島に護送された。浪人の田中河内介とその子息は、国父久光の黙許によってその護送途中の船内で、河内介の甥千葉郁太郎と海賀宮門《かいがみやと》、中村主計は上陸地の日向国細島港（日向市）で斬殺された。藩内の対立・分裂の回避と京の鎮撫のために、自藩の藩士をも上意討ちにした寺田屋事件により、久光は孝明天皇や公家らの厚い信頼を得る。と同時に久光は、自身を中心とする薩摩藩内の一本化に成功する。

文久の幕政改革

そうしたなか幕府は、島津久光が安政の大獄における処分者の赦免運動に奔走していることを知る。幕府は四月二十五日、その久光によって下される勅命に先回りし、徳川慶勝・一橋慶喜・松平春嶽・山内容堂を赦免するとともに、朝廷に対して諸公家の赦免を奏請。三十日、その知らせが朝廷にとどくやいなや近衛忠熙・鷹司政通などの参内が許され、中川宮の永蟄居も解除された。

久光は五月二十二日、謹慎を解かれた勅使大原重徳《しげとみ》に随従し、大久保利通や中山中左衛門、吉井友実ら七百人を従えて京を出立し、六月七日に老中板倉勝静や高家《こうけ》肝煎《きもいり》横瀬貞固《さだもと》に迎えられて江戸に到着、重徳は宿所の伝奏屋敷（千代田区丸の内）に、久光は高輪藩邸に入った。

この間の五月二十九日、東禅寺のイギリス公使館で、その警護を任されていた信濃松本藩士伊藤軍兵衛が、一時帰国したオールコックに替わって着任したばかりの代理公使ジョン・ニールを襲った。軍兵衛は警備のイギリス兵二人を斬り殺したもののニール殺害は果たせず、翌三十日に自刃する（第二次東禅寺事件）。

勅使大原重徳は六月十日、初めて登城して将軍家茂や板倉勝静、老中脇坂安宅《やすおり》らに幕政改革を迫る勅旨を伝え、十三日に登城、十八日と二十二日、二十五日には伝奏屋敷に呼んで回答を迫ったが、猶予を求めるだけで明確な回答はなかった。重徳は二十六日、勝静・安宅両老中を伝奏屋敷にまたも招き「いまから変におよぶ」つまり違勅の罪でいまから二人の命をもらい受ける、と脅す。別間に控えていた大久保利通や中山中左衛門らが踏み込んで二人を斬る手はずになっていたのだ。顔色を変えた勝静・安宅両老中は「お請けするために尽力します」と答えて殺気が漂う伝奏屋を退散。二十九日、重徳は死を決意して登城し、老中らに勅旨遵奉を要求。七月一日、将軍家茂は勅旨を受け入れた。

幕府としては、大御台所天璋院の実家とはいえ、幕政に参画する資格のない薩摩藩という外様大名の父、いわば陪臣で無位無官にもかかわらず、天皇権威を後ろ盾とする久光に加え、政治的に実権のない朝廷の勅使重徳の圧力によって幕政改革を強要されるという前代未聞の事態に、幕府権威がいちじるしく汚されて腹の虫が収まらなかったが、結局は受け入れざるを得なかった。

久光はこの間の六月十六日に、藩主島津忠義名義で琉球王国救済を名目とする「琉球通宝」の鋳造許可を申請する。鋳銭事業は前藩主斉彬の死によって沙汰止みとなっていた。まったくの推測だが、その鋳銭事業の責任者で江戸在勤中の市来四郎が、斉彬の功績を伝えるため、大久保利通や中山中左衛門らに、自身が受けた斉彬の密命（琉球におけるフランス軍艦や武器購入、薩摩藩士による海外留学、偽金造りなどであろうか）を語ったのではないか。その結果、斉彬の洞察力に驚嘆した二人が密命の一つである、藩財政強化のための鋳銭事業を取り上げて久光に報告、小松帯刀に命じられた江戸在勤の勝手掛平川宗之進や抱《かかえ》医師安田轍蔵らが老中水野忠精《ただきよ》の内諾を得ることに成功し、このたびの幕府への正式な申請につながったと思われる。そして市来四郎は、集成館ならびに琉球通宝掛を命じられることになる。

重徳と久光は七月六日、人事制度の改革として、慶喜を一橋家の当主に復帰させたうえで、家茂の将軍後見職に、九日には、家茂から幕政参与に任じられていた松平春嶽を新設の政事総裁職（大老に相当）に据えることに成功する。組織制度の改革としては、慶喜と春嶽によって「参勤制度の緩和（三年に一回の参勤で三カ月の在府。大名妻子の居住地の自由化）」や「軍事改革」「洋学研究の推進」

「服装変革ノ令の発布」などがおこなわれた（文久の改革）。また、悪化する京の治安維持を確保するため「京都守護職」を新設することになる。また、家茂は春嶽の意見を入れ、公武合体の実を示すため明春の上洛を決意する（公式発表は九月七日）。

破約攘夷論に転換した長州藩と土佐藩

一橋慶喜が将軍後見職に任じられた七月六日、京の長州藩邸では、直目付長井雅楽《うた》の唱える「航海遠略策」を破棄し、攘夷主義者孝明天皇の望む破約攘夷の実現を藩論として統一する。安政の大獄で師の吉田松陰を処刑された桂小五郎や久坂玄瑞らの松陰門下生にとり、積極的に航海通商を盛んにして国力を高め、列強に対抗しようとする雅楽の策は、「無勅許の条約調印および開国を認めるもので、天皇を愚弄し、これまでの幕府の所業を容認、結果として幕府権力を強化することになる」として受け入れられるものではなかったのである。

長州藩はその後、土佐藩の親幕・開国派の参政吉田東洋を暗殺、藩政の中枢に躍り出て破約攘夷論に転換した武市半平太（前年に土佐勤王党を結成）らと連携するとともに、尊攘激派の三条実美《さねとみ》（安政の大獄によって隠居落飾し、死去した実万《さねつむ》の三男。実万の養女正子は山内容堂の正室）・姉小路公知（廷臣八十八卿列参事件の指導者の一人）らの公家を取り込み、朝廷の制圧に乗り出す。そのため京では、攘夷熱が一挙に再燃し、和宮降嫁の条件として攘夷を天皇に約束したにもかかわらず、いっこうに実行しない幕府への批判が高まり、挙句は幕府に協力的な薩摩藩も非難の的になってしまう。

また、のちに長井雅楽は切腹を命じられて自害することになる。

天誅テロの横行

七月二十日、薩摩藩士で尊攘激派の田中新兵衛らにより、九条尚忠の側近島田左近が暗殺されて花街の先斗町に梟首される。左近は宇郷重国とともに幕府寄りの関白で主人の九条尚忠の意向に添って、安政の大獄における尊攘志士の捕縛に協力し、和宮降嫁の周旋にも積極的に協力して恨まれていたからである。これ以降、土佐勤王党の岡田以蔵ら土佐・長州両藩志士らによる天誅、つまり安政の大獄における弾圧に協力した幕府関係者やその支援者、和宮降下に関与した者への報復テロが繰り広げられ、宇郷重国や目明し文吉、町奉行所与力渡辺金三郎・上田助之丞・森孫六・大河原十蔵、直弼の腹心長野主膳（彦根藩主井伊直憲の命で八月二十七日に斬首）配下の多田帯刀らが殺されて首や死体が鴨河原や粟田口などに晒され、主膳の妾で帯刀の生母村山たかは三条河原で生ざらしにされることになる。

朝廷では六月二十三日に三条実美によって九条尚忠が関白辞任・落飾謹慎に追い込まれていたが（後任関白には近衛忠熙が就任）、八月十六日には、岩倉具視・千種有文・久我《こが》建通《たけみち》・富小路敬直《ひろなお》・女官の今城《いまき》重子・堀河紀子《もとこ》（岩倉具視の実妹で皇女二人〈夭折〉の生母）の六人が、幕府にこびへつらう「四奸《しかん》二嬪《にひん》」と決めつけられ、三条実美や姉小路公知ら尊攘激派公家十三人に弾劾・排斥されて追放の身となる。岩倉具視は落飾し、洛北の岩倉村の借家（左京区岩倉上蔵町）に隠棲した。

生麦事件の衝撃

江戸では八月一日、前年暮れに藩邸自焼という自作自演が幕府に発覚。国父久光は三日、それを実行した伊地知貞馨を幕府の探索の目をさけるために急遽鹿児島に送り返した。こうした思いもよらぬことがあったものの、十二日には、幕府に申請していた琉球通宝の鋳銭許可が藩主島津忠義宛に下る。許可年限は三年、許可高は年百万両。だが、同様に願い出ていた琉球口における唐物全品の自由貿易は却下された。

二十一日早朝、勅使東下と幕政改革、さらに鋳銭許可の獲得という目的を果たした久光は、勅使大原重徳一行よりも一日早く高輪藩邸を出発。供奉する人数は七百、それに加えて多量の荷物を運ぶ通し日雇や宿継人足ら千百が加わり、総勢は千八百だった。久光は誰にもできなかった幕政改革（一部とはいえ）を成し遂げ満足していたであろう。ところがその久光に椿事が降りかかる。

久光の行列は東海道を西に進み、川崎宿（川崎市川崎区）で昼食・休憩したのち、午後一時頃に生麦村（横浜市鶴見区）に差し掛かった。そのとき、横浜居留地のイギリス人四人が、行列を避けるように指図する薩摩藩士の言葉や仕草が理解できず、騎乗のままその正面から久光の駕籠近くにまで乗り入れてしまった。行列を乱されたことに激高した供頭で薬丸自顕流の達人奈良原喜左衛門（もしくは弟の奈良原繁）が馬上のリチャードソンに一の太刀を浴びせて無礼討ちにする。恐怖に駆られたリチャードソンら四人は馬首を返し、抜刀する供回りの武士らを蹴散らしながら逃げ戻った。しかしその途中、リチャードソンは久木村治休《はるやす》に二の太刀を浴びて脇腹を切られ、さらに、逃げる途中で落馬したところを行列前方の海江田信義によって喉を刺し抜かれてとどめを刺された（生麦事件）。

深手を負ったマーシャルとクラークはアメリカ領事館本覚寺（横浜市神奈川区高島台）へ、無傷のボラディル夫人はイギリス公使館（中区山下町）へ駆け戻った。非は大名行列を乱した相手にあるとしたが、久光の行列はイギリス公使館からの報復を警戒し、予定していた神奈川宿には泊まらず、変更してその先の保土谷（保土ヶ谷区）に宿泊する。幕府には「こちらが咎めたにもかかわらず異国人が行列を乱し、憤激した足軽岡野新助（架空）が斬りつけてそのまま行方をくらました」と報告し、幕府の滞留命令を無視してさっさと上洛してしまう。かたやイギリス代理公使ニールは、幕府に対して直ちに犯人逮捕を要求するとともに、現状の戦力では居留民を守りきれないと判断し、報復をあきらめて自粛、イギリス政府の指示を待つことにした。

久光・忠義父子、偽金造りを再開

閏八月六日、勅使大原重徳が帰洛し、翌七日には、島津久光が生麦村における〝攘夷実行〟の歓喜の渦に迎えられて帰洛した。久光はこれまでの周旋の功により、特例（無位無官であるため）として、幕府の対応を尋ねるという理由で参内を許されて復命、九日に長橋局参内殿縁側で孝明天皇と内々に謁見し、剣一振りを下賜された。おそらく久光は、攘夷派の代表孝明から攘夷を実行した殊勲を褒められたであろうが、その久光の胸の中では「いままで攘夷なんて一度も言っていないし、望んでもいない。本心は開国して諸外国と貿易したい」と言いたくても言えない、困惑状態にあったのではないだろうか。それはともかく、感激ひとしおの久光ではあったが、朝廷内の雰囲気が江戸に出立した頃とは一変していた。

久光は二十一日、「無謀な破約攘夷論は取り上げず、しばらくは幕政改革ならびにその武備充実を静観していただきたい」といった十二条にわたる建白書を朝廷に提出。それを成し遂げるための工作に奔走する。しかし成果を挙げられず、二十三日に京を発ち、二十八日に大坂を出港して九月七日に鹿児島に到着。薩摩藩は長州藩など攘夷激派の猛烈な巻き返しによって事実上追い落とされてしまったのである。薩摩藩はこの九月、錦小路藩邸が手狭になったことから二本松藩邸（上京区岡松町）の建築に着手。相国寺（足利義満が創建）境内の一角を借りて建てられる二本松藩邸は南側の今出川通を経だてて近衛邸と向かい合う位置にあった。

帰国した久光は、イギリス艦隊の襲来に備えて大砲の鋳造と弾薬の準備、砲台の整備および新たな砲台の築造に努める一方で琉球通宝の鋳造を開始する。

十月十一日、試鋳を命じられた市来四郎と鋳物師《いもじ》頭取千葉助十郎が、鶴丸城内製錬所（開物館）で天宝通宝二枚を型にして試鋳をおこなった。出来上がった薩摩版天宝通宝の出来栄えは、久光が「ご満悦」となるほどであった。その後、集成館（吉野町）南方に鋳銭所四棟の建築が始められ、十一月十九日に鋳銭所を管轄する鋳銭局が開局し、その総裁には市来四郎が就任する。十二月二十二日には、早くも鋳造許可の下りた琉球通宝の鋳銭を、ほぼ同時にその琉球通宝を隠れ蓑に薩摩版天宝通宝の偽金造りを開始する。

京では二十四日、京都守護職に任じられていた会津藩主松平容保が藩兵一千を率いて尊攘激派の跋扈する京に到着、金戒光明寺《こんかい》（左京区）に駐屯する（のちに京都守護職屋敷〈上京区〉を建造して移る）。京都守護職は京都所司代・大坂城代、幕臣から選抜されて新設される「京都見廻組」を支配下に置き、非常時には畿内諸藩の軍事指揮権をも与えられていた。

また、朝廷でもこの十二月、これまで関白・議奏・武家伝奏だけで運営されてきた朝議に加え、重要な国政（おもに攘夷実行）の審議機関として「国事御用掛」が創設され、中川宮や関白近衛忠煕・権大納言忠房父子、左大臣一条忠香《ただか》、右大臣二条斉敬《なりゆき》（慶喜の従兄弟）、前右大臣鷹司輔煕《すけひろ》、内大臣徳大寺公純《きんいと》、権大納言兼議奏の中山忠能、正親町三条実愛《さねなる》、三条実美、野宮定功《さだいさ》、大原重徳、姉小路公知《きんとも》ら三十人が任じられた。しかし、多すぎて非効率となる。

将軍家茂の初上洛

翌文久三年（一八六三）正月五日、将軍家茂の上洛に先立ち将軍後見職慶喜が入洛して東本願寺を宿所とし、二月四日には、政事総裁職松平春嶽が海路京に到着して福井藩邸（中京区堀川通二条城前）に入る。松平容保を支えて将軍家茂の入洛の下準備を進めるためである。ところが十一日、慶喜・春嶽・容保らに対し、尊攘激派公家の三条実美らは、過激な輩の暴発の可能性をちらつかせながら、二年前の安政七年十月に「軍備を整えたうえで七、八年ないし十年以内」と幕府が約束した攘夷実行期限をより早めさせるため、その攘夷の策略と期限決定を過激な言動で迫り、攘夷断行への圧力を加える。

薩摩藩は十三日、琉球通宝の流通を領内に布達し、翌十四日には、完成した琉球通宝が鶴丸城内の金蔵に初納入された。その数はおよそ二万枚で、金に換算すると二百七十両ほどであった。二十日に一万二千枚が納入されて以降は職工を二千人にまで増やし、一日の鋳造高が四千から五千両分となる。

鶴丸城の金蔵に琉球通宝が初納入された十四日、幕府から藩主忠義の参勤猶予が認められ、その知らせが京の錦小路藩邸にとどき、十六日には、孝明天皇の内意を受けた関白近衛忠煕から久光の上洛が要請された。

大坂では正月二十二日に儒学者池内大学が尊攘激派の岡田以蔵によって暗殺されていた。理由は、「尊攘派であったにもかかわらず裏切り、大老井伊直弼とつながっていた」と勘違いされたからだという。切り取られた大学の耳は二十六日、薩摩藩の公武合体策を支持し、航海遠略策にも賛同した正親町三条実愛と和宮の御用掛にして江戸下向に随行した中山忠能の屋敷に投げ込まれ、首級は難波橋に晒された。二十七日、忠能・実愛は議奏・国事御用掛両職を辞任する。三条実美や姉小路公知らの排斥により、すでに親薩摩藩の近衛忠熙は関白辞任に追い込まれ（正月二十三日）、その後継には親長州藩の鷹司輔熙が就任していた。

江戸では二月十三日、家茂が老中首座板倉勝静や老中水野忠精、若年寄田沼意尊《おきたか》（田沼意次の曾孫。遠江相良藩主）、若年寄稲葉正巳（安房館山藩主）らが供奉し、幕兵三千を従えて陸路上洛の途につく。三代将軍家光以来二百二十九年ぶりの将軍上洛であったが、家光による御代替《みよがわり》の上洛の際に率いた軍勢は三十万七千。質素簡略を心がけたとはいえ将軍権威の凋落ぶりは目を覆うばかりである。それでもこの上洛には百万両もかかった。

イギリスによる高額賠償

朝廷ではこの十三日、尊攘激派公家の要請で国事御用掛の補佐として「国事参政」「国事寄人《よりうど》」両役（十四人中十三人が尊攘激派公家）が新設される。すでに朝廷は、長州・土佐両藩を核とする尊攘激派藩士や浪士が巻き起こす天誅の嵐によって恐怖の坩堝と化し、それを後ろ盾とする三条実美ら少壮公家と両役によって牛耳られ、天皇でさえも危うさを感じて自身の意思を素直に表明できず、また、将軍後見職慶喜や政事総裁職春嶽らも攘夷期日の決定を尊攘激派公家に迫られて困り果て、何もできずにいた。

一方、イギリス政府からの指示を受けた代理公使ニールは十九日、生麦事件の犯人逮捕が実現されないことに業を煮やし、イギリス東インド中国艦隊司令長官オーガスタス・キューパー提督率いる八隻のイギリス艦隊を香港から横浜に呼び寄せ、その武力を背景に幕府を威嚇、女王陛下への謝罪と十一万ポンド（第二次東禅寺事件の賠償金一万ポンドを含む。およそ三十三万両〈一両三万円とすると九十九億円〉）の賠償金を要求する。さらに幕府に対し、イギリス艦隊を薩摩に派遣し、犯人の逮捕・斬首および殺害されたリチャードソンの遺族への賠償金二万五千ポンド（七万五千両・二十二億五千万円）を要求する旨を告げた。幕府は将軍不在を理由に返答の延期を申し入れてニールに承諾させ、その間、知らせを受けた京の慶喜はこの問題の専任として老中格小笠原長行《ながみち》を江戸に向わせた。

尊攘激派公家の暴威

二月二十二日の夜、「足利三代木像梟首事件」が起こる。等持院霊光殿（北区）に安置されていた室町幕府初代将軍足利尊氏・二代将軍義詮・三代将軍義満の木像の首が三条大橋下の河原に晒されるといった珍事件だが、上洛する将軍家茂への脅迫・挑発行為である。これによって尊攘激派公家に対し融和政策を採っていた京都守護職松平容保が強硬路線に転換する。

三月四日、将軍家茂が幕兵とともに二条城に入った。家茂は七日、将軍後見職慶喜や政事総裁職春嶽、水戸藩主徳川慶篤、老中、若年寄、在京中の諸大名を従えて参内する。このとき家茂は、開国問題が起って以降、朝廷が幕府の頭ごなしに諸藩に直接命令し、上洛させて国事周旋にあたらせている状況を変えるため「これまで通りの大政（国政）および諸大名の統治を将軍に委任する」という約定を取り付けようとした。しかし、尊攘激派公家の支配下にある朝廷は「将軍にはこれまで通り大政を委任する。しかし、事柄によっては朝廷が直接諸大名に沙汰することもある」という方針を示す。つまり、政治の実権は朝廷が握るということである。幕府も見くびられたものだ。

三月十一日、攘夷祈願のために上賀茂・下鴨両神社への孝明天皇の行幸がおこなわれ（天皇による行幸は寛永三年の後水尾天皇による二条城への行幸以来二百三十七年ぶり）、関白鷹司輔熙や右大臣二条斉敬、内大臣徳大寺公純以下の公卿に将軍家茂や後見職慶喜をはじめ老中、若年寄、滞京中の伊達宗城、上洛した長州藩世子毛利定広らの諸大名が供奉した。

行幸がおこなわれた十一日、天皇から要請を受けていた島津久光が藩兵七百を率い、長崎で買い付けたばかりの白鳳丸（米国製蒸気スクリュー船）で兵庫に到着、伏見を通って十三日に京に入り、近衛邸に参殿し、二本松藩邸が建築中のため知恩院を宿舎とする。久光は翌十四日、再度近衛邸におもむき、前関白近衛忠煕・関白鷹司輔熙・国事御用掛中川宮・将軍後見職慶喜ら列席のもと、暴威をふるう尊攘激派を憂慮し、「天下の大政は幕府に委任すべきことに加え、洛中を跋扈《ばっこ》する尊攘激派志士のみならず、朝議を牛耳る尊攘激派公家も排除すべし」など十四カ条の建白をおこなった。

しかし、荒れ狂う天誅の前に誰からも何の返答もなく、採用されることはなかった。失望した久光は滞京わずか六日、十八日に長州・土佐両藩の尊攘激派に牛耳られている京を出立し、兵庫を出港して帰国、いずれ攻め来るであろうイギリス艦隊の動向をにらみつつ藩政に専念する。ただし久光は、尊攘激派を一掃するため、高崎正風や奈良原繁を京に残し、密かにその工作をさせた。二十一日、尊攘激派との抗争に疲れ果て、政事総裁職の辞表を提出したが認められなかった春嶽は、強引に越前国福井に帰国。そのため二十五日に逼塞《ひっそく》処分を受け、政事総裁職を罷免された。二十六日には山内容堂が帰国し、伊達宗城も帰藩したため、京には公武合体派の雄藩大名が一人もいなくなった。

攘夷実行日の決定

幕府は将軍家茂の帰府を三度布告したものの、尊攘激派公家によって阻止され、三度とも撤回させられていた。孝明天皇はというと、下剋上のごとく朝廷内の秩序を乱す、過激な廷臣の排除を望むようになっていた。

松平容保はこの三月、天誅の鎮静化に手がまわらないため、京都守護職預かりとして結成された非正規部隊「新選組」を支配下に置いて、不逞浪士の取り締まりと京の治安維持にあたらせることにした。京に軟禁状態にあった家茂は四月二十日、和宮の降下条件である攘夷実行日を二十日後の五月十日とやむを得ず決め、二十三日に諸大名に布告する。公使・領事が駐在し、しかも攘夷を実行する能力も自信もない空約束である。だが、攘夷実行日を定めたことで家茂は帰府することができるのである。慶喜は四月二十二日、江戸の幕閣に攘夷決行を督促するためとして、家茂に先立って京を出立する。

また、幕府は大坂湾防備のため、神戸や西宮に砲台の築造を決め、その指揮を任された軍艦奉行並の勝海舟は四月二十一日、順動丸で家茂の大坂湾巡視に随行し、生田川河口（神戸市）に上陸。家茂からこの地に「神戸海軍操練所」開設の許可を得るとともに、その用掛を命じられた。

長州藩による外国船砲撃

五月八日、将軍後見職慶喜が江戸に戻った。尊攘激派公家に牛耳られた朝廷は賠償金の支払いに反対していたため、慶喜は「攘夷実行、賠償金支払い不可」を装っていたが、イギリスとの戦争を回避するため、慶喜の暗黙の了解を得ていた小笠原長行は九日、横浜で十一万ポンドの賠償金を支払った。しかし、犯人の引き渡しおよび賠償金の支払いを拒否する薩摩藩を従わせることはできず、生麦事件の全面解決は引き延ばされる。

翌十日は幕府が攘夷の実行を約束させられた当日である。実際は「実行してくれるな」が本心の幕府は、誰も攘夷を決行するとは思わず、また、できるはずもないと高をくくっていた。ところがこの十日の夜、あろうことか、長州藩が関門海峡を航行中のアメリカ商船を、二十三日にフランス艦を、二十六日には、友好国オランダ艦をも何の通告もなく砲撃してしまったのである（下関事件）。

その報復として六月一日にアメリカ軍艦が下関に襲来し、一時間ほどの砲撃戦の末に亀山砲台（下関市中之町）を破壊、関門海峡内に停泊中の長州軍艦三隻も大破または撃沈させる。さらに五日、フランス軍艦二隻が襲来し、前田・壇ノ浦・杉谷（三カ所とも下関市）の三砲台に激しい艦砲射撃を加えたあと、フランス兵二百数十人が上陸、長州軍の本陣慈雲寺（前田町）や農家を焼き払い、砲台を破壊・占拠して引き揚げた。長州藩は戦死者十三人を出して無残な敗北を喫する。

敗戦を知らされた藩主毛利敬親は六月五日、高杉晋作に下関防衛を命じる。晋作は下関におもむき、士農工商の身分を問わず、志願兵を募って「奇兵隊」を結成。みずからその総督となる。奇兵隊は、防御の拠点前田砲台の修復のみならず、攘夷の先陣を切った長州藩が外国船を砲撃した際に「傍観していた」と小倉藩に難癖をつけ、対岸の田野浦と和布刈岬《めかり》（ともに北九州市門司区）を強引に占拠して新たな砲台を築造。そのため下関海峡は通航不能状態となる。

京の将軍家茂は、六月九日に幕兵を率いて二条城から大坂城に入り、十三日に順動丸に乗船、勝海舟が従って十六日に江戸城に帰り着き、イギリスをはじめとする各国公使らと貿易を許可した諸港の鎖港談判に着手する。当然ながら「条約違反」と拒否されて幕府は撤回。その幕府は尊攘派を懐柔するため、せめて横浜の鎖港だけは実現しようと、達成不可能にもかかわらず「横浜鎖港談判使節団」をフランスに派遣する（結果は予想通り失敗）。

家茂帰府と入れ替わるようにして、久留米藩での幽閉を解かれた尊攘激派の真木和泉が「攘夷親征論（天皇がみずから攘夷の先頭に立つという意見）」を引っ提げて入洛する。何やら危うげである。

五　薩摩藩と敵国イギリスの提携

イギリス艦隊の鹿児島襲来

幕府から賠償金をせしめたイギリス代理公使ニールは、生麦事件を自身の手で決着させるため、文久三年六月二十二日にキューパー提督率いる七隻の軍艦とともに横浜港を出航し、二十七日に錦江湾に入り、鹿児島城下南方六キロの谷山沖に投錨する。

イギリス艦隊は翌二十八日、北上して鹿児島城下の前之浜およそ一キロ沖合に投錨、軍艦七隻の威容をもって薩摩藩を威嚇。薩摩藩は折田平八・伊地知正治・今藤新左衛門・重野安繹《やすつぐ》を旗艦ユーライアラス号に派遣して来意を詰問。ニールは、生麦事件の犯人の逮捕・斬首およびリチャードソンの遺族への賠償金二万五千ポンドを要求する。薩摩藩は回答を留保し、鶴丸城内での会談を提案。イギリス側は二十九日、ニールが拘束される危険を避けるため、城内での会談を拒否して早急な回答を求めた。薩摩藩は「生麦事件に関して責任はない、非は行列を乱したイギリス側にある」と返答書を示してニールの要求を拒否。イギリス艦隊は鹿児島城下対岸（桜島西岸）の横山村・小池村沖に移動する。

ニールは七月一日、薩摩藩の使者に対して「要求が受け入れられない場合は武力行使に出る」と通告。ただしニールは「威嚇すれば幕府同様に薩摩藩も支払うはず」と舐めきっていた。かたや開戦を覚悟した薩摩藩では、藩主忠義と国父久光が海に近い鶴丸城からその南西四キロにある西田村千眼寺（鹿児島市常盤町）に移って本陣とし、指揮を執ることになった。本陣警護隊長は大目付町田久成が務め、薩摩軍の総大将には元筆頭家老島津久徴《ひさなが》が任じられた。さらに久光は、寺田屋事件で謹慎に処した精忠組の西郷従道ら全員を赦して総動員体制を敷く。

勃発、薩英戦争

七月二日未明、台風の襲来によって荒れる海上をパール・アーガス・レースホース・コケット・ハボックの五隻が、錦江湾の奥深くまで侵入し、重富脇元浦（姶良市脇元）に退避中の薩摩蒸気船天佑丸（英国製蒸気スクリュー船）・白鳳丸・青鷹《せいよう》丸（米国製蒸気スクリュー船）に接舷して乱入。午前十時、乱闘の末にその三隻を拿捕する。およそ三十万両で薩摩藩が購入した蒸気船三隻を抵当に交渉を有利にするためであった。船奉行で青鷹丸の船長寺島宗則と船奉行添役で天佑丸の船長五代友厚は捕虜となり、旗艦ユーライアラス号に拘禁されてしまう。

正午、宣戦布告もなく三隻を拿捕された薩摩藩は、イギリス艦隊の盗賊行為と受け取り、天保山砲台から旗艦ユーライアラス号に向けて発砲。これを合図に十カ所の砲台から八十門の大砲がいっせいに火を噴いた。対岸の桜島袴腰砲台（桜島横山町）では、眼下に投錨中のパーシュース号に対して砲撃、命中させる。この砲台の存在を知らなかった艦長キングストンは慌てふためき、錨を切断して逃走した。

不意を突かれたキューパー提督は、戦闘に邪魔な拿捕したばかりの天佑丸・白鳳丸・青鷹丸を焼却させる。と同時に幕府から得て誇らしげに艦上に置いてあった十一万ポンドを移動。午後二時、ユーライアラス号を先頭にようやく戦列を整えたイギリス艦隊が反撃に移る。大砲約百門、そのうち最新式の長弾・元込めの施条砲アームストロング砲（射程距離四キロ）二十門が轟音を響きわたらせながら発砲を開始する。

これに対して薩摩藩は、丸弾・先込めの旧式砲（射程距離一キロ）八十門で応戦していたが、午後三時、砲術師範成田正右衛門の指揮する、弁天波止砲台から発射された弾丸二発が好運にも旗艦ユーライアラス号の甲板に着弾し、艦橋（指揮所）で破裂。居合わせた艦長ジョスリングや副長ウィルモットらの士官が戦死、キューパー提督は吹き飛ばされて転落したが左腕の傷のみで助かった。その後も大砲による応酬はあったものの、四日、三隻の戦艦が破損したイギリス艦隊は、暴風雨による損害や弾薬・燃料・食料不足により、戦闘継続が難しくなって錦江湾から退去する。イギリス側は戦死者十

三、負傷者五十、薩摩藩側は戦死者五、負傷者十三だった。

斉彬が築き上げた集成館の工場群は反射炉を除いて破壊され（のちに解体）、十カ所の砲台および大砲八十門はイギリス側の的確な艦砲射撃によって木っ端微塵に吹き飛ばされ、偽金を造っていた鋳銭所も灰燼に帰した。しかし、思いのほか被害は少なく、海辺に近い不断光院（本宗家十五代当主貴久が永禄五年に建立。易居町）は薩摩藩の本拠鶴丸城と誤認されて英国艦隊の砲撃を受け、その北方にある薩摩藩領内最大の寺院浄光明寺（本宗家三代当主久経が再建。上竜尾町）とともに全焼したが、砲撃に値しないとみくびられたのであろうか、質素な鶴丸城は無事で、城下の十分の一ほど（民家三百五十余・藩士屋敷百六十余が焼失）が焼亡しただけであった。

大敗の薩摩藩士、猛省する

ただし薩摩藩は、イギリス艦隊を退けることに成功したものの、大砲および砲台は壊滅。薩英双方の軍事力の差を目の当たりにした薩摩藩士は欧米列強相手の攘夷不可能を痛感、自藩の開国主義に不満を唱えていた攘夷論者もようやく覚醒し、安易な攘夷がいかに無謀で恐ろしい結果をもたらすか身をもって思い知らされた。薩摩藩内の攘夷論は鎮火し、イギリス艦隊の再襲来に備え、直ちに復旧作業にあたるとともに、久光の命によって重野安繹がイギリスとの講和交渉をおこなうことになった。安繹らは長崎におもむいてイギリス艦隊の動静を探り、その再襲来がないことを確認、安行丸（英国製蒸気スクリュー船）を購入し、八月一日に長崎を出港して横浜に向かった。

およそひと月後、偽金造りが海岸から離れた西田（鹿児島市西田）に場所を移し、職人も二千から四千に増員して再開される。薩摩版天宝通宝と琉球通宝によって薩摩藩は、薩英戦争の戦費はもちろん諸砲台の修築や大小砲の製造、城下の復旧、被災者への支払いを滞りなく終えることができ、さらに、新たな軍艦およびエンフィールド銃（前装式施条銃）やスナイドル銃（後装式施条銃）などの小銃、アームストロング砲などの大小砲の購入にあてられることになる。薩摩版天保通宝の密造高は、慶応元年までの三年間に二百九十万両に達し、諸経費を除いた儲けは二百万両にものぼるとされる（琉球通宝の鋳造高は最終的に五十万両ほどであろうか）。

偶発的に起こった〝攘夷実行〟生麦事件と、それによって引き起こされた〝攘夷戦〟薩英戦争により、通商条約締結ならびに開国派の久光は、その意に反して〝攘夷の権化〟のごとく祭り上げられてしまうのである。

尊攘激派公家の排除

薩摩藩が城下の復旧作業に追われていた七月、京では、真木和泉が尊攘激派公家三条実美や長州藩士久坂玄瑞らと謀り、その建言によって八月十三日に大和行幸の詔が発布される。孝明天皇が大和国に行幸して神武天皇陵と春日大社に参詣し、攘夷を祈り、しばらく逗留して「攘夷親征の軍議」を開き、その後、伊勢神宮に報告するというのである。自身が先頭に立つ攘夷親征など望んでもいない孝明は途方に暮れ、中川宮と鹿児島の久光に救いを求める。

こうした状況下において、久光の命を受けた高崎正風や奈良原繁が裏工作を活発化させる。正風は京都守護職会津藩公用方の秋月悌次郎を訪ね、尊攘激派公家の後ろ盾となっている長州藩の追い落としを提案。攘夷親征に憤慨していた会津藩ではその策略を受け入れる（薩会同盟）、正風は八月十五日に悌次郎とともに中川宮を訪ね、孝明への説得を依頼。十六日、中川宮は参内して孝明を説得し、十七日、孝明の決断によって尊攘激派排除の密勅が下った。

翌十八日午前一時、薩摩・会津両藩兵に警護された中川宮や近衛忠煕・忠房父子、右大臣二条斉敬、内大臣徳大寺公純、京都守護職松平容保、京都所司代稲葉正邦（山城淀藩主）ら公武合体派の公卿・諸大名が参内。そして、大和行幸の延期（実質は中止）、三条実美ら尊攘激派公家の参内と面会を禁止し、長州藩による堺町御門（外郭九門のうち南側の門）警備の任を解くことを決定、直ちに実行された。午前三時、薩摩・会津・淀三藩の兵およそ二千が禁裏六門を閉鎖。締め出された尊攘激派公家や長州藩兵が堺町御門内東隣りの鷹司邸に集結、長州藩兵は御所に侵入しようとしたが、同じく西隣の九条邸に陣を張る会津・薩摩両藩兵とにらみ合いになる。夕方になって雨が降り始めても一触即発の状態は続いていたが、勅命には逆らえず、長州藩兵は夕闇とともに退いた。

国事御用掛三条実美をはじめ国事参政の東久世通禧《みちとみ》、国事寄人《よりうど》の三条西季知《すえとも》・四条隆謌《たかうた》・壬生基修《みぶもと なが》・錦小路頼徳《よりのり》・澤宣嘉《さわのぶよし》の七人は官位を剝奪され、真木和泉や長州藩兵に守られて兵庫から出帆し、海路長州藩の三田尻（山口県周防市）をめざす（七卿落ち・八月十八日の政変・文久の政変）。残る激派公家は処罰され、その巣窟であり、朝議を支配していた国事参政・国事寄人両役は廃止された。

しかし、長州藩士が薩摩・会津両藩に対して「薩賊会奸《さつぞくかいかん》」と敵視し、事態はむしろ混迷度を深めていくことになる。

京から尊攘激派公家や長州藩、脱藩浪士らいわゆる破約攘夷派が一掃されたことによって攘夷親征は中止となり、一転して公武合体派が勢力を盛り返すことになる。ただし、翌十九日に朝廷は幕府に攘夷を督促するとともに、諸藩に対し、幕命を待たずに攘夷を実行するように勅命を下す。尊攘激派公家を排除した孝明ではあったが、攘夷には病的なほど固執していたのだ。

この八月十八日の政変後の土佐藩では、尊攘激派公家の背後にあった天誅の主役土佐勤王党が、その存在に不快感を募らせていた前藩主山内容堂（安政の大獄による処分から四年ぶりに解放されて藩政を掌握）によって弾圧される。九月二十一日に土佐勤王党の盟主武市半平太をはじめ、土佐に戻った勤王党幹部は片っ端から投獄され、拷問に耐えかねて服毒自殺または拷問死する。〝人斬り以蔵〟と恐れられた岡田以蔵は斬首、獄中の武市半平太は切腹させられて（慶応元年閏五月一日）土佐勤王党は壊滅する。

一転なごやかな薩英講和交渉

薩英戦争からおよそ三カ月後、重野安繹《やすつぐ》が交渉役となり、江戸詰側用人岩下方平《みちひら》が全権およびその補佐役として、薩摩支藩の佐土原藩家老樺山久舒《ひさのぶ》や能勢直陳《なおのぶ》が和平推進役として、また、幕府側からは外国奉行支配調役《しらべやく》鵜飼弥一と徒目付斎藤勤吾が立会人として、イギリス公使館の応接室で代理公使ニールと和平交渉に臨んだ。

薩摩側はイギリス艦隊による薩摩汽船三隻を拿捕した件を追求し、かたやイギリス側は生麦事件を責め立て、いわば開戦責任をめぐって交渉は紛糾・決裂する。両者は幕府の仲裁によって次回の交渉を取り決めたが、その当日の十月四日、この日も前回同様に両者は持論を繰り返すばかりで落し所が見い出せず、再び決裂。焦ったニールは「次回の会合で合意できない場合は、話し合いを打ち切る」と薩摩側に通告する。

一方的に期限を区切られた安繹は十五日、開口一番、「賠償金を支払う」と切り出し、その賠償金と引き換えに条件を二つ示す。一つは「イギリスの軍艦を購入したい、その斡旋を頼みたい」。二つ目は「イギリス軍艦内に収監されている薩摩藩士二人を引き渡して欲しい」であった（すでに二人とも開放されていてのちに鹿児島に帰国）。承諾が得られねば談判は終了、再び戦争に突入することになる。つまり「薩摩藩の敵対国であるイギリスが軍艦を売ってくれなければ、そのイギリスと再合戦も辞さず」という勝手な理屈なのである。面食らったニールではあったが「なぜ、薩摩藩は軍艦が必要なのか」といぶかしみながら尋ねた。安繹は「薩摩藩には軍艦がない。薩摩藩どころか日本にはイギリスのような軍艦（戦闘艦）が一隻もない。ぜひ斡旋を頼みたい」と畳みかけながら、イギリス軍艦の性能を褒めちぎった。ニールらは「自分たちの生まれ育った鹿児島城下を火の海にした軍艦に感銘し、その軍艦を欲しがる奇人が目の前にいる」と唖然。

自国の軍艦を褒められて気を良くしたニールらではあったが「軍艦を買って誰と戦争するのか」と尋ねると「いまは敵はいないが有事に備えたい、さらに数隻購入したい」という。ニールは「請け負えない」と応じた。安繹らは消沈。ところがニールは、フランス寄りの姿勢を取り始めた幕府に替わって雄藩筆頭の薩摩藩をイギリスのパートナーとする好機と捉え「我が政府に不要の軍艦があれば、お売りすることができるかもしれない」と軍艦購入の斡旋を承諾する。

その後、講和交渉の場はなごやかな雰囲気に一転しただけでなく、幕府立会人を差し置いて軍艦購入交渉の商取引ならびに〝薩英親善の場〟となる。
賠償金の二万五千ポンドは、大久保利通が勝手掛老中板倉勝静《かつきよ》と交渉した結果、薩摩藩が幕府から借り入れ、世間では「薩摩藩が攘夷に勝利した」と決め込んでいる手前、十一月一日に和平推進役の佐土原藩が支払うことで決着する。生麦事件の犯人について薩摩藩は「いまだ行方不明につき処刑できず」としていたが、ニールは薩摩藩が開国の陣頭に立っているとみなし、犯人の追及は控えて薩摩藩の釈明を黙認する。なお薩摩藩は、幕府から借り入れた二万五千ポンドを返済することはない。つまり踏み倒すのである。

薩摩藩はこの十一月、新たな艦船や大砲の購入を進めるとともに、イギリス艦隊の艦砲射撃に衝撃を受けた大山巌（のちの初代陸軍大臣）の建言を入れ、西洋式砲術の修練のために巌をはじめ黒田清隆（二代総理大臣）、伊東佑亨《すけゆき》（初代日本連合艦隊司令長官）ら十人を江戸の江川塾（港区浜松町）に入門させる。この私塾の創設者は幕臣で洋式兵学者の江川英龍だったが、八年前の安政二年に死去していたため、兵学教授大鳥圭介（のちに幕臣）が塾頭を務め軍事演習の教育をおこなっていた。

久光三度目の上洛

薩英和平交渉がおこなわれる直前の九月十二日、上洛勅命を受けた久光は、八月十八日の政変後の尊攘激派の巻き返しに備えると同時に、公武合体に尽力するため、小銃や大小砲を備えた千五百の藩兵を率いて上洛する。薩英戦争で軍艦三隻を失っていたため、横浜から戻ってきた安行丸に加え、幕府から三隻、大叔父黒田斉溥《なりひろ》の福岡藩と松平春嶽の越前藩から各一隻を借用し、計六隻に分乗した久光一行は、二十九日に兵庫に上陸、以後は陸路を採って十月三日に京に到着し、完成したばかりの二本松藩邸（上京区）に入った。公武合体の実を挙げるために久光は、将軍家茂の再上洛を京都守護職松平容保に要請し、一橋慶喜・松平春嶽・伊達宗城・山内容堂には使者を派遣、または書面をもって上洛を促す。

十一月十五日、孝明天皇は無位無官の久光に直接宸翰《しんかん》（天皇自筆の文書）を下し、今後の政局運営を諮問する。久光は、急速な攘夷（破約攘夷）には反対し、武備充実の必要性を訴え、天皇みずからが政治をおこなう「王政復古（天皇親政）」ではなく、朝廷・幕府・諸藩による合議制会議の結果を天皇が裁決する「大政委任（天皇親裁）」が望ましいといった内容の請書を提出。久光は、大政委任を前提とし、武家が朝議に参加できる「参予（参預）会議」結実のために奔走する。

また、久光の上奏により、三条実美らの帰洛を画策した鷹司輔熙は関白を罷免され、親幕派の二条斉敬《なりゆき》（生母が徳川斉昭の姉従子《じゅうこ》）が関白に任じられることになる。この十五日、六月三日の西の丸の焼失に続き、本丸と二の丸も焼失したことで江戸城は主要な御殿を失ってしまう。将軍家茂と和宮は江戸城北の丸の田安邸に、天璋院はその東側の清水邸に移った。この火災よって家茂の上洛が遅れることになる。

十二月十八日、故斉彬の養女で十九歳の光子（実父は加治木家九代当主久長）が近衛忠熙の四男忠房に嫁ぐ。

参予会議の解体と久光の幕府離れ

十二月三十日、島津久光が奔走した結果、上洛した一橋慶喜・松平春嶽・伊達宗城・山内容堂と京都守護職松平容保が「朝議参予」に任じられ、翌文久四年（一八六四）正月十四日には、無位無官だった久光が従四位下左近衛権少将に叙任されたうえで朝議参予の一人に加えられた。

翌十五日、将軍家茂が二条城に入城し、二十一日に慶喜、諸大名ら四十余人を従えて参内。孝明天皇は家茂を従一位・右大臣に叙し、政権委任の宸翰を下したが、その中に「無謀の攘夷（長州藩の起こした下関事件）は実に朕の望むところに非ず」とあった。要するに「攘夷はしたいが無謀な攘夷はするな。ましてや戦争は起こすな。そうなったらその責任は幕府にある」ということだ。

家茂は二十六日、参予諸侯に二条城の御用部屋（幕閣の執務室）への出入りを許可し、同時に「幕政参予」に任命する。久光は、宿願であった御所に参内し小御所で開かれる朝議に参加できる朝議参予と幕府御用部屋で開かれる幕閣会議に参加できる幕政参予の両職を手にしたのである。

慶喜・春嶽・宗城・容堂・容保・久光の六人による参予会議の当面の議題は、朝廷から命じられていた「横浜鎖港」問題と八月十八日の政変後の「長州処分」問題である。ところが、横浜鎖港問題で慶喜と春嶽・宗城、とくに久光との対立が激化、参予会議は紛糾する。しかも慶喜は、孝明の信任を得るため、その孝明が強く望む実行不可能な横浜鎖港すなわち破約攘夷に固執し、久光（外様の薩摩藩）主導の参予会議を嫌ってその解体を謀る。

わずか二カ月後の三月九日、慶喜・春嶽・容保・久光の四人が揃って参予の辞表を提出（容堂は嫌気がさして二月二十五日に帰国）。参予会議の解散により、久光が宿願とする新たな合議制会議の制度化は挫折する。横浜鎖港問題は慶喜と久光の激論の結果、慶喜の主張通りに鎖港が決定（幕府は実行せず）し、長州処分については、長州藩の家老を朝廷の沙汰で大坂に召喚・尋問し、朝廷に無断で庇護している、脱走した七卿の引き渡しを命じ、従わない場合は征伐を実行する方針を採ることで落着した。だが、横浜鎖港に反対した久光は反攘夷・開国派（久光は一貫して反攘夷・開国派）と認識されて孝明の信任を失い、その信任は慶喜が勝ち取ることになった。慶喜との政治的駆け引きに敗北した久光は、将軍後継職に就けて盟友と認めていたその慶喜に裏切られて不信感を募らせていく。この間、二月二十日に改元されて元治元年となる。

一会桑政権

三月二十八日、大久保利通らの進言により、藩主忠義が赦免した（久光は追認）流島中の西郷隆盛が沖永良部島を出発し、同じく喜界島に流島中の村田新八をともなって山川港に到着する。その隆盛は三月四日、鹿児島を発って十四日に上洛し、十九日に軍賦役（軍司令官）兼諸藩応接係（十月には家老に次ぐ側役）に任じられた。

孝明天皇の信任を得た慶喜は三月二十五日、将軍後見職を辞任し、京の軍事指揮権を握る「禁裏御守衛総督」ならびに大坂湾防衛を担う「摂海防御指揮職」に朝廷・幕府双方から任じられる。四月十一日には、京都所司代稲葉正邦の老中昇進により、その後任に容保の実弟松平定敬《さだあき》（伊勢桑名藩主）が任命された。

禁裏御守衛総督慶喜は、京における幕府の代表部である容保の京都守護職や定敬の京都所司代を実質的に支配下に置き、その軍事力を掌握することになる。以降、孝明の信任を得たこの三人、いわゆる「一会桑政権」によって京の政局は主導されていく。この十一日、孝明の信任を失った久光ではあったが従四位上・左近衛中将に昇叙され、十八日に大久保利通らをともない、京を発って失意のうちに帰国する。京には小松帯刀と西郷隆盛が残り、京における薩摩藩の代表となる。二日後の二十日、参内した将軍家茂に対し、参予会議は不用だったかのごとく大政が再び委任された。家茂は横浜鎖港ならびに攘夷確約と引き換えに帰府を許可され、五月七日に伏見城を発って二十日に江戸城北の丸の田安邸に戻った（七月一日に再建される本丸同様の造りの西の丸に、天璋院はやや遅れて再建される二の丸に移る。しかし本丸は再建されず）。

ここで四カ月ほど遡る。参予会議が激化し始めた正月二十四日、イギリス公使オールコックがおよそ二年の休暇を終えて帰任し（代理公使ニールは帰国）、三月二十二日には、フランスの新任公使レオン・ロッシュが来日していた。オールコックは、武力をもって下関海峡を通交不能状態にしている、尊攘激派（対外強硬派）筆頭の長州藩を屈服させ、つまり日本人に「攘夷不可能」を知らしめることを決意し、四月二十五日に、実際に攻撃されたフランス・アメリカ・オランダがこの懲罰攻撃に同意したため、下関攻撃の準備を進めていた。その背景には、横浜鎖港を幕府に断念させるとともに通商条約の勅許を孝明から引き出すという目的もあった。

新選組による池田屋襲撃

参予会議の足並みの乱れを突くかのように、八月十八日の政変で京を追放されていた長州藩士が失地回復を狙って長州藩邸内の長屋に潜伏し始め、また、尊攘派の勢力挽回を謀る諸国の脱藩浪士が潜入し、京は不穏な空気に包まれていた。そのため幕府は、京都守護職や京都所司代に市中巡察を命じる。

そうした中にあって、新選組は六月五日、捕らえた薪炭《しんたん》商の古高俊太郎を拷問の末に自白させ「烈風の夜を選んで御所に火を放ち、その混乱に乗じて八月十八日の政変で宮中工作をおこなった中川宮を幽閉し、禁裏御守衛総督一橋慶喜や京都守護職松平容保らを殺害、孝明天皇を長州に連れ去る」計画があることを突き止める。

その五日深夜、新選組は熊本藩士宮部鼎蔵を首魁とする尊攘激派が、長州藩士の定宿である三条小橋の旅館池田屋（中京区中島町）に集結していることを探りあてる。新選組局長近藤勇は一番隊組長沖田総司や二番隊組長永倉新八、八番隊組長藤堂平助らを率い、尊攘激派志士三十余人が密談中のその池田屋に踏み込み、宮部鼎蔵や松田重助、長州藩士吉田稔麿《としまろ》・有吉熊次郎、土佐藩士北添佶磨《きたぞえきつま》・望月《もち づき》亀弥太《かめやた》ら十数人を斬り殺すか自刃に追い込み、駆けつけてきた副長土方歳三率いる土方隊とともに二十余人を捕縛する（池田屋事件）。新選組の名は天下に轟き、隊士の数が三十余から百三十余に急増することになる。このとき、長州藩京都留守居の桂小五郎は密談に遅れたことで難を逃れることができた。

緊迫する京情勢を憂慮した小松帯刀は、内乱発生に備えて国許の薩摩藩庁に援軍を要請。藩兵四百五十が翔鳳丸・胡蝶丸・安行丸に分乗し、鉄砲や大砲とともに七月十日に鹿児島を出発し、十六日に入洛する。この援兵によって京における薩摩藩兵は一千を超え、会津・桑名藩などと併せると二千五百となった。

禁門の変

池田屋事件の悲報を受けた長州藩は大挙出撃に決する。長州藩兵は十五日から十六日にかけて国許を進発。長州藩三家老の福原越後《えちご》・益田親施《ちかのぶ》・国司信濃《くにししなの》が、真木和泉ら他藩の尊攘激派志士らを含む武装兵三千余を率いて上洛する。御所西方の嵯峨天龍寺（右京区）に国司信濃・来島《きじま》又兵衛らが、南西方の天王山（京都府大山崎町）に益田親施・真木和泉・久坂玄瑞・入江久一《くいち》らが、南方の伏見長州藩邸（京都市伏見区表町）には福原越後らが布陣し、七月十八日深夜に御所をめざしていっせいに進撃を開始。尊王を唱える長州藩が、である。

翌十九日、国司信濃・来島又兵衛ら一千余は御所西側の蛤御門（内裏外郭九門のうちの西側中央の門）を攻撃、戦闘は長州勢が優位に進み、蛤御門を守る越前・会津両藩兵は苦戦を強いられた。しかし、その北側の乾御門警固の島津久治《ひさはる》（久光の次男で忠義の同母弟。宮之城家十五代当主）が総大将となり、西郷隆盛が指揮する薩摩藩兵と清所御門警固の桑名藩兵が来援。来島又兵衛は薩摩藩兵川路利良《としよし》に狙撃されて重傷を負って自刃、又兵衛に率いられていた遊撃隊は潰走する。真木和泉率いる九百は越前藩兵が守る堺町御門を攻撃。一進一退の激戦を続けたが、禁裏御守衛総督慶喜がみずから敵陣に馳せ入って切り結ぶなど、獅子奮迅の活躍を見せ、さらに会津・薩摩・桑名三藩兵が駆けつけると、堺町御門内東側の鷹司邸に逃げ込んだ久坂玄瑞・入江久一・寺島忠三郎らが戦死、長州勢は壊滅する。鷹司輔熙・輔政父子は逃げ延びて無事であったが、会津藩兵が放った火によって鷹司邸は燃え上がった。

二十日、島津久治と島津珍彦《うずひこ》（久光の三男で忠義の同母弟。正室は斉彬の四女典子。重富家五代当主）を総大将とし、小松帯刀が指揮する薩摩藩兵が、長州勢の本陣となっていた天龍寺に攻め寄せ、残されていた兵器や兵糧米、寺所有の什器類を持ち出したあとに砲撃。およそ五百年前に足利尊氏が後醍醐天皇の冥福のために建立した天龍寺の堂塔伽藍すべてが焼け落ちた。

二十一日、真木和泉ら敗残兵は天王山で爆死。桂小五郎はというと、乞食姿に身を変えて京に潜伏後、但馬国出石《いずし》（兵庫県豊岡市）に身を潜める。（蛤御門の変・御所の門を禁門と呼ぶことから禁門の変ともいう）。この禁門の変によって尊攘激派は一掃されたが、鷹司邸と自焼した長州藩邸から燃え広がった激しい火炎によって二万八千余の民家が焼失する（どんど焼け）。なお、薩摩藩兵が天龍寺から持ち出した兵糧米と長州藩邸の備蓄米およそ四万九千俵は戦火で罹災した人々に与えられた。七月二十三日、御所に発砲した罪により、朝敵長州藩追討の朝命が禁裏御守衛総督慶喜に伝達され、翌二十四日、幕府は西国二十一藩にその朝命を伝えて出兵を命じる。

四国艦隊下関砲撃事件

朝敵となった長州藩にさらなる凶事が襲う。七月二十七日、長州藩に報復・屈服させるため、薩英戦争の指揮官キューパー提督が統率するイギリス・フランス・オランダ・アメリカ四カ国十七隻、砲二百九十一門、兵員五千の連合艦隊が横浜を出港。八月五日、その四カ国艦隊はキューパー提督の旗艦ユーライアラス号の大砲発射の爆音を合図に下関と彦島の砲台に向けていっせいに砲撃を開始する。長州軍も応戦したが、やがて沈黙。翌六日から八日にかけて、イギリス・フランス・オランダの陸戦隊が上陸し、十余カ所の砲台を占拠・破壊する（四国艦隊下関砲撃事件・馬関戦争）。「攘夷、攘夷」と大言壮語して公武合体派を天誅の名のもとに殺戮し、尊王にして開国論者の永井雅楽を無念の切腹に追いやり、京を焼け野原にした長州藩は、その夷狄《いてき》に屈服して攘夷を撤回、なんら恥じることなくコロリと手の平を返して開国派に転じ、十日から四カ国との講和交渉を開始する。

交渉を任された桂小五郎は、密航してイギリス留学から急遽帰国した伊藤博文と井上馨を通訳とし、八月十八日に四カ国連合艦隊と長州藩との間に講和が成立。その内容は、㈠関門海峡における外国船の自由航行、㈡外国船に必要な薪水・食糧の売り渡し、㈢悪天候時における外国船員の下関上陸許可、㈣下関砲台の撤去、㈤賠償金三百万ドルを支払う、というものであった。ところが、長州藩の支払い能力をはるかに超えたこの桁違いの賠償金三百万ドル（二百二十五万両・六百七十五億円）については、「幕府からの攘夷実行を受けておこなった」と開き直って長州藩は支払いをおこがましくも拒否、幕府は支払うものの、支払い期日の延期・分割・減免を四カ国に要請することになる。

薩摩藩では八月二十九日、大山巌らに江川塾で西洋式砲術の修練をさせる一方で、国父久光と藩主忠義により、前藩主斉彬が計画していた「開成所（鹿児島市小川町）」が開設される。西洋の軍事・科学技術を積極的に導入するための、いわば藩の将来を担うエリート育成洋学校である。学生は藩校造士館などから選りすぐられた俊才七十人ほどで、蘭学者石河確太郎や八木称平らが教鞭を執ったが、のちに英学者前島密（郵便制度の確立者）、中浜万次郎、芳川顕正《あきまさ》（明治新政府の内務・文部大臣などを歴任）嵯峨根良吉（物理学者）らが教授として招かれ、陸海軍砲術・兵法・天文・地理・航海術・数学・物理・医学・英語・オランダ語などを教えた。

西郷隆盛による穏便解決

長州征伐を進めていた幕府は十月二十二日、大坂城で征長総督徳川慶勝（元尾張藩主）、副総督松平茂昭《もちあき》（福井藩主・春嶽の養子）、大目付・軍目付らが列席して軍議が開かれ、十一月十八日に総攻撃に着手することが決まった（薩摩藩では西郷隆盛と吉井友実が出席）。慶勝は陸路中国路を下って広島国泰寺《こくたい》（広島市西区）を総督府とし、下関口を攻撃する諸軍を率いる松平茂昭は海路を採って備前小倉城を副総督府に定める。すでに禁門の変から四カ月が過ぎていた。

これに先立つ九月十一日、西郷隆盛は吉井友実らとともに、大坂の専称寺（大阪市中央区淡路町）で幕府軍艦奉行勝海舟に初めて面会する。隆盛が幕府による兵庫開港問題解決について海舟に尋ねると、海舟は「もはや幕府に政権担当能力はない。薩摩や福井などの雄藩連合の力で欧米諸国に対処すべきだ」といった内容を述べた。隆盛は幕府内に雄藩連合を支持する高官がいることに衝撃を受け、それまでの対長州強硬路線から穏便路線に転換する。なお、海舟は十一月十日に軍艦奉行を罷免されて蟄居処分となる。神戸海軍操練所の練習生の中に池田屋事件で自刃した北添佶磨と望月亀弥太がいたことに加え、禁門の変に安岡金馬が参加していたことが理由で、しかも翌慶応元年には、反幕思想の巣窟とみなされた神戸海軍操練所は廃止。そのため海舟は、門人で神戸海軍操練所塾頭の坂本龍馬ら行き場のなくなった六人の土佐脱藩浪士（のちに山内容堂によって脱藩の罪を許される）の保護を薩摩藩に依頼し、小松帯刀や西郷隆盛が彼らを大坂藩邸に引き取ることになる。

一方、全権を委任された征長総督参謀西郷隆盛は、内戦を回避して事態を穏便にすませるため、毛利家支族で当初から幕府に恭順を示していた岩国藩（長府・徳山両藩とともに長州三支藩の一つ）藩主吉川経幹《きっかわつねもと》に仲介を依頼。吉井友実と税所篤をともなった隆盛は、岩国で経幹と会い、禁門の変を引き起こした責任者の処分と藩主毛利敬親・定広父子の恭順ならびに謝罪を求める。吉川経幹はそれらを受け入れた。

四カ国艦隊との戦闘で疲弊しきっていた長州藩は、禁門の変で敗北した尊攘激派（攘夷を撤回したため正義党と称する）に替わって藩政を握った幕府恭順派（俗論党）により、福原越後・益田親施・国司信濃の三家老を切腹させてその首級を国泰寺の総督府に差し出した。十一月二十五日、藩主毛利敬親・定広父子が伏罪書を提出して毛利家の菩提寺天樹院（萩市堀内）に蟄居、功山寺（下関市長府）に潜居していた五卿（沢宣嘉は長州到着後に脱走、錦小路頼徳はこの元治元年四月十七日に死去）は大宰府に移され、山口城は一部破却されて藩庁を萩城（山口県萩市）に移し、征長軍は撤兵する。

久光のもっとも嫌う内乱（引き続き起るであろう欧米諸国による国政介入および日本の植民地化）を未然に防いだ比類のない功績を賞賛された隆盛は、久光・忠義父子から感謝状を授けられた（のちに大番頭にそして家老座に進むが隆盛は断ることになる）。

長州藩の武備恭順

ところが、戦わずして勝ったことを幕権の回復と錯覚した幕閣は、この寛大すぎる処置に大きな不満を抱き、幕威を誇示するかのように長州藩主父子と五卿の江戸送還を決める。藩主を人質にすることで長州藩が二度と幕府に歯向かえないようにするためである。この浅薄な幕閣の判断力が西郷隆盛の努力を無にしてしまうのだ。

その長州藩では、俗論党と正義党との間で政争が勃発。十二月十五日夜半、正義党の高杉晋作や伊藤博文が功山寺で挙兵し、翌元治二年（一八六五）二月には、首魁の椋梨《むくなし》藤太らが捕縛されて俗論党が一掃される。正義党が藩政の中枢に返り咲いたことで、長州藩は藩論を「武備恭順」に転換する。つまり、幕府に対してはこれまで同様に恭順姿勢を崩さないが、武家の習いとして武備を強化、征長軍の領内侵攻に対しては、挙藩一致して徹底抗戦するというのである。つまり挑発、「かかって来い」ということだ。そして、但馬国出石に潜伏していた桂小五郎が呼び戻されて藩政の最高責任者に就く。その小五郎は、「幕府のお尋ね者が藩の執政（家老）では誠に都合が悪い」という藩主毛利敬親に木戸の名字を与えられて木戸孝允《たかよし》と名を変える。三月二十九日、この長州藩の容易ならざる動きに危機感を強めた幕府は第二次長州征伐（長州再征）を全国諸藩に通達。四月七日、慶応と改元。十九日、幕府は将軍家茂進発を来る五月十六日と布告する。

第十章　回天の革命明治維新

一　薩長同盟成る

新時代の人材育成・薩摩藩遣英使節団

　薩摩藩では慶応に改元されるひと月ほど前の元治二年三月、五代友厚と開成所教授石河確太郎の建言を受け、大目付兼団長の新納久脩《ひさのぶ》（元家老久仰《ひさのり》の嫡男）・五代友厚（のちの実業家）・寺島宗則（初代在英日本公使・元老院議長）の三人の外交使節団と開成所の学生を中心とする藩費留学生十五人、通詞堀孝之を加えた総勢十九人のイギリスへの派遣を決定する（薩摩藩遣英使節団）。いまは亡き島津斉彬の遺志がまた一つ叶えられたことになる。ただし、日本人の海外渡航は幕府によって禁止されていたるため、離島への出張を名目に東シナ海に面した串木野郷羽島（いちき串木野市）からイギリス商人トーマス・グラバーが手配したオースタライエン号で密航し、イギリス南部のサウサンプトンに到着するのは二カ月後の五月二十八日であった。

　イギリスに到着した新納久脩・五代友厚・寺島宗則の使節団と十三歳の長沢鼎《かなえ》（のちにアメリカに渡ってカルフォルニアのワイン王となる）、通訳の堀孝之を除いた大目付兼薩摩藩開成所学頭の町田久成（東京国立博物館初代館長）や森有礼《ありのり》（初代文部大臣）、畠山義成（東京大学の前身となる東京開成学校長）ら十四人は語学研修後にロンドン大学に入学、鼎はスコットランド北東部アバディーンにあるグラバーの屋敷に預けられて地元の学校に通った。外交使節団の久脩・友厚・宗則と通訳の孝之はヨーロッパ各国を歴訪し、一年後の慶応二年（一八六六）三月十一日に留学生の半数をともなって帰国する。その慶応二年には、仁礼景範（第二次伊籐内閣の海軍大臣）、吉原重俊（初代日銀総裁）ら五人が第二次留学生としてアメリカに派遣されることになる。

また、久脩と友厚は、当時世界最大の紡績機械製造メーカーのプラット・ブラザーズ社から紡績機械を購入するとともに工場の設計および技術者の鹿児島派遣を依頼。慶応三年（一八六七）五月には、藩主島津忠義によって日本初の洋式紡績工場「鹿児島紡績所」が集成館の西隣（吉野町）に建設されることになる。

薩長和解のきざし

薩摩藩遣英使節団が大西洋上にあった慶応元年五月十六日、江戸では、布告通りに将軍家茂が幕兵を率いて進発し、東海道を西上して閏五月二十二日に入洛、直ちに参内して孝明天皇に進発の趣旨を告げ、二十五日に大坂城に入城、長州再征の本営とする。

かたや四カ国艦隊に完敗後の長州藩では、幕府による長州再征に備えて武器を必要としていた。しかし、その四カ国が長州藩だけには武器を販売しないという共同覚書を交わしていたため、外国商人も長州藩への武器販売ができずにいた。この閏五月、薩摩藩などの援助によって長崎に日本初の貿易商社「亀山社中（のちに坂本龍馬が脱藩を許されて土佐藩に復帰すると藩付属の商社となって海援隊と改称)」を設立した坂本龍馬は、長州藩の実権を握った木戸孝允(桂小五郎)に「幕府の目をくらますため、薩摩藩名義で武器と軍艦を買い、長州藩の特産物である米をお礼として薩摩藩に渡したらどうか」と提案した。孝允がこれを受け入れたため、龍馬は薩摩藩二本松藩邸で西郷隆盛と会談。隆盛は快諾する。

隆盛が了承したことを知らされた孝允は、長崎に派遣していた井上馨と伊藤博文にイギリス商人グラバーとの商談を進めさせ、アメリカの南北戦争(奴隷制をめぐる内戦)で使用された最新式のミニエー銃四千三百挺(前装施条《しじょう》式)、ゲベール銃三千挺(前装滑腔式)、軍艦乙丑《いっちゅう》丸一隻を総額十四万二千四百両で購入する契約を結ぶ。銃は小松帯刀の指示で薩摩艦船胡蝶丸(英国製蒸気外輪船)によって下関に運ばれて長州藩に引き渡され、乙丑丸はしばらく亀山社中が運用することになった。この大取引によって、薩賊会奸と罵っていた長州藩とその長州藩を仇敵とみなしていた薩摩藩との和解が成立し、両者の結びつきは強まっていく。

なお、軍艦と武器斡旋の返礼として長州藩から薩摩藩に贈られる多量の米は、長州再征が実行されることにより、隆盛が「長州藩が兵糧米として活用すべき」として長州藩に返還するが、孝允は「一度贈ったものは受け取れぬ」と固辞したため、龍馬が預かることになった。

通商条約勅許下る

イギリス公使パークスは九月十三日、フランス・アメリカ・オランダの公使(米蘭は代理公使)とともに九隻の連合艦隊を率いて横浜港を出航。その目的は、下関戦争の賠償金三百万ドルの三分の二を減免する条件で、安政五カ国条約の勅許、兵庫・大坂の早期開港・開市、関税率低減を要求するためである。十六日にその連合艦隊が兵庫沖に姿を現す。パークスらは軍事力を背景に上洛を要請し〝攘夷派の大元締〟孝明天皇に圧力をかけたのである。朝廷は恐怖のどん底に突き落とされ、将軍以下の幕閣も大混乱に陥った。この十六日、将軍家茂が大坂城から上洛。家茂は二十一日、禁裏御守衛総督・摂海防御指揮職一橋慶喜や京都守護職松平容保らを従えて参内し、孝明から長州再征の勅許を得て、二十三日に大坂に戻った。

慶喜は十月四日に再び参内し、「朝廷が条約を勅許しない場合はこの場で腹を斬る。そうなると家臣が何をしでかすかわからない」と朝廷を脅し、さらに慶喜が在京諸藩の意見を聴取してその大多数が「通商条約許容」を表明したため、翌五日、孝明はやむなく勅許を下す。（兵庫開港要求事件）。この勅許に関し、大久保利通ら薩摩藩は外交権を幕府から朝廷（公家や有力諸侯）に移すため、勅許反対の裏工作を続けていたが、長州再征の勅許同様にまたも慶喜によって抑え込まれてしまったのだ。

しかし、安政五年に大老井伊直弼が無勅許で調印してから七年余、峻烈をきわめた直弼による安政の大獄という大弾圧とそれに反発した天誅の嵐を国内に巻き起こした幕末最大の政治課題は一挙に決着し、攘夷を名分とする反幕派の動きは沈静する。ただし孝明は、箱館・横浜・長崎三港の開港は認めたが、京の喉元にあたる兵庫・大坂の早期開港・開市だけは認めず、慶喜もそれには妥協せざるを得なかった。外交問題が落着したことで家茂は大坂城に戻り、幕府は長州再征に取り掛かったが、賠償金三百万ドルのうち二百万ドルの減免はなくなり、支払い延期を求めながらも、結果として幕府が支払うことになる（幕府は百五十万ドル。明治政府（つまり国民の税金）が百五十万ドル。米国は明治十六年〈一八八三〉に七十八万五千ドル全額を返還。政府はその返還金を横浜港の整備に活用する）。

贋金二分金の密造

通商条約問題では慶喜にまたもしてやられた薩摩藩ではあったが、十月十二日、天宝通宝の偽金造りに引き続き、集成館で二分金（二枚で一両）の贋金《がんきん》（偽金）造りを開始する。贋金二分金は銀台に金をメッキしていたため通称「天ぷら金」といわれる。明治二年（一八六九）五月二十八日に、贋金の密造およびその流通を禁止する「贋金禁止令」が新政府から布達されるまでの三年七カ月ものあいだ続けられた。また、幕威の衰微とともに、さらには戊辰戦争（後述）の莫大な軍費捻出のため、尾張・芸州・福岡・土佐・会津、薩摩支藩の佐土原など全国諸藩のほとんどが、薩摩藩に倣って二分金の贋金密造に手を染めるようになり、その総計は二百万両ともいわれている（正確には不明）。薩摩藩の贋金二分金の密造高は不明ながら、他藩は慶応四年からせいぜい一年ほどで、薩摩藩は慶応元年からなので、まったくの推測だが薩摩藩だけで百万両もしくはそれ以上が密造されていた可能性がある。だが、結果として経済の混乱を招く。

薩長同盟

鹿児島で贋金二分金の密鋳を始めた頃、京では、坂本龍馬の説得を受けた小松帯刀と西郷隆盛が、薩長の提携を促すため、長州の木戸孝允のもとに黒田清隆と龍馬を派遣し、孝允の上洛を求めていた。乗り気でなかった孝允の背を押したのは、龍馬や中岡慎太郎、高杉晋作らであった。黒田清隆らにともなわれた孝允は翌慶應二年（一八六六）正月四日に海路大坂に到着し、京に入った。

孝允は大いに歓待されたが、二本松藩邸で八日から始まった会談は互いの面子もあって両藩の提携話はいっこうに発展せず、あとから駆けつけてきた龍馬のとりなしによって、二十二日（二十一日説有り）に帯刀が仮住まいしている近衛家別邸御花畑屋敷（上京区室町頭町）で「薩長同盟」が結ばれた。薩摩藩側は西郷隆盛・小松帯刀・吉井友実・中村半次郎（桐野利秋）、長州藩側は孝允・三好軍太郎・品川弥二郎・早川渉が出席し、立会人は土佐藩の龍馬・新宮《しんぐう》馬之助・池内蔵太《くらた》。その内容は、㈠長幕間で戦争が起こったならば、薩摩藩は藩兵二千を京に派遣し、在京中の一千の兵とともに京・大坂を守る。㈡長州藩に勝機があるときは、薩摩藩は朝廷に働きかけて幕府との講和を成立させる。㈢戦争が長引いたときは、薩摩藩は長州藩に助力する。㈣戦争終結後、幕府軍が撤兵したら、薩摩藩は長州藩の無実を訴え、長州藩の名誉回復に尽力する。㈤幕府や会津藩、桑名藩が兵力を増強し、朝廷を利用したら薩摩藩は幕府に決戦を挑む。㈥長州藩の名誉回復が成されたときは、ともに一致団結して国と天皇の威光回復のために尽力する、というもので、単なる和解を超え、来るべき幕府との戦争における対応も想定した、まさしく軍事同盟だった（この段階では討幕はない）。これは口頭での取り決めだったが、その後、木戸孝允が文章に起こして龍馬に確認・裏書きしてもらった。「薩長同盟」が成ったことは、死に瀕していた長州藩を復活させるカンフル剤となったのである。

翌二十三日、龍馬と護衛役の長府藩士三吉慎蔵は定宿の伏見寺田屋（薩摩藩激派が討たれた寺田屋）に戻って二階で祝杯を挙げていた。ところが午前二時頃、伏見奉行林忠交《ただかた》（上総請西《じょうざい》藩主）が派遣した捕吏にその寺田屋が取り囲まれてしまう。一階の風呂に入っていた龍馬の恋人お龍がその異変に気づき、二階に駆け上がって危機を知らせた。捕吏三十人に踏み込まれた龍馬は高杉晋作から贈られたピストルで、慎蔵は得意の槍で防戦したものの、両手の親指を斬られた龍馬は慎蔵とともに裏階段を駆け下りて脱出、お龍に続き、慎蔵が伏見薩摩藩邸に走る。濠川《ほりかわ》左岸の材木小屋に潜伏した龍馬は、お龍の急報によって駆けつけてきた留守居大山彦八によって救われた（寺田屋遭難）。

第二次長州征伐の開始

薩長同盟が成った同じ正月二十二日、幕府による「長州処分案」が勅許される。その内容は、㈠藩主敬親を蟄居、定広を永蟄居とし、家督はしかるべき後継者（五月一日に定広の嫡男興丸に決定）に相続させること、㈡石高三十六万九千石のうち十万石を削減、㈢禁門の変を主導した三家老の家名を永世断絶に処す、というものであった。

宣戦布告とも取れるこの内容の処分に長州藩が従うはずはない。長州藩は薩摩藩名義で購入した多量の銃で調練をかさね、弾薬を製造して兵備を固め、すでに決戦の日に備えていたのである。

幕府から出兵を要請された薩摩藩はというと、四月十四日に大久保利通が大坂城に登城、老中板倉勝静に対し、「大儀名分がない」として出兵拒否の建白書を提出。薩長同盟に沿うものである。一度は押し返されたが、利通の機転によって受け取らせることに成功する。長州藩と国境を接する芸州（広島）藩も同様に出兵を拒否。最終的に幕府の動員に応じたのは三十二藩中、彦根藩や紀州藩、熊本藩、唐津藩など十四藩、総勢およそ十五万。しかし、莫大な戦費を必要とするため、戦闘意欲に欠けていた。また、処分案の請書提出の期限である五月二十九日になっても長州藩から返事はこなかった。

六月二日、先鋒副総督小笠原長行が翔鶴丸で小倉に、五日に先鋒総督徳川茂承《もちつぐ》（紀州藩主）が光明丸で広島に到着する。朝廷から「第二次長州征伐」の沙汰書が下された七日、幕府艦隊による周防国大島（屋代島）への艦砲射撃によって長州再征の火蓋が切って落とされた。この「大島口」を皮切りに、山陽道方面の「芸州口」、日本海側の「石州口」、北九州側の「小倉口」などで激しい戦闘が繰り広げられることになった。大島口では翌八日、艦砲射撃後に上陸した幕兵と伊予松島藩兵によって大島が占拠されてしまう。ところが十二日夜、その幕府艦隊に長州藩の海軍総督高杉晋作が奇襲攻撃を仕掛け、大島奪還に成功する。

芸州口では十四日、最新式のミニエー銃で武装する長州藩兵が、甲冑を着けて長槍・火縄銃を主体とする旧式武装の彦根藩兵を退散させたものの、十九日から始まった最新装備の紀州藩兵との交戦以降膠着状態に陥った。

幕府による外国貿易の独占体制の終焉

前年十月に安政五カ国条約の勅許を獲得したイギリス公使パークスは、その余勢を駆ってアメリカ・フランス・オランダの公使とともに、幕府に対して関税率低減交渉を続けてきたが、五月十三日、老中首座水野忠精との間に「改税約書（江戸協約）」を結んだ。結果、それまで日本が外国製品に課してきた関税率をおよそ三十から五パーセントに引き下げられることになった。そのため、安価な外国製品が流入することで日本の貿易は大打撃を被ることになる。

さらにパークスらは、賠償金支払いの延期の条件として、諸藩が自由に貿易活動に参加することや日本人による海外渡航の制限撤廃に成功する。寛永十二年に海外渡航禁止令が発効されて以来、二百三十一年ぶりであった。幕府が独占してきた外国貿易体制はついに終わりを告げ、薩摩藩をはじめ諸藩の密貿易も合法貿易となる。

二十一日、パークスのもとに水野忠精以下三老中連名の書簡がとどき、幕府海軍の訓練のためにイギリス海軍の教官派遣が要請された。その軍事顧問団は築地の軍艦操練所に招致されることになるが、戊辰戦争（後述）の勃発によって訓練期間は短かく、結局帰国することになる。この二十一日、パークスは横浜を出港し、しばらく長崎で戦争の行方を探ってから、招待を受けていた薩摩藩の城下鹿児島へ向けて六月十四日夕刻に出港した。

パークスの鹿児島来航

二日後の十六日、パークスは、諸藩が外国との貿易交渉や交際を公然とできるようになったという手土産を引っ提げ、また、その最初の実現となる、薩英の和平交渉成立後の親睦と相互理解を一層深めるため、ファニー夫人をともない、海軍提督キングらとともにイギリス軍艦プリンセス・ロイヤル号、サーペント号、サラミス号の三隻をともなって鹿児島を訪れた。投錨と同時に陸上から歓迎の祝砲十五発が発せられ、プリンセス・ロイヤル号からも礼砲が放たれた。イギリスから帰国した外国掛家老新納久脩や通詞堀孝之らがパークスの乗艦するサラミス号に乗り込んで出迎えた。

パークスが鹿児島城下の散策を希望したため、午後四時頃にパークスやキング提督らの一行十七人が津畑（名山町）に上陸し、新納久脩や堀孝之らが同行して下町石灯籠下（いづろ通り・金生町）から北方の田ノ浦の良英寺（清水町）に向かった。その沿道左右には外国人を見たこともない数千もの見物人が詰めかけていた。薩英戦争の生々しい記憶が城下の人々のあいだに残っていたが、「本人のみならず、親兄弟、近親者まで何らかの罰に処す」といった、粗暴な行為を厳しく戒める通達が出されていたためであろうか、平和的交流の中でささやかな散策は終わった。

翌十七日、パークス一行を歓迎する宴が磯別邸で催された。国父久光や藩主忠義はパークスらと万国共通の挨拶方法〝握手〟をしたが、二人にとって初めての挨拶方法だったのだろう、いささか面食らったようである（とくにファニー夫人とは）。宴席では、床の間側の席に小松帯刀と通詞堀孝之、左右の席には、ホスト役の久光・忠義のほかに家老桂久武・新納久脩・川上久美・島津広兼、そして、この度のパークス鹿児島訪問を仲介した英国商人グラバーらが着席し、併せて二十三人だった。

饗応は贅を凝らした割烹風の和食で、山海の珍味四十五種類の料理だった。飲み物もシャンペンやビール、シェリー酒、ブランデー、日本酒などがふるまわれ、会食中は管弦の調べが奏でられた。祝宴後にパークス一行は、薩摩藩洋式軍隊の操練や大砲調練を見学した。軍賦役中原猶介の指揮する大砲調練では、十ポンド野戦砲を四百五十メートル先の的に何度も命中させてパークスらを驚嘆させた。

翌十八日、再建された集成館に案内されたパークスらは、動力に蒸気を使って砲弾を製造する過程や硝子製造所で薩摩切子をつくる様子などを見学した。その日の午後の宴は洋風料理で、三頭の豚の丸焼きが用意された。鶏三千羽、卵五万個、豚三十頭とともに三隻の艦船に残っている乗組員にも提供されたため、わずか数日間の饗応に費やした総額は三万両だったとされる。

二十日には、薩英両軍が軍事演習を互いに披露。また、西郷隆盛も参加した狩猟を郊外で催し、鹿や猪などの獲物を得たという。

滞在最終日の二十二日、藩主忠義の実弟珍彦と小松帯刀がプリンセス・ロイヤル号を表敬訪問し、提督キングと記念写真を撮影。久光・忠義父子もプリンセス・ロイヤル号を訪問し、入港時と同様に砲台から十五発の礼砲を発射して見送った。

将軍家茂の死と幕府軍の敗北

一方、石見国の石州口では七月十八日、大村益次郎率いる長州藩兵によって浜田藩兵が壊滅し、藩主松平武聰《たけあきら》（斉昭の十男で慶喜の異母弟）は浜田城（鳥取県浜田市殿町）に火を放って逃亡。浜田城と石見銀山は長州藩兵の手に落ちてしまう。

小倉口では、征長総督小笠原長行の指揮する九州諸藩兵と高杉晋作らが率いる長州藩兵との間で、関門海峡を挟んで激しい海戦がおこなわれていたが、田野浦と大里（北九州市門司区）から上陸した山県有朋率いる長州藩兵が小倉を占領。その長州藩兵と七月二十七日の赤坂・鳥越の戦い（小倉北区）で善戦していた九州諸藩兵ではあったが、二十日に大坂城で十四代将軍徳川家茂がわずか二十一歳という若さで病死すると、熊本藩以下の九州諸藩兵が撤退、小笠原長行も戦線離脱したため、小倉藩（藩主小笠原忠幹《ただよし》が九月十四日に死去・継嗣の忠忱《ただのぶ》は四歳）は単独抗戦を強いられてしまう。なお、家茂の御台所和宮は落飾して静寛院宮と称する。

七月二十九日に徳川宗家を継承した慶喜は、反撃に出るため禁裏御守衛総督・摂海防御指揮職の辞表を提出し、「大討込《おおうちこみ》」と称して征長軍の先頭に立とうとしたが、孤立していた小倉城が八月一日に炎上・陥落したことを知ると腰砕けとなり、一転して敗退が続く第二次長州征伐を中止する。幕府はわずか三千数百の軍勢にすぎない長州藩に完敗。

九月二日、慶喜の命を受けた勝海舟（五月に軍艦奉行に復帰）は、長州藩士広沢真臣《まさおみ》・井上馨らと安芸の宮島で会談、停戦が成立する。これによってもっとも恐れていた内乱の長期化は避けられた。

慶喜の将軍就任と孝明天皇の崩御

徳川慶喜は九月七日、勅命をもって有力諸藩二十四藩の藩主・前藩主・世子に上洛を命じる。「長州処分」と「兵庫開港問題」を協議するためである。ところが、慶喜がどれほど待ち焦がれても、ほとんどの有力諸大名は上洛してこなかった。もっとも期待していた島津久光以下の有力諸大名は、病気などを理由に上洛猶予を願い出る始末で、上洛してきたのは加賀藩主前田慶寧《よしやす》や岡山藩主池田茂政《もちまさ》（斉昭の九男で慶喜の異母弟）、喜連川《きつれがわ》藩主長岡護美《もりよし》らだけであった（久光は自身の代わりに小松帯刀と西郷隆盛らを上洛させた）。多数の藩士をともなって上洛することは藩財政に重い負担となり、しかも、これまでの朝幕の仕打ちに対する不信感が根強かったからでもあった。さらに、この慶応二年は、第二次長州征伐による戦乱に加え、風水害による凶作が重なり、また、通商条約締結の結果、開港・開市されたことによる貿易不均衡が加わり、米穀をはじめとする物価が高騰。困窮した庶民の不満が爆発し、大規模な「世直し一揆」という米の安売りや質物の返還などを要求する打ち壊し一揆が、征長軍の駐屯する摂津国で始まり、大坂・江戸・武蔵国・陸奥国と続き、長州藩に敗れた豊前小倉藩の城下では、家屋への放火や公用帳簿が焼き捨てられるなど、江戸時代最多の百八十五件という一揆数に達するなど、上洛どころではなかったのである。

　徳川宗家を継承した慶喜ではあったが、幕府内部のみならず大奥の反対もあって将軍職の継承を固辞し続けていた。しかし孝明天皇の内勅を受け、十二月五日、正二位権大納言兼右近衛大将に叙任され、徳川十五代征夷大将軍に就任する。ところが、わずか二十日後の二十五日、慶喜による幕政運営を信任していた孝明が天然痘に罹り、三十六歳という若さで急死してしまう。

　将軍となった慶喜は、長州征伐の失敗を教訓として幕府の軍政改革に着手。慶喜は二十八日、陸軍総裁に老中松平乗謨《のりかた》（信濃田野口藩主）を、同じく海軍総裁に老中格稲葉正巳（安房館山藩主）を任じ、とくに剣術や槍術に優れた者を除いて旗本軍団を全廃し、旗本全員を銃隊に組み入れ、フランス公使レオン・ロッシュの助言に基づいて招いた到着したばかりのフランス陸軍の軍事顧問団に指導させて歩兵七個連隊・騎兵一隊・砲兵四隊、計一万数千の近代的な幕府陸軍の創設をめざす。

　翌慶応三年（一八六七）正月九日、孝明の二宮で十六歳の睦仁親王（生母は中山忠能の娘慶子《よしこ》）が践祚して明治天皇となり、関白二条斉敬がその摂政に任じられた。孝明が亡くなったことは、慶喜と幕府にとって天皇という後盾を失うことを意味し、倒幕派にとっては幼帝を掌中にして政権を掌握する天祐となる。さらに、新帝即位にともなって尊攘派公卿の中川宮や前関白九条尚忠、徳大寺実則《さねつね》らが、また、岩倉具視ら薩長寄りの多くの公卿が特赦の恩典を受けて活動が自由となり、久光は逆転の好機を得ることになる。

四侯会議の破綻と久光の討幕決意

三月二十五日、朝命を受けていた島津久光は藩兵七百を率いて鹿児島を出発し、四月二日に大坂に到着、十二日に京に入った。久光にとり、参予会議が解散して苦い経験をした元治元年四月以来三年ぶり、四度目の京であった。続いて松平春嶽・伊達宗城・山内容堂が上洛する。四人は数回の「四侯《しこう》会議」を経て五月十四日に二条城で新将軍慶喜と対談。五月十九日（容堂欠席）、二十一日に再び慶喜との四侯会議が二条城で開催された。久光らは、長州藩から朝敵の汚名を取り除いて復権させるため、藩主毛利敬親・定広父子の官位復旧、十万石減封の取り消し、定広への毛利家継承という寛典案（寛大な処置）を慶喜に提案。二十四日の朝議でその慶喜は、兵庫開港の勅許をもぎ取り、長州藩の処置は寛大なものとするという勅許を得る。ところがその勅許には、毛利父子の官位復旧と十万石減封の取り消しは盛り込まれていなかった。慶喜は幕府の非を認めることを嫌い、そのうえ会議が久光主導になることを恐れたからでもある。

慶喜の姦計の前に、薩長同盟以来、政治的復権への尽力を長州藩に約束してきた薩摩藩の面子は丸潰れとなる。久光の率兵上洛は失敗し、四候会議は空中分解。慶喜の幕府を妥協の余地のない敵とみなした薩摩藩では、西郷隆盛・大久保利通ら対幕府強硬派の意見が勢いを増し、煮え湯を飲まされた久光は、翌二十五日におこなわれた藩首脳部会議による「幕府との武力対決を長州藩とともに起こすほかなし」という決定に同意し、心ならずも公武合体から武力倒幕すなわち討幕へと切り替え、六月十八日に鹿児島の藩主忠義に率兵上洛の準備を求め、また、利通は藩兵増派を要請する。ただし、国許では出兵反対が噴出することになる。

体調を悪化させた国父島津久光は八月十五日、大坂土佐堀の薩摩藩邸に移って療養していたが、九月六日、藩兵増派の要請を受けた島津珍彦が禁裏守衛のために藩兵を率いて鹿児島から大坂に到着したため、京における後事は珍彦や小松帯刀らの重臣に任せ、十五日に帰国の途についた。

二日前の十三日、藩内の出兵反対派によって窮地に立たされた討幕派の急先鋒西郷隆盛は、武力衝突の口火を幕府側から切らせるため、配下の益満休之助と伊牟田尚平に将軍不在の江戸攪乱《かくらん》工作を指示して出府させていた。山口に向かった大久保利通は二十日、長州・芸州両藩との間に京坂地域に出兵するための「薩長芸三藩盟約」を結び「挙兵討幕」に備えた。

かたや帰国した久光が直面した問題は、藩内に広がっている「逆賊（処罰が解けていない）長州藩と手を結ぶ必要があるのか」「長州に義理立てして、鎌倉以来七百年の伝統を持つ名門島津家が出兵しなければならないのか」「禁門の変における長州藩毛利家の二の舞になるのではないか」といった出兵反対意見に対処することであった。その筆頭は久光の次男で家老格の島津久治であった。しかも出兵には莫大な軍費を必要とするが、久光の四度の上洛や薩英戦争後の城下の復興、禁門の変、薩長同盟に基づいた藩兵の京での長期駐屯、十六隻（十一月に春日丸を購入して十七隻。四隻は売却）にものぼる軍艦や洋式大小砲の購入、二度の海外留学生の派遣、この慶応三年に開催されたパリ万国博覧会への参加（使節団長は家老岩下方平）、建設中の鹿児島紡績所などの出費がかさなり、贋金二分金を密造しているものの藩庫は底を突きかけていた。

病床にあった久光は、藩内沈静化のために討幕を否定（実際には討幕やむなしを決意）、「これまで通り禁裏守衛（天皇の身柄を握る）に徹するためである」と藩内に通達。するとやや鎮静化する。ひと月前に上洛した島津珍彦に続き、十月三日に大山綱良が藩兵四百を、七日には島津久敬《ひさたか》（天璋院の同母兄）が藩兵六百を率いて鹿児島を出発した。

まさかの大政奉還と薩長への討幕の密勅降下

京の小松帯刀・西郷隆盛・大久保利通は十月十一日、藩主忠義による率兵上洛を実現させる大義名分を得るため、岩倉具視の協力を得て密勅降下工作に着手する。

その苦労の甲斐もあって、十三日に岩倉具視から長州藩主敬親・定広父子の官位復旧の沙汰書が広沢正臣に下されたのに続き、翌十四日に正親町三条実愛から大久保利通と広沢真臣に「討幕の密勅」が手渡された。その内容は「賊臣慶喜を殄戮《てんりく》（殺し尽くすこと）し、速やかに回天（時勢を一変させること）の偉勲（立派な手柄）を奏し（もたらし）、人民の平穏を取り戻せ」という激烈なものであった。明治天皇の岳父中山忠能と正親町三条実愛、権中納言中御門経之が署名しているが、朝議も明治天皇の承認もない偽勅《ぎちょく》である。

まさに同じ十四日、将軍慶喜は土佐藩と芸州藩（世子浅野茂勲《もちこと》）から提出されていた建白を入れ、政権を朝廷に返上する旨の「大政奉還」を上奏する（明治維新の始まりとされる）。翌十五日、これを受理した朝廷は、島津忠義（もしくは久光）はじめ十万石以上の大名五十余人に十一月末日までの上洛を命じた。しかし、ほとんどの藩は不穏な情勢下にある京を敬遠して相次いで辞退する。

なお、土佐藩による建白の草案は四カ月前の六月九日、坂本龍馬が練り上げ、長崎から上洛中の土佐藩の蒸気船夕顔丸で後藤象二郎に示し、その象二郎が容堂に進言したとされる「船中八策」で、㈠大政を朝廷に奉還して中央政府を朝廷とする、㈡上下両院設置による議会政治、㈢有能な人材の政治への登用、㈣不平等条約の改定、㈤無窮の大典（つまり憲法）制定、㈥海軍力増強，㈦御親兵設置による帝都守護、㈧外国と金銀ルートの均一化、という内容であった。まさに諸藩の枠を超えて人材を集約させ、邁進しようという野心的な策である。

この土佐藩による建白書（前藩主山内容堂と参政〈家老〉後藤象二郎の連署）は、二十二日に三本木の料理屋吉田屋（上京区）で、坂本龍馬・中岡慎太郎立ち合いのもと、後藤象二郎から西郷隆盛・大久保利通・小松帯刀に提唱され、三人が承認し、鹿児島の国父久光も「この建白が実行されるならば国政改革の基礎になる」と歓迎、藩主忠義らも了承する。しかし、すでに挙兵討幕の方針を固めていた隆盛ら薩摩藩側は「慶喜ならびに幕府が大政奉還を実行するはずはない」と信じ込んでいたため、挙兵討幕の準備を着々と進めていく。

十月十七日、隆盛・利通・帯刀と広沢真臣・福田俠平・品川弥二郎は討幕の密勅を携えて京を出立し、二十一日に三田尻に到着。利通は風邪のために三田尻にとどまり、隆盛と帯刀は二十三日に山口の長州藩主父子と密議、饗応を受け、三人は二十四日に三田尻を発って二十六日に鹿児島に到着する。帯刀・隆盛・利通はこの二十六日と翌二十七日に挙兵討幕派の家老桂久武とともに国父久光・藩主忠義・家老島津久治、藩重役に京での経緯やその政情を説明し、また、討幕の密勅も披露する。天皇の命令とあって久治ら出兵反対派も了承。朝廷から上洛を命じられていたこともあり、藩主忠義の率兵上洛が決定する。真勅か偽勅かに関わらず、密勅の効果は絶大である。

かたや慶喜は、諸大名に対する軍事指揮権を有する将軍職在職が挙兵討幕派の標的となっていることを知り、その矛先を逸らすため、二十四日に将軍職の辞表を提出。しかし朝廷は、「将軍職辞任については上洛する諸大名との評議で決めるため、通常政務はこれまで通りに委任する」として却下した。

龍馬・慎太郎、暗殺される

十一月十三日、禁裏守衛を名目に、藩主忠義が家老島津広兼やパリ万国博覧会への参加を終えて帰国したばかりの岩下方平《みちひら》、西郷隆盛らに加え、兵制をイギリス式に改めて訓練を重ねてきた藩兵一千を率い、春日丸（米国製蒸気外輪船）・三邦丸（英国製蒸気スクリュー船）・平運丸（英国製蒸気スクリュー船）・翔凰丸の四隻に大砲などの武器弾薬を満載して鹿児島を出発。病気の小松帯刀と家老桂久武は国許の総責任者として残った。

十日に豊瑞丸（英国製蒸気スクリュー船）で先発していた大久保利通は、藩主忠義による率兵上洛を土佐藩参政後藤象二郎に伝え、十五日に京に到着した。大政奉還からひと月後のこの十五日夜九時頃、四条河原町の近江屋（中京区塩屋町）で海援隊の坂本龍馬と陸援隊の中岡慎太郎が京都見回組によって暗殺された（近江屋事件）。船中八策を土台とする「新政府綱領八策」を作成した龍馬と慎太郎は維新後の新政府の採るべき政治方針について語り合っていたのであろう。しかし、新政府綱領八策は採用されることはなくなってしまった。

薩摩藩によるクーデター計画

藩主忠義と隆盛らは十八日、三田尻で長州藩世子毛利定広・木戸孝允・広沢真臣と会談し、薩長芸三藩盟約を確認後、藩兵とともに二十日に大坂に到着し、二十三日には、京の二本松藩邸に入った。忠義入洛にともなって薩摩藩在京兵力はおよそ三千余となった。対する幕府側在京兵力は、幕兵五千に加えて会津藩兵三千、桑名藩兵千五百、計一万弱であった。

二日後の二十五日、二本松藩邸で評議がおこなわれ、改めて薩摩藩の方針が決定される。薩摩藩兵らによって御所を軍事制圧したあとに新たな統治機構（新政権）を樹立し、徳川家を諸大名の一つに格下げするとともに、長州藩への厳罰処分を望む会津・桑名両藩の京都守護・京都所司代両職を剝奪・帰国を命じ、入れ替わりに長州藩兵を入洛させるというものである。慶喜を新政権から排除して薩摩藩による発言力を増大させるためであった。

岩下方平・西郷隆盛・大久保利通らはこのクーデター計画を朝廷に奏請することを決定する。利通はクーデター計画を長州藩士品川弥二郎に伝え、新政府の組織について岩倉具視に相談し、逃げ腰の正親町三条実愛・中山忠能に決意させ、さらに土佐藩参政後藤象二郎および山内容堂の同意を得る。これに徳川慶勝の尾張、松平春嶽の福井、浅野茂長《もちなが》の芸州、三藩が加わることになった。

二十八日、芸州藩世子浅野茂勲《もちこと》（茂長の養子）に率いられた藩兵三百が入洛し、翌二十九日には、長州藩兵一千が打出浜《うちではま》（兵庫県芦屋市）に上陸、十二月一日に西宮（西宮市）に駐屯する。これによって薩長芸三藩盟約に基づいた三藩が集結したことになる。

六日、後藤象二郎からクーデター計画を告げられた松平春嶽は、重臣の中根雪江を二条城に派遣し、慶喜にこの計画を伝えた。さすがの慶喜も顔色を変えるほど驚いたが、自身がこのクーデター計画をつぶせば内乱が勃発し、兵庫開港・大坂開市を見届けるために大坂湾に集結しているイギリス・フランス・アメリカ三カ国計十八隻の大艦隊による介入を招くことを危惧したのであろうか、または、新政府の主要メンバーに就けると確信していたためであろうか、何の行動も起こさず、黙認する。翌七日、その大艦隊が見守る中で大坂開市と兵庫（神戸）開港が華々しく成された。

王政復古の日

十二月八日夕刻から翌九日未明にかけての朝議（将軍慶喜・松平容保・松平定敬は病欠）で、長州藩主毛利敬親・定広父子の官位が回復され入洛許可が決定した。また、大宰府にあった三条実美ら五卿も許された。薩摩藩の努力が実を結び、長州藩はようやく復権を遂げたことになる。

十二月九日午前八時、徹夜の朝議後、摂政二条斉敬以下の公家は御所から退出したが、クーデターを知る前議奏中山忠能・議奏正親町三条実愛・議奏長谷信篤・徳川慶勝・松平春嶽・浅野茂勲らは御所にとどまった。

しばらくすると島津忠義と山内容堂が参内し、岩倉具視は午前十時頃に王政復古の宣言文と新政府の組織およびその人事案を携えて参内した。

岩倉具視の参内後、待機していた尾張・越前・土佐・芸州・薩摩五藩の完全武装した藩兵が御所九門を封鎖。この勢いに押されてそれまで御所西側の宜秋《ぎしゅう》門を守っていた桑名藩兵と蛤御門を守備していた会津藩兵は引き払った。

岩倉具視は中山忠能・正親町三条実愛・中御門経之とともに持参した王政復古の宣言文を明治天皇に示し、王政復古いわば神武創業に立ち返り、何もかも新しくするという「新政府の樹立宣言」の断行を上奏。その後、紫宸殿北東の小御所に入った。

クーデターがおこなわれる旨が御所内に通達され、幕府寄りの中川宮らに参内差し止めが布達される。次いで有栖川宮熾仁《たるひと》親王（和宮の元婚約者。慶喜の妹貞子と婚約中。婚儀は明治三年〈一五七〇〉二月〉）、山階宮晃《やましなのみやあきら》親王、仁和寺宮嘉彰《よしあき》親王が参内し、小御所で新政府を成立させるための会議が開催されて承認される。

天皇が小御所の北にある御所内学問所に出御し、御所にとどまっていた正親町三条実愛ら一同を召し、㈠慶喜が申し出て一度却下した将軍職辞職の勅許、㈡京都守護職・京都所司代の廃止、㈢幕府の廃絶、㈣摂政・関白・国事御用掛・議奏・武家伝奏・将軍職の廃止という王政復古の沙汰書を示す（王政復古の大号令）。

再び小御所で会議が開かれ、総裁・議定・参与三職の設置が決められ、総裁に有栖川宮熾仁親王、議定には、山階宮晃親王、仁和寺宮嘉彰親王、中山忠能、正親町三条実愛、中御門経之、徳川慶勝、松平春嶽、山内容堂、浅野茂勲、島津忠義の十人が、参与には、岩倉具視、大原重徳、万里小路博房、長谷信篤、橋本実梁の五人の公家が、十二日には、クーデターに参加した尾張・越前・土佐・芸州・薩摩（西郷隆盛・大久保利通・岩下方平）の五藩から各三人、計十五人が任じられて新政府（明治政府）の陣容が成立する。

徳川幕藩体制の終焉

この慶応三年十二月九日の夜、新政府としての最初の閣議ともいうべき「三職会議」が同じ小御所で開催された。会議では徳川慶喜の辞官（内大臣の辞官）と納地（徳川家の領地を朝廷に返納させる）について話し合われた。徳川家の存続を望む山内容堂や松平春嶽が「大政奉還を断行した慶喜をこの会議に加えるように」と提案。しかし、慶喜の新政府からの排除をもくろむ岩倉具視や大久保利通らと激論となって決着がつかずにいた。ところが容堂と春嶽は、諸門警備の任にあった西郷隆盛の「短刀一本で事は片付く」と言い放ったひと言を伝え聞き、身の危険を察して軟化する。

結果は、慶喜が誠意を見せるために辞官・納地を本人から願い出るように春嶽と慶勝が交渉することで終結する。この薩摩藩主導による一連の王政復古のクーデター騒動により、慶長八年に徳川家康が将軍となって以降二百六十四年続いた徳川幕藩体制は終焉する。有り体に言えば、島津久光が徳川幕藩体制を「崩壊させた」のである。

翌十日、春嶽と慶勝の名代成瀬正肥《まさみつ》（尾張藩附家老・尾張犬山藩主）が二条城におもむき、慶喜に大政復古が成ったことと将軍職廃止の決定を伝え、辞官・納地を願い出るように告げた。二条城は討薩の声が充満、殺気立った。この十日の夜、朝命に応じて、西宮から洛西の光明寺（長岡京市）に移っていた長州藩兵が入洛する。

江戸騒乱

前将軍となった徳川慶喜は十二月十二日、京における突発的な武力衝突を避けるため、旧幕兵や会津・桑名両藩兵らを引き連れ、二条城から大坂城に移った。軍事・経済両面における戦略上の重要拠点である大坂を握るためである。

慶喜は、新政府（朝廷）に対して恭順の意を示しながらも自身が主権者であることを宣言、十四日から十六日にかけてイギリス・フランス・アメリカ・オランダ・イタリア・プロシア（ドイツ北部）六カ国の公使を大坂城に招き、倒幕派に対する巻き返しをもくろむ。さらに、天皇のもとに徳川家を中心に据えたうえで諸藩主の合議による国家体制「徳川新政権」をめざす。この十六日、新選組（長年の功績が認められて六月十日に幕臣となる）は伏見鎮撫と称し、伏見奉行林忠交《ただかた》が六月に病没して主不在となっていた伏見奉行所（京都市伏見区讃岐町）に移動、駐留を開始する。この間、江戸にいた軍艦奉行勝海舟の反対にもかかわらず、江戸から旧幕府勢が大坂城に続々と入城。その兵力は一万五千にまでふくれ上がっていた。

一方、将軍職および幕府が廃止になり、討幕の名目を失った、いわば肩透かしを喰った西郷隆盛や大久保利通らは、慶喜の徹底した避戦方針と返り咲き（辞官納地を条件付きで受け入れる慶喜を議定に任じることが決まりかけていた）、さらには、旧幕府側の兵力増強に危機感を募らせ、新たな討幕の名目を早急に見い出す必要に迫られていた。

慶喜の大政奉還によって隆盛は、江戸に派遣した伊牟田尚平と益満休之助に攪乱工作を見合わせるように指示していた。ところが二人は、芝藩邸に寄せ集めた相楽総三や落合直亮《すなあき》ら浪士百五十人を指揮し、江戸や関東各地で辻斬りや強盗、放火などの騒乱（現代ではテロと呼ばれる）をしきりに起こし、二十三日早朝には、薩摩藩出身の奥女中に手引きされた伊牟田尚平が、あろうことか天璋院の居住する江戸城二の丸に火を放って全焼させ、同じ二十三日には、江戸市中警護の庄内藩兵の屯所（詰所・港区三田）を銃撃して旧幕府徳川家への挑発を繰り返していた。

江戸城の留守を預かる勘定奉小栗忠順《ただまさ》らはたまりかね、江戸市中取り締りの庄内藩（藩主は酒井忠《ただ》篤《ずみ》。山形県鶴岡市）に命じ、二十五日に浪士団つまりテロリストの逃げ込んだ芝藩邸を、さらには、その西側の支藩佐土原藩邸をも包囲して焼き討ちにし（江戸薩摩藩邸焼討事件）、結果として隆盛の策略に乗せられてしまう。なお、伊牟田尚平や相楽総三らは田町の薩摩藩蔵屋敷裏に逃げ込んだあと、品川沖に停泊中の翔凰丸に乗り込んで脱出。翔凰丸は旧幕府海軍の咸臨丸と回天丸に砲撃されて損傷を受けながらも兵庫（神戸）港にたどり着くことになる。しかし、芝藩邸留守居の篠崎彦十郎が庄内藩兵に槍で突き殺されたのをはじめ五十四人が犠牲となり、児玉雄一郎や益満休之助ら七十数人は捕縛されて伝馬町牢屋敷につながれてしまう。雄一郎は斬首されたが、休之助は勝海舟の助命嘆願によって処刑を免れ、のちに江戸城無血開城にひと役買うことになる。

同じ二十五日、急使を命じられた旧幕府は大目付滝川具挙《ともたか》や勘定奉行並小野友五郎《ともごろう》らが順動丸に乗船し、早くも二十八日には大坂城に入城する。薩摩藩討伐を強硬に主張する具挙に刺激され、城内の憤りは沸点に達し、慶喜もその主戦論を受けて薩摩藩討伐を決意する。新政府では、前日の二十七日に参与の岩倉具視と帰洛した三条実美が議定に任じられていた。

戊辰戦争、勃発す

慶応四年（一八六八）元日、新政府は徳川慶喜の議定受け入れを確定する。しかし大坂城では、慶喜による率兵上洛が布告され、翌二日には、老中格で総督の大河内正質《まさただ》（上総大多喜藩主）、若年寄並で副総督の塚原昌義率いる旧幕府軍主力や会津・桑名両藩兵一万が京に向かって大坂城を出陣し、鳥羽・伏見両街道を進軍していた。それを知った新政府は慶喜の議定受け入れを破棄する。

その頃、大坂湾兵庫沖では、旧幕府海軍軍艦頭榎本武揚が指揮する開陽丸と蟠龍丸が、鹿児島から薩摩藩兵を輸送してきた平運丸を和田岬沖で砲撃、さらに薩摩軍艦春日丸と翔凰丸を追撃する（兵庫沖・阿波沖の海戦）。平運丸と春日丸は逃げ切ったが、損傷していた翔凰丸は自焼する。

大目付滝川具挙は三日朝、旧幕府軍先鋒を従え、「討薩《とうさつ》の表《ひょう》」を掲げて鳥羽街道を北上、京に向かった。討薩の表というのは、慶喜がみずから起草した弾劾書で、「王政復古の大号令以後の薩摩藩の所業は朝廷の真意ではなく、薩摩藩の奸臣（島津忠義の家臣西郷隆盛や大久保利通ら）が画策した陰謀（とくに江戸で引き起こした強盗・狼藉などの悪事）であることは天下の知るところである。その奸臣を引き渡していただきたい。叶わないのであればその奸臣らを誅戮する」というものである。すでに、新選組と薩摩藩兵が対峙していた伏見奉行所（京都市伏見区讃岐町）には、陸軍奉行竹中重固《しげかた》が指揮官として入り、本陣としていた。

伏見西方の鳥羽には、陸軍奉行並大久保忠恕《ただざと》率いる、フランス軍事顧問団によって西洋式の調練を積んだ旧幕府歩兵や選抜された見廻組、桑名藩兵らが向かい、御香宮・城南宮を拠点とする薩摩藩参謀西郷隆盛と長州藩参謀山田顕義が指揮する薩長軍五千と対峙していた。

一方新政府では、松平春嶽の福井、容堂の土佐、慶勝の尾張、長勲《ながこと》の芸州四藩は「旧幕および会津・桑名と薩摩・長州の私戦である」として出兵を辞退。土佐藩は容堂が戦闘参加を禁じていたため、参政の板垣退助の内命を受けていた一部二百が独自判断で参戦するにとどまった。

三日夕方、滝川具挙率いる旧幕府軍先鋒が鳥羽の関所を押し渡ろうとしたことが、戦端を開く名目となり、薩摩藩陣地から大砲が放たれた。「戊辰戦争」の緒戦「鳥羽・伏見の戦い」の火蓋が切られたのである。薩摩藩兵による砲撃が続くなか、その砲弾が具挙の近くにあった砲車に命中して炸裂。驚いた馬が具挙を振り落として鳥羽街道を駆け戻った。街道上にあった長い縦隊列の旧幕府軍先鋒は大混乱に陥って敗走する。

伏見奉行所では、鳥羽の関所からの砲声が聞こえると同時に薩摩藩の砲弾が撃ち込まれた。新選組・会津藩兵をはじめとする旧幕兵が抜刀して突入するものの銃撃されて進軍できず、しばらく一進一退を続けたが、銃火の前に死傷者多数を出し、夜半になって薩長勢が伏見奉行所に突入、竹中重固らは敗走する。

慶喜の遁走と旧幕府軍の敗北

鳥羽・伏見で両軍の戦闘が繰り広げられている頃、御所では総裁有栖川宮熾仁親王を中心に議定・参与らが「精強無比の薩摩藩といえどもフランス軍の軍事顧問団に鍛え上げられた近代的な旧幕府軍に勝てるはずはあるまい」という恐怖から「天皇を山陰に動座させる」ための激論が繰り返されいた。そこに、伏見の前線から「薩摩軍勝利」の急報が飛び込む。沈鬱な会議が一変し、一挙に流れが強気に変わった。

四日、仁和寺宮嘉彰親王が「征討大将軍」に任命され、錦旗・節刀が与えられた。これによって薩摩・長州両藩は「官軍」、旧幕府軍は「賊軍」となった。薩長芸の藩兵を率いた征討大将軍嘉彰親王は錦旗を翻し、鳥羽・伏見の前線に近い東寺に入って本営とする。

嘉彰は翌五日、東寺を出陣して鳥羽街道を南下し、淀近郊まで進んで戦火の収まった鳥羽・伏見を視察して東寺に帰還。錦旗の効果は絶大だった。旧幕府軍兵が士気阻喪《そそう》したのみならず、形勢を展望していた日和見諸藩が雪崩を打って新政府に帰順することになるからである。およそ六百五十年前の承久の乱で鎌倉幕府の軍勢に見るも無残に踏み潰されたときとは大違いだ。

敗走した滝川具挙は五日、淀城（伏見区淀本町）に逃げ込もうとしたが、錦旗の存在を知った留守家老八田監物《はったけんもつ》は、藩主不在（藩主稲葉正邦は老中として江戸在勤）を理由に城門を閉ざし、受け入れを拒絶する。

六日には山崎の関門（京都府大山崎町）を守備していた伊勢津藩（藩主藤堂高猷《たかゆき》）も寝返り、会津・桑名両藩兵をはじめとする旧幕府軍を砲撃して潰走させる。この六日の夕方、慶喜は旧幕府軍に大坂城への撤退を命じ、帰城してきた旧幕府軍兵に「城が焦土と化しても徹底抗戦せよ」と檄を飛ばす。

ところがその六日の夜、慶喜は旧幕府軍兵や諸藩兵を大坂城に残留させたまま、自身に代わって対新政府軍の領袖に祭り上げられかねない松平容保や松平定敬らごく一部をともなって大坂城を抜け出し、翌七日早朝、艦長榎本武揚不在の開陽丸に乗船し、八日夜に江戸へ向って出発した。この英明とされる〝二心殿〟慶喜は、自身が最終的にすべての責任を負わされそうになると、第二次長州征伐の際もそうであったが、自分だけが逃げ出してしまう傾向にある。

三　明治革命

大坂城本丸炎上

徳川慶喜ら一行が開陽丸に乗船した慶応四年正月七日、新政府は慶喜を〝賊軍の首魁〟として追討令を発する。八日には、錦旗が御所紫宸殿の南正面に位置する建礼門の左右に立てられた。

その頃大坂城では、反撃を断念して江戸帰還を決定。慶喜と入れ替わるようにして大坂城に入っていた榎本武揚は、城内の銃器や刀剣、書類、さらに天守東側の御金蔵に残されていた軍用金十八万余両を勘定奉行並小野友五郎らとともに順道丸と翔鶴丸に移し、大坂城に置き去りにされていた旧幕府軍将兵や会津藩・桑名藩・志摩鳥羽藩・美濃大垣藩の藩兵および負傷兵を蟠龍丸以下八隻の軍艦に乗船させ、自身は新選組らとともに富士山丸に乗船し、十二日早朝に大坂湾を出発、十五日に江戸に到着する。

おそらく武揚らは八日の夜までには大坂城を退去していたのであろう。九日に旧幕府軍目付妻木頼《より》矩《のり》が新政府軍代表と城明け渡し交渉をしているさなかに本丸から火の手が上がる。もぬけの殻と思われていた城内に、開城に納得できず徹底抗戦を期していた残兵が、新政府軍の勢威に勝てぬことを覚り、火を放って自刃したのである。北風に煽られて本丸は炎上、さらに十日、その炎が火薬庫に移って大爆発を起こし、辺りは火の海となる。二百四十年にわたり西国諸大名に睨みを利かせてきた西日本の幕府の拠点大坂城のほとんどの建造物は焼失してしまった。

朝廷はこの十日、慶喜や松平容保、松平定敬、板倉勝静らの官位剥奪と幕府領八百万石すべての没収および旧幕府勢力を朝敵とすることを公表。仁和寺宮嘉彰親王が薩長両藩兵を率いて焼け跡の生々しい大坂城に入城する。しかし、新政府軍と旧幕府軍・東国諸藩軍との戦闘はこのあとおよそ一年五カ月にわたり、関東・奥羽（東北）・蝦夷（北海道南部）へと舞台を移し、死闘が繰り広げられることになる。

慶喜の徹底恭順

大坂城から逃げ戻った前将軍徳川慶喜ら一行を乗せた開陽丸は正月十一日、品川沖に到着し、翌十二日早朝、軍艦奉行勝海舟に出迎えられて徳川家の別邸浜離宮に上陸、昼近くに江戸城二の丸に入る。慶喜にとっておよそ四年ぶりの江戸であった。

その慶喜は、江戸城で幕臣から意見を聴取。江戸城で開かれた評定では、小栗忠順や榎本武揚、大鳥圭介、水野忠徳らが徹底抗戦を主張。しかし慶喜は受け入れなかった。慶喜は正月二十三日、「徳川宗家の家職」として陸軍総裁に和平派の勝海舟、海軍総裁に矢田堀鴻《こう》、会計総裁に大久保一翁、外国総裁に山口直毅《なおき》を任命する。

その頃、名古屋城に帰城した徳川慶勝は、親幕府派の家臣をことごとく粛清し（青葉松事件）、江戸への交通の要衝にあたる美濃・三河・遠江・駿河・上野など東海道と東山道（中山道）沿いの大名・旗本に恭順の証として「勤王証書」を提出させていた。山陰・山陽両道、四国方面は、新政府軍によって平定されていたが、九州では、鹿児島にあった久光が二十二藩すべてから朝命に従う旨の同意を取り付けていた。

二月四日、江戸では会津藩主松平容保が朝廷に恭順の意を示すとともに大坂城無断脱出の責任を取って家督を養子の喜徳《のぶのり》（慶喜の異母弟で斉昭の十九男）に譲り、十二日には、慶喜が朝廷に対して徹底恭順を決意、勝海舟や大久保一翁に事後処理を任せて江戸城から上野寛永寺の大慈院（五代将軍綱吉の常憲院霊廟別当寺）に入り、桑名藩主で前京都所司代の松平定敬も深川の霊巌寺（江東区白河）で謹慎する。すでに桑名藩は、国許にあった先代藩主定猷《さだみち》の嫡男松平定教を新藩主に擁立し、新政府に恭順・開城していたため抗戦派の定敬は帰る国を失っていた。

新政府軍の進発・慶喜の処遇

京では二月三日、明治天皇が「天皇親征の詔」を発布し、九日には、新政府が「東征大総督府」を設置。有栖川宮熾仁親王を「東征大総督」に任じ、東海道・東山道・北陸道それぞれの「新政府軍（東征軍）」を指揮下に置いて新たに軍団を編成。と同時に会津藩ならびに薩摩藩邸を焼き討ちにした庄内藩討伐のため「奥羽鎮撫総督府」を設置する。

新政府軍は十五日、江戸総攻撃の期日を三月十五日と設定、熾仁親王が江戸に向けて京を出陣する。主に西国諸藩から成る新政府軍を実際に指揮するのは、東征大総督参謀の西郷隆盛であった。

二月二十日、仁和寺宮嘉彰親王と岩倉具視とともに「海陸軍務総督」に任じられていた島津忠義がその職を辞退する。新政府内外に「旧幕府軍の討滅を主導する薩摩藩が天下を奪って〝島津幕府〟を開くのではないか」という憶測が広がるのを恐れた隆盛が忠義に進言したからである。その隆盛もまた、「海陸軍務掛」に任じられていたがその職を辞した。

十六日、会津・桑名両藩を朝敵とする勅命が下る。この十六日、大慈院で謹慎中の徳川慶喜は幕臣の江戸城への登城を禁止する。松平容保は江戸藩邸詰めの藩士や婦女子をともなって二十二日に会津に帰国。その後、会津藩は「謝罪恭順」の嘆願書を新政府に提出するものの、返答がないため軍政改革を断行し、藩の方針を「武備恭順」に決定する。

霊巌寺で謹慎していた松平定敬は、桑名藩兵百を率いて横浜から出港、桑名藩の分領である越後国柏崎（新潟県柏崎市）に向かった。

三月六日、東山道を進軍中の新政府軍参謀板垣退助（土佐）、伊地知正治（薩摩）、片岡健吉（土佐）、軍監谷干城《たてき》（薩摩）らが率いる三千が、近藤勇率いる「甲陽鎮撫隊（旧新選組）」二百を甲州勝沼（山梨県甲州市勝沼町）で撃破。壊滅状態に陥った甲陽鎮撫隊は大月（大月市）に、さらに八王子（東京都西部）へと敗走し、東山道の新政府軍は板橋宿と府中に進んで江戸城総攻撃に備えることになる（近藤勇は四月三日に捕らえられて二十五日に斬首）。この六日、駿府城（徳川初代将軍家康が築城）に到着していた東征大総督熾仁親王は、江戸城総攻撃を既定通り三月十五日と確認、決定していた。

九日、慶喜・勝海舟の意を受けた幕臣山岡鉄舟は、海舟の隆盛宛の書状を受け取り、駿府に急行する。隆盛は海舟の使者と聞き、自身の陣所で鉄舟と面談。その先導役は、江戸薩摩藩邸焼討事件の際に幕府に捕縛されて以降、勝海舟が身柄を預かっていた薩摩藩士益満休之助だった。隆盛は、単身敵地に乗り込んできた鉄舟の覚悟と泰然、真摯な人間性に感銘を受け、慶喜の恭順の意を聞き、海舟の書状を読み、江戸城や徳川家の処遇問題などの話に耳を傾けた。

翌十日、隆盛は江戸城攻撃中止の条件として、㈠江戸城を明け渡すこと、㈡城中の幕兵を向島（隅田川の東側）に移すこと、㈢軍艦・武器をすべて引き渡すこと、㈣徳川慶喜の身柄を備前岡山藩に預けることなど、七カ条を鉄舟に提示した。鉄舟は七条のうち六条を承諾したが、慶喜の身柄について鉄舟は、「主人の島津公が他家預かりとされたら承諾できるか」と隆盛に質問した。隆盛は鉄舟の主張に理解を示し、慶喜の身の安全を保障する。

江戸城明け渡し

三月十三日、西郷隆盛が高輪藩邸に到着。待っていたかのように勝海舟がその隆盛を訪問する。大坂の専称寺で会って以来三年半ぶりの再会であった。海舟は翌十四日、田町の薩摩藩蔵屋敷近くの橋本屋を訪れ、隆盛と正式な交渉に入る。海舟は江戸城開城を約束したものの、山岡鉄舟が承諾したとはいえ、軍艦・武器の引き渡しという武装解除には応じられないとした。主戦論が圧倒的な旧幕府陸海軍の将兵が承知するはずがないからである。海舟との会談後、隆盛は駿府の熾仁親王と協議したが、結論が出ないため京に向かった。

その頃、薩摩藩出身の天璋院は、天皇家出身の静寛院宮とともに、それぞれが討幕の急先鋒である薩摩藩島津家と西郷隆盛、朝廷と新政府軍に手紙や嘆願書を送り、江戸城の無血開城と徳川家の存続を陰から支えていた。

京では、隆盛・海舟会談のおこなわれた十四日、公家諸藩主以下を率いた明治天皇が、紫宸殿で「五箇条の御誓文」を発布し、新政府の基本方針（国是）を表明する。二十日、京に着いた隆盛を加えた三職会議の結果、「江戸城の明け渡し（期限は十一日）ならびに武装解除と引き換えに徳川家の家名を存続させ、慶喜には死一等を減じて水戸に謹慎させる」と決定する。

北陸道の新政府軍が江戸に到着した四月四日、江戸城（本丸・二ノ丸が焼亡していたため西の丸）に入った勅使橋本実梁《さねやな》・柳原前光《さきみつ》は、江戸城の管理を任されていた徳川慶頼《よしより》（春嶽の異母弟。田安家五代当主）に新政府の回答を伝える。

九日、実成院《じつじょう》（家茂の生母）と静寛院宮は清水邸に、十日には本寿院（家定の生母）と天璋院が西の丸大奥から一橋邸に移る。十一日早暁、大慈院で謹慎していた慶喜が、新たな謹慎の場である藩校水戸弘道館の政庁至善堂へと向かう（到着は十五日）。そして、この慶應四年四月十一日、江戸城は薩摩・長州・尾張などの七藩兵が見守る中で開城、新政府軍に接収された（江戸城の無血開城）。

それにもかかわらず、武装解除という回答を知った旧幕府陸軍ならびに海軍は、兵器・軍艦の引き渡しに猛反発。陸軍部隊は十日夜から江戸城に保管されていた銃や大小砲を持ち出し、相次いで脱走する。残されたのは使い物にならない旧式の火縄銃七百挺余にすぎなかった。翌十一日の夜には、旧幕府海軍副総裁榎本武揚が、開陽丸など八隻の軍艦を率いて安房国館山（千葉県館山市）沖に逃走。その後、勝海舟に説得された武揚は品川沖に戻り、十七日に四隻を新政府軍に引き渡す。しかし、主力艦の開陽丸などを温存することに成功する。

奥羽越列藩同盟の結成

江戸城開城半月ほど前の三月二十三日、奥羽鎮撫総督九条道孝（関白九条尚忠の庶長子）が新政府軍五百を率いて海路仙台に到着、仙台藩（藩主伊達慶邦）の藩校養賢堂に本陣を敷き、四月十四日からは新政府軍および動員された天童藩（山形県天童市）、山形藩、上山藩《かみのやま》（上山市）と庄内藩との間で戦闘が開始されていた。

また、奥州街道を進軍していた新政府軍は、旧幕府軍歩兵奉行大鳥圭介や土方歳三らの籠もる下野の宇都宮城を陥落させ、敗走した大鳥圭介や土方歳三らを今市・日光（栃木県日光市）で破り、会津へとさらに敗走させていた。これによって関東地域は新政府軍の管理下に置かれたことになる。

閏四月十一日、仙台藩や米沢藩、久保田藩など奥羽十四藩が仙台領白石城（白石市益岡町）で評議し、翌十二日に会津藩の赦免を求める嘆願書を九条道孝に提出。しかし却下、撥ねつけられる。しかも参謀世良修蔵（長州藩士）は、会津藩に同情して出兵をためらう仙台藩に対し、強硬な態度で出兵を迫るのみならず、会津藩の謝罪を受け入れる条件として、藩主容保の斬首、藩主喜徳の監禁、若松城の開城（没収）を要求。その受け入れがたい要求や虎の威を借りるがごとき驕慢な態度が仙台藩士に憎悪されていた修蔵は閏四月二十日に暗殺され、九条道孝は仙台藩に軟禁状態に置かれてしまう（のちに開放されて東北地方を転戦）。

五月三日、奥羽の二十五藩が、翌四日に越後長岡藩（新潟県長岡市）が、六日には新発田藩（新発田市）など五藩が加わり、その三十一藩が結束し、朝敵とされた会津藩と薩摩藩邸を焼き討ちにした庄内藩の征伐中止・赦免を嘆願するため、「奥羽越列藩同盟」を結成する。

同盟諸藩は、㈠禁門の変で御所に大砲を撃ち込んで朝敵の汚名をこうむった長州藩は寛大な処置ですみ、同じく朝敵とされた徳川慶喜も蟄居することで許されたこと、㈡松平容保は孝明天皇の信任も厚く、鳥羽伏見の戦いでは薩摩藩兵から砲撃されて会津藩兵は応戦せざるを得なかっただけであること、㈢恭順を示すために容保が謹慎していること、㈣庄内藩にいたっては、浪士団の逃げ込んだ摩藩の芝薩邸を砲撃したに過ぎないこと、そのため、寛典処分で良いのではないかと考えていたのである。しかし、新政府とくに鼻息の荒い薩長両藩は、会津藩と庄内藩を容赦なく叩き潰し、旧幕府抵抗勢力を根絶やしにしようとたくらんでいた。

江戸から東京へ

江戸では五月十五日、旧幕府残党「彰義隊」およそ三千の立て籠もる上野寛永寺が、長州藩士大村益次郎の指揮する、薩摩・長州両藩を中心とする新政府軍の攻撃により焦土と化し、彰義隊を潰走させた（上野戦争）。二十四日には、徳川家が家名存続を許され、駿河府中藩（府中は天皇への不忠に通じるとして翌明治二年八月七日に静岡藩と改称）七十万石として立藩し、六歳の田安亀之助（慶頼の三男家達《いえさと》）が徳川宗家を継いで十六代当主となり、慶喜はその預かりとされた。

焼け落ちる上野寛永寺からかろうじて脱出した輪王寺宮は二十五日、羽田沖に停泊していた榎本武揚率いる旧幕府海軍に導かれて長鯨丸に避難し、常陸国平潟《ひらかた》（茨木県平潟町）に上陸、六月六日に会津に入った。十六日、奥羽越列藩同盟はその輪王寺宮を盟主と仰ぐ。

七月十七日、佐賀藩士の大木喬任《たかとう》と江藤新平の建言によって遷都が決定、天皇東幸の詔が発せられると同時に江戸を「東京」と改称する。七月二十三日には、水戸で謹慎していた慶喜が駿府宝台院（静岡市葵区常盤町）に入った。八月九日、徳川家達は江戸を発って十八日に駿府城に入城。ほぼ同時に二万を超える旧幕臣とその家族が静岡を中心に駿河国一帯に移住することになる。

奥羽越列藩同盟の瓦解

八月十九日、家達の駿府城入りを見届けた榎本武揚率いる開陽・回天・蟠龍・千代田形・咸臨・美賀保・長鯨・神速の八艦船から成る旧幕府海軍は品川沖から仙台に向けて北上を開始する。銚子沖で台風に襲われて開陽以下ほとんどが破損、散り散りとなったものの、九月初旬には仙台に集結することができた。しかし時すでに遅く、白河小峰城（福島県白河市）は落城し、七月二十九日に二本松城（二本松市）が陥落すると、それを受けて福島藩（福島市）が開城、七月二十九日、激戦の末に長岡藩が降伏し、また、奥羽越列藩同盟に参加していた日和見的な久保田藩（秋田市）や新発田藩、弘前藩（青森県弘前市）などの諸藩は新政府軍に帰順して離脱、同盟自体が自壊しつつあった。

九月四日、米沢藩が降伏、明治天皇の即位により八日に慶応から明治に改元（同時に「一世一元」の制を定める）されたあとも、上山藩、山形藩、仙台藩、そして二十二日、三千もの犠牲者を出した会津藩、二十三日に庄内藩、二十四日に盛岡藩（岩手県盛岡市）が降伏、または敗北して奥羽越列藩同盟は瓦解し、奥羽越諸藩は領地を戦火に晒されたうえに過酷な減封または減転封などの処分を受けることになる。

なお、島津重豪の十四男で八戸藩主南部信順《のぶゆき》は、当初奥羽越列藩同盟に加わったが、薩摩藩と連絡を取り、久保田藩主佐竹義堯《よしたか》と連携して離脱、一度も戦闘に加わることなくこの難局を乗り切って藩の存続を果たす。

また、前会津藩主松平容保は、大総督府軍監桐野利秋（中村半次郎・薩摩）や参謀前原一誠（長州）のはからいにより、死一等を減じられて喜徳とともに江戸に護送されたが、家名断絶、領地二十三万石を没収のうえ永久禁固を命じられることになる（明治二年十一月に生後五カ月の容保の嫡男松平容《かた》大《はる》が家名存続を許され、新たに立藩される本州最北端の陸奥斗南《となみ》藩三万石〈実高七千石〉に移封。容保と喜徳は斗南藩預かりとなり、のちに赦される）。

会津若松城に籠城またはその諸陣地で敗北した大鳥圭介や土方歳三、松平定敬らの旧幕府軍や奥羽諸藩の敗兵、仙台藩を脱藩した兵は、榎本艦隊が仙台松島に入港したことを知って仙台に集結。二千五百にふくらんだ榎本一行は蝦夷に向かい、五稜郭を攻略して箱館を占領、仮政府（蝦夷共和国）を樹立することになる。

九月二十日、京を出発した明治天皇は岩倉具視、中山忠能、木戸孝允、伊達宗城らをともない、長州・土佐・備前岡山・伊予大洲（藩主は加藤泰秋。愛媛県大洲市）の四藩兵に守られ、総勢三千三百とともに十月十三日に江戸城に入城した。即日、江戸城は東京城と改称される。十七日、天皇はみずからの政治参加宣言ともいえる「万機親裁の詔」を下す。十一月十九日、戊辰戦争の影響で遅れていた江戸の開市、新潟の開港がようやく成った。

十二月、新政府は朝鮮の外交窓口である釜山北東部の東萊府《トンネブ》に対馬藩主宗義達《よしあき》の家臣樋口鐵四郎を正使として派遣。幕府が廃止されて新政府が樹立されたことを伝え、新たな国交と通商を求める国書を渡そうとした。ところが朝鮮側は「皇」「勅」という用語や印鑑が従来とことなるとして国書の受け取りを拒否。これがくすぶってのちの「征韓論」につながり、ひいては明治新政府を二分、さらに「西南戦争」を引き起こすことになる。

四　新政府の成立

戊辰戦争の終結と薩摩藩の混乱

明治二年（一八六九）正月十四日、薩摩藩主島津忠義、長州藩主毛利敬親、土佐藩主山内豊範、佐賀藩主鍋島直大《なおひろ》（閑叟の嫡男）の四大名連署による「版籍奉還」の上表が提出されると、借金苦に陥っていた諸藩からも相次いで上表が提出される。

その頃、戊辰戦争が終結に向っていたため、従軍していた諸藩兵が続々と帰国していた。薩摩藩では、戊辰戦争を戦い抜き、御維新を成就させたと自負する川村純義（鳥羽伏見・会津戦争で奮戦）や伊集院兼寛《かねひろ》（東山道総督府参謀）、野津鎮雄（鳥羽伏見・奥羽に参戦）らは、藩政からの門閥層の排除や人材の登用など、藩政一新を訴えていた。西郷隆盛や大久保利通以下、維新を成し遂げた多くが下級藩士出身だったからである。国父久光でさえもその主張を無視できず、東京の大久保利通に助けを求めて帰藩を命じる。利通は二月十三日、帰藩して説得にあたったが失敗。十七日には、川村純義らが軍功をタテに藩主島津忠義の面前で、その実弟で家老の島津久治を、討幕に反対して戊辰戦争に本人が参陣しなかったことで吊るし挙げ、久治は翌十八日に辞職する（辞職との関係はわからないが、久治は明治五年にピストル自殺）。また、討幕を主張する西郷隆盛らを批判した久光の側近伊地知貞馨や奈良原繁らも左遷され、隆盛が薩摩藩の参政に就くことになった。

上洛を促されていた久光は二月二十六日に鹿児島を出立して三月三日に京に入り、戊辰戦争の軍功により、六日に従三位参議に任じられた。

明治天皇は翌七日、京を発って二十八日に東京城に入った。前年の十月に続いて天皇が再幸し、東京城を皇居とする。久光は天皇や公家らの去った寂寥感漂う京を離れて鹿児島に帰国した。

五月十八日、五稜郭に追い詰められていた榎本武揚軍が降伏して五稜郭を開城（箱館戦争）、一年五カ月におよぶ戊辰戦争が終結する。総裁榎本武揚や副総裁松平太郎、陸軍奉行大鳥圭介、箱館奉行永井尚志《なおゆき》ら旧幕府軍幹部は東京に護送され、辰の口（千代田区丸の内）の牢獄に収監されたが、新政府軍参謀黒田清隆（薩摩藩士）の助命嘆願により、のちに赦免されて新政府に出仕し、北海道開拓使などの要職に就くことになる。なお、五月十一日の五稜郭をめぐる防衛戦で土方歳三が腹部に被弾して戦死している。また、松平定敬は五稜郭開城ひと月ほど前に海外逃亡をくわだて、アメリカ船で横浜を経由して上海に渡ったが、資金不足で断念し、横浜に戻って新政府に降伏。明治五年正月に赦免されることになる。

鹿児島では二十四日、忠義の正室暐子《てる》（斉彬の三女）が長女房子を出産。しかし、暐子はこの日、難産の末に十九歳で亡くなってしまう（房子も約二年後に夭折）。この暐子の葬儀が神式でおこなわれたことによって薩摩藩主が神道に転向したとされ、すでに明治元年三月二十八日に発布されていた「神仏判然令」によって全国的に廃仏毀釈の嵐が吹き荒れていたが、とくに薩摩藩ではそれが激しく、島津氏の菩提寺福昌寺をはじめ千六百余の寺院が相次いで破壊され、およそ三千の僧尼すべてが還俗させられていた。

版籍奉還

三月の昇叙に続き、戊辰戦争の軍功として、六月二日に国父久光は従二位権大納言に、藩主忠義は従三位参議に任じられ（二人とも辞退）、二人に「永世賞典禄（永世・終身・年限の三種類がある）」の最高額十万石が与えられた。十万石を与えられたのは久光・忠義父子と毛利敬親・忠広（長州藩主）父子のみで、山内容堂・豊範（土佐藩主）父子は四万石、薩摩藩支藩の佐土原藩主島津忠寛《ただひろ》（十一代藩主）が三万石、三条実美や岩倉具視は五千石、西郷隆盛が二千石、大久保利通は千八百石だった。賞典禄反対の立場にあった利通は、全額を駒場農学校（東京大学農学部）に寄付する。

十七日、上表されていた「版籍奉還」が勅許され、諸大名は領有していた土地（版図）と人民（戸籍）を朝廷に返上するとともに（当然、藩士も返上されたため、大名とその藩士との主従関係は消滅）、旧藩主二百七十四人が地方行政官である「知藩事（藩知事）」に任命された。島津忠義も薩摩藩知事に任命されたが、旧薩摩藩領の統治は実質的に西郷隆盛がおこなった。また、公卿・諸侯の称号が廃されて「華族」となる。公家百三十七家、諸侯二百七十家、明治維新後に公家となった五家、維新後に諸侯となった十五家の計四百二十七家が新たな身分層である華族に組み入れられ、二十五日には、旧武士階級およそ百九十万人を「士族」と呼ぶことに定められて政府に属することになった。

七月八日、新政府は版籍奉還に対応できる強力な中央集権国家構築のため、行政組織の再編をおこない、神祇官・太政官（政府首班として左右大臣・大納言・参議で構成）を置き、その下に行政組織として民部省・大蔵省・兵部省（のちに陸軍省と海軍省に分かれる）・刑部省・宮内省・外務省の六省が設置された。左大臣は空席とし、行政最高責任者の右大臣に三条実美（明治四年七月の制度改革によって太政大臣となる）、その補佐として岩倉具視が大納言（のちに右大臣）に、参議には大久保利通、前原一誠、副島種臣《そえじまたねおみ》ら旧藩士層が就任する。

九月二十八日、謹慎を解除された徳川慶喜は、翌十月に宝台院から元駿府代官屋敷（静岡県葵区紺屋町）に居を移す（最終的に明治三十四年〈一九〇一〉十二月に小日向第六天町〈東京都文京区春日〉に移転）。

十月二十二日、久光・忠義父子が願い出ていた前藩主島津斉彬の贈位が決定し、斉彬への従一位追贈の勅書が下された（明治三十四年〈一九〇一〉五月に追贈されて正一位）。

明治三年（一八七〇）三月二十四日、島津斉彬の側室だった須磨が、前年五月に亡くなった娘の暐子のあとを追うかのように世を去った。享年五十。遺体は暐子の眠る常安峰に葬られた。また、七月二十日には、大坂で小松帯刀が病没する。享年三十六。なお、この明治三年、忠義の継室に暐子の妹で十八歳の寧子が迎えられた。日本第一等の名君斉彬の血筋をなんとしてでも本宗家に遺したいとこだわったのであろうか。

廃藩置県の断行と武家政権の終焉

明治四年（一八七一）二月十三日、薩長土三藩に御親兵招集の命が下り、西郷隆盛が知藩事島津忠義とともに常備兵四大隊と砲兵四隊およそ五千を率いて鹿児島を出発、二十一日に東京に到着して兵部省用地として召し上げられた旧尾張藩上屋敷（防衛省・新宿区市ヶ谷本村町）に駐屯する（御親兵は徴兵令にともない皇居警護の近衛兵となる）。五月十七日に皇居内の麝香間《じゃこうのま》への祗候《しこう》（参上して奉仕すること）を命じられた忠義は、日本橋浜町に島津家の本邸（中央区）を構え、やがて袖ヶ崎の伊達藩下屋敷（品川区東五反田）を譲り受けて移転。六月十五日、隆盛は木戸孝允とともに参議に就任する。

政府は七月十四日、国家財政を安定させて中央集権化を確立するため、藩を廃し、政府の管轄下に府・県を置いて一元化する「廃藩置県」を布告する。二百六十一藩が消滅し、全国は三府三百二県に変わり、諸藩割拠の封建制度は完全に崩壊、知藩事は全員失職する。当然ながら、御親兵の実質上の統率者隆盛の「反対する藩は兵をもって撃ち潰す」という積極的な同意があっての実施である。他藩同様、旧薩摩藩は鹿児島県に改組され、政府から県令（のちに知事）として大山綱良が派遣され、歴代藩主の居城鶴丸城や島津斉彬が創設した集成館、草牟田《そうむた》陸軍火薬庫、火薬局などが政府に接収されることになる。

また、それまで諸藩が抱えていた膨大な借金は、引き継いだ政府が整理してその多くを破棄、要するに踏み倒す。薩摩藩では五百万両の借金完済（二〇八六年）まで二百十五年を残していたが、免責いわば無効となる。その額は四百三十万両。

薩摩藩が消滅することを知った国父久光は憤激。久光は鶴丸城二の丸にあった自邸の庭で一晩中花火を打ち上げさせ、憂さを晴らすとともに政府への抗議の姿勢をあからさまに示す。久光は徳川幕藩体制を終焉に追い込み、その息の根を止めた。ところが、期待を超えて七百年にわたる「武家政権」そのものを完全崩壊させてしまうという、想定外の結果を招いてしまったのだ。

源頼朝が文治元年に文治勅許を得て全国に守護・地頭両職の設置を可能としからは六百八十六年、

平清盛が治承三年に後白河法皇を鳥羽殿に幽閉して独裁政治を始めてからは六百九十二年が経っていた。

八月九日「散髪脱刀令」いわゆる断髪令が発布されて、髪型を自由にし、華族・士族も刀を帯びなくてもかまわなくなる。しかし、これにも久光は「沙汰の限り、もってのほか」と憤慨した。

旧藩主島津忠義は、鶴丸城本丸から退去して磯別邸に移ったが、その本丸には鎮西（熊本）鎮台第二分営が置かれ、分営長に任じられた旧薩摩藩士樺山資紀《すけのり》（寺田屋騒動で討ち取られた橋口伝蔵の実弟）が入った。

十一月、全権大使として右大臣岩倉具視、副使の参議木戸孝允、大蔵卿大久保利通、工部大輔伊藤博文、外務少輔山口尚芳（佐賀藩士）以下百四人が海外視察と不平等条約改正をめざして派遣され（岩倉使節団）、一年十カ月をかけて欧米十二カ国を歴訪することになる。

この明治四年九月、久光は自身と忠義に下賜された賞典禄十万石のうち五万石を家禄として「玉里島津家」を創設する。

明治天皇の鹿児島行幸

留守政府を任された西郷隆盛は、新政府が推し進める開化政策や廃藩置県などによって島津久光の積もりにつもった憤懣を和らげるため、明治天皇による鹿児島行幸を思いつく。

明治五年（一八七二）五月二十三日、明治天皇は皇居を出発（明治天皇による地方巡幸の始まり）。随行者は参議隆盛や弟の陸軍少将西郷従道、海軍少将川村純義、宮内卿兼侍従長徳大寺実則《さねつね》、宮内少輔吉井友実ら総勢七十。天皇は孝明天皇陵（京都市東山区）や伊勢神宮を参詣後、下関から九州に向かい、長崎、熊本を経て六月二十二日早朝に鹿児島港に上陸し、旧鶴丸城本丸（鎮西鎮台第二分営）に設けられた行在所に入り、久光や忠義らが拝謁する。久光は古式に則り髷《まげ》を結った衣冠束帯姿であったが、天皇は髷はあったものの洋服姿だった。久光の落胆と失望は激しかった。

天皇は二十三日から二十四日にかけて鹿児島紡績所技師館（異人館）や田之浦陶器会社を訪問。二十四日には、薩英戦争を再現した「海陸対抗操練」が催された。

二十八日、十四カ条の建白書を書き上げた久光は徳大寺実則に提出。その内容は政府の急速な開化政策に対する疑問を表明したものだった。提出の際に久光は、隆盛と利通を批判し、とくに鹿児島滞在中に一度も挨拶に来なかった隆盛に激怒、その罷免を要求し、叶わなければ自身の上京は有り得ないと明言、実則と大口論となる。久光は建白書に対する天皇からの質問等を期待したが、何も無く、七月二日、天皇は鹿児島を出航し、海路神戸に向かった。天皇が鹿児島行幸中に隆盛が久光に挨拶しなかったことでのちに隆盛は鹿児島に謝罪のためにおもむくことになる。その参議隆盛は七月十九日、陸軍元帥（大将）兼近衛都督（近衛兵の総指揮官）に任じられた。

九月三日、明治維新を慶賀する琉球使節が東京に到着（最後の琉球使節）。九月十四日、薩摩藩および鹿児島県の付庸国（従属国）のままだった琉球王国が「琉球藩」とされて外務省管轄となり、国王尚泰《しょうたい》は明治天皇から琉球藩主に封じられ、大日本帝国華族となる（十二年後の明治十七年に発令される華族令〈後述〉にともない四十万石待遇の侯爵に叙爵）。琉球藩は支配者だった旧薩摩藩と対等になったが、琉球王国自体は日本の直轄領とされ、清に対しては儀礼的帰属を続けるという、政治的には比重のまったく異なる関係を維持しなければならなくなった。しかし、琉球の完全併合をめざす新政府は、清による冊封の廃止ならびに清との絶交を琉球王府に命じる。

十一月九日、「旧暦（太陰太陽暦である天保暦）」を廃し、「新暦（太陽暦であるグレゴリオ暦）」の導入が布告され、十二月三日が明治六年（一八七三）正月一日となる（明治改暦）。以後、本書では新暦で表示。

久光、抗議の上京

九日後の正月十日、国民皆兵《かいへい》を目的とする「徴兵令」が施行される。この法令により、農業の担い手である農民が兵役を課されるため、その過重負担に憤慨した反対農民による世直し一揆や打ち壊しが幕末の頃よりも多発・激化し、かたや職業を奪われた戦いのプロである士族も不満を抱くようになる。

三月二十一日、海軍大輔勝海舟がいまだ上京せずにいる久光を説得するため、勅使となって鹿児島に到着。説き伏せられた久光は四月十七日、海舟に従って鹿児島県士族二百五十人をともない、鹿児島を出立。全員が髷を結い、両刀を腰に差していた。散髪脱刀令にとどまらず開化政策そのものに対する抗議の意思を示すためである。二十三日に東京に着いた久光らは、新たに与えられた屋敷（旧日向飫肥藩桜田藩邸・千代田区内幸町）に入った。五月三日、久光は皇居に参内し、断髪して髷のない天皇に拝謁し、十日には麝香間祗候を命じられる。死ぬまで髷を結い続ける久光の眼には、髷のない洋服姿の天皇はどのように映ったのであろうか。久光の上京により、忠義は墓参を名目として帰国が許されることになった。この間の五月五日、失火により皇居西の丸が焼失。紀州徳川家の中屋敷（港区元赤坂）が献上されて赤坂仮御所（仮皇居）となる（明治宮殿として再建されるのは明治二十一年〈一八八八〉十月七日）。

六月二十二日、久光は徳大寺実則に提出した十四カ条の建白書の注釈書を提出。しかし、天皇からの諮問などの反応は一切なかった。七月二十八日、「地租改正条例」いわゆる土地に対して課す租税が金納になり、廃藩置県によって存立基盤の失われた石高制は消滅する。

西郷隆盛、征韓論に敗北して下野する

幕末からたびたび国交の樹立を求めてくる日本に対し、清を宗主国と仰ぎ、鎖国攘夷政策を敷いていた朝鮮はまったく外交交渉に応じようとしなかった。それどころか国王高宗《コジョン》の実父興宣大院君《フンソンテウォングン》は「日本は夷狄と化し、日本人は禽獣のごとし、その日本人と交わる朝鮮人は死刑に処す」と蔑むようになっていたため、日本国内では朝鮮を武力で開国させる「征韓論」が沸騰していた。

即時出兵に反対していた西郷隆盛は、みずから使節として朝鮮におもむくため、太政大臣三条実美に閣議を開くよう強行に迫った。その隆盛の勢いに根負けした実美は八月十七日に閣議を開催し、隆盛の朝鮮派遣を内定する。九月十三日、一年十カ月余の長い旅路を終えて岩倉使節団が帰国。その使節団は、海外の諸制度や文物の視察調査では成果を上げたものの、条約改正交渉は適当にあしらわれて失敗、しかも西欧の高度に発達した工業技術とその近代化された社会に圧倒され、打ちのめされての帰国だった。

十月二十三日、明治天皇は病に倒れた実美の代理として太政大臣代理に就いた岩倉具視の上奏を

入れ、隆盛の朝鮮派遣を中止する。隆盛は参議・陸軍大将・近衛都督を辞し（陸軍大将辞任は却下）、二十八日に横浜から出港、十一月十日に海路鹿児島に到着する。西郷派の参議板垣退助や後藤象二郎、江藤新平、副島種臣らも辞表を提出し、征韓論をめぐる政争は内治優先派の岩倉具視や大久保利通らの勝利となる（明治六年政変）。なお日朝間の国交回復は、日本軍艦が江華島《カンファド》付近で草芝鎮《チョウォチン》砲台から攻撃されて応戦した「江華島事件（明治八年〈一八七五〉九月）」を契機に「日朝修好条規」が締結され（明治九年二月二十六日）、日本が朝鮮を開国させてからになる。

隆盛が帰郷したことで、陸軍少将桐野利秋（熊本鎮台司令長官）や陸軍少将で近衛局長官の篠原国幹《もと》をはじめ、少佐別府晋介ら鹿児島県出身の陸軍将兵ら三百人ほどが続々と職を辞して隆盛のあとを追った。その一方で、隆盛の実弟で陸軍少将の西郷従道《つぐみち》や従兄弟の陸軍少将大山巖、陸軍少将種田政明（十一月二十九日に東京鎮台司令長官に就任。のちに熊本鎮台司令長官に転出）、陸軍少将野津鎮雄らは東京にとどまった。

十一月十日、大久保利通の主導によって政府は内務省を新設する。内務省は地方行財政・殖産興業・鉄道・通信・警察・土木・衛生・国家神道などの国内行政の大半（大蔵・司法・文部三省の所管事項を除く内政全般）を担う「官庁の中の官庁」と呼ばれる最有力官庁である。その初代内務卿（実質的な総理大臣。内閣制度が成立すると内務大臣）には、〝あまりにも強大にして強力すぎる行政権限〟と批判する木戸孝允らの反対を押し切り、利通みずからが就任する。利通は、島津斉彬らが唱えていた、国を豊かにして強い軍隊をつくる「富国強兵策」をスローガンに掲げ、内務省主導で国内行政を進めるのである。

旧藩士が西郷派と大久保派に分かれて暗闘しているあいだ、島津久光はその騒動にはまったく関与せずにいたが、十二月二十五日に内閣顧問に任命される。隆盛らが下野したことによって引き起こされた不安定な政治状況を考慮しての人事であり、久光を内閣に取り込んで東京に在住させるためでもあった。しかし久光は、単なる名誉職でしかないその内閣顧問を翌明治七年（一八七四）正月に辞職し、帰国を願い出る。

不平士族による初の反乱・佐賀の乱

その正月十五日、内務省管轄下すなわち大久保利通の爪牙《そうが》として「警視庁」が創設され、利通の引き立てによって旧薩摩藩士川路利良が初代大警視（警視総監）に就任する。なお、東京府以外の府県警察部は知事の管轄下にあった。

十七日、下野した板垣退助や後藤象二郎、副島種臣らは、国民が選んだ議員で政治を進めるべきという内容の「民撰議院設立建白書」を政府に提出。以後、激しさを増す「自由民権運動」は政府の弾圧を受けながらも「衆議院議員」総選挙と「帝国議会」開設（明治二十三年）に漕ぎつけることになる。

利通が内務省の省務に忙殺されているさなかの二月一日、不平士族による「佐賀の乱」が勃発。政府は熊本鎮台司令長官谷干城《たてき》に鎮圧を命じる。干城は参謀長の樺山資紀、参謀副長児玉源太郎（元長州支藩の徳山藩士。日露戦争時の満州軍総参謀長）とともに出撃。前参議江藤新平を首領とするこの乱の勃発によって久光の帰国許可が下りる。新平と西郷隆盛が連携することを恐れた政府が、隆盛に新平と連携しないよう久光に説得させるとともに薩摩藩士族を抑え込むためであった。

警察権力をも掌握する内務卿利通は、佐賀の乱が鹿児島に波及するのを恐れ、陸軍少将山田顕義をともない、東京・大坂両鎮台兵を率いて十九日に征討軍本営のある博多に乗り込み、反撃を開始。二十八日、陸軍少将野津鎮雄率いる大阪鎮台兵が占拠されていた佐賀城の奪還に成功、利通や顕義が入城する。四月十三日、捕縛されていた江藤新平以下十三人が斬首、四百余が処罰された。

台湾出兵

佐賀の乱後、大久保利通はくすぶっていた台湾への出兵に乗り出す。この出兵の発端は三年前の明治四年に起きた宮古島の貢納船が那覇からの帰路に難破して台湾南部に漂着し、生存者六十六人のうち五十四人が原住民に殺されるという事件だった(台湾漂着琉球人殺害事件)。明治政府はこの事件を琉球の日本併合と台湾進出の好機として捉え、報復に打って出たのである。陸軍中将西郷従道が熊本鎮台兵を中核とする軍勢三千六百余を率い、五月六日に台湾南部に上陸して原住民を攻撃、翌六月三日に降伏させた(台湾事件)。

しかし、清は日本の台湾出兵に対して強硬に抗議。明治政府は七月、琉球の帰属を国内問題として処理するため、琉球藩を外務省から内務省管轄としたうえで、台湾事件の解決に交渉団を北京に派遣。交渉は紛糾するが、十月三十一日に「日清両国間互換条款」が調印され日本側の勝利となる。清は琉球藩民の被害を日本国属民の被害とみなし、台湾出兵を「日本国属民を保護するための義挙」と認め、その賠償金を支払う。これによって明治政府は、清が琉球を日本の一部であると認めたものと解釈して琉球併合を推し進めることになる。

隆盛による私学校の創立

佐賀の乱鎮圧後も鹿児島にとどまっていた久光は、政府勅使の説得を受けて四月二十一日に東京に戻り、二十七日に空席だった左大臣に任命され、政府首脳の一人となっていた。いわば政府に体よく取り込まれた格好だが、またもや久光は、政府の方針に異を唱えた。久光は五月二十一日、太政大臣三条実美と右大臣岩倉具視に対し、開化政策を批判する二十カ条の建議をおこなう。十月には「開化政策が日本の退廃・国難をもたらしている」として、それに携わる大久保利通と身の程を越えた贅沢と遊興にふける官吏を糾弾する建白書を明治天皇に提出。だが政府が受け入れることはなかった。

一方、征韓論に敗れて鹿児島に戻った西郷隆盛は、猟犬や従僕とともに狩猟を楽しみ、湯治に出かけ、武村《たけ》（鹿児島市武）の質素な屋敷に帰宅すると農作業に励む生活を送っていた。その隆盛は六月、ともに帰郷したものの行き場のない、政府に不満を抱えたままの士族ら（おもに隆盛配下の近衛兵やその子弟）の救済（暴発）対策として、県令大山綱良の支援を得て鶴丸城の厩跡に「私学校」を創設（この本校のほかに、城下に十一カ所、百二の各郷に分校を置く）。また、本校の東隣には銃隊学校と砲隊学校を設置して漢学や軍事を教え、銃隊学校の監督は近衛局長官を辞した篠原国幹が、砲隊学校は元宮内少丞の村田新八が監督を務めた。しかし、こうした動きは「私学校を通して旧薩摩藩の軍事力を掌握し、捲土重来を期しているのではないか」と政府から疑惑の目で見られ、ひいては危険視されることになる。

明治八年（一八七五）十月二十二日、政府の実質的な意思決定からはずされた久光は、左大臣の辞表を提出、それが受理された久光は翌明治九年四月三日に東京を出発し、十三日に鹿児島に帰国、鶴丸城二の丸で隠居生活に入った。そして久光は、亡兄斉彬が「とてもかなわない」と絶賛するほどの学才を発揮し、島津家に伝わる文書類を収集、史書『通俗国史正編』などの編纂に着手するのである。

リストラされる士族とその不平士族による相次ぐ反乱

政府は士族の最後の特権廃止に踏み切る。すでに政府は散髪脱刀令を、士族の武力独占を廃する徴兵令を施行していたが、島津久光帰国直前の明治九年三月二十八日に軍人と警察官以外の帯刀を禁じる「廃刀令（刀を身に帯びることの禁止）」を布告し（士族の武装解除）、八月五日には、華族・士族に毎年支給してきた秩禄《ちつろく》（家禄・賞典禄）いわば給与の支給（国家予算の三分の一）を停止する「秩禄処分」に踏み切り、その代償として「金禄公債証書」を有禄者三十万余に交付。金禄公債証書は、五年～十四年分の家禄を公債に代替することで、何年後かに貰えるいわば〝政府からの手切れ金〟を受け取るための約束手形である。

版籍奉還・廃藩置県によって封建的身分関係が崩壊し、士族の特権が相次いで廃止され、さらに秩禄処分によって収入の道が閉ざされた士族は経済的没落を加速させる。と同時に、追い詰められた士族は「何のための御維新だったのか、その御維新はわれら士族の力で成し遂げたのではないのか」と、政府に対する不満がいやがうえにも高まり、すでに爆発寸前だった。

十月、そういった不平士族による「神風連の乱」が熊本県で起こる。これに呼応し、福岡県朝倉市で「秋月の乱」が勃発。旧秋月藩士族今村百八郎や兄の宮崎車之助《しゃのすけ》ら秋月党四百人が決起し、乃木希典《まれすけ》少佐（元長州藩士・のちに陸軍大将）率いる小倉鎮台兵よって鎮圧された。

さらに、山口県で「萩の乱」起こる。前原一誠を指導者と仰ぐ殉国軍二百が、旧長州藩の不平士族とともに反政府の狼煙を挙げたのである。前原一誠は七年前の明治二年七月に参議に任命され、大村益次郎が暗殺されて以降は兵部大輔（次官）を兼ねていたが、徴兵制に反対して木戸孝允と対立し、大下野していた。殉国軍は十一月一日、政府軍と交戦するものの敗退。結果は十二月三日に前原一誠以下八人が萩で斬首に処せられて終結した。

西南戦争前夜

明治十年（一八七七）正月十一日、大久保利通を後ろ盾とする大警視川路利良は、鹿児島県出身の中原尚雄《ひさお》や園田長輝ら在京の警部・巡査・学生二十余人を帰郷という名目で鹿児島に送り込む。実際は西郷隆盛や私学校幹部およびその私学校生の偵察ならびにその離間工作、つまり、独立国のごとき状態にある鹿児島の暴発・反乱を未然に阻止するために潜入させたのである。

そうしたなか、政府は私学校の手に銃砲が渡るのを防ぐため、岩崎弥太郎の三菱から徴用した汽船赤龍丸で、廃藩置県後に陸軍に移管されていた草牟田陸軍火薬庫（鹿児島市草牟田）の銃砲・弾薬の接収を二十九日から開始する。本来ならば県庁に届けを出さねばならなかったが、私学校側に知られるのを恐れて秘密裏におこなった。

その二十九日の夜、堀新次郎、汾陽《かわみなみ》尚次郎、松永高美《たかみ》の三人は、この政府による武器類の搬出を知り、私学校の夜間生とともに草牟田陸軍火薬庫ならびに磯海軍造船所付属火薬庫を襲撃し、小銃や弾薬類を奪取。翌三十日には、私学校生と一千人が再度襲撃して同様に小銃や弾薬類を略奪する。

大隅半島小根占《こねじめ》（南大隅市）で狩猟中の西郷隆盛は火薬庫襲撃の知らせに驚き、二月三日に鹿児島に戻った。この三日、私学校生に捕らえられた中原尚雄らは、容赦のない拷問を受けた結果、隆盛暗殺の密命が下っていたことを自白する。私学校に集結した幹部らは激高、隆盛はそれを抑えることができず、身を任せる覚悟を決める。五日の幹部会議で隆盛は率兵上京を承諾する。自身に対する暗殺の件を政府（実際には内務卿大久保利通と大警視川路利良）に問いただすためである。隆盛は、戊辰戦争を生き抜いた猛者ぞろいの鹿児島県士族や私学校生らで構成される「西郷軍」の総大将となったが、その実際の指揮は桐野利秋や篠原国幹、村田新八らに一任する。

隆盛は七日、県庁に「率兵上京届」を提出。県令大山綱良は十四日、通過する地域の人々が動揺しないよう九州各県に通達する。その通達文には隆盛出兵の件を政府に届け出たことや隆盛暗殺計画があったことも添えられていた。

西南戦争の勃発

熊本城では二月十四日、司令長官谷干城少将や参謀長樺山資紀中佐、参謀副長児玉源太郎少佐、川上操六少佐（元薩摩藩士）、奥保鞏《やすかた》少佐（元小倉藩士）らの幹部が籠城戦に決定、三千四百余の将兵は直ちに戒厳体制に入る。この十四日、西郷軍の斥候として別府晋介率いる先発隊三百が鹿児島を出発し、翌十五日からは大雪の中を篠原国幹や村田新八、桐野利秋らの本隊一万三千余が相次いで進発し、十七日には、陸軍大将の軍服に身を包んだ西郷隆盛が数匹の猟犬をともなって北上、加治木（始良市）に向かった。

十九日、政府は鹿児島県士族挙兵の報告を受けて征討令を下す。征討軍総督に有栖川宮熾仁親王が任命され、陸軍中将山縣有朋と海軍中将川村純義（西郷隆盛の従兄弟）が補佐に任じられた。当然、隆盛の陸軍大将職と正三位の官位も剝奪されることになる。

二月二十日、熊本鎮台の援軍として野津鎮雄少将率いる第一旅団と三好重臣少将率いる第二旅団が神戸を出港して九州に向かった。この二十日、川尻（熊本市南区川尻）では、別府晋介率いる西郷軍先発隊が熊本鎮台偵察部隊と遭遇し、交戦する（西南戦争の勃発）。

西郷軍は翌二十一日、熊本城を包囲。政府に不満を持つ熊本県士族（熊本隊）もこれに加わった。二十二日早朝、鎮台側が西郷軍に発砲。西郷軍は二十五日まで熊本城攻撃を続けたが、鎮台側の必死の防戦より、城を落とすことはできなかった。また、政府軍の第一旅団と第二旅団が博多港に上陸したことで、西郷軍は攻城軍を残し、主力を熊本城北西の高瀬（玉名市高瀬町）に移動させる。と同時に、南下してくる政府軍を迎撃するため同じく北方の田原坂《たばるざか》一帯（熊本市北区植木町豊岡）に防衛陣地を構築。二十七日、高瀬の戦いで隆盛の末弟西郷小兵衛が戦死し、三月四日には、政府軍が村田新八隊と別府晋介隊が守る田原坂ならびに篠原国幹隊と熊本隊が守る吉次峠《きちじ》（玉東町原倉）を攻撃。雷雨の中で強行されたこの激戦で篠原国幹が銃弾を受けて戦死する。

田原坂の死闘

鹿児島では三月八日、西郷軍の不在を突くかのように、勅使柳沢前光《さきみつ》が軍艦四隻と陸軍中将黒田清隆率いる護衛兵二千とともに海路鹿児島に上陸。政府は、政府に不満を持つ久光・忠義父子が隆盛の挙兵に呼応してその反乱に加わることを恐れ、自重を求める勅書を携えていた。この八日夜、その勅書は前光が乗船する軍艦上で忠義に、病身の久光には十日に鹿児島城二の丸で授けられた。前光は私学生と久光が密議し、銃砲を渡したという風説について問いただしたが、久光は「まったくあずかり知らない噂話に過ぎぬ」と否定。前光は久光の無関係を信じ、関西を行幸中の明治天皇が滞在する京にに向けて海路出発したが、その際、鹿児島県令大山綱良を同行し、上陸した神戸で逮捕して東京に送還する。逮捕理由は私学校の設立や西郷軍に官費を提供した罪である。後任県令には土佐出身の岩村通俊が任命された。

前光の護衛兵は別働第二旅団として再編され黒田清隆指揮下に入り、西郷軍の背後を突くため八代に向かった。

十九日、その別働第二旅団が熊本の南三十キロにある日奈久《ひなぐ》（八代市日奈久町）に上陸。西郷軍は北から山縣有朋指揮下の政府軍に、南からは別働第二旅団に挟撃される事態に追い込まれてしまった。翌二十日、政府軍の総攻撃によって田原坂が突破される。田原坂における二十日間の激しい攻防戦で西郷軍は、政府軍の最新式の兵器とその物量の前に圧倒され、死者三千五百を出して撤退を余儀なくされ、本陣を熊本県南部の永国寺（人吉市土手町）に移す。しかし、武器、弾薬、兵糧米が決定的に不足していた。四月十四日、別働第二旅団は熊本城を攻囲していた西郷軍を退けて城内に突入。熊本鎮台はおよそ五十日ぶりに解放され、十六日には山縣有朋率いる政府軍が入城する。

西郷隆盛の自刃

政府軍は西郷軍追撃と同時に鹿児島占拠をめざす。四月二十七日、副司令官川村純義が政府軍を率いて鹿児島に上陸。西郷軍の反撃に備えて防御陣地を築くとともに、城下の屋敷を焼き払った。

城下が戦場になる危険性が高まったことで、久光・忠義父子は鹿児島対岸の桜島に避難。西郷軍は鹿児島奪還のために幾度となく攻撃を仕掛けるが増援兵を得た政府軍に反撃されて退却する。

京では五月二十六日、木戸孝允が西南戦争の行く末を案じながら病没する。享年四十五。

永国寺に退却した西郷軍は政府軍の追撃を防ぐことができず、六月一日に宮崎へ敗走する。西郷軍は七月二十四日に都城から、八月十四日には延岡からも敗走。延岡奪還のために隆盛が陣頭指揮を執ることになったが、すでに手遅れであった。戦況は好転することはなく、西郷軍は延岡北方の可愛岳《えのだけ》に追い詰められ、兵力も一万六千から三千五百に激減し、山縣有朋指揮下の政府軍五万に十重二十重に包囲されてしまう。隆盛は全軍に解散令を下して陸軍大将の軍服を焼き、十七日には最後まで自身に従う鹿児島県士族をともない、激闘の末に包囲網を突破して鹿児島をめざす。隆盛らは宮崎・鹿児島の山岳部四百キロ余を十五日間で走破し、九月一日に鹿児島への突入に成功。私学校や県庁を取り戻し、鶴丸城の裏手にある城山（上山）城跡も占拠する。隆盛は残った鹿児島県士族三百七十二人を率いてこの城山城跡に籠もった。対する鹿児島に集結した政府軍は四万であった。

政府軍を指揮する山縣有朋は国分舞鶴城を本営とし、城山総攻撃を二十四日に決める。その二十四日午前四時、政府軍は城山に籠もる西郷らに総攻撃を開始。このとき、政府軍は鶴丸城二の丸にも火を放ったことで、久光は帰る家を失ってしまった。

三時間ほどの激闘の末、隆盛は銃弾を受けて負傷、別府晋介に介錯させてその生涯を閉じる。享年五十。晋介もその場で自刃。西郷軍は、隆盛をはじめ桐野利秋、桂久武、村田新八、池上四郎、辺見十郎太らが討死し、西郷・政府両軍併せて一万二千人以上が戦死。日本最後の内戦西南戦争は、終わった。なお、島津啓次郎もこの城山で戦死している。啓次郎は旧薩摩藩支藩の旧佐土原藩十一代当主島津忠寛《ただひろ》の三男で、唯一西南戦争に参加・戦死した藩主の子弟であった。九月三十日、東京から長崎に移されていた大山綱良が斬首された。

大久保利通、暗殺さる

西南戦争終結後の内務卿大久保利通は、それまで実施できなかった政策を推し進める。秩禄処分で収入の道を失った士族を救済するための開墾・移住計画や東北地方の近代的なインフラ整備構想の推進・実行などであった。

ところが、西郷隆盛の死からおよそ八カ月後の翌明治十一年（一八七八）五月十四日朝、二頭立ての箱馬車で屋敷（千代田区霞が関）から赤坂仮御所に向かっていた大久保利通が、紀尾井町清水谷（紀尾井町）で惨殺されてしまう（紀尾井坂の変）。享年四十九。襲撃者は石川県の不平士族で西郷隆盛に心酔していた島田一郎、長連豪《ちょうつらたけ》（西郷隆盛の私学校で一時学ぶ）、杉田乙菊、脇田巧一、杉村文一と島根県士族浅井寿篤《ひさあつ》。大警視川路利良はこの六人が暗殺をくわだてていることを知っていたが「石川県人にできるものか」とまったく意に介さず、対策を講じていなかった。そのため、警護を怠った川路利良は「真の下手人は川路大警視である」と非難されるのである。

目的を果たした主犯の島田一郎ら六人は陸義猶《くがよしなお》が作成した斬奸状をもって宮内省に自首。五月十七日、利通の葬儀が国葬として執行される。木戸孝允、西郷隆盛、大久保利通という倒幕と明治維新に貢献した英雄三傑が世を去った。

なお、自首した六人はおよそ二カ月後の七月二十七日午前十時、市ヶ谷監獄で死刑が宣告され、十一時半に斬首に処された。斬奸状を起草した陸義猶は逮捕されて終身禁固刑に処せられる（十一年後の明治二十二年の大日本帝国憲法発布によって特赦）。

沖縄県の設置

明治十二年（一八七九）三月二十七日、明治政府は琉球藩の廃藩置県を断行（琉球処分）。混乱や抵抗を予想したものの、この廃藩（廃国）に際し、殉死者や死者は出なかった。

第二尚氏王統は十九代四百十年で幕を閉じ、第一尚氏による三山統一から四百五十年続いた統一琉球王国は解体。慶長十四年の薩摩侵攻以来二百七十年ぶり二度目の首里城明け渡しが始まり、三十一日に終了。清国との朝貢・冊封体制（華夷秩序）を断ち切られた琉球は、明確に大日本帝国の版図の一部となり、四月四日には「沖縄県」が設置され、初代沖縄県令鍋島直彬《なおよし》（元肥前鹿島藩知事）が赴任。尚泰は五月二十七日、那覇から東京に向かい、首里城は熊本鎮台沖縄分遣隊の駐屯地となった。

ところが琉球帰属問題は、清が猛反発したことでいったん棚上げとなり、最終的に解決するのは日清戦争終結（明治二十八年〈一八九五〉四月）後に「日清講和条約（下関条約）」が締結され、清が日本に台湾などを割譲すると同時に琉球に対する日本の主権を認めてからとなる。なお、この条約により、朝鮮を独立国と清に認めさせたことで、朝鮮も琉球同様その朝貢・冊封体制から離脱して独立、国号を「大韓帝国」と改める。唯一の冊封国朝鮮を失ったことで、清を頂点とする朝貢・冊封体制は完全に崩壊する。

島津公爵家

西南戦争後、島津忠義は避難先の桜島から磯別邸（仙巌園）に戻ったが、帰る家を失った久光は、父忠興の玉里邸（鹿児島市玉里町）に転居していた。尚泰が東京に向かった五月には、西南戦争中も書き続けていた、宇多天皇から後小松天皇までを二十二冊にまとめた『通俗国史正編』が完成。その後、久光は『通俗国史続編』の編纂に着手する（四年後の明治十六年暮れに完成）。また、幕末維新期の薩摩藩における事績の調査・収集を側近の市来四郎に命じる。島津家が国事に奔走したことを示す資料を探すためでもあった。これは『旧邦秘録』と名づけられて編集されることになる。

五月二十三日、忠義の継室寧子（斉彬の五女）が長男忠宝《ただとみ》を出産。しかし難産だったのであろうか、寧子は翌二十四日、姉暐子《てるこ》同様に亡くなった。二十六歳だった。そして、およそ三カ月後に忠宝も夭折してしまう。

八月二十五日、明治天皇や国賓として来日中のユリシーズ・グラント将軍夫妻臨席のもと、上野公園（上野寛永寺跡）において開催された東京府民主催の歓迎会で、剣術や槍術、流鏑馬などの技芸が披露されたが、忠義は島津家伝来の犬追物を実演した。南北戦争における北軍の英雄グラント将軍は、米国大統領を二期務めたあと世界周遊の最後を飾るために日本を訪れていたのである。

十一月二十七日および十二月二十三日、皇居吹上御苑で、忠義以下二十四人の射手が犬追物を披露する。二年後の明治十四年（一八八一）五月九日に麻布の島津家別邸に明治天皇が行幸した際も、忠義は犬追物を披露するが、その際の忠義の出で立ちは、侍烏帽子を被り、素襖をまとい、黒の弓籠手《ゆごて》をかけ、虎の皮の行縢《むかばき》をはき、重藤《しげとう》の弓を持ち、太くたくましい黒鹿毛《くろかげ》の逸物にまたがっていた。おそらく、上野公園や吹上御苑で披露された犬追物の際も同様であったのではなかろうか。

天璋院による徳川・島津両家の融和

明治天皇は島津家別邸に行幸してから五カ月後の十月十二日、「国会開設の詔」を発し、九年後の明治二十三年を期して「帝国議会」の開設ならびに「大日本国憲法（明治憲法）」を定めると表明する。

明治十五年（一八八二）十一月十六日、徳川十六代宗家家達《いえさと》が近衛忠房の長女泰子《ひろこ》（生母は斉彬の養女光子）と結婚。天璋院は勝海舟と相談し、十六歳の泰子と二十歳の家達の縁組を取りまとめていたのである。その泰子は幼い頃から徳川宗家の邸（東京都渋谷区千駄ヶ谷）に引き取られ、篤姫の薫陶を受けて育てられていた。世が世ならば家達は将軍である。泰子はかつての御台所となる女性のように厳しく躾《しつ》けられたのであろう。

天璋院は明治十六年（一八八三）五月、その家達夫人泰子をともなって東照宮を参詣。このとき松平容保宮司（明治十三年二月に就任。容保が明治二十六年十二月に死去すると弟の松平定敬が宮司に就任する）は在京していたため、禰宜の西郷頼母《たのも》（元会津藩家老）以下の神職が案内にあたった。天璋院は約半年後の十一月二十日、徳川邸で家達や泰子ら多くの家族に見守れながら世を去る。享年四十八。天璋院の意志により、遺体は、上野寛永寺の常憲院霊廟に合祀された夫家定（温恭院）の隣に葬られた。歴代将軍夫人の中で夫とならんで埋葬されたのは天璋院だけである。また天璋院は、家達と泰子（すでに妊娠中）の間に男子が生まれた場合、島津忠義の娘を嫁に迎えるよう遺言する。

天璋院の期待に応えるかのように、泰子は明治十七年（一八八四）三月二十三日、家達の嫡男家正を出産し、翌明治十八年九月十五日には、忠義と側室寿満子とのあいだに正子《なおこ》が生れている。島津斉彬は、篤姫を将軍家定の世子を産むか、もしくは一橋慶喜を将軍継嗣とするため江戸城に送り込んだが実を結ばなかった。だが、未亡人として徳川宗家を仕切り、斉彬の期待をはるかに上回る功績いわば徳川・島津両家の親和、融合そして未来への大きな絆をつないだのだ。日本一の英邁な斉彬にも予想できなかったであろう。

華族令・内閣制度

明治十七年七月七日、帝国議会開設に先駆けて新たな「華族令」が施行され、これまでの華族（公家・大名）を公爵・侯爵・伯爵・子爵・男爵の五爵に再編し、明治維新に功績のあった志士らが新たに華族に列せられることになった。第日本国憲法三十四条は華族の貴族院列席特権を規定していたからでもある。華族の選定には参議兼宮内卿の伊藤博文があたった。最上層の選りすぐられた特権階級の公爵には、全五百九家（昭和二十二年〈一九四七〉の廃止時には八百八十九家）のうち、近衛家をはじめとする五摂家の当主と三条実美、岩倉具定《ともさだ》（具視の次男。具視は前年の明治十六年七月二十日に病没）、徳川宗家の当主徳川家達、島津本宗家の当主忠義、その父久光、毛利広定の十一家が叙爵する。

なお、旧佐土原藩主島津忠寛の嫡男忠亮《ただあきら》（西南戦争で戦死した啓次郎の兄）は子爵、のちに伯爵となる。

明治十八年（一八八五）十二月二十二日、政府は帝国議会開設後の中央行政整備の一環として、太政官制度に替わって「内閣制度」を創設。初代内閣総理大臣に四十二歳の伊藤博文が就任する。

おわりに　連綿と続く島津の血脈

島津久光、世を去る

明治十九年（一八八六）十月二十日、磯別邸（仙巌園）で島津忠義と寿満子との間に四男秀丸が生まれた。のちに島津本宗家を継承する忠重である。

明治二十年九月二十一日、島津久光は従一位を、十一月五日には大勲位菊花大綬章を与えられた。しかし、病に伏せていた久光は十二月六日に鹿児島の玉里邸で亡くなった。享年七十一。久光は死ぬまで髷を結ったままで洋装もしなかった（忠義も髷は残していたが洋装を是認）。久光は、平安時代末期に台頭しつつあった武士、その七百年後のはからずも最後の武士として、さらには、まさしく「最後の武家の棟梁」としてその矜持を持ち続け、信念を貫き、魂を滾《たぎ》らせたまま生涯を終えた。

葬儀は鹿児島で国葬として挙行された。墓碑は福昌寺跡にある。七男島津忠済《ただなり》が玉里家の家督を相続して公爵を継承する。また、久光が亡くなると、忠義は鹿児島在住を許され、翌明治二十一年、鹿児島に帰って磯別邸を本邸とする。

明治二十二年（一八八九）二月十一日、伊藤博文や井上馨らが起草し、「大日本帝国は万世一系の天皇がこれを統治する」と定めた立憲君主制を基本とする「大日本帝国憲法」が明治宮殿（西の丸が明治六年に焼失したため、その跡地にこの明治二十二年に再建）正殿で発布される。天皇の前方右側に外交団が、左側に大礼服をまとった第二代総理大臣黒田清隆以下の大臣・高官が居並び、その後方には華族が整列していた。そうした中にあって、島津忠義だけが髷を結い大礼服姿を着て出席している姿は珍妙だったという。大日本帝国憲法は天皇が高らかに読み上げたあと、清隆に手渡して華やかな式典は終わった。

翌明治二十三年（一八九〇）七月、上院である貴族院（伯爵・子爵・男爵。公爵・侯爵は自動的に貴族院議員となる）の互選・勅選と下院の代議士を公選する第一回衆議院議員総選挙が実施され、大日本帝国憲法が施行された十一月二十九日には、貴族院と衆議院による二院制の「第一回帝国議会」が完成直後の第一次仮議事堂（千代田区霞が関）で開会された（明治維新の終わり）。これに先立つ二月、忠義と、久光の家督を継承した忠済らが貴族院公爵議員となっていた。また、発布にともなう大赦により、四百五十八人が赦免され、西南戦争で逆臣として自刃した西郷隆盛も許されて名誉を回復、隆盛は正三位を追贈された。

ロシア皇太子ニコライの鹿児島来訪

明治二十四年（一八九一）四月二十七日、東方旅行中のロシア皇太子ニコライ二世（のちに皇帝）が小艦隊を率いたロシア軍艦アゾヴァ号で長崎に寄港。明治天皇に国賓として迎えられたニコライや従兄弟のギリシア親王ゲオルギオスらの一行は、五月五日にアゾヴァ号に乗艦し、二年前にロシアでニコライに面会したことのある接伴掛の有栖川宮威仁《たけひと》親王（熾仁親王の異母弟であり養子）が乗艦する日本海軍の新鋭艦八重山に先導されて長崎を出港し、翌六日朝に鹿児島に到着する。訪問理由は、ニコライの希望と伝えられているが、「明治維新を成し遂げた原動力、その中核を担った鹿児島（薩摩藩）の実情を見て、日本を知ること」ではないかと推測された。

東京から急遽鹿児島に帰った島津忠義は、威仁親王や県知事、市民総代らとともにニコライを出迎えた。

ニコライ一行は昼食後の零時四十分に磯別邸に到着。フロックコートを着て髷を結った忠義に門前で出迎えられニコライは、歴代の薩摩藩主に受け継がれてきた庭園に案内され、忠義の六歳の嫡男忠重が緋縅《ひおどし》の稚児鎧姿で指揮する、甲冑をまとった老武士団二百の侍踊りを披露された。毛倉馬場では忠義自身も素襖と侍烏帽子姿で弓矢を手に馬にまたがり、全力疾走の馬上からほかの騎馬武者が引く犬に見立てた俵に矢を射て犬追物を披露。その勇壮さにニコライらは驚きと称賛の声を挙げる。その後邸内に入り、島津家代々の鎧や槍などを見学し、忠義は高さ八十五センチほどの薩摩焼の壺（花瓶）と三十センチほどの皿をニコライに進呈する。引き続き邸内の大広間で歓迎の宴が催され、ニコライ一行は藩政時代の日本食でもてなされた。接待には旧藩士の妻や娘ら選りすぐりの美女四十人が総模様の振袖姿であたった。その色気漂う優雅さに二十二歳のニコライは魅惑させられてしまったようである。

そのせいではなかろうが、ニコライは鹿児島に三泊し、おそらく九日早朝になってアゾヴァ号に、威仁親王らは八重山に乗艦し、忠義や知事らに見送られて出港、夕刻に神戸に入港してからは列車（二年前の明治二十二年に東京・神戸間の東海道線が全通）で京へ、十一日には京から人力車で琵琶湖遊覧に向う。ところがその十一日、琵琶湖遊覧を終えて京に戻るニコライが人力車に乗っているところを、警備にあたっていた滋賀県巡査津田三蔵が斬りかかるという大事件が勃発（大津事件）。ニコライは右こめかみに傷を負った。軍事・経済など国力が日本よりはるかに優位にある強大国ロシアとの関係を悪化させかねない、この大事件に日本は、明治天皇をはじめ庶民までもが慌てふためいた。急遽東京から駆けつけてきた天皇が見舞い、忠義も十五日に見舞った。東京行きを中止してニコライは帰国を二週間早め、十九日に神戸からウラジオストクに向けて帰国の途についた。忠義はその十九日にもお別れの挨拶のためにニコライを訪ねている。

十一月十日、忠義は、ニコライの日本旅行中の接伴に尽力した有栖川宮威仁親王ら三十余人とともに、ロシア政府から聖アレフサンドル・ネフスキー勲章を贈与された。なお、津田三蔵は終身刑として収監された北海道の網走刑務所で、衰弱していたため九月二十九日に獄死する。

最後の藩主忠義の死、慶喜の名誉回復

明治三十年（一八九七）十二月二十六日、島津忠義（本宗家二十九当主・十二代藩主）が鹿児島で病没する。享年五十七。その葬儀が翌明治三十一年（一八九八）正月九日、父久光同様に国葬によって挙行され、遺体は常安峯に埋葬されたが、のちに福昌寺跡の島津家墓地に改葬される。最終官位は従一位、没後に勲一等旭日桐花大綬章が与えられた。忠義は、父久光の陰に隠れてあまり目立つことはなかったが、実際はその偉大な存在を支えきり、島津本宗家の当主にして薩摩藩最後の藩主として、我慢強く気遣いに長けた気骨の藩主であったのではなかろうか。家督は嫡男（四男だが兄が早世したため）忠重が十三歳で継いで島津本宗家三十代当主となり、公爵を授けられる。ほどなく忠重は鹿児島から上京して学習院初等科に編入し、卒業後は海軍兵学校、海軍大学校へと進む。

明治三十一年（一八九八）三月二日、還暦を過ぎていた徳川慶喜が、宗家の家達をともない、明治宮殿に参内して天皇と皇后美子《はるこ》（左大臣一条忠香の三女）に拝謁する。すでに大政奉還から三十年以上が経っていた。、この対面は、明治維新の際に朝敵・賊徒に転落した慶喜の名誉が回復されたことを天下に知らしめることになった。慶喜はのちに公爵を授けられ、徳川宗家とは別に「徳川慶喜家」の創設を許される。

徳川家と宮家、そして天皇家に嫁ぐ忠義の娘

明治三十二年（一八九九）十月六日、島津忠義の八女俔子《ちかこ》（生母は側室寿満子）と久迩宮邦彦王《くにのみやくによしおう》（中川宮の三男）が、明治三十五年十一月二十六日には、忠義の四女常子《ひさこ》（生母は同じく側室寿満子）が伏見宮家出身の山階宮菊麿王の妃となる。翌明治三十六年三月六日、久迩宮邦彦王と俔子との間に長女良子《ながこ》が誕生する。

明治四十二（一九〇九）十一月十五日、天璋院の遺言に従って忠義の十女正子《なおこ》が公爵徳川家達の嫡男家正（のちの徳川宗家十七代当主）に嫁ぐ。すでに（明治三十年頃か）忠義の五女知子（生母は側室寿満子）は田安徳川家の当主で伯爵徳川達孝《さちたか》（家達の弟）の後妻となり（達孝の最初の妻は慶喜の長女鏡子《きょうこ》）、大正五年（一九一六）七月二十五日には、忠義の十一女為子（生母は側室菱刈久）が紀州徳川家の当主で侯爵徳川頼貞（家正の従兄弟）の妻となる。戊辰戦争で対立した島津家と徳川家ではあったが、結びつきを深めていたのだ。

倶子の産んだ良子はというと、関東大震災のあった翌大正十三年（一九二四）正月二十六日、大正天皇の第一子裕仁親王と結婚して皇太子妃となり、大正十五年十二月二十五日に大正天皇が崩御し、裕仁親王が践祚して昭和天皇となると冊立されて香淳皇后となる。その香淳皇后は昭和八年（一九三三）十二月二十三日、昭和天皇の嫡男継宮を出産、のちの平成天皇（現上皇）である。島津家の血脈は徳川家や宮家のみならず、天皇家にも受け継がれているのだ。

一方、島津忠重は明治四十四年（一九一一）三月十八日、公爵・内大臣兼侍従長徳大寺実則《さねつね》（父は公純。祖父は鷹司輔熙）の末娘伊楚子《いそこ》と結婚し、十月には貴族院公爵議員となり、大正九年から同十二年までイギリスに私費留学し、帰国後は海軍軍令部参謀、海軍大学校教官、英国大使館付武官を歴任、海軍大佐に昇進した大正十二年（一九二三）には、集成館機械工場を博物館に改装し「尚古集成館」として開館する。忠重は昭和十年（一九三五）十一月に海軍少将に昇進、翌十二月十四日に現役を終えて予備役（平常時は市民生活を送り、非常時に軍務に服す）となる。忠重は学習院評議会議長などを務め、昭和四十三年（一九六八）四月九日に病没する。享年八十一。島津本宗家三十一代当主には嫡男忠秀が、その忠秀没後は次男島津修久《のぶひさ》が本宗家三十二代当主となり、島津興業などを経営している。

振り返ってみれば、島津七百年の歴史は陽の沈むことのない、長い一日のようでもある。

主要参考文献・図書

『改訂 島津忠久とその周辺―中世資料散策』 江平望　高城書房　二〇〇四
『島津忠久の生い立ち』朝河貫一　慧文社　二〇〇七
『島津国史』 山本正誼　島津家編纂所　一九〇五
『島津忠久と鎌倉幕府』野村武士　南方新社　二〇一六
『山槐記』 中山忠親　増補「史料大成」編　第二十七巻　臨川書店　一九八九
『島津一族 無敵を誇った南九州の雄』川口素生　編集　新紀元社編集部　新紀元社　二〇一一
『「京都」の誕生―武士が造った戦乱の都』桃崎有一郎　文藝春秋　二〇二〇
『呪いの都 平安京 呪詛・呪術・陰陽師』繁田信一 吉川弘文館、二〇〇六
『平安京 くらしと風景』編者 木村茂光、東京堂出版、一九九六
『中世奇人列伝』今谷明、草思社　二〇〇一
『古代王権の祭祀と神話』岡田精司　塙書房　一九七四
『中世都市鎌倉を歩く』松尾剛次　中央公論新社　一九九九
『中世都市鎌倉の風景』松尾剛次　吉川弘文館、一九九三
『中尊寺 千二百年の真実 義経・芭蕉・賢治…彼らを引き寄せた理由』佐々木邦世、祥伝社、二〇〇五
『王朝と貴族』朧谷寿　集英社　一九九一
『武者の世に』入間田宣夫　集英社　一九九一
『全訳 吾妻鏡―全六巻』監修者 永原慶二　訳注者 貴志正造　新人物往来社　二〇一一
『平家物語―全十二巻―』全訳注　杉本圭三郎　講談社　二〇〇〇
『平家物語、史と説話』 五味味彦　平凡社　二〇一一

『保元物語 平治物語 承久記 新日本文学大系43』校注者 栃木孝惟 日下力 益田宗 久保田淳 岩波書店 一九九九
『保元の乱・平治の乱』河内祥輔 吉川弘文館 二〇一二
『後白河上皇』安田元久、編集者 日本歴史学会 代表者 児玉幸多 吉川弘文館、二〇〇〇
『後白河法皇─平家を滅亡させた黒幕』河合敦 幻冬舎 二〇一二
『後白河院』井上靖 新潮社 二〇一七
『後白河法皇』棚橋光男 講談社 二〇〇六
『藤原定家』村山修一 編集者 日本歴史学会 代表者 児玉幸多 吉川弘文館、一九八九
『藤原忠実』元木泰雄 編集者 日本歴史学会 代表者 林英男 吉川弘文館、二〇〇〇
『平清盛』五味文彦 編集者 日本歴史学会 代表者 笹山晴生 吉川弘文館 二〇一二
『平清盛』武光盛 平凡社 二〇一一
『平清盛の闘い』元木泰雄 角川学芸出版 二〇一一
『平清盛』井上元三 徳間書店 一九九三
『武士の王・平清盛』伊東潤 洋泉社 二〇一一
『日宋貿易と「硫黄の道」』山内晋次 山川出出版 二〇二二
『源頼政』多賀宗隼 編集者 日本歴史学会 代表者 児玉幸多 吉川弘文館、一九九〇
『源頼朝と木曽義仲』永井晋 中央公論新社 二〇一五
『源頼朝』元木泰雄 中央公論新社 二〇一九
『源頼朝』川合康 ミネルヴァ書房 二〇二一
『鎌倉殿誕生─源頼朝』関幸彦 山川出出版 二〇二二
『源義経』五味文彦 岩波書店 二〇〇四

『源義経の真実』中津攸子　コールサック社　二〇二二
『源平合戦の虚像を剝ぐ』川合康　講談社　二〇二二
『奥州藤原氏四代』高橋富雄　編集者　日本歴史学会 代表者　児玉幸多　吉川弘文館、一九八七
『鎌倉北条氏の興亡』奥富敬之　吉川弘文館　二〇二一
『講座日本荘園氏⑩―四国・九州地方の荘園』編者　網野善彦　石井進　稲垣泰彦　永原慶二　吉原弘文館
二〇〇五
『北条氏と鎌倉幕府』細川重男　講談社　二〇一一
『北条政子』渡辺保　編集者 日本歴史学会 代表者　吉川圭三　吉川弘文館　一九八五
『北条政子―尼将軍の時代』野村育世　吉川弘文館　二〇〇〇
『北条政子』永井路子　講談社　一九七八
『九条兼実』加納重文　ミネルヴァ書房　二〇一六
『北条義時』安田元久　編集者 日本歴史学会 代表者　児玉幸多　吉川弘文館　一九九四
『北条泰時』上横手雅敬　編集者　日本歴史学会 代表者　児玉幸多　吉川弘文館、一九八八
『探訪　比企一族』西村裕　木村誠　まつやま書房　二〇一八
『大江広元』上杉和彦　編集者　日本歴史学会 代表者　平野邦雄　吉川弘文館　二〇〇五
『畠山重忠』貫達人　編集者　日本歴史学会 代表者　坂本太郎　吉川弘文館、一九八七
『木曽義仲』下出積與　吉川弘文館、二〇一六
『中世武士　畠山重忠』清水亮　吉川弘文館、二〇一八
『愚管抄』慈円　訳　大隅和雄　講談社　二〇一五
『日本の歴史7鎌倉幕府』石井進　中央公論社　一九七九
『新・歴史をさわがせた女たち』永井路子　一九八九

『西行花伝』辻邦生　新潮社　二〇〇一
『源平合戦の虚像を剝ぐ』川合康　講談社　二〇一七
『比叡山』景山春樹　村山修一　日本放送出版協会　一九七三
『中世の九州』外山幹夫　教育社　一九七八
『中世都市鎌倉の風景』松尾剛次、吉川弘文館、一九九三
『中世の奈良—都市民と寺院の支配』安田次郎　吉川弘文館　一九九八
『乱舞の中世—白拍子・乱拍子・猿楽』沖本幸子　吉川弘文館、二〇一六
『怪しいものたちの中世』北郷恵子　KADOKAWA　二〇一五
『中世奇人列伝』今谷明　草思社　二〇〇一
『文覚』山田昭全　編集者　日本歴史学会 代表者　笹山晴生　吉川弘文館、二〇一〇
『玉葉』編者　国書双書刊行会　発行者　西澤楯雄　一九九三
『承久の乱と後鳥羽院』関幸彦　吉川弘文館　二〇一二
『増補　検非違使』丹生谷哲一　平凡社　二〇一八
『武士論—古代中世史から見直す』五味文彦　講談社　二〇二一
『武士の日本史』高橋昌明　岩波新書　二〇二〇
『決断　蒙古襲来と北条時宗』童門冬二　NHK出版　二〇〇〇
『蒙古襲来』山口修　光風社出版　一九八八
『蒙古襲来』網野善彦　小学館　二〇〇一
『蒙古襲来の真実』北岡正敏　ブイツーソリューション　二〇一七
『蒙古襲来と神風』服部英雄　中央公論新社　二〇一七
『蒙古襲来』服部英雄　山川出版社　二〇一四

『蒙古合戦と鎌倉幕府の滅亡』湯浅治久　吉川弘文館　二〇一二
『武士の拠点　鎌倉・室町時代』大庭康時・佐伯弘次・坪根伸也　高志書院　二〇二〇
『南九州御家人の系譜と所領支配』五味克夫　戎光祥出版　二〇一七
『鎌倉の地名由来辞典』編者　三浦勝男　東京堂出版　二〇〇五
『菊池武光』川添昭二　戎光祥出版　二〇一三
『日向国山東河南攻防』新名一仁　鉱脈社　二〇一七
『少弐氏の興亡と一族』市丸昭太郎　佐賀新聞社　二〇二〇
『鹿児島県の歴史』原口虎雄　山川出版社　一九七六
『鹿児島県の歴史』原口泉　永山修一　日隈正守　松尾千歳　皆村武一　山川出版社　一九九九
『宮崎県の歴史』日高次吉　山川出版社　一九七三
『宮崎県の歴史』坂上康俊　長津宗重　福島金治　大賀郁夫　西川誠　山川出版社　二〇一七
『大分県の歴史』豊田寛三　後藤宗俊　飯沼賢司　末廣利人　山川出版社　二〇一二
『長崎県の歴史』瀬野精一郎　新川登亀男　佐伯弘次　五野井隆史　小宮木代良　山川出版社　一九九八
『福岡県の歴史』平野邦雄　飯田久雄　山川出版社　一九七四
『福井県の歴史』隼田嘉彦、白崎昭一郎、松浦義則、木村亮　山川出版社　二〇〇〇
『朝鮮通信使・琉球使節の日光参り』佐藤権司　随想舎　二〇〇七
『琉球・沖縄史』新城俊昭　東洋企画　二〇一四
『琉球・沖縄史の世界』編者　豊見山和行　吉川弘文館　二〇〇三
『琉球王国』高良倉吉　岩波書店　二〇一九
『沖縄の祈り』須田慎太郎　バジリコ　二〇二二
『鄭和の南海大遠征』宮崎正勝　中央公論社　一九九七

『薩摩島津氏―中世西国武士の研究　第一巻』新名一仁　戎光祥出版　二〇一四
『倭寇―海の歴史』田中健夫　講談社　二〇一二
『海洋国家薩摩』徳永和喜　南方新社　二〇一一
『南北朝時代史』田中義成　講談社　一九七四
『薩摩・大隅守護職』西山正徳　高城書房　二〇〇〇
『九州南北朝戦乱』天本孝志　葦書房　一九八二
『初期室町幕府研究の最前線』亀田俊和　洋泉社　二〇一八
『後醍醐天皇』森茂暁　中央公論新社　二〇〇〇
『後醍醐天皇』兵藤裕己　岩波書店　二〇一八
『懐良親王』森茂暁　ミネルヴァ書房　二〇一九
『征夷大将軍・護良親王』亀田俊和　戎光祥出版　二〇一七
『皇子たちの南北朝―後醍醐天皇の分身』森茂暁　中央公論新社　二〇〇七
『闇の歴史、後南朝　後醍醐流の抵抗と終焉』森茂暁　KADOKAWA　二〇一七
『室町幕府将軍列伝』編者　榎原雅治　清水克行　戎光祥出版　二〇一七
『図説　室町幕府』丸山裕之　戎光祥出版　二〇一八
『動乱の室町時代と15人の足利将軍』監修者　山田邦明　青春出版社　二〇一九
『足利尊氏』森茂暁　KADOKAWA　二〇一七
『足利尊氏のすべて』編者　櫻井彦　錦昭江　樋口州男　新人物往来社　二〇〇八
『足利尊氏と関東』清水克行　吉川弘文館　二〇一三
『足利直冬』瀬野精一郎　編集者　日本歴史学会　代表者　児玉幸多　吉川弘文館　一九八八
『足利直冬』瀬野精一郎　編集者　日本歴史学会　代表者　平野邦雄　吉川弘文館　二〇〇五

『足利義満』臼井信義　編集者　日本歴史学会　代表者　児玉幸多　吉川弘文館　一九八九
『足利義持』伊東喜良　編集者　日本歴史学会　代表者　平野邦雄　吉川弘文館　二〇〇八
『高師直―室町新秩序創造者』亀田俊和　吉川弘文館　二〇一五
『観応の擾乱』亀田俊和　中央公論新社　二〇一八
『楠木正成』生駒孝臣　尾谷雅比古　批評社　二〇二一
『新田義貞』峰岸純夫　編集者　日本歴史学会 代表者　藤田覚　吉川弘文館、二〇二〇
『新田義貞―関東を落とすことは子細なし』山本隆志　ミネルヴァ書房　二〇〇五
『赤松円心・満祐』高坂好　編集者　日本歴史学会　代表者　児玉幸多　吉川弘文館　一九八八
『赤松氏五代』渡邊大門　ミネルヴァ書房　二〇一二
『北畠顕家』大島延次郎　戎光祥出版　二〇一四
『今川了俊』川添昭二　編集者　日本歴史学会　代表者　佐川晴生　吉川弘文館　二〇〇九
『菊池氏三代』杉本尚雄　編集者　日本歴史学会　代表者　児玉幸多　吉川弘文館　一九八八
『菊池武光』川添昭二　戎光祥出版　二〇一三
『日向国盗り物語』石川恒太郎　学陽社　一九七五
『新薩摩学　中世薩摩の雄　渋谷氏』小島薩文　南方新社　二〇一五
『島津貴久―戦国大名島津氏の誕生』新名一仁　戎光祥出版　二〇一七
『島津義弘の賭け』山本博文　中央公論新社　二〇〇一
『島津四兄弟の九州統一戦』新名一仁　星海社　二〇一七
『島津四兄弟　義久・義弘・歳久・家久の戦い』栄村顕久　南方新社　二〇一六
『中世島津氏研究の最前線』編者　新名一仁　洋泉社　二〇一八
『武田信玄』笹本正治　ミネルヴァ書房　二〇〇五

『織田信長』池上裕子　編集者　日本歴史学会　代表者　笹山晴生　吉川弘文館　二〇十二
『信長公記』太田牛一　訳　中川太古　KADOKAWA　二〇二〇
『豊臣秀吉』鈴木良一　岩波書店　一九九六
『豊臣秀吉』小和田哲男　中央公論新社　二〇二〇
『豊臣秀吉』岡本良知　中央公論社　一九六三
『秀吉襲来』渡邊大門　東京堂出版　二〇二一
『天下統一』藤田達生　中央公論新社　二〇一四
『秀吉の朝鮮侵略と民衆』北島万次　岩波書店　二〇一二
『なぜ秀吉はバテレンを追放したのか』三浦小太郎　ハート出版　二〇一九
『文禄・慶長の役』中野等　吉川弘文館　二〇一六
『「武功夜話」検証（九州編）―秀吉の島津征討とその資料集』松浦武　松浦由起　新人物往来社　一九九七
『倭城を歩く』編者　織豊期城郭研究会　サンライズ出版社　二〇一八
『黒田官兵衛』小和田哲男　平凡社　二〇一三
『秀吉に天下を獲らせた男　黒田官兵衛』山本一城　宮帯出版社　二〇一四
『「豊臣政権の貴公子」宇喜多秀家』大西泰正　KADOKAWA　二〇一九
『流浪の戦国貴族　近衛前久』谷口研語　中央公論新社　二〇二〇
『松永久秀』金松誠　戎光祥出版　二〇一八
『影の宰相　小早川隆景―真説・本能寺の変』米山俊哉　南々社　二〇一九
『毛利輝元』光成準治　ミネルヴァ書房　二〇一六
『上杉景勝のすべて』花ヶ前盛明　新人物往来社　二〇〇八
『大友宗麟』外山幹夫　編集者　日本歴史学会　代表者　児玉幸太　吉川弘文館　一九九二

『長宗我部』長宗我部友親　文藝春秋　二〇一二
『長宗我部　復活編』長宗我部友親　文藝春秋　二〇一六
『戦国の肥前と龍造寺隆信』川副義敦　宮帯出版社　二〇一八
『鍋島直茂』中西豪　学習研究社　二〇〇二
『福島正則』福尾猛市郎　藤本篤　中央公論新社　一九九九
『石田三成』中野等　吉川弘文館　二〇一七
『小西行長伝』木村紀八郎　鳥影社　二〇〇五
『太閤検地』中野等　中央公論新社　二〇一九
『戦国日本と大航海時代』平川新　中央公論新社　二〇一八
『水軍の活躍がわかる本』鷹橋忍　河出書房新社　二〇一四
『富を制する者が天下を制す』小和田哲男　ＮＨＫ出版　二〇一二
『戦国・近世の島津一族と家臣』五味克夫　戎光祥出版　二〇一八
『琉球王国と戦国大名』黒嶋敏　吉川弘文館　二〇一六
『一向一揆と石山合戦』神田千里　吉川弘文館　二〇一九
『関ヶ原　島津退き口─敵中突破三〇〇里』桐野作人　学研パブリッシング　二〇一〇
『関ヶ原合戦は「作り話」だったのか』渡邊大門　ＰＨＰ研究所　二〇一九
『九州の関ヶ原』光成準治　戎光祥出版　二〇一九
『薩摩島津家　最強の真実』編集人　岩瀬佳弘　ＫＫベストセラーズ　二〇一八
『安国寺恵瓊』河合正治　編集者　日本歴史学会　代表者　児玉幸多　吉川弘文館　一九八九
『伊達政宗』小林清治　編集者　日本歴史学会　代表者　児玉幸多　吉川弘文館　一九八七
『立花宗茂』中野等　編集者　日本歴史学会　代表者　児玉幸多　吉川弘文館　二〇〇一

『徳川将軍列伝』編者　北島正元　秋田書房　一九九六
『家康公伝1関ヶ原の勝利』編者　大石学　佐藤宏之　小宮山敏和　野口朋隆　吉川弘文館　二〇一〇
『家康公伝2江戸開府』編者　大石学　佐藤宏之　小宮山敏和　野口朋隆　吉川弘文館　二〇一一
『家康公伝3三河から関東の覇者へ』編者　大石学　佐藤宏之　小宮山敏和　野口朋隆　吉川弘文館　二〇一一
『家康公伝4関ヶ原と家康の死』編者　大石学　佐藤宏之　小宮山敏和　野口朋隆　吉川弘文館　二〇一一
『家康公伝5家康をめぐる人々』編者　大石学　佐藤宏之　小宮山敏和　野口朋隆　吉川弘文館　二〇一二
『徳川家康』笠谷和比古　編集者　ミネルヴァ書房　二〇一六
『徳川家光』野村玄　ミネルヴァ書房　二〇一三
『徳川家光』藤井讓治　編集者　日本歴史学会　代表者　吉川圭三　吉川弘文館　一九九七
『江戸三〇〇藩「改易・転封」の不思議と謎』山本博文　実業之日本社　二〇一九
『島原・天草の乱』煎本増夫　新人物往来社　二〇一〇
『徳川吉宗』辻達也　編集者　日本歴史学会　代表者　児玉幸多　吉川弘文館　一九九四
『徳川吉宗と江戸城』岡崎寛徳　吉川弘文館　二〇一四
『日光東照宮―日光東照宮四〇〇年式年大祭記念』須田慎太郎　集英社インターナショナル　二〇一五
『江戸一〇万日全記録』明田鉄男　雄山閣　二〇一七
『薩摩藩対外交渉史の研究』徳永和喜　九州大学出版会　二〇〇五
『薩摩藩の参観交代―江戸まで何日かかったか―』上野堯史　ラグーナ出版　二〇一九
『参勤交代』山本博文　講談社　一九九八
『宝暦治水―歴史を動かした治水プロジェクト』牛嶋正　風媒社　二〇〇七
『宝暦治水・薩摩義士』坂口達夫　春苑堂出版　二〇〇〇
『大石蔵助の生涯　真説・忠臣蔵』中島康夫　三五館　一九九八

『江戸城・大奥の秘密』安藤優一郎　文藝春秋　二〇〇七
『幕末の天皇』藤田覚　講談社　二〇一九
『名君 保科正之』中村彰彦　河出書房書新社　二〇一六
『将軍側近　柳沢吉保』福留真紀　新潮社　二〇一一
『田沼意次』藤田覚　ミネルヴァ書房　二〇一九
『松平定信』藤田覚　中央公論社　一九九三
『評伝　堀田正睦』土居良三　国書刊行会　二〇〇三
『黒船前夜の出会い―捕鯨船クーパーの来航』平尾信子　NHKブックス　一九九四
『ペリー来航』西川武臣　中央公論新社　二〇一六
『シーボルト』板沢武雄　編集者　日本歴史学会　代表者　平野邦雄　吉川弘文館　二〇〇六
『江戸参府紀行』シーボルト　訳　斎藤信　一九七八
『日本滞在日記』レザーノフ　訳者　大島幹雄　岩波書店　二〇〇〇
『幕末、フランス艦隊の琉球来航』生田澄江　近代文藝社　二〇一四
『大黒屋光太夫（下）』吉村昭　新潮社　二〇〇五
『幕末の薩摩』原口虎雄　中央公論社　一九九七
『島津重豪』芳即正　編集者　日本歴史学会　代表者　児玉幸多　吉川弘文館　一九九五
『島津重豪と薩摩の学問・文化』編者　鈴木彰　林匡　勉誠出版　二〇一五
『調所広郷』芳即正　編集者　日本歴史学会　代表者　藤田覚　吉川弘文館　二〇二〇
『調所笑左衛門』佐藤雅美　学陽書房　二〇〇一
『徳川将軍家の結婚』山本博文　文藝春秋　二〇〇五
『江戸の高利貸』北原進　KADOKAWA　二〇一七

『大名の暮らしと食』江後廸子　同成社　二〇〇二
『抜け荷』山脇悌二郎　日本経済新聞社　一九六五
『金山』浦島幸世　春苑堂出版　一九九三
『徳川斉昭―不確実な時代に生きて』永井博　山川出版社　二〇一九
『島津斉彬』芳即正　編集者　日本歴史学会　代表者　藤田寛　吉川弘文館　二〇一八
『島津斉彬』綱淵謙錠　文藝春秋　一九九五
『島津斉彬』安川周作　南方新社　二〇二一
『島津斉彬公伝』池田俊彦　中央公論社　一九九四
『島津斉彬』松尾千歳　戎光祥出版　二〇一七
『島津斉彬のすべて』編者　村野守治　新人物往来社　二〇〇七
『鍋島直正』杉谷昭　佐賀県立佐賀城本丸歴史館　二〇一〇
『偽金造りと明治維新』徳永和喜　新人物往来社　二〇一〇
『島津久光と明治維新』芳即正　新人物往来社　二〇〇二
『島津久光の明治維新』安藤優一郎　イースト・プレス　二〇一七
『島津久光―幕末政治の焦点』町田明広　講談社　二〇〇九
『生麦事件』吉村昭　新潮社　一九九八
『井伊直弼―幕末維新の個性6』母利美和　吉川弘文館　二〇〇七
『安政の大獄』松岡英夫　中央公論新社　二〇〇一
『桜田門外の変』吉村昭　新潮社　一九九〇
『徳川慶喜』家近良樹　吉川弘文館　二〇〇四
『徳川慶喜』松浦玲　中央公論社　一九九七

『幕末の天才 徳川慶喜の孤独』鈴木荘一　勉誠出版　二〇一八
『開国への布石—評伝・老中首座阿部正弘』土居良三　未來社　二〇〇〇
『松平容保』綱淵謙錠　中経出版　二〇一三
『松平容保』星亮一　学陽書房　二〇〇四
『寺島宗則』犬塚孝明　編集者　日本歴史学会　代表者　吉川圭三　吉川弘文館　一九九〇
『松平春嶽』川端太平　編集者　日本歴史学会　代表者　吉川圭三　吉川弘文館　一九九〇
『松平春嶽のすべて』編者　三上一夫　舟澤茂樹　新人物往来社　一九九九
『伊達宗城』神川武利　ＰＨＰ研究所　二〇一〇四
『川路聖謨』川田貞夫　編集者　日本歴史学会　代表者　吉川圭三　吉川弘文館　一九九七
『高野長英』佐藤昌介　岩波書店　一九九七
『中濱万次郎』中濱博　冨山房インターナショナル　二〇〇五
『橋本左内』編者　福井テレビジョン　監修　加来耕三　扶桑社　二〇一九
『先駆け！梅田雲浜』大原哲　文芸社　二〇一六
『月照』友松圓諦　編集者　日本歴史学会　代表者　吉川圭三　吉川弘文館　一九八八
『勝海舟』石井孝　編集者　日本歴史学会　代表者　児玉幸多　吉川弘文館　一九八九
『氷川清話』勝海舟　編　江藤淳　松浦玲　講談社　二〇一八
『勝海舟を動かした男　大久保一翁』古川愛哲　グラフ社　二〇〇八
『長崎奉行の歴史』木村直樹　KADOKAWA　二〇一六
『長崎海軍伝習所の日々』カッテンディーケ　訳　水田信利　平凡社　一九七二
『長崎海軍伝習所』藤井哲博　中央公論社　一九九一
『寺田屋異聞　有馬新七、富士に立つ』千草子　東海教育研究所　二〇一五

『寺田屋騒動』海音寺潮五郎　文芸春秋　二〇〇七
『小松帯刀』高村直助　編集者　日本歴史学会　代表者　藤田覚　吉川弘文館　二〇一七
『大久保利通と明治維新』佐々木克　吉川弘文館　一九九〇
『大久保利通』笠原英彦　吉川弘文館　二〇〇五
『大久保利通』監修　佐々木克　講談社　二〇一八
『西郷隆盛』家近良樹　ミネルヴァ書房　二〇一〇
『岩倉具視』佐々木克　吉川弘文館　二〇〇六
『三条実美』内藤一成　中央公論新社　二〇一九
『木戸孝允』松尾正人　吉川弘文館　二〇〇九
『高杉晋作　情熱と挑戦の生涯』一坂太郎　KADOKAWA　二〇二〇
『龍馬史』磯田道史　文藝春秋　二〇一九
『世界一よくわかる坂本龍馬』辻浩明　祥伝社　二〇一八
『天璋院篤姫』寺尾美保　高城書房　二〇〇七
『新薩摩学　天璋院篤姫』編者　古閑章　南方新社　二〇〇八
『天璋院篤姫の生涯―篤姫をめぐる160人の群像』新人物往来社　二〇〇七
『公家たちの幕末維新』刑部芳則　中央公論新社　二〇一八
『女たちの幕末京都』辻ミチ子　中央公論新社　二〇〇三
『江戸の火事』黒木喬　同成社　一九九九
『さつま人国誌』戦国・近世編　桐野作人　南日本新聞社　二〇一四
『さつま人国誌』戦国・近世編2　桐野作人　南日本新聞社　二〇一三
『さつま人国誌』戦国・近世編3　桐野作人　南日本新聞社　二〇一七

『さつま人国誌』幕末・明治編　桐野作人　南日本新聞社　二〇〇九
『さつま人国誌』幕末・明治編2　桐野作人　南日本新聞社　二〇一三
『さつま人国誌』幕末・明治編3　桐野作人　南日本新聞社　二〇一五
『さつま人国誌』幕末・明治編4　桐野作人　南日本新聞社　二〇一八
『薩英戦争　遠い崖　アーネスト・サトウ日記抄2』萩原延壽　朝日新聞社　二〇一〇
『英国策論　遠い崖　アーネスト・サトウ日記抄3』萩原延壽　朝日新聞社　二〇一一
『慶喜登場　遠い崖　アーネスト・サトウ日記抄4』萩原延壽　朝日新聞社　二〇一一
『外国交際　遠い崖　アーネスト・サトウ日記抄5』萩原延壽　朝日新聞社　二〇〇七
『大政奉還　遠い崖　アーネスト・サトウ日記抄6』萩原延壽　朝日新聞社　二〇〇七
『江戸開城　遠い崖　アーネスト・サトウ日記抄7』萩原延壽　朝日新聞社　二〇〇八
『江戸時代の天皇（天皇の歴史6）』藤田覚　講談社　二〇一八
『幕末の天皇』藤田覚　講談社　二〇一九
『ジャポニスム - 流行としての「日本」』宮崎克己　講談社　二〇一八
『パリ万国博覧会とジャポニスの誕生』寺本敬子　思文閣出帆　二〇二一
『薩摩藩と明治維新』原口泉　志學館大学出版会　二〇一九
『長州戦争』野口武彦　中央公論新社　二〇〇六
『王政復古』井上勲　中央公論社　一九九三
『幕末維新変革史（上）』宮地正人　岩波書店　二〇一八
『幕末維新変革史（下）』宮地正人　岩波書店　二〇一八
『幕末史』半藤一利　新潮社　二〇二一
『新選組』伊東成郎　新潮社　二〇二〇

『土方歳三と榎本武揚　幕臣たちの戊辰・箱館戦争』宮地正人　山川出版　二〇二〇
『暗殺の幕末維新史』一坂太郎　中央公論新社　二〇二〇
『島津家の戦争』米窪明美　筑摩書房　二〇一〇
『鳥羽伏見の戦い』野口武彦　中央公論新社　二〇一〇
『戊辰戦争』佐々木克　中央公論新社　二〇〇三
『戊辰戦争』保谷徹　吉川弘文館　二〇〇八
『戊辰戦争年表帖』ユニプラン編集部　ユニプラン　二〇一三
『鹿児島藩の廃仏毀釈』名越護　南方新社　二〇一五
『明治維新の舞台裏　第二版』石井孝　岩波書店　二〇一八
『明治六年政変』毛利俊彦　中央公論社　一九九四
『大警視・川路利良』神川武利　ＰＨＰ研究所　二〇〇三
『薩摩島津家全史』編集人　石橋敏行　スタンダーズ　二〇一九
『薩摩藩　精強無比の千年史』編集人　松森敦史　晋遊舎　二〇一三
『大名屋敷と江戸遺跡』宮崎勝美　山川出版社　二〇〇八
『士族の反乱』滝口康彦　井出孫六　豊田穣　小学館　一九七七
『華族』小田部雄次　中央公論新社　二〇〇六
『帝国議会』久保田哲　中央公論新社　二〇一八
『ベルツの日記』訳者　菅沼竜太郎　岩波書店　一九七九
『グラント将軍日本訪問記（新異国叢書　第Ⅱ輯）』ジョン・ラッセル・ヤング　訳　宮永孝　雄松堂書店　一九八三
『最後のロシア皇帝　ニコライ二世の日記』保田孝一　朝日新聞社　一九八五

『ニコライ遭難』吉村昭　新潮社　一九九六
『第十六代徳川家達―その後の徳川家と近代日本』樋口雄彦　祥伝社　二〇一二
『しらゆき―島津忠重　伊楚子　追想録』編集・発行　島津出版会　一九七八
『尚古集成館―島津氏八〇〇年の収蔵』岡村省三　春苑堂出版　一九九三

須田慎太郎（すだ・しんたろう）

1957（昭和32）年千葉県生まれ。報道写真家・文筆家。日本大学芸術学部写真学科卒。在学中から日本報道写真の先駆者・三木 淳氏に師事。1981年〜1991年、写真週刊誌『フォーカス』（新潮社）専属の報道カメラマンとして活動。1986年日本写真協会新人賞受賞。2005年〜2007年『ZOOM Japan』編集長。個展は「ウォンテッド」「人間界シャバシャバ（及び同・2）」「人間パフォーマンス」「緊張の糸は切れたか」など多数。写真集・著書は『駐日大使の素顔』（フォトルミエール）、『スキャンダラス報道の時代—80年代』『鯨を捕る』（翔泳社）、『新宿情話』『あかいひと』『金ピカ時代の日本人』『沖縄の祈り』（バジリコ）、『人間とは何か』（集英社）、『ももが教えてくれること』（主婦の友社）、『日光東照宮』（集英社インターナショナル）、『写真家三木 淳と「ライフ」の時代』（平凡社）、『エーゲ永遠回帰の海』（立花隆氏との共著／書籍情報社及びちくま文庫）などがある。

島津と武家史◉下

2023年10月20日　初版第1刷発行

著者　**須田慎太郎**
装丁　**河野宗平**
発行人　**長廻健太郎**
発行所　**バジリコ株式会社**
〒162-0054
東京都新宿区河田町3-15 河田町ビル3階
電話：03-5363-5920　ファクス：03-5919-2442
http://www.basilico.co.jp

印刷・製本　**中央精版印刷株式会社**

ISBN978-4-86238-256-6